创新发展高等职业教育的浙江样本

上册：国家示范、骨干高职院校改革创新的探索与成效

主　编　周建松
副主编　郭福春

浙江工商大学出版社
ZHEJIANG GONGSHANG UNIVERSITY PRESS

图书在版编目（CIP）数据

创新发展高等职业教育的浙江样本：全2册／周建松主编. —杭州：浙江工商大学出版社，2015.4

ISBN 978-7-5178-0982-1

Ⅰ．①创… Ⅱ．①周… Ⅲ．①高等职业教育—课程建设—浙江省—文集 Ⅳ．①G718.5－53

中国版本图书馆 CIP 数据核字（2015）第 065191 号

创新发展高等职业教育的浙江样本

上册：国家示范、骨干高职院校改革创新的探索与成效

主　编　周建松　　副主编　郭福春

责任编辑	刘　韵
责任校对	丁兴泉
封面设计	王妤驰
责任印制	包建辉
出版发行	浙江工商大学出版社
	（杭州市教工路 198 号　邮政编码 310012）
	（E-mail：zjgsupress@163.com）
	（网址：http://www.zjgsupress.com）
	电话：0571-88904980，88831806（传真）
排　　版	杭州朝曦图文设计有限公司
印　　刷	杭州恒力通印务有限公司
开　　本	710mm×1000mm　1/16
印　　张	21.5
字　　数	409 千
版印次	2015 年 4 月第 1 版　2015 年 4 月第 1 次印刷
书　　号	ISBN 978-7-5178-0982-1
定　　价	49.00 元（全两册）

编　委　会

前　　言

　　创新发展高等职业教育，是 2014 年全国职业教育工作会议的重要主题，是《国务院关于加快发展现代职业教育的决定》的主要内容。事实上，它更是高等职业教育办出特色和水平的重要源泉，是全国高职教育近几年的积极实践，是高等职业教育下一步努力的方向。

　　由于经济发展条件、产业结构背景、基础教育发展状况、高等教育发展水平、财政投入水平诸方面的原因，浙江省的高等职业教育发展水平一直走在全国前列，排名为第一方阵，不仅省委省政府领导给予了充分肯定，而且也得到了兄弟省市、行业企业和社会各界广泛认同。为此，浙江省先后提出打造浙江高职教育强省，继续推动浙江高职走在全国前列等目标口号，而解放思想、与时俱进、创新发展，也始终是浙江高等职业教育的使命和责任。

　　摆在读者面前的这本《创新发展高等职业教育的浙江样本》，汇集了全省 11 所国家级示范高职院校（含 6 所国家示范院校和 5 所国家骨干院校），学习贯彻全国职业教育工作会议的思考和举措，同时也汇集了全省高职院校教师创新教学的部分成果。全书分为上下两册，上册是 11 所学校层面的总体回顾、思考和设想，下册是浙江省 2014 年度获得职业教育国家教学成果奖的主要内容。应该说，它体现了理论和实践、宏观和微观的结合。纵览全书，不难发现其中有以下特色：

　　一是充分体现出立德树人是学校的根本任务。高等职业教育作为我国高等教育的重要组成部分，其具有高等教育的一般特征，即具有人才培养、科学研究、社会服务、文化传承与创新等四大职能，但应该看到，四大职能并不是并列的，人才培养是首要的、基本的、第一的职能，而人才培养工作必须坚持以生为本，贯彻立德树人原则，努力培养德才兼备的面向中国特色社会主义现代化生产、建设、管理、服务第一线的高素质技术技能人才。

　　二是充分体现出开放办学、产教融合、校企合一的高职办学特征。各学校坚持开放办学理念,充分利用各自优势,在校地、校行、校企合作,在融入产业、行业、企业等方面既有机制层面的建构,也有操作层面的探索,新招不断、高潮迭起、成绩明显,宁波职业技术学院、杭州职业技术学院、温州职业技术学院、浙江金融职业学院更是特色纷呈。

三是充分体现出工学结合、知行合一、学知统一的高职人才培养基本规律。各学校从自身专业、地域和所处企业背景出发,或依托世界 500 强,或依托行业,或服务小微企业,坚持工作与学习相结合,学习和实践相结合,使学生既知道是什么,也知道为什么,既懂得怎么做,也能爱做、乐做、早做。所培养的人才,真正受到行业企业欢迎,具有不可替代性。

四是充分体现出因地区、因行业、因学校而异的特色发展思路。浙江省的高职院校一直保持在 45 所左右,其中地处省城杭州的约占三分之一,属于省厅和行业的约占三分之一,属于民办和社会力量办学的约四分之一。各学校从升格或建立之初就遵循规律、找准市场,合理布局专业结构,从实际出发确定服务面向和合作依托依靠对象,贯彻高职特点、区域特征、行业特色原则。虽然从专业名称本身看有较多雷同,但总体定位合理,体现了较强的特色办学,结合起来具有结构效应和合理性。

五是充分体现出各学校坚持可持续发展的理念和扎实举措。浙江省的高职教育坚持高起点准入、高标准建设的思路,从浙江经济和国土条件出发,本着集约和节约思路,占地不大、规模适中,师资条件好,财政投入有保障,各学校坚持从长计议,在领导班子建设、干部队伍建设、师资队伍建设、实验实习条件建设、信息化和校园环境建设、教风学风和校园文化建设等方面,发展思路具有整体性,目标具有长期性,既是创新的,也是特色的,更是可持续的。

实际上,本书包含的特点还不止这些,读者可以从中进一步研究和体会。

诚然,本书系研究会用民间方式组织,无任何行政组织背景,带有一定匆忙之感,也可能不太成熟,恳请大家理解和支持;但可以相信,浙江高职教育的实践状况比本书上所表现出来的一定还要更好、更精彩。

浙江省高职教育研究会理事长

周建松

2015 年 3 月 3 日

目　　录

创新实践"三三"办学模式 内涵建设打造高职品牌

宁波职业技术学院是由教育部批准成立的从事高等职业教育的全日制普通高校,是首批国家示范高等职业院校,是全国高职高专校长联席会议常务副会长和秘书处单位,以及"中国高职高专教育网"委托承办单位。学院紧密围绕区域产业经济发展需求,以"让学生成为企业的首选"为宗旨,坚持工学结合、校企合作,加强高技能人才的培养与培训,在实践中形成了"合作办学、合作育人、合作就业'三位合一',政府、学校、企业'三方联动'"的"三三"办学模式,被誉为"现代高职教育的宁波模式"。学院现有全日制在校生8000多名,各类职业培训人员20000多人次,历届毕业生就业率达99%,企业评价满意率达90%以上。

一、创新体制机制,实践"三三"办学模式

宁波职业技术学院自建校以来,坚持立足地方和区域,走产学结合的办学之路,积极创新办学体制和校企合作机制,搭建政、校、企合作的教育管理平台,使政府资源及企业设备、需求和人才等为学院所用,共同培养高技能人才;形成了合作办学、合作育人、合作就业"三位合一",政府、学校、企业"三方联动"的"三三"办学模式。

(一)借资借智,三方联动发展

"三方联动"是指政府、企业、学校三方联合,创新办学体制,构建人才培养保障机制,服务地方经济。学院成立不到一年,宁波市人民政府就下发文件,批准成立由经济技术开发区管委会、宁波市教育局、宁波市总工会、部分著名企业和学院代表等共同组成的董事会,经济技术开发区为董事长单位,宁波市教育局为副董事长单位。根据董事会章程,宁波市经济技术开发区和市教育局共同负责筹措学院的建设资金;开发区还要承担推荐合作办学企业、招商引资时推介学校等责任;市总工会负责指导学院开展职工培训工作;企业董事主要参与制订系发展规划和人才培养方案,落实学生顶岗实习岗位,提供奖学金,接纳优秀毕业生就业等。这一管理体制明确了政府、企业、学校在办学和人才培养中的职责,形成了以政府主导、部

门联动、行业指导、企业参与的办学机制。学院充分发挥董事会在整合社会资源、筹集办学资金、推动校企合作等方面的作用,创新高职教育理念,坚定高职办学类型和方向,走出一条校企合作、工学结合的办学之路,构建了政府、企业、学校三方联动培养高技能人才的长效机制。

根据教育部进行现代大学制度建设的部署,学院建设大学章程,于2013年成立新一届理事会,吸收更多的政府部门和企业加入,11家政府与企业单位成为理事会成员单位,构建起更具活力的办学体制和运行机制,为学院新一轮发展奠定了良好基础。

(二)产学结合,三位合一育人

"三位合一"是指学院和企业、政府合作办学、合作育人、合作就业,创新人才培养模式,提升人才培养质量。学院积极拓展校企合作办学空间,深化工学结合人才培养模式的改革,与海天集团等企业搭建起人才共育、就业共担、资源共享的开放管理平台,使企业深入、持续地参与人才培养全过程。尤其通过国家示范高职院校建设项目,学院引入企业设备、资金、技术、师资和管理等要素,创新并实践了"产训学一体化""做中学""订单式"、岗位轮训式等人才培养模式,深化课程体系改革,强化对学生实践能力的系统培养,形成了基于工作过程导向的专业课程体系,建设了模具设计与制造、物流管理等7个国家重点专业;实施了顶岗实习校企共同管理,构建了教学做一体、校内外对接的实验实训环境。

学院重视校企合作的制度化建设,通过制定《〈宁波市职业教育校企合作促进条例〉实施细则》、设立产学研合作贡献奖、设立校企合作专项经费等机制创新措施,提高企业参与人才培养的积极性。

学院通过充分挖掘政府、行业企业、院校等多方资源和潜力,优化合作育人环境,全力开创政府、学校、企业全过程全方位合作育人的新局面。2009年,"三三"模式被教育部评估专家和《光明日报》誉为"中国现代高等职业教育的宁波北仑模式",并被列入《光明日报内参》。学院因其优秀的办学成绩和较强的社会影响力,被评为"全国职业教育先进单位",并先后成为全国高职高专校长联席会议常务副会长和秘书处及"中国高职高专教育网"委托承办单位、全国高职高专现代教育技术师资培训基地、全国高校产学研合作教育首家高职高专实验基地、商务部"中国职业技术教育援外培训基地"、全国首批高等学校继续教育示范基地、教育部"发展中国家职业教育研究院"和全国高校会计学会高职高专分会常务副主席和秘书处单位。

二、改革培养模式,培养企业首选人才

学院紧紧围绕区域产业转型升级对高技能人才的要求,突出高职教育类型特征,创新素质教育模式,改革人才培养模式,搭建实践教学新平台,培养学生的阳光心态,激发学生的成才自信心,不断提高人才培养质量。

(一)实施"成功教育",培养学生阳光自信

学院提倡"学校有品牌、分院有特色、班级有项目、学生有特长"的成功教育目标,探索实践素质教育新途径。设立"成功大学",创建大学生素质拓展训练营,开设 6 大平台 38 个项目的素质拓展课程,并分批次对学生进行素质拓展轮训,将纯理论教育转化为实践体验,着力培养学生坚定理想信念、明确职业目标、养成阳光心态、铸就勤学品质;该项目于 2007 年成为浙江省首届高校校园文化品牌。开展集聚校友资源、培育校友文化的"名片工程",通过校友访谈、校友工作站、《学生是学院名片》丛书汇编等抓手,密切关注毕业生就业质量,每年跟踪回访 50% 的毕业生,涌现出一批在生产、建设、管理、服务一线的优秀人才;同时,请优秀校友以朋辈教育形式,帮助在校生明确学习目标,激发学习热情和动力;该项目于 2008 年成为浙江省高校校园文化品牌。以项目管理模式进行班集体建设,即班级结合专业特点,自主确定技能训练、设计开发、科普人文等方面的项目,由班主任、专业教师担任导师,提高班集体自我管理能力和集体荣誉感;历年来已有近千个各有特色的班集体项目顺利立项结题。成立"思源基金",将帮困助学和思政教育相结合,鼓励受助学子通过自身努力反哺基金、感恩社会;基金累计总额已达 1069.33 万元,资助学生 773 人次,已有 369 人反哺基金,"让慈善成习惯"的理念深入师生心底;"思源基金"先后荣获"宁波市慈善奖"和"第二届中华慈善突出贡献奖"。

在此基础上,学院不断拓展新抓手,逐步搭建形成非遗工作室、志愿服务、职场训练等特色平台,进一步发挥高校在文化传承、文明传播中的作用。先后建起了书法、茶艺、剪纸艺术、根雕艺术、风筝艺术以及漆画艺术等非遗特色社团,并聘请省、市非遗传承人担任指导教师,培养了剪纸、茶艺、舞龙等 1200 余名大学生非遗文化传承人。依托省、市、校三级志愿服务体系,建立志愿者选拔体系和应急预案,实行志愿服务学分制,构建了服务中国女排赛事、世界摩托艇大赛、浙洽会等的品牌志愿者服务队伍。

(二)深化教学改革,强化学生技能素质

学院充分立足校园,有效对接产业、行业、企业,积极拓宽校外空间,将企业文化引入并融入校园文化,营造出一种励志、追求事业成功的氛围;在教学环境的建

设中,教室与企业现场、实验室与企业工作室等有机对接,打造出职场环境;在专业建设中,引入 ISO 质量管理和企业的 5S 管理,引导学生遵循规范管理。开展多种形式的实践创新教学,探索革新课堂形态,让学生学以致用。

对传统课堂实施项目化教学改革,采取"项目引领、任务驱动、课证融合、理实一体"的课程教学机制,实时引入行业企业的新知识、新技术、新标准、新设备、新工艺、新成果和国际通用的职业资格标准,动态更新教学内容;改革教学方法和手段,采用以能力为本位,以工作任务为参照点,以项目活动为主要学习方式的课程教学方法;以专业核心技能和最前沿的技术为主线,以知识、技能和素质有机融合为目标,按照"做中学"的要求实施课程教学,教学过程中鼓励教师采取小班化分层教学,对不同层次的学生采取不同的教学项目和考核要求;鼓励企业深度参与课堂教学改革,及时将企业最新技术和职业岗位需求融入教学内容,形成技能考核标准和教学资源,企业人员到学校兼职任教实现常态化,实现了课程教学和岗位能力的有效对接。如:海天学院结合海天集团采用的新型装备,校企共同开发教材,提高学生对新技术、新装备的适应能力,其 20 多家下属企业为海天学院投入资金、设备,长期派出 10 名机械装配、液压与气压调试、电气自动化和数控系统装调等方面的工程技术人员和基层管理人员,与专业教师组成教学小组,将企业生产中的经验、做法进行总结和推广;应用电子技术专业与台晶(宁波)电子有限公司合作,为订单班学生开发了品质管理、晶体工艺、晶体生产设备 3 门选修课教材,共有 8 位公司主管、技术主干为订单班学生授课。

不断改革校内外实践课堂,开展企业现场教学,通过建设"厂中校"和"校中厂",引入企业设备、资金和师资等,实现"教学做一体",办学、育人、就业"三位一一",让学生获得真实的岗位实践机会,将理论学习与模拟训练、轮岗实训相结合,有效提升了职业素质、职业技能水平和岗位适应能力;成立了"工程训练中心",构建三层次(工程素质养成训练、专业技能拓展训练、创新能力育成训练)立体化工程素质训练平台,开展"大工程"教育项目轮训,面向全院学生开放,着重培养文科学生具有工程背景的现代管理与服务素质,提升工科学生的操作技能;开展促进学生自主学习的"工作坊"建设,开展技能训练、项目设计、产品开发、科普人文活动等创新实践和能力提升锻炼,培养学生自主创新能力、组织领导能力、协同工作能力和自我管理能力;利用教授资源和企业资源加强各种创新工作室建设,如物理网、机器人、新能源研究等,强化特长学生的培养力度,促进学生在课余时间进行个性特长的学习和训练,以及培养复合型创新型人才;与宁波港股份有限公司合作共建了宁波市首个校企共建的劳模(技师)创新工作站,首批设立 6 家学院技师工作室,推进学生体验企业岗位、参加技术实践、提升职业素养,并加强专业与企业的协同创新。

(三)推进"五个对接",促进学生成才成长

学院始终坚持高职办学定位,针对区域产业转型升级对高技能人才的迫切需求,不断深化产教融合、校企合作。行业标准与企业共同制定,与育人标准对接,确保培养的人才符合行业需求;教学项目与企业生产项目和工作过程对接,确保学生随时掌握最前沿的、最实用的知识和技能;教师与企业工程技术人员对接,确保学生具有较强的实践操作能力,毕业后与岗位"零距离";学校的人才评价机制与企业规范对接,确保学生具有现代职业人的素质,具备职场适应性和可持续发展能力。通过以上"五个对接",实现了教室车间合一、教师师傅合一、学生学徒合一、教程工艺合一、作品产品合一,培养了一大批活跃在生产、管理、服务第一线的受企业欢迎的技术技能型人才。

2009年,《搭建教学育人就业"三位合一"开放平台,培养高技能机电人才的探索与实践》项目获第六届高等教育国家级教学成果奖一等奖。在学院为社会输送的4万多名毕业生中,70%毕业生在企业技术岗位上工作,其中30%毕业生晋升为技术骨干,25%毕业生晋升为企业中层管理人员和部门负责人,成为推进企业发展的重要力量。

三、加强队伍建设,提升教育教学水平

学院以专业化发展引领教师提升职业教育教学能力,校企共建"双师结构"教学团队,培养"双师素质"教师,打造结构合理、综合素质高、实践能力强、专兼结合的教师队伍。

(一)开展校本培训,提高教师执教能力

学院以教育观念改革为先导,围绕"深入理解办学理念,促进学院事业发展""提高教师职业教育教学能力""增强职业意识、提升教育能力"等主题,先后开展面向全校教职工的校本培训。

学院要求全体教师以职业活动为导向、以学生为主体、以能力为中心,系统设计课程内容,选择和运用教学方法,组织实施教学,提升职业教育教学能力,提高课堂教学质量。通过"教师职业教育教学能力培训及测评",全体教师牢固树立"6+2"高职教育观念并在实际教学中加以实施,即教育教学以学生为主体;课程要工学结合,以职业活动为导向;要突出能力目标;要以项目为载体;要加强学生的能力实训;要构建知识理论实践一体化的课程体系。2014年,《行动导向的高职院校教师职业教育教学能力提升探索与实践》项目,获得第七届高等教育国家级教学成果奖二等奖。

(二)提升专业能力,助推教师专业发展

学院实施"教师专业化发展计划",成立教师专业发展中心,分类分层开展人才培养工程,包括新进教师的岗前培训、青年教师导师制培养、骨干教师培训、专业带头人项目化培养、专业团队定制培训(包括国际化师资队伍培养、思政队伍培训、行政管理人员培训等)。学院制订政策,要求专任教师每两年累计有两个月以上的企业实践经历,并鼓励教师带教学项目赴企业开展"访问工程师"实践;近80%的专任教师获取本专业从业所需的资格证书。

学院成立"职业教育教师培训学院",将校本师资培训、教育部落户学院的面向全国中高职院校的师资培训,以及学院作为商务部"中国职业教育援外培训基地"所开展的面向发展中国家的师资培训相整合,打造面向国内和国际的师资培训品牌。截至目前,学院已为全国31个省、市(自治区)的600多所中高职院校培训教师8000多人,并提供上门培训和量身定制培训项目;面向101个发展中国家培训职业教育官员869人。

(三)创新人才引进机制,加强柔性引才

学院把增强教师科技服务能力作为新抓手,建立"柔性引才"机制,通过建立研究所、校企共建研发中心、与政府共建科研服务平台等方式,集聚优秀科技人才、劳模(技师)等,以兼职、短期工作、人才租赁等方式参与学院科研活动,合力打造专业带头人和科技创新服务团队,探索以高端人才带教师、以研究带教学、以项目带课程、以成果促产品提升。建立专家资源库,打破人才身份界限,保留高端技术型人才"高校+企业"的双重身份,工作时间弹性化,发挥人才的"科技孵化"和"项目凝聚"效应。

四、实施区校战略合作,服务地方经济发展

学院坚持立足区域、融入区域、服务区域,与区域建立全面战略合作联盟,加强院、所、企联动发展,积极开展科技、培训、文化、信息等服务,为企业提供技术研发与咨询、成果转化推广等服务,发挥高校科研对区域经济转型的助推作用和对人才培养的支撑作用。

(一)院园融合,促进产业集聚

学院与宁波市经信委、开发区合作成立集人才培养、产业集聚、科技研发于一体的数字科技园,集聚服务外包、创意动漫、工业设计等各类企业200余家,建设形成人才培养与人力资源服务、科技合作与技术服务、产业集聚与企业服务相互融

合、相互促进的产学研合作基地,为实现协同创新、提升人才培养质量建立了机制和制度保障,为区域产业的发展提供了有力支撑,并构建起"院园融合"的校企合作育人模式。

数字科技园通过转承政府招商引企、科技服务、人力开发等职能,以服务获得政府政策支持;对企业的税收留成部分,园区拥有二次调配权,可用于对校企合作企业给予税收优惠和专项支持;园区出台企业参与人才培养的激励细则,与企业签订个性化产学研合作协议,建立产学研合作成效定量评价机制,规定企业技术骨干担任兼职教师、指导学生实训实习等在合作育人方面做出贡献的,均可享受税收优惠和政策倾斜;院、园在工业设计、乐器制造、动漫设计与制造、物流信息化、电子商务等专业紧密合作,集成相关企业的生产、研发项目,建立企业项目资源库,为实践教学提供真实项目;落户园区的各类企业成为相关专业的学习型基地;教师走进企业为企业提供技术支持和生产研发等服务。

依托园区,学院与相关政府部门、行业协会共建"工业设计促进中心""压铸模具产业公共技术服务中心"等技术服务平台,通过产学研用紧密结合、整合分散的技术资源,与学院模具、工业设计、国际贸易与营销等专业建设紧密结合,为中小企业解决技术和管理难题,并促进中小企业互相交流,引进国内外优秀采购商,为中小企业成果转化推广提供平台。与相关政府部门共建"科技创新服务中心""生产力促进中心""人力资源服务中心"等公共服务平台,完善区域科技市场服务体系,区校合作开展技术交易及咨询、节能环保、检验检测、软件与信息技术、知识产权、人力资源引进与培训等服务。2014 年,《基于"院园融合"的校企合作育人长效机制探索与实践》项目获得第七届高等教育国家级教学成果奖一等奖。

(二)科技服务,深化产学研合作

学院准确定位高职院校科研的主方向,坚持错位发展,立足地方服务和专业建设、教学改革需求,坚持与区域企业合作,开展"生产线上的科研"。

学院建立"科技特派员"制度,开展中小微企业"种技术"专项活动,项目组的教师将技术(服务)"种"到委托单位,切实解决生产现场质量管理、技术工艺改进、人力资源规划、技术骨干培训等方面的实际问题,帮助企业提升经济效益和市场竞争力;已派遣 4 批超过 50 名教师到区域创新型初创企业、创新型成长企业、战略型新兴产业企业等,寻找科技、人才、项目结合点,开展产学研科技项目合作,推进企业科技创新能力和核心竞争力的提升。同时,学院通过改进完善"社会服务型教授"评选工作,推广"技术与管理"专家服务站经验。

在此基础上,学院将"企业技术管理门诊"作为产教融合、校企合作的重要窗口和平台,教师深入调研产业特点,聚焦企业一线的技术和管理难题,已设立北仑、余姚、慈溪等"企业技术管理门诊"服务站。将技术"种"到企业一线,做好后开发区时代的技术与管理服务,切实为推动服务产业发展、助力企业转型升级富有成效地开展工作,进而为周边地区的制造业企业提升提供智力支持。学院还积极推进行业协会(联盟)建设,为科技服务凝聚社会资源,其中包括北仑区知识产权协会、宁职院科协、北仑企业管理协会等。

(三)共建共享,打造区域文化高地

学院与区域共建"北仑图书馆",馆藏图书总规模 200 万册、刊物 60 万册、设置阅览座位 3000 席,实行高校馆与区域馆"两馆共建"的管理机制,充分发挥高校和地方各自的优势,突破传统公共图书馆和高校图书馆的建设模式,使两者既相对独立,又互相融合,做到资源充分利用。图书馆将努力实现"藏、查、借、阅、参"五位一体的服务管理模式,打造区域的藏书中心、信息服务中心和文化交流中心。

同时,学院与区域共建非物质文化遗产传承教学基地。区校共同保护开发蕴含丰富历史文化内涵的浙东古建筑,打造具有区域文化内涵、历史古韵的文化园区,与大学校园文化有机融合,将开设非遗文化及技艺大师工作室、社区公众教育与文化展示、创业孵化与休闲观光、大学生社团活动等。学院还与市、区两级政府共同建设"援外大楼",将打造区域性的集援外培训、留学生培养、师资培训、涉外学生培养、企业海外投资培训等于一体的国际文化交流中心。

五、深化对外开放合作,提高国际化发展水平

学院向宽领域、高水平、深层次开展国际合作与交流,积极与国外院校合作开展人才培养,大力引进国际通用的职业资格证书,开展留学生工作,着力做好商务部援外培训工作,积极探索海外办学,不断提升国际化发展水平。

(一)引进优质资源,拓展国际化人才培养途径

学院积极与澳大利亚、德国、韩国、中国香港等国家和地区开展合作办班、短期交流、学生互换等中外合作办学形式,学习借鉴先进的高等教育理念,带动专业和课程建设改革,丰富办学层次。大力引进国际证照,按照国际标准开展相关培训,接受国际专家现场指导和监督,以及进行考试和评议,帮助学生获得国际通用的职业资格证书。

学院帮助教师提高国际化教学能力,派出专业带头人、青年骨干教师和管理人员,到德国、英国、新加坡,中国香港、台湾等国家和地区参加培训,帮助教师创新教育,转变教学思想;学习国际先进职业教育的教学方法和手段;在学生升学阶梯搭建、学分制改革、研究式学习、导师制等方面开展试点,在学生学习自主性提高、全

面发展（即素质教育、职业生涯规划等）、志愿者服务等方面深入探索。

（二）开展援外培训，扩大中国职业教育国际影响力

受商务部委托，学院自 2007 年开始承办中国政府人力资源援外培训项目，目前共举办了 42 期研修班，有 869 名学员参训，受援国家达 101 个。学院通过这一项目，把中国职业教育的经验传授给各发展中国家，帮助当地发展职业教育，也为中国企业"走出去"搭建了良好的沟通交流平台。借助这一项目，学院于 2012 年启动留学生工作，现有来自非洲和亚洲国家的留学生 50 余名。

在此基础上，商务部的"中国职业技术教育援外培训基地"和教育部的"发展中国家职业教育研究院"先后落户学院。通过理论和实践"双轮"驱动，着力对中国企业在海外投资分布情况开展调研，逐步开设更加有针对性的培训，为国际经贸、文化交流与合作搭建桥梁、培养人才。

（三）探索海外办学，服务企业"走出去"战略

学院依托现有援外培训平台和资源，开展职业教育国别研究，配合企业"走出去"战略，开拓海外办学试点。积极筹备在也门原萨那技校的基础上成立"也中友谊高等科技学院"，在教学管理、课程设置、教师培养、实验实训等方面给予全面援助。同时，将在贝宁建设中非（贝宁）职业教育培训基地，逐步开设电子技术应用、摩托车维修和小型发电机维修、电梯维护、建筑设计与施工、商务管理、中文、中国文化体验等课程。学院将以此为抓手，为发展中国家在本国开展职业教育培训，为中资企业拓展海外市场提供智力支持和人才保障。

六、内实外强，培育品牌，推进学校"十三五"持续健康发展

"内实"指学校持续健康发展的内涵扎实，包括四个方面：一是学校发展定位要实，二是专业内涵建设要实，三是专业建设成果要实，四是学校文化育人绩效要实。"外强"即学校持续健康发展的外部竞争力强，包括四个方面：一是外部服务能力强，二是外部办学资源发掘拓展、整合优化能力强，三是借助外部智慧优化发展思路能力强，四是学校引领全国职业院校持续健康发展的影响力强。"培育品牌"是指学校致力于培养造就办学利益相关者——地方政府、行业企业、学生家长、国内外同行的高度评价和权威性认可的教育教学产品，包括品牌院长、品牌专家、品牌专业、品牌课程、品牌教师、品牌学生、品牌服务、品牌文化、品牌管理等，其中专业品牌建设是核心。

(一)建设现代职业教育强校

贯彻落实党中央国务院《现代职业教育体系建设规划》,以完善和实施高职院校章程为抓手,全面推进我院现代高职院校制度建设,优化学校内部治理结构;要以"现代性"为主题,以内涵建设为核心,提升办学体制内涵、学校运行机制内涵、教师专业能力内涵、人才培养目标内涵、课程内容体系内涵、教学方式方法和教学质量保障体系内涵。

(二)建设高职教育品牌强校

要坚持以学生就业发展为本,以专业建设为核心,培育(校地企)合作办学品牌、技术技能人才专业企业协同培养品牌、应用科技产学研协同创新品牌、终身教育社会服务品牌、先进文化育人品牌、稳定就业持续发展品牌、技术技能型拔尖创新人才培养品牌、技术技能创业教育品牌、应用技术研究研发品牌、企业管理创新服务品牌、区域文化服务品牌、终身教育培训服务品牌等。

(三)建设高职教育援外强校

要加快推进"宁波职业教育援外大楼"建设项目,要坚持职业技术教育国际化"请进来"与"走出去"并举的思路,凸显我校职业技术援外教育优势特色。做大做强商务部"职业教育援外培训基地""教育部发展中国家研究院""职业教育援外师资培训基地",加快组建"宁波职业技术援外教育集团",形成职业技术援外教育合力,创新职业技术援外教育模式。

(四)建设高职教育文化育人强校

要坚持立德树人、育人为本的办学方针,把文化育人工作方针列入人才培养工作首位,建立健全党委统一领导,学校统筹管理,分院组织实施文化育人工作体制;建立包括思政素质、心理素质、健康素质、人文素质、科学素质、职业素质、专业素质、创新创业素质在内的文化育人课程内容体系;要完善提升以思源基金、成功大学、非遗文化基地、工作坊、校友联谊会、学生名片等平台的文化育人工作载体;要全面拓展深化校地融合图书馆、工程文化体验中心、学生发展服务中心、学生校务管理委员会等机构和社团的文化育人功能。

(五)建设高职教育立体发展强校

要加快推进"北仑科技城"项目,要积极发挥高职院校在建设现代职教体系中的核心引领作用,积极推进中高职衔接教育、高职本科层次教育、职普沟通教育、区域终身教育、大学生就业创业教育,把我院办成促进各类院校学生、社区市民、企业员工职业发展的立交桥和大通道。

(六)建设高职教学质量保障强校

要以教学质量提升为目标,建设行之有效的教学质量标准体系,包括加快研究研发专业教育教学投入标准、专业教学质量评价标准化体系;建立健全教育教学质量日常监控体系,建立学校主导、行业指导、社会第三位实施的教学质量测评认证工作机制;建立专业教学质量测评认证体系、学生职业能力测评认证体系、教师职业能力测评认证体系。

以"八个学校"为抓手，全面建设高品质幸福金院

浙江金融职业学院

浙江金融职业学院是全国第一批国家示范性高等职业学院，其前身是国家级重点中专——浙江银行学校。学校潜心专注金融教育四十年，专心致力高职教育十五年，积淀了良好的办学成效，在业界产生了广泛的社会影响，更以培养5000名行长而享有盛名，被誉为"金融黄埔""行长摇篮"。

2005—2014年是浙江金融职业学院发展史上浓墨重彩的十年。过去十年里，在教育部、财政部和浙江省委、省政府的正确领导下，在行业、校友和社会各界的大力支持下，学院党政班子带领全院师生紧紧抓住高职教育大发展、金融产业大繁荣的有利时机，以建设国家示范性高职院校为契机，积极践行"特色鲜明、人民满意、师生幸福"的办学宗旨，以"名副其实、物有所值、无悔选择"为对标管理，不断优化办学体制与运行机制，强内涵、拓市场，实现了各项事业的跨越式发展。

一、十年办学历程与主要成果

自2000年学校升格办高职以来，学校内涵水平显著提升，外部声誉显著提高，办学实力显著增强。截至2014年底，学校在校生规模达到9000余人（2011年首次招收退役士兵生源50人），就业率长期稳定在96%以上；各项内涵建设指标位居全国高职院校前列。学院先后获得"全国职业教育先进集体""全国金融职业教育先进集体""全国毕业生就业典型经验高校"、浙江省劳动模范集体、"浙江省职业教育先进单位"等荣誉称号，被中共浙江省委、省政府命名为省级文明单位；是全国财经类高职院校联协会主席单位、全国金融职业教育教学指导委员会副主任委员单位、中国高等职业技术教育研究会副会长单位、全国高职素质教育工作委员会主任委员单位、全国高职高专党委书记论坛副主任单位、浙江省高职院校党建研究会会长单位、浙江省高职教育研究会理事长单位等。

（一）与时俱进，确立以建设示范性高职院校为目标

2004年初，学校在2003年12月取得浙江省第一家高职高专人才培养工作优秀等级学校的基础上，适时提出了全面建设示范性高职院校，精心打造活力金院、

特色金院、品牌金院的目标并积极加以实践推进。当年3月，时任浙江省省长的吕祖善来我院视察工作，学校及时出台了《全面建设示范性高职院校若干指导意见》，确立了"全面建设示范性高职院校，精心打造活力金院、特色金院、品牌金院"和"建示范性院校，办第一流高职，创有特色品牌"的工作目标，确定了"就业立校、服务强校、合作兴校"的办学方针，致力于打造特色、推进创新，努力把学院办成金融行业特色明显、市场拓展能力强大、师资队伍优质精良、教育教学质量较高、学院运行规范高效、具有更高层次办学能力和品牌效应的一流高职院校。2006年，学院制定《学院"十一五"发展规划》，启动了"建活力金院、建特色金院、建品牌金院，创第一流的示范性高职院校"的"三建一创"工程，深入开展了"行业、校友、学院"共同推进示范性院校建设活动，明确了"专业特色化、课程精品化、实训仿真化"教学思路，加强了专业和课程建设，完善了督导评价制度，提高了教学质量。学生发展中心正式投入使用，建立了以"12345"为载体的学生服务机制。浙江金苑培训中心注册为法人机构，培训中心全面走向规范化；投资与理财、国际贸易两个专业与澳大利亚西澳洲中央TAFE学院合作办学，国际化合作迈出新步伐。学院成立了浙江地方金融发展研究中心，成为浙江省内研究地方金融发展、推动浙江金融强省战略的良好研究平台。

(二)协同创新，以示范建设工作为抓手持续推进学院发展

2006年12月8日，经教育部、财政部组织专家评审，学校成为第一批28所国家示范性高等职业院校建设单位。自此，学校以国家示范校建设活动为契机，以示范性建设"128"项目为抓手，根据工学结合人才培养模式改革的要求，积极开展示范校建设的各项工作。当年率先在省内高职院校中开展自主招生，并首次以面向西部为主体拓展省外招生。同时，全面启动了金融教育集团建设，深化与金融行业的产学合作，先后与省工行、省农行、省中行、省建行等单位组建人才订单培养班，完善了订单培养工作机制，成立了银领学院。学校首次将5月23日确定为"爱生节"，成立了明理学院并通过明理教育扎实推进学生素质教育。构建了以"诚信文化、金融文化、校友文化"为核心的"三维文化"育人模式。"诚信文化""金融文化"建设先后入选全省校园文化品牌。"校友文化"荣获教育部2011年全国高校校园文化建设优秀成果奖。

(三)深耕内涵，以第一次党代会为契机启动创新业工程

2008年1月学校召开第一次党代会，确立了深入实施"创业建设一流，创新成就示范，创造共享幸福"总战略，继续建设活力金院、特色金院、品牌金院，着力构建和谐金院、幸福金院的总体目标。2009年，学院的国家示范校建设项目先后圆满

通过教育部、财政部和省级验收，并获得优秀奖一等奖。2009 年学校制定了新世纪第二个《"358"发展规划》（即：三年巩固深化，五年丰富内涵，八年提升层次），明确了学校新一轮发展战略和发展目标。制定了学院《浙江金融职业学院章程》，规范学校依法办学。2010 年，学院主要围绕品牌建设，提升内涵和办学水平。2010年启动了以内涵建设为重点的"985 工程"（即：九大战略：①校企合作深化战略；②校友力量凝聚战略；③品牌专业建设战略；④名师名家培育战略；⑤青年教师成长战略；⑥服务行业深入战略；⑦融入地方延伸战略；⑧办学功能拓展战略；⑨文化建设提升战略。八项计划：①金院学子成才计划；②优质银领培育计划；③培养模式创新计划；④办学条件改善计划；⑤领导能力递进计划；⑥管理水平提升计划；⑦国际合作拓展计划；⑧服务引领推进计划。五个金院建设：①活力金院；②特色金院；③品牌金院；④和谐金院；⑤幸福金院）。系统提出了"六业贯通"的人才培养理念，着力加强内涵建设，深化人才培养。

（四）齐心攀越，围绕品牌建设提升内涵和办学水平

2011 年，学院制定了《"十二五"教育事业发展规划》，确立了"建设国内一流、国际知名高职院校"的奋斗目标，提出了"服务引领示范、深化内涵提水平、把握机遇上层次"的办学思路，明确了"一体两翼""一二三三"办学功能，以"七彩金院、交相辉映"为办学格局，以"十项工作、全面突破"为发展路径。2012 年，学院提出"攀越计划"，其要义是：①内涵建设再提升；②尊师重教再深入；③以生为本再彰显；④幸福金院再推进；⑤综合实力再发展。其具体计划是：①教师素质提升计划；②学生素质提高计划；③校企合作推进计划；④专业建设加强计划；⑤学校功能强化计划；⑥校园绿化美化计划；⑦学校能力增强计划；⑧文化建设凝聚计划；⑨办学层次提升计划。2013 年，学校通过第二次党代会和五届一次教代会，确立了"共建共享幸福金院，永创永续金融黄埔"的核心价值理念，明确了以"创新业"工程为动力，全面实施攀越计划，切实增强学校内涵，构建学校发展系统，深化共生态办学，真正把学校建设成为"国内一流、国际知名"的高职院校，全面建设更高品质幸福金院的新时期奋斗目标和发展战略。学校坚持立德树人，积极培育和践行社会主义核心价值观，不断提升学生素质教育：成立淑女学院，开设形式多样的内修、外塑、才技类课程，提升职业女性的气质涵养；成立公民素质教育学院，加强学生文明素质教育。着力推进强化内涵建设，实施攀越计划，以实践育人为切入点，推进人才培养方式的改革与创新，全面提高人才培养质量。

（五）幸福领航，适时提出续创新七年辉煌建设目标

随着全国职教会议的召开和《国务院关于加快发展现代职业教育的决定》（国

发〔2014〕19号）文件的颁布，学校在2014年提出了续创新七年辉煌建设目标和理念（2014—2020），进一步加大"千日成长工程"力度，强化立体化育人体系建设，深化教学改革，推进课堂建设，夯实素质教育，注重教师发展，优化就业服务工作，加强学校发展系统建设，扎实推进高品质幸福金院建设。学校在质量工程上又取得了新收获：获得了三项国家级教学成果二等奖，金融专业国家教学资源库顺利通过验收，国际贸易专业国家教学资源库建设成功立项并全面启动。同时，学校在对接市场办学上又实施了新举措——成立了浙江互联网金融研究中心和浙江金融职业学院互联网金融学院；学校在校园建设上再次获得新荣誉——入围由省委宣传部、省委教育工委组织评选的"全省文化校园建设"试点单位，入选首批"浙江省5A级平安校园"。

二、以"八个学校"为基点，全面推进高品质幸福金院建设

2013年6月，自学院第二次党代会提出要把学校建设成为"国内一流、国际知名"的高职院校以来，以"内涵建设先进学校、以生为本榜样学校、尊师重教模范学校、素质教育领先学校、改革创新先行学校、文化建设特色学校、和谐建设典范学校、社会责任引领学校"为主要内容的高品质幸福金院建设全面有效推进。

（一）内涵建设先进学校

内涵建设是对学院办学质量和水平的检验。近年来，学院多项内涵建设指标居全国前列，办学条件更加完善、教学设施更为先进、信息化更加全面、国际化更加广泛，尤其是以专业建设为龙头的人才培养方案更加合理、课程水平更有水准、教育教学更加有效。学院围绕"一年级金院学子、二年级系部学友、三年级企业学徒"的人才培养设计理念，打造并优化出以金融类专业群为龙头，以财会、经贸类专业群为主体，信息技术类与文化创意类专业群。通过专业与专业群建设，有效形成了一大批国家级、省级的重点建设专业（国家级重点建设专业5个、央财支持专业2个、省级特色专业11个、省级优势专业3个）。注重课程教学改革建设的时效性：学院以"精品化、品牌化"为课程建设与改革目标，先后建成了一大批国家级、省级、院级精品课程、院级精品资源共享课；结合人才培养的实际需求，学院在不同时期推行了不同主题的课程教学改革，取得了较好的成效。推动师资队伍建设的可持续性：教师在内涵建设中主要承担了专业建设带头人、核心课程建设者、实践课程教学者三类角色。为强化专业带头人建设，学院提出了以专业带头人推动专业建设和提高教育质量的举措，相继在2010年、2012年、2014年发布了《关于推荐专业带头人的通知》《专业带头人团体提升工程实施办法》《专业带头人提升计划》《教师职业发展指引》等文件，在制度和经费上保障了专业带头人队伍建设的需要。通过

建设，形成了一批省级专业带头人（第一批高职高专专业带头人9名、第二批高职高专带头人10名），更培养了一批专业建设指导的国家级、省级专家（全国职业教育教学指导委员会委员5名、浙江省第二届高职高专教学指导委员会委员5名）；为培养后续建设骨干力量，学院从2010年起就启动了《青年骨干教师培养工程》，通过项目资助培养的方式推进了青年骨干教师业务能力水平的提升；学院一直注重强化课程教学团队的建设，通过"内修外训"形成了30多个专业基础和核心课程教学团队，其中金融管理与实务专业核心课程教学团队获得2009年"国家级教学团队"荣誉称号、会计专业核心课程获得2009年"省级教学团队"荣誉称号；为夯实实践课程教学队伍建设基础，学院一方面通过"内修外引"加强双师素质教师队伍建设，另一方面通过建立行业兼职教师库和借助校友资源，加强了兼职教师队伍的建设和利用。保障校企合作的育人长效性：学院结合办学历史和高职特点积极构建"行业、校友、集团"共生态合作办学体制，在此基础上建立了浙江金融职业教育集团，产学合作委员会和发展咨询委员会，依托行业和校友、集团成员力量形成合作育人的总体框架；同时，学院以专业（群）为单元，动员行业、企业和校友力量组建专业教学指导委员会，按照"一个组织五个一批功能"（即：一批校外实习基地、一批行业兼职教师、一批实习就业通道、一批社会服务平台、一批咨询专家的要求），为开放育人创造了条件；广泛开展校企合作的订单式人才培养工程，订单生每年约占毕业生总数50%以上，真正把开放育人落到了实处。发挥实习实训基地建设的教学实践性：学院根据专业建设和技能培养的需要，科学制定了校内实习实训基地建设发展规划，分布推进了校内生产性实训基地建设，如建立了23个校内实训基地。同时借助校企合作，探索校企合作共建实训基地，如学院与中国邮政储蓄、浙商银行、信泰人寿实验室分别建立实训基地；积极拓展校外实习基地建设。截至2014年底，学院各专业合计建设了260多个紧密型校外实习实训基地，从而确保学生专业实习教学的顺利开展。夯实教学资源建设的绩效性：近年来，在数字化教学资源方面，学院通过"顶层设计、结构布局、分批推进"等完成了金融专业国家教学资源库建设、会计专业国家教学资源库——企业财务会计课程建设，正在开展国际贸易实务专业国家教学资源库、市场营销专业国家教学资源库——营销策划技术课程的建设；在教材立项出版方面，完成了36本浙江省高校重点教材建设项目的出版工作，取得了39本普通高等教育"十二五"国家级规划教材的立项；在教学成果奖方面，获得了4个二等国家教学成果奖和6个省级一等教学成果奖、4个省级二等教学成果奖，评选了31个院级教学成果奖的项目。

（二）以生为本榜样学校

学生成长成才是学院办学的第一要务。学院重视学生在办学中的主体地位，全面落实"三全育人"机制，自觉形成以"关爱学生进步、关注学生困难、关心学生就业"为主要内容的"三关"服务体系，重视学生学业、就业和创业，重视学生成才、成长和发展，毕业生就业率和就业质量保持领先水平。学院大力弘扬爱生文化，从2008年开始，每年的5月23日确定为"爱生节"（谐音为"吾爱生"）；2010年，学院提出并将"有利于学生健康成长，有利于学生素质提升，有利于学生就业创业，有利于学生可持续发展"作为检验育人工作得失成败的衡量标准；2011年，学院又将11月23日确定为深化"爱生节"活动日，寓意为爱生为本，爱生为办学的第一理念。2010年，学院下发了《关于全面实施"千日成长工程"，切实提升人才培养质量的若干意见》等系列文件，深入实施学生"千日成长工程"，积极探索立体化育人体系，培育了一批批综合素质高、职业能力强的基层复合型人才。"千日成长工程"打破了传统素质教育实施和管理中条块分割的瓶颈，强化了系部主体、职能部门统筹的实施机制，将教学管理和学生管理有机结合，将学院平台建设和学生自主发展有机结合，凝聚了学院育人的资源和力量。各系（部）整合有效资源，科学设计载体，创新工作举措，抓好工作落实，积极开展实践育人工作，进一步推进教育教学工作深度融合，把全员育人、全面育人等要素结合到学生在校1000天左右时间的成长过程中，将学生党建、团学组织、学生骨干队伍建设和社团、订单培养等环节融入其中，真正形成立体化育人体系，进一步完善了"千日成长工程"的系统性，让全体学生能够在金院这个幸福的大家庭中健康快乐的学习和生活，真正做到千日成长、幸福成长、快乐成长。

（三）尊师重教模范学校

教师是学校发展壮大的主力军。学院积极探索形成了关心关爱基层、重视重用高端、善待厚待主体的工作格局，把尊重人、关心人、提高人作为工作重心，尊重员工个性、倚重员工德才、注重员工发展，鼓励教师成名成家，关心职工生活所需，解决职工实际困难。目前学院共有正高职称教师48人，副高100多人；省"151人才"23人，省高职高专专业带头人19人，省级教学名师3人，省级教坛新秀3人。积极实施教师千万培养计划和各项人才计划，强化师资梯队构建。实施教师职业发展指引，顶层设计引导教师职业发展的科学化，对教师的职业发展、教师的个体价值实现给予更多的关注。建立尊师重教长效机制和教师政治进步的激励机制，鼓励引导一部分年轻优秀教师参与学校管理工作，培养造就一支素质优良、数量充足、结构合理，能够担当学院建设发展重任的年轻优秀、有发展潜力的后备干部队伍。大力宣传教师中的先进人物和先进事迹，鼓励默默耕耘、甘于奉献、淡泊名利的职业操守。进行表彰、嘉奖和宣传先进模范教师的业绩、事迹、成就和品德等，让尊师重教蔚然成风。建立科学的薪酬福利机制，构建合理的考评机制，建立校务公开、教师监督机制。

(四)素质教育领先学校

把立德树人作为教育的根本任务,不断完善素质教育体系,鼓励和引导学生自主管理、发挥特长、全面发展。学校一向重视学生素质教育,院领导带头对高职院校素质教育工作开展研究,党委书记周建松在《光明日报》《高等工程教育研究》《中国高等教育》《中国高教研究》等刊物上连续发表多篇深入思考如何推进素质教育的论文。2012年,学院发布《关于深化素质教育进一步推进文化育人和实践育人的若干意见》,2013年出台《浙江金融职业学院素质教育实施纲要》等重要文件,从素质教育课程体系建设、系部素质教育活动创新、"三个素质教育学院"设立、"千日成长"工程推动、素质教育研究重视以及"三维文化"育人创新等各个方面推进学院素质教育工作,积极构建立体型、多样化的素质教育体系。继续实施以"千日成长"为主线,以文化育人和实践育人为主要途径,以文明寝室建设为重要切入点,以明理学院、淑女学院、公民素质教育学院和银领学院为平台,提升学生综合素质,引导学生全面发展。从2014年起,以全国高职院校素质教育工作委员会主任委员单位为平台,组织全国高职院校更加重视和加强素质教学,创建素质教育领先学校。

(五)改革创新先行学校

贯彻全国职业教育工作会议和《国务院关于加快发展现代职业教育的决定》文件精神,实施创新业工程,深化体制机制改革,优化办学服务功能,延伸示范辐射效应。在世界水平、中国特色的中国职教体系和体制机制建设中先行先试、创新发展、发挥引领带头作用;在服务行业、服务区域,引领职教战线和支援西部发展中积极作为,发挥示范引领作用。创新办学思路与办学模式,积极开展以专业为基础的中高职衔接办学实践和与地方本科院校的合作计划,开展现代学徒制试点,充分发挥自身优势,不断提升内涵发展水平。在学院内部管理中更新观念,形成改革创新的氛围与机制,充分调动每个教职员工的主动性和积极性,形成改革创新的机制环境。不断落实《浙江金融职业学院章程》相关内容,借鉴学习其他院校先进管理经验,不断提升管理效能和工作效率。

(六)文化建设特色学校

切实加强高职教育文化建设研究和实践,充分发挥诚信文化、金融文化、校友文化的育人功能,培育更多更有水准的文化品牌。学院在近十年的办学过程中,广泛汲取中外职业院校的办学经验和文化成果,逐步形成了具有学院自身特色又蕴含高职院校办学共性的"三维文化育人体系",即"诚信文化""金融文化"和"校友文化"在育人工作三个维度上的交融。学院设立校园文化建设委员会，确定相关软、硬件建设的责任部门，系统规划、有序推进。出台《全面构建"三维文化"育人体系的若干意见》《文化与品牌建设》等文件，把"诚信文化"作为首要内容，保障文化建设与时俱进。专门成立诚信文化研究所，推出《学生诚信公约》《学生诚信誓词》，将诚信教育贯穿于学生入学至毕业的各个阶段，构建以诚信教育为基本特色的职业素质教育格局。依托明理学院强化"明德理、明事理、明学理、明情理"，优化育人环境，渲染诚信文化氛围。2007 年始，以订单培养为始点、校企合作为基石、双师团队为依托、工学结合为载体、优质银领为目标的"银领学院"的创设，激发了广大学生接受金融文化全面熏陶、以一种真正的"银领"姿态迈入金融行业的积极性和主动性。

（七）和谐建设典范学校

作为国家首批示范校，学校倡导并坚持以人为本的发展理念，体现对人的价值的充分尊重。和谐建设典范学校，创建既是理念的创新，更是探索与实践。在过往的办学实践中，学校坚持以德立校，提升和谐学校建设的凝聚作用；坚持以人为本，共建共享和谐学校；完善教代会制度，保障民主管理有效推进；维护教职工合法权益，夯实和谐学校建设的群众基础；开展丰富多彩的活动，营造浓厚的校园文化氛围；打造平安廉洁校园，为建设和谐学校提供保障，推动高职院校内涵发展。注重发挥教代会、工会、共青团以及统战、离退休的工作优势，汇聚学校改革合力。坚持25 年的教代会制度已成为教职工行使民主权利，参与民主管理、民主监督的基本制度，也是我校实行政务公开的基本载体和广泛听取教职工意见，促进决策科学化、民主化的重要渠道。

（八）社会责任引领学校

学院于 2007 年至 2014 年的八年间，向全国共发布了八份学校年度社会责任报告，全面将学院秉承的责任理念——昭示，坦诚学院对师生、行业、校友、政府、社会、国家的责任与义务，积极履行首批国家示范性高职院校的责任与使命。学院将"关爱学生"作为第一责任理念；将帮助学生顺利就业，作为重要的社会责任；将树立、履行对校友承担的文化紧密沟通和推进校友在岗位上可持续发展的责任，视为学校办学品质的象征；把实现师生幸福、构建和谐家园作为高职办学的重要责任。学院做好学生培养和服务工作，全面实施"千日成长工程"、深化"以人为本"项目导向的课程体系和教学模式改革，以人文精神关注困难学生，开展教工、党员与省外新生牵手开展"家庭式"结对活动，启动奖助贷补免体系，创建"爱心基金"，利用社会力量提供奖学金、助学金以扩大济学力度，并创建帮困与育人紧密结合的教育机制。学院坚持"就业立校"方针，提升学生就业、创业能力，把高职真正办成学生从学习生涯走向职业生涯的桥梁。为此，学院领导每年率队走访全省金融机构，拓展毕业生就业渠道，明确院长和系主任为院系两级学生就业工作第一责任人，推新农村建设服务，促地方经济金融发展。通过努力实践，学院在人才培养、校企合作上面得到了深化，实现了金融行业校企合作数近 200 家，校企合作订单人才占应届生总人数的 50%。《人民日报》《光明日报》等多家媒体从不同角度对学院创新育人机制、建设特色文化、培育优质银领给予了报道和积极评价。为扎实推进"服务强校"战略，全力打造"以农村金融人才重地为目标，以浙江金融强省为宗旨"，学院整合省内金融行业资源，成立了浙江省地方金融研究发展中心，与浙江农村信用合作联社共建了"浙江农村合作金融学院"，成立了"金融人才重地创新人才培养模式"工作组；学院认真做好产教融合、社会服务工作，做强做大独资的杭州资信评估公司和控股的浙江众诚资信评估有限公司，年均服务企业近万家，所承担的全省信用担保机构信用评级工作被杭州市人民政府授予"杭州市中介服务业示范企业（机构）"，并被指定为浙江省银行业协会"信贷诚信企业"评选信用评估中介机构，成为"信用浙江"与金融行业的重要社会服务平台；用心做好成教分院（浙江金苑培训中心）的金融行业培训和成人教育工作，年均培训金融行业干部和员工 6000 余人，跟踪调查课程满意率高达 99.8%。学院积极支持西部同类院校建设和校地合作。通过重点专业及其专业群建设，形成可供同类院校借鉴的教学标准、课程标准体系与教材体系；通过金融专业素质养成基地、金融职业教育师资培训基地及金融职业教育网等公共平台建设，带动各类教育教学资源共享；通过对口支援山西、陕西、内蒙古、广西等地同类院校，实现东西部院校共同发展。如，从 2005 年起学院先后与山西金融职业学院、广西金融职业学院、陕西银行学校等院校签订合作协议。学院 8 年多来与淳安县瑶山乡幸福村的文明结对共建工作取得了一系列建设成果，得到了省委省政府的高度肯定；学院充分发挥学院青年师生团组织的力量，开展一系列青年志愿者活动，同时学院还承担了"省社科联普及示范基地""非物质文化遗产传承教育基地"等科普教育基地的功能，得到了社会各界的肯定。学院积极开展服务高职教育工作，从 2014 年起，承担了全国高职院校党委书记论坛委员会副主任委员、全国金融职业教育教学指导委员会副主任委员单位、全国高职教育研究会副会长单位、全国高职院校校友工作委员会会长单位的职责，继续发挥应有作用。

三、全面推进改革创新，努力促进学院更好更快发展

以党的十八大、十八届三中、四中全会精神为指导，根据《中共中央关于坚持和完善普通高等学校党委领导下的校长负责制的实施意见》和《现代职业教育体系建设规划（2014—2020 年）》（以下简称《规划》）、《国务院关于加快发展现代职业教育

的决定》(以下简称《决定》)等文件精神，在高等职业教育发展的新常态下，适应国家高等职业教育改革创新的发展要求，结合学院实际，通过改革与创新，把二级学院培育成独立面向市场的办学实体，创办若干校企深度融合的特色学院，全面激发办学活力；把学校打造成一个特色鲜明、内涵丰富的高等职业教育综合体，全面提升学校办学实力和水平，全面提升幸福金院品质，全面提升人才培养质量，创办全国最好的高职名校。

(一)打造高职教育综合体计划

进一步适应国家高等职业教育改革创新的发展要求，不断完善"行业、校友、集团共生态"办学模式，着眼于学校的可持续发展，大力推动校企深度融合，将各二级学院培育成独立面向市场的办学实体；主动适应区域经济转型升级要求，创办若干校企深度融合的特色学院，全面激发办学活力，把学校打造成一个以专科层次为主体，包括本科层次和中高职衔接、全日制和非全日制协调发展、学历教育和非学历培训兼具的高等职业教育综合体。

(二)深化体制机制创新计划

深入研究《决定》和《规划》蕴含的政策红利，在国家高等职业教育改革发展和社会经济发展"新常态"下，探索联合培养本科层次应用型人才的体制机制，与应用型本科学校共同开展"4+0""1+2+1"等模式的四年制应用型本科人才联合培养试点工作，全面增强学院培养高层次人才的实力和水平；探索创办校企深度融合的特色学院，实施"走出去""沉下去"战略，在巩固银领学院办学成果的同时，以专业和专业群为单位，与大型企业、科研机构和行业协会举办混合所有制特色学院；探索与高等职业教育综合体办学目标相适应的运行机制，建立应用型本科、特色学院、二级学院、多种社会培训相适应的管理机制；建立以绩效为导向的专业评价机制，适应以专业排名为导向的招生制度改革，全面提升学院办学实力和水平。

(三)深化内部治理机制改革计划

适应体制机制改革需要，不断完善现代大学制度，深化内部治理机制改革，进一步完善党委领导下的校长负责制，建立"党委领导、校长负责、教授治学、民主管理、企业参与、社会监督、科学决策"的运行机制；按照《浙江金融职业学院章程》依法治校、民主治校，进一步完善院系二级教职工代表大会和党代会制度；推进管理中心下移，实行目标责任制，有序推进二级管理，全面激发学院办学活力。

(四)深化人事分配制度改革计划

适应学院体制机制、内部治理和教学创新需要,改革人事管理和薪酬制度,通过实施教师岗位分类管理、岗位退出机制,逐步建立能上能下、能进能出的用人机制;积极探索绩效工资二级管理、绩效考核重心下移、优课优酬等办法,建立能上能下、能高能低的以绩效为核心的收入分配激励和约束机制,促进高素质的教学和管理队伍建设,为激发办学活力和实现学院可持续快速发展提供人才保障。

(五)深化人才培养模式改革计划

根据高等教育综合体办学目标和校企深度融合的要求,建立人才培养工作的顶层设计、动态调整、整体推进和系统反馈的机制;在巩固学院订单式人才培养模式的基础上,根据多元主体办学改革需要,探索非金融类专业工学结合新路径,探索工学交替、生产性实训、产学合作项目教学等多样化人才培养模式,系统推进产教深度融合的工学结合、知行合一的人才培养模式改革;探索专业和专业群适应中高职衔接、高职专科、应用型本科等不同办学层次和办学定位的人才培养模式;进行以"订单前置"为主要方式的现代学徒制试点,全面提升人才培养质量。

(六)深化课堂教学创新计划

根据全面提高人才培养质量和人才培养模式改革的要求,确立课堂教学在人才培养中的主阵地作用;坚持立德树人,将职业能力、职业道德、人文素养教育贯穿课堂教学全过程,促进课堂教学创新与学生素质教育的有机融合;以课堂教学创新为载体,以数字化教学资源平台为支撑,以"金院好课堂"为依托,以"金讲坛名师"为抓手,以开展各类教学竞赛等活动为手段,以"优课优酬"等激励制度作保障,全面推进教学工作创新;实行弹性学分,扩大学生学习选择权,推进小班授课和分层教学,不断提高课堂教学创新成效,把我院建设成为省级课堂教学创新示范学校。

"十二五"马上结束,"十三五"即将开启,中国特色、世界水平职业教育体系建设将开启新的征程。学校将高举全面建设高品质幸福金院建设大旗,以学习贯彻全国和浙江省一系列重大决策部署为动力,坚持以生为本、立德树人,着力教学创新,积极探索高品质幸福金院的学生体验、教师体验、校友体验和社会评价,做精专业、坐实科研、做活(社会)服务、做强校友会、做大基金会、做密合作网、做品学校,努力推进幸福金院建设迈上新台阶,为"建设国内一流、国际知名高职院校"的奋斗目标而继续努力。

发挥示范引领作用　突出制造业发展特色
办出人民满意的职业教育

浙江机电职业技术学院

浙江机电职业技术学院,是在浙江机械工业学校基础上升格发展成为高职院校的,具有长期的制造业中专层次人才培养历史,有着较好的发展基础条件。学院于 2002 年通过浙江省教育厅高职院校人才培养工作的合格评估,初步规范了高职办学。在 2003 年到 2014 年的发展中,经历了三个重要发展时期,首先是 2006 年的人才培养评估工作,在评估工作中,强调"以评促建、以评促改、以评促管、评建结合、重在建设"的二十字评估方针,确立了"开放、合作、服务"的办学理念,促进了学院从中专办学向规范高职办学的转型,提高了学院的办学水平和人才培养质量;2008 年,学院正式进入国家示范高职院校建设阶段,学院提出了"重点建设、系统推进、强化特色、持续发展"的示范建设思路,围绕示范建设任务与特色建设两条主线,在全体教职工的努力下,学院的示范建设在教育部国家示范院校建设验收评审中取得了优秀成绩,学院的社会声誉也提升到一个新水平;在 2010 年通过示范验收后,进入到示范后学院内涵建设的进一步发展中,为了在国家示范院校的平台上有新提高,学院在人才培养工作中提出了两个转变,一是从重教学设计转向教学实施,二是从重教学内容转向重视教学方法的改革,并且提出了创新型高技能人才的培养目标,推动了学院内涵建设的进一步发展。学院近十年的发展,经历了从中专到高职的转变,经历了国家示范高职院校的锤炼,从硬件建设到内涵建设,都发生了重大变化,取得了一定的成果,总结了一些经验。

作为一所具有行业背景的职业院校,学院着眼于自身传统优势,以机电类专业群建设为龙头,以教育教学质量为生命线,走出了一条符合学院历史和发展前景的特色办学之路,有力地提升了学院的整体内涵。学院先后获得"国家技能人才培育突出贡献奖""2011—2012 年度全国毕业生就业典型经验高校""浙江省职业教育先进单位""浙江省依法治校示范校""浙江省高校就业工作先进单位""浙江省高校学生工作创新奖"等荣誉称号。

一、秉承"服务浙江制造"的办学传统，紧贴区域经济发展实际，培养社会适用人才

在 2006 年的评估阶段，学院积极践行"以就业为导向"的高职教育观，深化校企合作，携手培育专业技术人才，形成了开放式的教学模式。将传统学科型教学转向具有鲜明职教特色的"做学结合、做教结合"的教学模式，同时，学院在高职院校中率先设计并试点了高技能人才全面培养的系统解决方案——"四结合模式"，即"毕业证书与职业资格证书结合""传统技术与新技术学习结合""学校教育与企业实践结合""技术教育与人文素质教育结合"。"四结合模式"使人才培养质量全面提高，毕业生一次性就业率、供需比、首岗起薪等指标均居全国同类院校前茅，学生在国家级、省级技能竞赛中成绩处于高职院校前列。

进入示范院校建设后，学院借鉴和学习国内外先进职业教育经验，结合区域经济发展与自身教改实践，根据高素质技能人才的培养目标，确立了"职业发展导向"人才培养理念，将学生就业与职业发展结合，专业技能与职业素养融通，并将其贯彻到人才培养具体实践中，创建并实施"工学交替、能力递进"的人才培养模式，进一步强化了学院教育与企业实践、传统技术与新技术学习、技术教育与人文素质教育、学历证书与职业资格证书相结合，使学院的人才培养从校内走向校外，"让学生带着工作经验走上社会"，实现了培养学生具有"扎实的首岗胜任能力、较强的岗位适应能力和良好的可持续发展能力"职业发展导向的能力目标。这一理念得到了社会的广泛认可，在之后的国家第三批示范性高等职业建设院校与浙江省省级示范性建设院校中有 10 余所院校的人才培养模式改革也明显印证了这种理念。

在后示范建设时期，学院的发展进入了"十二五"建设的关键期，在人才的培养上，特色越发明显，措施更加有效。"十二五"期间，学院开始实施创新教育改革战略，出台制定了开展创新教育的若干文件，提出了以培养创新型高技能人才为目标，实现教学改革的两个转变策略：一是从以前的重教学设计转向重教学实施，二是重教学内容安排转向重教学方法的改变，目的是要能切实将示范建设成果落地，促进教师系统掌握先进的教学方法，使得教师潜心于课堂教学，关心学生发展，通过优质的教学活动和服务，初步实现创新型高技能人才的培养教育目标。

初步形成一、二、三课堂相融合的创新型高技能人才培养体系，搭建了"创新教育课程""创新素质师资""技能竞赛与创新实践"和"社团活动"等四个平台；形成了"三个结合"创新教育机制，首先是"理论与实践结合"，实现了创新教育"进课堂""进计划""进教材""进项目"；其次是"一、二课堂结合"，构筑以竞赛、技能训练为抓手的创新实践开放平台，每年提供 300 万元学生创新活动基金，50 余个学生社团为学生提供二课堂活动载体；三是"校内、校外结合"，在全校实施"三年三阶段、工

学交替"的人才培养模式,让学生在企业的大课堂中得到锻炼与成长。

学院实施了教学改革创新重点工程。如,在机械专业中引入了德国机械制造专业的课程体系,探索符合中国国情的"学、做、练"一体化的高技能人才培养新模式,在德国专家的培训指导下,采取了行动导向法的项目教学法,确立了以培养学生自主学习能力为主的教学理念。在教师精心设计与实施的项目化教学中,教学形态发生了巨大变化,教师教得少,学生学得多,学生的团队学习、带着问题学习已成为一种常态,课堂上学生玩手机、打瞌睡的现象已基本消失,教师也已完成从传统的"独奏者"过渡到"伴奏者"的角色转变。同时,在试点班中特别设计了基础课程与专业课程的同步改革,数学、英语课程同样采用行动导向法的教学,已取得了基础课程教学改革的突破,达到了专业与基础课程的教学集成创新的良好效果。改革的初步成果得到了全校教师的认同,学生满意,企业也给予了高度评价。这一课堂改革实例,使教师知道了什么才是真正的"以学生为中心"的教学,什么才是真正的以"学生为主体"的课堂。下一阶段,学院将逐步扩大试点范围,更多地培养具有"德国品质"的制造业高技能人才。

《人民日报》2012年12月7日以《浙江机电职业技术学院——让创新教育渗透到每一个细节(教改在基层)》为题,对我院开展的创新教育工作进行了专题报道,学院教育教学改革整体水平在全省高职院校中处于领先地位。

十年来,学院通过不断的建设和发展,取得了不少标志性的成果。已获国家级教学成果一等奖2项、二等奖3项,省级教学成果一等奖5项、二等奖2项。学院共建有4个中央财政支持的国家示范重点专业,2个省财政支持的国家示范重点专业,1个中央财政支持的提升专业服务产业能力专业项目,3个省优势专业,11个省特色专业。学院共建有7门国家精品课程、7门国家精品资源共享课、25门省级精品课程和82门校级重点课程,逐步建立并完善"国家级—省级—校级"三级优质课程体系。建有"十一五"规划教材8本,"十二五"规划教材13本,浙江省重点教材37本。建有国家级教学团队1支,省级教学团队4支。

二、坚持"人文与素质并重",加强创新创业教育,满足学生全面与个性发展需求

学院注重学生的技能与人文素质培养,积极加强学生人文素质教育、文化艺术教育,满足学生的全面发展与个性发展需要,提高学生的综合素质,学院的"双休日工程"和"金石文化"被评为浙江省校园文化品牌。学院在各级各类大赛中成绩斐然,连续三年获得全国高职高专"发明杯"大学生创新大赛金奖、一等奖共9项;在全国大学生艺术展演中获一等奖2项、优秀组织奖1项;获得全国机械职业教育素质教育教学成果奖一等奖3项、二等奖1项;获"全国高职院校心理健康教育工作"

先进集体称号；2 名学生被评为中国青少年科技创新奖；1 名学生被评为全国高职百名创业就业之星；多次获全国大学生创业竞赛、全国大学生职业生涯规划、全国职业学校"挑战杯"创新创业竞赛等创新创业类竞赛二等奖以上奖项；连续数年在全国职业院校技能大赛、全国机械创新设计大赛、全国大学生数学建模大赛、浙江省大学生机械设计竞赛等比赛中获得一等奖、第一名等多项荣誉。近年来，累计获省级以上竞赛一等奖和金奖 123 项，获得省级三等奖及以上级别奖项计 345 项，省级以上获奖学生共有千余人，学生竞赛综合成绩处于全国高职前列。

学院重视创新创业教育发展，基本形成了创新创业教育与专业教学、企业实习、校友资源、技能竞赛、创业见习等"五结合"的创新创业多方联动机制。成立了创业训练和创新成果孵化中心，通过建立校内大学生创新创业园、校外创业训练基地、设立创新创业基金、扶持创新创业项目等手段，形成了学生参与教师科研、教师指导学生创新训练活动互相交融的创新教育机制与氛围。到目前为止，已扶持学生创新创业项目 200 个，曾入驻创新创业园孵化的学生企业达 30 余家，有 8 家学生企业注册了公司，有 2 个项目团队获得杭州市资助的创业资金，有 400 多名学生得到了实践锻炼。学院还与 47 家企业签订校外创业训练基地合作协议，每学期都有数百名学生在这些校外见习基地进行创业见习和培训。

人文与技能的并重，创新教育的培养，使得学生的培养质量得到提高，学院的人才培养工作水平提升到一个新的高度，良好的培养质量也使学院的毕业生受到了社会欢迎。多年来，保持了 96% 以上的高就业率。2012 年，在省教育厅组织的对 2011 届毕业生职业发展与人才培养质量的调查中，我院获得全省高职院校排名第一的好成绩。

三、实施人才强校战略，加强师资队伍建设，实现职业院校教师专业化发展与提升

高层次人才队伍是高职院校实现高质量人才培养的中坚力量，对学院科研与社会服务水平的提升具有先导性、基础性作用。加强高层次人才队伍建设已成为高职院校新一轮竞争的要旨所在，而技能指导教师队伍是高职学院师资队伍的重要组成部分，技能指导教师的师资结构、技能水平、工作积极性和责任心都直接影响到培养学生的质量。

高技能人才培养，离不开高素质的技能指导教师。为进一步改善技能指导教师的师资结构，提高教师技能指导和解决实际问题的能力，学院根据实际情况提出技能指导教师的成长需经"三关"，即"企业工作经历"关、"教学能力"关和"职业技能"关。首先要求过企业工作经历关。对新进人员，将五年以上相关岗位企业工作经历作为入职基本条件；对在职教师，也严格实行五年六个月脱产下企业锻炼的制

度,不断提高教师解决实际问题的能力。其次要过教学能力关。对新进的技能指导教师,学院都安排一名老教师对其进行教学规范和教学能力指导,经考核合格后才允许单独指导学生。通过老教师的传帮带,年轻教师教学能力得以提升,教学质量得以保障。第三要过职业技能关。每位技能指导教师都要参加相关岗位的职业技能培训,取得相应的职业技能等级证书。学院建立了职称晋升与职业技能证书挂钩的评价机制,将职业技能等级证书作为职称晋升的必要条件:晋升实验师要求具有技师证书,晋升高级实验师要求具有高级技师证书。通过企业锻炼、教学能力培训和技能考证的系统化训练,学院技能指导教师队伍的师资结构和教学水平有了很大改善。目前在技能指导教师队伍中,具有企业经历的超过 80%,具有技师资格的达到 100%。

经济全球化与教育国际化迫切需要提升高层次人才队伍的国际化水平。为此学院制定了具有国际视野的高层次人才培养计划。坚持在职和脱产相结合、国内和国外相结合、理论和实践相结合、传统技艺和现代技术相结合,使培训制度化、规范化、合理化。近年来,学院共选派骨干教师 434 人次赴美国、英国、德国、中国香港等发达国家(地区)学习先进教育教学理念、教学与管理创新方法,选派专业教师400 人次下企业锻炼,极大地提高了教师的专业水平,丰富了教学内容与案例,促进了教学质量的提升。

浙江省作为制造业大省,制造业技术人员“量”与“质”需求均日益殷切。全面提高技术人员的技能水平让青年踊跃参加职业教育与职业训练,是解决制造人才紧缺的主要途径。开展职业技能竞赛,可以帮助技能指导教师建立技能价值观,加强技术人员之间相互切磋与观摩,检验职业教育与职业训练的教学成果,全面提高技术水平。为此,学院确立了“以赛促学、以赛促教、以赛促研”的技能指导教师培养机制,鼓励技能指导教师参与学生技能竞赛指导、参与岗位技能比武和行业职工技能大赛等活动。将指导学生参加职业技能竞赛训练纳入技能指导教师的基本岗位职责,并作为技能指导教师业务能力的一项考核指标。每年暑假,学院定期组织技能指导教师进行集训,同时开展一年一度的校内技能比武活动。对优秀人员,除表彰、授予荣誉之外,还推荐他们参加全省、全国职业技能大赛。通过鼓励竞争、积极向上的竞赛平台建设,技能指导教师队伍的技能水平得以大幅提高,不但指导学生技能竞赛成绩在全国兄弟院校中名列前茅,而且技能指导教师也在各类大赛中屡获佳绩。

为适应新时期学院发展的要求,2013 年学院组织召开了师资队伍建设工作会议,坚持“重在培养,积极引进,改善结构,提高水平”的师资队伍建设指导思想,全面实施“人才强校”六大工程,制定出台了《关于进一步加强师资队伍建设的若干意见》,出台了相关配套政策文件,推动“双师型”教师队伍建设,推动教师队伍水平的整体提高。

目前已建有一支由 1 个国家教学团队、1 个全国教育系统先进集体、4 个省级教学团队、1 位享受政府特殊津贴、2 位国家教学名师、6 位省级教学名师、22 位省级专业带头人、2 位全国优秀教师、1 位省级首席技师、3 位全国技术能手、5 位省技术能手为核心组成的双师素质教学团队。

四、提出"学历教育与继续教育并举"办学方针，致力继续教育平台打造，形成社会服务品牌

为有效服务产业转型升级，提升企业一线员工的学历和技能，受省教育厅委托学院从 2007 年开始，主动与企业合作，树立"回归成人本质、体现企业需求"理念，梳理出"1113"改革思路：以企业实用为原则，以职业能力培养为主线，以技师等级国家职业标准为参考，职业发展与岗位能力相结合、学历证书与职业资格证书相结合、学校资源和企业资源相结合；与企业共同招收具有中职学历层次且三年及以上工作经历的在职职工，开展"双元制"成人高等职业教育改革工作。创新开展了"双元制"成人高等职业教育改革的实践探索，通过"校企合作、订单培养"，实施"工学交替"，使学员能"岗位成才"，企业对此非常满意，部分企业已连续几年办班。省教育厅在 2008 年向全省 23 所高职院校做了推广，经验做法多次在全国会议上汇报，《中国教育报》《中国青年报》等主流媒体做了专题报道。省教育厅将《浙江省扎实推进"双元制"改革，积极探索职业教育"现代学徒制"新途径》的信息专报呈送教育部办公厅，浙江省委办公厅将此专报报送国务院办公厅。至 2013 年，经过六年探索建立了以企业（行业）为主体、职业院校为基础、政府推动与社会支持相互结合的高技能人才培养新机制，制订了《双元制成人教育改革试点班教学管理实施办法》等系列教学管理和质量保证制度，以及教学实施办法，确保成人高等职业教育改革的有序开展。

"双元制"成人高等职业教育改革试点，走上了一条中职"终结型"教育向"发展型"教育延伸的新通道，使得一线员工能在自己的岗位上成长为所属企业认可的高技能人才，实现了企业中低层次技能型人才向高技能人才的转化；形成了一整套可供职业教育"现代学徒制"借鉴的新做法，为我国现代学徒制的探索提供了可供借鉴的经验。对企业在职职工开展成人高职教育的实践，使得德国"双元制"在我国成人高等职业教育的人才本土培养上真正落地；确立了职业能力企业自主认定的新举措，制订的《"双元制"企业职业能力自主评价方案》，得到省人社厅的批复并加以实施，企业主导对参与"双元制"成人高职教育的学员开展考核评价，实现了企业对学员的职业能力等级自主认定。稳定了技工队伍，提高了竞争力，激发了企业参与技能人才培养的活力，从而使企业在职职工的继续教育从个体行为转变为企业

的组织行为,使毕业学员的知识和技能真正得到企业认可。

学院"双元制"成人高等职业教育改革教学成果显著,目前已与36家企业签署合作办学协议,专业范围覆盖机械制造及自动化专业、工商企业管理专业、机电一体化专业,实现"双元制"学生966人规模。学院应邀在教育部"现代学徒制专项工作推进会"上做经验分享推广办法与理念;2013年12月,《职业教育现代学徒制理论研究与实践探索工作》课题获得教育部立项;2014年9月,《"双元制"成人高等职业教育改革与实践》获得职业教育国家级教育教学成果一等奖。

2006年,学院积极与省教育厅合作,建立"浙江省职教师资培训基地",并积极开展各项工作,成为浙江省教育厅7个职教师资培训基地中培训规模最大的基地。目前,学院作为浙江省17个职教师资培训基地之一,每年承担全省中职师资培训任务的50％左右,在中职师资培训领域独树一帜。省外部分中职教师也自愿前来学院参加培训。2012年,教育部批准学院为"全国重点建设职业教育师资培养培训基地",成为继浙江师范大学、浙江工业大学后的我省第三个国培基地,也是我省高职院校中唯一一个国培基地。三年来,学院完成了教育部全国职业院校教师素质提高计划2011—2014年四个年度的中等职业学校专业骨干教师、青年教师企业实践和高等职业学校专业骨干教师等国家级培训和省级培训,2013年和2014年先后获批中央财政支持的国家级培训基地"机械加工技术"和"模具制造技术"专业点建设,这标志着学院在职教师资培训领域又向前迈进了一大步,也为更好地服务全国职业教育师资培养培训夯实了基础。截至目前,学院累计开展各级各类师资培训14000余人次。

学院目前是教育部职业教育国家级师资培养培训基地、国家级数控技能紧缺人才培训基地、中国高等教育培训中心浙江分中心、浙江省机电类高技能人才培训基地、浙江省中小学教师培训基地、浙江省制造类职业能力开发研究所等。自2006年以来,继续教育工作成效显著,经济创收快速增长,总创收1.58亿元,总利润率超过40％,净收入超过6000万元;培训人数从2006年的2520人增长到2013年的13600人以上;2013年累计完成创收4682万元,同比增长1682万元,增幅56％,近两年连续增幅均保持在1000万元以上。

自2005年以来,学院先后组织承办了国家级和省级各类技能大赛59次,共计160余项比赛,连续三年承办全国职业院校技能大赛浙江分赛区竞赛。学院积极参与全国职业院校技能大赛的基础建设工作,加强制度研究,为大赛出谋划策,进一步规范了全国职业院校技能大赛运行,逐步固化为大赛长效机制,学院被教育部授予"2014年全国职业院校技能大赛突出贡献奖"。

五、积极完善科研管理政策，加大科研扶持力度，实现高职院校科研工作的进一步突破

学院积极完善科研管理政策，加大科研扶持力度，采取多种鼓励政策和运行模式，为教师开展社会技术服务提供平台，提高教师对外开展技术服务的积极性，培育了一批校内科技创新群体，有力地促进了产学研工作的开展，提升了科技创新能力和竞争实力。

目前，校内建有数控装备技术、物联网应用技术、工业机器人研发及集成应用技术、自动化系统集成与智能仪表技术、机电一体化设备研发技术、测控与工业网络技术、热加工工艺与装备技术等方向的 8 个科研团队与研究所，积极承担了一批产业化项目，并获得诸多科研成果奖项：2007 年，获浙江省科学技术二等奖 1 项；2010 年，获浙江省自然科学学术奖三等奖 3 项、浙江省机械工业科学技术三等奖 1 项；2012 年，学院作为第二成员单位（高校中排名第一）承担的国家 863 计划项目"汽车曲轴随动磨削机床及其相关工艺"成功通过科技部验收；2013 年，学院主持的浙江省重大科技专项"五轴联动数控卷簧机研制"科研产业化项目成功通过验收；2010—2014 年间，学院承担的农业部农垦局"农垦农产品质量追溯信息系统"科研推广项目，已经在全国 28 个省、市、自治区、新疆生产建设兵团的 350 多家企业进行了推广应用，得到了各界广泛好评；2010—2011 年，连续两年获浙江省高等学校科研成果奖三等奖；2011 年被评为全国高职高专科研工作先进单位、省高校科研管理工作先进集体；2011—2013 年，连续三年科研项目被评为"杭州市科技创新十佳产学研项目"，获杭州市政府奖励 10 万元。

学院科研与技术服务到款额近几年都达到 1000 万元，在同类院校中名列前茅；累计授权专利 742 项，其中发明专利 32 项，此外有 4 项发明专利、70 余项实用新型与外观专利成功完成技术成果转让；共发表论文 1613 篇，完成了 594 项技术服务课题。

六、高度重视毕业生就业工作，着力拓宽就业渠道，努力提高毕业生就业服务质量

学院高度重视毕业生就业工作，并将其纳入学院"十二五"发展规划，纳入学院教育教学与人才培养改革创新体系。学院根据区域经济的产业需求，明确专业技术特色，将行业、产业标准融入专业标准，开展专业建设工作，不断完善人才培养模式，提高毕业生就业竞争力。

统筹兼顾、多措并举，着力拓展就业渠道。学院多措并举，采取"走出去"和"请

进来"的方式着力拓宽毕业生就业渠道。依托体系完善的校友会平台,加强学院的宣传,并组织校友企业进校园招聘毕业生。学院与厦门航空、上海大众等知名企业合作,试点在大二学生中开展预招聘或提前去企业进行就业实习的新模式,前置就业工作。学院在全省各地建立产学合作工作站,依托合作工作站为用人单位和毕业生搭建双选平台。有的工作站还组织当地企业来校招聘毕业生。学院与部分企业联合开展订单班培养。

科学规划、加强研究,创新就业延伸服务。学院抓好就业指导课程建设与队伍建设,创新性地提出"延伸服务"的理念,深化了就业服务工作的内涵。提升就业指导课程标准。学院将就业指导课程设为公共必修课,纳入教学计划。

学院加强就业队伍的教育、培训工作,创新就业延伸服务。2009年,学院针对部分毕业生在第一年初次就业适应期存在跳槽频繁、职业生涯规划意识模糊、工程实践能力有待更高层次的提升等问题,创新性地提出了"毕业生延伸服务"的理念,帮助学生解决"毕业后"自身定位、职业发展等问题。经过几年的实践,初步形成了具有鲜明特色的毕业生延伸服务工作体系。

2011年,学院被评为"全国毕业生典型经验高校"50强。2013年4月10日,全国普通高校毕业生就业工作推进会在北京召开,经过省教育厅推荐和教育部遴选,我院作为全国高职院校唯一代表在会上做了典型发言。

七、秉承"求实、求精、求新"为核心的精神文化,建设校园文化品牌,提升高职文化建设

浙江机电职业技术学院建校62年,风雨历程,已形成了自己的独特文化,在"技术与艺术相融技能与素质并重"的理念指引下,总结提炼出了以"求实、求精、求新"为核心的精神文化"九大理念"。2001年建成并投入使用的滨江校区具有集中国优秀传统文化于一体的处处是景、步步文化的独特校园环境文化,结合校友文化设置"星光大道"、校友墙,总结60年校史建成校史馆,"机电之星"群星璀璨,南岸艺术源远流长,雕塑、碑刻、喷泉错落有致,校园里繁花似锦,教室内书声琅琅,校园广播电视有声有色……为全校师生营造了一个良好的教学、生活环境。此外,学院还注重理论与实践相结合,大力推进校园活动文化建设,开展了一系列卓有成效的活动,建成了"双休日工程""金石文化"两个省级校园文化品牌,并每年在学院内部遴选建设校级校园文化品牌;学院师生在全国和浙江省举办的各类文化素质展演比赛中收获不断……学院校园文化建设的丰硕成果在周边单位社区及省内外高职院校中独树一帜,呈现出蓬勃生机和鲜明的文化特色,成为名副其实的精神文明示范区和辐射源。

同时,进一步加强学院制度文化建设,对现有学院的规章制度进行系统清理、

修订和完善,推动学院科学管理。坚持校务公开与信息公开,在校园主页开设信息公开专栏,在学院主要地点开设校园信息公告栏,坚持学院重大事项研讨与征集意见制度,坚持教代会制度。认真执行党风廉政建设责任制,完善党内外监督体系。实施教风学风建设工程,进一步促进校园文化建设。实施校园安全工程,落实平安校园建设责任制,积极消除安全隐患和不稳定因素。

学院通过投入大量的人才与财力,加大硬件建设,打造校园文化建设精品,对校园内报告厅、图书馆、南岸艺术中心等文化场所进行了改造。由展厅、校史馆、技能馆、休闲吧、教职工运动休闲中心、报告厅、艺术中心、多媒体室等组成的空间文化布局,形成了校园环境建设的基本架构。同时,实施文化精品工程,抓好两个省级文化品牌建设的同时,加大二级学院的专业文化建设,实现"一院一品"的目标。以校园文化艺术节、技能节为载体,以学生社团为依托,大力开展各类文化活动,进一步扩大校园文化的延伸面与学生的参与度。

十年来,通过加强校园文化建设,进一步弘扬校训思想和机电精神,培育机电人共同的精神家园,促进师生全面发展。精神文化建设取得显著成效,"求实、求精、求新"等精神财富内化为所有机电人的一种信仰;校园人文环境和自然环境更加优美和谐、特色鲜明;校园软硬件环境更加体现人文精神,学院的文化载体、文化阵地进一步丰富;文化标识系统得到广泛的应用和传播,校园公共文化服务体系得以完善,具有机电元素的特色文化项目更好地保障和满足机电人的文化需求;立体综合传媒平台进一步提升我院文化的辐射力和影响力。

八、由借鉴吸收到创新辐射,找准合作方向,寻找高职中外合作发展的本土化途径

"教育国际化、开放式发展已经成为高职教育发展的重要选择。未来,高职教育的育人目标也会越来越转向于培养掌握先进制造技术与管理理念、具备跨文化交流能力的高技能人才。"这是学院对于高职中外合作办学的清醒认识。从2005年起,中澳国际贸易实务专业高等专科学历教育合作项目开始建设,到2012年,学院成为中国教育国际交流协会中外合作办学专业委员会质量认证中心的首家认证试点单位,并且正式通过认证。

项目根据国内就业要求,对外方课程进行本土化改造。从博士山学院国际贸易专业培训包中吸收引进的38门课程,内容涵盖了国际商务活动中的关键领域,力求实现"一专多能":专于国际商务业务,掌握国际商务业务所需要的外语、沟通、职场文化等多项职业技能,并在核心课程中创新性地融入我国本土的相关职业资格考证标准,增加深化能力的实训课程及毕业综合实践环节。

项目教师主要采用头脑风暴、任务驱动、角色扮演、情景模拟等教学法,让学

生自己提出问题,实际操作并解决问题。例如,澳方教师 Richard 大胆整合两门看似没有交集的财务课程,采用举办"ZIME IDOL"校园选秀主题活动,贯穿两门课程的学习始终:他把全班学生分为营销管理、财务管理、人力资源管理、运营管理、风险管理等六个团队,每个团队围绕这两门课的课程标准承担相应的学习项目,而这些学习项目的学习任务都是"ZIME IDOL"晚会举办的有机组成部分。

《中外合作办学质量认证标准》以第三方视角来判断办学定位和目的是否切合实际,并通过 61 个指标和 151 个观测点来检验其达成情况,这让学院真正注意起自身的内涵建设。比如,观测点中有一条是"图书馆的图书使用率、借阅率分别是多少",问题看似细小,其背后的自查意图是检测资源的建设是否存在浪费、是否满足了学生需要。

如果说认证的标准和方法促使学院真正关注自身的内涵建设,那么其"以学生为中心"的理念,也倒逼学院变革传统的教学方法、过程评价等内容。因此,项目的课程、教学活动、学习资源的使用和配置均以学生为中心,重视学生的学习产出。

这种"以学生为中心"的理念,还体现在对学生的管理上。项目以"自我学习、自我管理、自我实践"为目标,构建"创新型"学生管理模式,为此,学院搭建校外社会实践、校内二课堂活动、一课堂教学等三个平台,引导学生从自知走向自觉,从他律走向自律。

教师在教学实践中不是告诉学生一个"正确答案",而是注重让学生去亲身"触摸"知识,发现知识的趣味性,并找到解决方案的过程,这使学生的综合素质和能力得到了明显提高,也为他们成功走向职场铺就了捷径。根据第三方机构麦可思对2011 届毕业生的跟踪调研,中澳国贸项目毕业生在毕业半年后月收入较高的专业中名列榜首,平均薪资达到 3100 元,远远高于全国示范院校各专业薪资的平均值(2250 元)。同时以学生为中心,改革教学方式、评价机制、学生管理模式等做法也自然延伸到其他专业,学院以一个项目、一个专业为起点,探索出一条从借鉴走向吸收、创新和辐射的中外合作办学之路。

九、制订"十三五"发展规划,紧贴国家高职教育发展实际,继续开拓新的辉煌

在办学条件不断提升的基础上,学院进一步提出了"十三五"发展规划。在规划中,明确提出实施"创新教育改革战略、人才强校战略、教育国际化提升战略、社会服务品牌战略、校区建设发展战略"的五大发展战略,同时要求高度融合行业发展趋势,以产业变革驱动教育教学体系改革,探索和形成基于国家职业标准的高技能人才培养体系。在人才培养体系的基础上,提出建成特色专业品牌,师资队伍质量与水平国内领先,国际化办学程度明显提高,社会服务能力显著增

强，科研技术服务水平再上新台阶，两校区运行平稳，综合实力明显提高的明确目标。继续坚持立足杭州、服务浙江、辐射全国、面向国际的定位，建成"行业特色鲜明、人才质量领先"的国内一流高职院校，形成具有全国影响力的"浙江机电"品牌。

立足"产教融合、校企合作" 为推动区域经济发展做贡献

温州职业技术学院

温州职业技术学院紧密结合区域经济社会实际,率先进行"产教融合、校企合作"的探索,形成了基于"三性"的高职发展基本思路:在服务面向上突出"区域性",坚持面向温州区域经济建设需要,服务温州地方经济和社会发展;在类型特色上突出"实践性",坚持培养适应区域经济和支柱产业需要的不可替代性的高素质、高技能应用型人才;在办学层次上体现"高教性",全面发挥高校人才培养、科技开发和社会服务的三大职能。

在"三性"发展思路指导下,学院主动服务于温州产业转型升级与经济社会发展,充分发挥民营企业机制灵活的优势,积极推进办学体制机制改革,积极开展与行业、企业和当地政府合作办学,积极推进以生为本的"双层次多方向"人才培养模式改革,落实以真实(企业)工作任务为载体的工学交替教学模式,创新多层次系统化的实践教学体系,打响了高职院校的温州品牌,学院办学取得了长足的发展。

一、十年办学主要成绩

——2005 年,学院被教育部等七部门评为全国职业教育先进单位、浙江省普通高校就业工作优秀单位,并当选为浙江省高职教育研究会理事长单位。

——2006 年,学院以优秀的成绩通过全国高职高专人才培养工作水平评估。

——2007 年,学院成功入选被誉为高职教育"211 工程"的"国家示范性高职院校建设"行列,确立了学院在全国 1200 多所高职院校中的领先地位。

——2009 年,学院教改项目"以行业和民营企业为依托的高职'三个合一'实践教学体系创建与实践"荣获第六届国家教学成果奖二等奖。

——2010 年,学院以优秀的成绩通过示范验收,正式成为国家示范性高职院校。

——2011—2012 年,学院连续两年被腾讯网评为"全国十大最具就业力高职院校"和"全国十大创新型高职院校"。

——2014 年,学院"高职院校人才培养方案整体设计的创新与实践"等 2 个项

目荣获职业教育国家级教学成果奖一等奖。

二、主要办学经验举措

(一)产教融合办专业,培养高职特色人才

学院坚持以两个"主动行动"办专业:一是主动与区域支柱产业对接,优化专业结构,以区域需求为导向,按区域产业设置专业;二是主动走开放办学之路,与区域政府、行业企业等开展全方位合作,产教融合办专业。

1.产教合作办专业。学院坚持以区域需求为导向,对接区域产业设置专业,规定每一个专业(群)必须有"对接的产业、依托的行业、合作的企业"。例如,温州是中国电气之都,学院就对应设置了电机与电器专业;温州是中国泵阀之乡,学院对应设置了阀门设计与制造专业;温州是中国汽摩配之都,学院对应设置了汽摩配零部件制造和汽车电子2个专业;温州是中国鞋都,学院对应设置了鞋类设计与工艺专业。即便是现代服务业的相关专业,也做到以服务区域支柱产业为背景,如学院开设的市场营销专业是以机电、鞋服为背景,开设的金融与证券专业则以小额贷款公司为服务对象。每个专业(群)都至少有一个依托的行业协会,目前合作行业协会已经到达35个,所有专业必须有合作的企业,全院深度合作企业达331家,切实做到了"对接产业、依托行业、合作企业"。同时,学院以扶强、扶特、扶需为专业调整原则,建立严格的专业考评机制,通过专业评估和绩效考核,撤并存在同质现象的专业,采取末位淘汰,将一些就业前景暗淡、缺乏区域产业支撑的专业进行停招,现在学院主动调整后的专业为34个,体现了学院从注重规模扩张到注重内涵建设的重大转变,专业建设从做大做强到做优做精的重大转变。现在,学院已经形成了与汽摩配、泵阀、电气、服装、鞋业等温州支柱产业相适应的专业格局,实现了专业设置的不可替代性,再由专业的不可替代性实现所培养人才的不可替代性。

2.校地合作共建校区。一是与县级政府合作办二级学院。学院将自身优质职教资源的服务面向从中心城市延伸到县级区域,分别与温州两大经济强县开展合作,与瑞安市政府、乐清市政府合办了温州职业技术学院瑞安学院和温州职业技术学院乐清学院,并得到温州市政府的高度肯定和支持。二是与地方政府部门合作办二级学院,如与温州市旅游局合作建立的温州酒店管理学院,根据温州市高星级酒店对人才的需求,进行政校行企融合的高素质技术技能人才培养,同时温州酒店管理学院成为温州市旅游局的主要培训基地。

3.校行合作办二级学院。由温州市政府搭台,学院与温州市服装行业协会合作共建温州服装学院,为温州服装行业培养服装样版师和设计师助理,提供服装技术服务,2013年学院被推选为全国纺织服装行业教学指导委员会——鞋服饰品专

业教学指导分委员会主任单位;与温州市家具行业协会合作共建温州家具学院,聘请国内著名家具设计师出任院长,校行合作培养温州本土家具设计师助理,并为温州家具行业提供家具技术服务。

(二)校企合建产学研平台,共育高职杰出人才

温州职业技术学院"牢牢把握培养合格毕业生和杰出人才这一基本方向",以研发平台为依托,将实训基地建设、技术研发与培养合格毕业生和杰出人才相结合,培养学生综合能力、创新意识和能力,使研发平台成为杰出人才培养和学生完成毕业设计的基地,成为共育合格毕业生和杰出人才的载体。我们的主要做法是:校企共建产学研平台,开展"立地式"研发。产学研平台涵盖两个层次:第一层次是综合技能训练,将"实训与生产合一";第二层次是创新意识培养,将"毕业设计与开发服务合一",在应用研发与技术服务中培养学生的创新意识和后续拓展能力。

1. 校企共建实训基地。2006 年开始,学院在全国高职院校中率先发起了一场"捣墙运动",将教室之间一堵堵非承重墙捣掉,将标准的教室、教学楼改建成了一个个生产性实训基地,30 多个专业都建立了与企业紧密合作的"校园工厂"。现在,校园形态已经发生改变,实训岗位数与教室座位数之比为由之前的 1∶2 变为2∶1。校园形态的改变又倒逼了教育教学改革,现在温州职院的专业课实践性教学时数大于 55%,生产性实训达 80% 以上。此举已经得到教育部的认可和推广,在 2013 年 4 月 15 日举行的全国职业教育教学改革创新工作视频会议上,学院的实训基地建设案例在大会上展播,这也是全国唯一一所入选的高职院校。会议上,鲁昕副部长还专门对学院的"捣墙运动"做了点评和肯定。

2. 校企共建产学研一体化中心。学院与企业共建了 40 多个产学研一体化中心,产学研一体化中心承担了校企合作育人、共同研发的任务。如,在学院与亚龙科技集团合作共建的产学研一体化中心,学生在教师的带领下,完成了企业的研发项目——地铁低压供配电实训系统,企业提供经费达 140 万元。

3. 校企合办研发平台。研发平台以研发项目为载体,是产学研的最主要结合体。目前,学院已经建成由政府、企业和学校三方共建的 2 万平方米技术研发大楼,入驻了与浙江省、温州市政府、行业企业合作成立的 42 个省、市、院级研发服务平台和技术服务中心,其中有浙江省高职院校中唯一一个省级重点科技创新服务平台——浙江省温州轻工机械科技创新服务平台,以及 10 多家市级研发平台。这42 个技术研发平台为温州区域行业企业提供关键技术攻关、技术转让与成果转化推广等技术服务支撑,也成为学院和政府、行业企业合作的黏合剂。仅 2013 年,学院就实现科技立项数 241 项,年科技到款额 1122 万元,申报专利 117 项(其中发明专利 12 项),获授权 74 项,专利成果转化 15 项,转让经费到款 122.6 万元。在第

九届中国(温州)机械装备展览会和浙江省技术成果拍卖交易会暨网上技术市场活动,学院 4 项技术成果成功竞拍和签约,技术合同成交总额达到 150 多万元。而从 2010—2012 年的三年间,学院为温州企业,尤其是中小型民营企业提供技术研发 580 项,获授权专利 61 项,科技到款近 3000 万元,主动服务了区域产业转型发展,对温州当地行业企业的转型升级起了很大的推动作用。学院的鞋革行业创新公共服务平台,成立仅一年多就成为温州制鞋企业的主要技术基础,已协助意尔康、康奈等企业完成了新技术、新产品研发 28 项。在近期温州"以机换人"中,学院成功开发多个产品,投入企业使用,得到各方好评。而除了承担研发任务外,学院规定每个研发机构里的每位教师必须以企业真实项目为载体,承担指导学生毕业综合实践及暑期社会实践任务各 10 人以上,真正做到产教融合,以技术开发反哺教学育人。

(三)以提升素养为目标,推进全学程育人

2014 年,李克强总理在接见全国职业教育工作会议参会代表时指出:"职业技能人才应该是高素质、全面发展的人才,更应该是有敬业精神加职业精神的人才。职业教育不仅要培养职业技能,更要培养职业精神。"学院将整个育人过程按照时间空间划分为三个课堂:第一课堂(课内)、第二课堂(课外)和第三课堂(暑期),并积极探索三个课堂的育人分工与紧密结合,实现提高高职学生的职业技能和培养职业素养的高度融合。

1. 第一课堂(课内),将核心能力的培养贯穿始末,体现的是"牢牢把握培养合格毕业生和杰出人才这一基本方向"。一是实施"双层次多方向"的分层次培养模式。学院树立以学生为本的教育理念,以学生的价值期望和需要为导向,对产业进行岗位的差异化分析,找出高职学生所主要从事的岗位即核心岗位,根据核心岗位分析出学生应具备的核心能力,建立相应的核心课程,在课程结构上建立起专业平台模块的课程体系。在这一培养方案(课程体系)中,基础平台一般为一年,经过一年的通识课程、行业入门专业课程的学习后,根据学生技能掌握情况和自身发展需求,将学生分流到技术型专业平台模块和技能型专业平台模块,各个专业平台模块根据就业岗位的需要一般在第三年又分成若干个专业方向。在这两次分流过程中,允许学生对不同专业平台模块和不同专业方向的课程模块进行选择,将学生根据自身需求和素养分流成技能型人才和技术型人才。二是实施"特长人才培养""复合型技术技能人才培养"。随着温州产业的转型升级,对高素质技术技能型特长人才和复合型人才的需求越来越多,而这块地带正是高职院校大有可为之处。根据人才规格的现实需求,学院以"社会需求＋学生兴趣＋择优选择"的模式组建特长班级,以"一个主专业＋一个复合专业"的方式培养复合型人才。如,市场营销

专业,我们培养的是温州的鞋服营销人才和机电营销人才;汽摩零部件专业的学生兼具汽车零部件设计(二维、三维图纸绘制)和汽车与零部件市场营销两种核心能力等。2013学年,学院已经立项以特长生小班化教学和复合型人才培养模式改革的教改项目12项。实施个性化小班化教学,培养复合型、特长生,这既是对社会需要和个体需求的契合,更是在"保证每一个孩子都是合格毕业生的基础上,追求职业教育的精英培养"的体现。

2.第二课堂(课外),以开展习惯养成教育来固化学生在第一课堂养成的良好习惯。使学生形成更加良好的职业行为习惯,主要通过早起、早锻炼和与专业技能练习融合的课外活动为载体的"二早一活动"。

3.第三课堂(暑期),构建专业实习与假期社会实践相结合的育人体系。第三课堂旨在使学生增强对本专业的关注度,提升专业意识,提升职业素养,更有效促进教师自身业务水平的提升,形成良好的教学互动。在内容安排上,一年级以认识实习为主,旨在帮助学生了解社会、认识企业,加强学生对自我专业的认知,促使学生进行合理的学业规划;二年级以简单技能训练为主,旨在借助企业工作平台锻炼学生职业技能,帮助积累工作经验,促使学生进行合理的职业规划。在教师指导上,与教师下企业锻炼制度相结合,每支专业实践队伍至少配备一名专业教师,教师利用下企业锻炼全天候指导学生实践,将以往"分散、无序、放羊式"的社会实践转变为有专业针对性指导的、与专业实习紧密结合的社会实践。现在,与专业实习紧密结合的暑期社会实践活动已经覆盖超过2/3的大一大二学生,其中进入企业的专业实践学生数占了八成。暑期社会实践活动已成为学院在产教融合中提高学生职业技能和培养职业素养的一项重要抓手和载体。

三、学院"十三五"发展思考

"十三五"期间,学院工作的总体要求是:深入学习贯彻党的十八大和习近平总书记系列重要讲话精神,坚持以立德树人为根本任务,走内涵式发展道路,不断提高综合实力和国际化办学水平,努力创建全国优势高等职业院校。

(一)以统筹发展为引领,着力加快体制机制创新

进一步推进内部体制机制改革,根据现代大学建设要求,完成大学章程的制订工作;进一步推进合作办学,积极做好温州职业技术学院瑞安学院正式投入使用的各项筹备工作;积极探索与美国、韩国、台湾等国外(境外)高校的合作办学新途径,提高国际化办学水平。

(二)以提升质量为目标,着力强化教育教学改革

进一步创新人才培养模式,全面实施分层次分方向人才培养模式改革,积极探索"复合型、创新型"人才培养。进一步推进课堂教学模式改革,全面提升课堂教学质量,继续推进课堂教学模式创新项目、课堂教学资源建设项目。不断完善教育质量保障体系,根据教学模式改革的需要,深化质量评价制度建设。

(三)以区域需求为导向,着力构建协同创新体系

继续推进研发平台建设,在稳定现有平台数量的基础上,争取在平台级别上再有新突破。围绕省市重大发展决策,积极开展科技交流活动,推动立地式研发和科技成果的推广转化,为温州经济社会转型发展提供技术支撑和决策参考,实现科技服务的"学城联动"。

(四)以提升能力为主线,着力打造高素质师资队伍

继续加大师资队伍建设力度,扩宽人才引进的渠道;继续实施教师素质提升计划和博士工程,加大培养培训力度,充分发挥研发平台和教师发展中心在师资培养中的重要作用。全面梳理学院人事、师资管理制度,强化师德师风建设,进一步提升师资队伍整体素质。

(五)以学生实际需求为立足点,着力提升育人成效

扎实推进第一课堂习惯养成教育,全面提升"二早一活动"育人质量,继续完善暑期社会实践活动,优化"三课堂联动"模式,促进全学程育人。

(六)以加强党建为保障,着力促进和谐校园建设

进一步加强党的建设。推动中国特色社会主义理论体系进课堂、进教材、进头脑;进一步加强和改进思政工作,着力加强理想信念教育,进一步加强思政队伍建设,继续完善大学生成才服务体系建设。进一步加强党风廉政建设和作风建设,严格落实党风廉政建设"主体责任"和"监督责任",大力倡导务实、廉洁、密切联系师生群众的工作作风。

校企合作开创"金华模式" 内涵发展实现"五个领先"

金华职业技术学院

金华职业技术学院创办于1994年,1998年经教育部批准成立,至2001年完成金华师范学校、金华卫生学校、金华农业学校、义乌师范学校、浙江农业机械学校、金华贸易经济学校等6所国家和省部级重点中专的并轨办学,承载着百年职业教育办学历史与传统的金华职业技术学院这艘高职航母在浙中大地上扬帆破浪。

十余年来,学院坚持高等职业教育的办学定位,以服务地方经济社会发展为己任,一路攻坚克难,一路高歌猛进,在省内率先通过高职高专人才培养工作水平优秀评估,并跻身全国百所示范性高等职业院校,综合办学实力、可持续发展力和品牌竞争力不断提升,谱写了高职教育改革发展的新诗篇,滋养着一代代学子成长成才,成为高职教育界的一颗璀璨明珠。

一、校企合作开创"金华模式"

(一)创立"五位一体"育人模式

1999年,学校率先尝试与海南亚洲制药有限公司合作开设订单班,联合培养医药营销人才,从此开始了零星的校企合作。2002年,随着学校办学规模的逐步扩大,提出"开门办学、社会办学",强调专业主动走出校门,与企业进行紧密型的合作,一方面将企业需求、标准、设备和师资引进校内基地,另一方面在企业建立起校外基地,并以基地为核心,一体化考虑基地、招生、教学、科研、就业等五大要素,探索创立"五位一体"育人模式。提出基地是校企联姻的基础,招生是校企互动的起点,教学是校企合作的核心,科研是校企融合的提升,就业是校企双赢的硕果,校企关系由此从"邻居"变成"亲戚"。

2004年,"五位一体"相关成果获得浙江省高等教育教学成果奖二等奖;《求是》杂志曾刊发专文,对学校开创的校企合作"五位一体"育人模式予以高度评价,称该模式"探索出了一条具有中国特色的高职教育教学、科研改革之路"。

(二)实施基地"两化"建设

2006年,在深化"五位一体"育人模式过程中,围绕"国家示范性高等职业院校"这个新目标,针对实践教学中存在的突出问题,学院提出"校内基地生产化、校外基地教学化",一方面引进企业的标准、设备和师资,在校内建设生产化的实训基地;另一方面,在企业开辟教学场所,将科技合作项目引入课程,联合开发实训教材等方式,使企业成为学院的延伸。由此,使校内基地融入职业、生产要素,校外基地赋予教育教学功能,二者优势互补,有效地落实课程教学和项目实训。同时,进一步促进实习实训项目成系统、校内外资源配置成系统、基地建设规划与实施成系统、实训基地运行与管理成系统。根据职业技能培养特点,学院构建起"四种专业类型、四个实践层次"的实践教学框架体系,如工程技术类专业划分为仿真实训、跟班作业、轮岗实训和顶岗实习,通过管理和制度层面的改革与创新,逐步建成了延伸到企业制度化的实践教学管理平台,提高了实践教学的针对性。

2009年,"建设实践教学管理平台:'校内基地生产化,校外基地教学化'的探索"获第六届高等教育国家级教学成果奖二等奖。

(三)建设"校企利益共同体"

2009年以来,学院在前期开展校企合作的基础上,针对"产教融合、校企合作"实践中存在的问题,借鉴利益相关者理论和"双元制"模式,以合作育人为价值取向,充分考量企业利益,以双方利益为基础结成"人才共育、过程共管、成果共享、责任共担"的协作组织,探索建设多种形式的"校企利益共同体",使之成为实现利益诉求的载体、对接产业集群的纽带、融合校企资源的平台、实施人才共育的实体。以专业与企业一对一、一对多、多对多等方式,与中国众泰控股集团合作成立"众泰汽车学院",与皇冠集团等3家公司组建"皇冠学院",与金华高新产业园区和骨干IT企业联合成立"高新IT学院",还与相关政府部门、行业协会和企业联合成立现代农业技术培训学院、浙中建筑装饰技术联盟、化工与制药工程技术中心、国际商贸园、学前教育"学教研"共同体、"金华旅游研究院"等10家校企利益共同体。2014年,学院对接金华市网络经济这一"一号产业",融入浙江第四大都市区——金义都市新区,创办了独立校区的"金义网络经济学院",探索产业园区、学校和企业三类投资主体的混合所有制办学,进一步深化企业参与、市场运作的办学体制机制改革。

2012年2月25日《光明日报》刊文认为:"校企利益共同体是构建中国现代职教体系的切入点。"2014年,"建设校企利益共同体,探索高职教育合作育人新模式"获浙江省第七届职业教育教学成果奖一等奖、全国职业教育教学成果奖二等奖。

从"五位一体"育人模式到"基地两化",再到"校企利益共同体"建设,金职院的探索和实践走出了一条"双元制"本土化实践的人才培养新路径,开创了堪称我国高职教育产教融合、校企合作典范的"金华模式"。对此,浙江省副省长郑继伟专门批示,认为"金华高职进行校企合作的探索,历经多年,已经成熟,应在全省职业院校推广"。

二、内涵发展实现"五个领先"

(一)专业实力领先

完善适应现代产业体系的专业体系。学院主动服务区域经济社会发展和产业结构转型升级,动态优化专业结构。从 2001 年完成 6 校合并之初的 26 个专业起步,抓住我国高职教育规模发展的重要机遇,在此之后的十年间平均每年新设专业5 个,到 2010 年实际招生专业达到了 79 个,基本形成了面向区域产业链或岗位群的专业体系。示范建设以来,学院进一步聚焦内涵发展,开始主动调整专业设置,开展"从数据看质量、从调研找差距、从内涵谈发展"的专业深度剖析,建立专业综合评价模型完善招生指标与专业需求状况及办学质量的挂钩机制,以"增、调、稳、退"相结合的专业动态调整来优化专业结构体系。目前,学校实际招生专业 69 个,覆盖了 19 个专业大类中的 15 个。根据专业主体服务面向,对接一产专业为 5 个、二产专业为 20 个、三产专业为 44 个,分别占专业总数的 7.26%、28.98% 和63.76%,与区域电子信息、机械制造、新能源汽车、网络经济、生物医药等新兴产业、优势产业、支柱产业,以及包括卫生、教育等社会事业在内的现代服务业形成了有效对接。

打造一批优势和特色专业。学院积极推进国家、省、校三级特色专业建设,促进专业内涵发展的全面升级。机械制造与自动化、应用电子技术、护理为中央财政支持的国家示范建设专业,机械制造与自动化、学前教育、护理为省优势专业;有省特色专业 11 个,国家教改试点专业 1 个,教育部高职高专教育紧缺技能型人才培养计划建设项目和教育部、卫生部卓越医生教育培养试点项目专业各 1 个,中央财政支持的提升专业服务产业能力建设专业 2 个,校级特色专业 9 个,开展中高职衔接教育的专业 17 个。同时,临床医学专业定向培养农村社区医生,并入选全国第一批卓越医生教育培养计划试点项目;学前教育专业主持编制全国高职高专学前教育专业教学标准、主持国家资源库建设,成为专业同行的"领头羊";护理、机械制造与自动化、艺术设计、电气自动化技术、环境监测与节能减排技术等专业获批中央职教实训基地;小学教育、畜牧兽医等专业传承了深厚的历史底蕴,是目前区域小学教师、基层畜牧人才的主要培养点;2014年成立的"金义网络经济学院",对接金华网络经济"一号产业"整合相关专业,以更加开放的姿态培养急需人才。

(二)师资队伍领先

学院以师德建设为先,以教师的"专业理论、教育理论和专业理论的职业实践、教育理论的教育实践"四种能力的培养为重点,建立健全教师培养机制,强化专兼一体化教学团队建设,不断完善师资队伍的"双师"结构。

青年教师"访问工程师"制度。早在2004年,学院提出并试点实施青年教师"访问工程师"制度,重点在"访问工程师"的选派、访问单位及指导教师的筛选、访问时间、过程管理等四个方面建立了标准、流程和制度,这一"双师"素质教师培养的创新举措后来经浙江省教育厅以文件形式在全省高职院校推广。

专兼教师一体化管理制度。学院调整与完善教学科研基层组织架构,以专业(或专业群)为单位组建项目部、工作室或事业部,从校外基地和区域骨干企业选聘行业专家、技术与管理人员、能工巧匠等各层次人员,进行教学能力培训后构建兼职教师队伍;专兼教师共同进入项目部、工作室或课程组,实施专兼一体化管理,保障专业教学团队建设可持续发展,促进教师共同成长和人才培养模式改革的实施。

分层分类的教师社会实践。通过对实践对象、实践目标和实践内容分类分层的系统设计,以及脱产与非脱产相结合、短期与中长期相结合的新型实践方式,在教师专业化发展上形成了长效机制。在此基础上,实施"教师联系企业技术人员制"和"社会实践申请制",实践环节、实践时间等更加灵活和更具弹性,确保社会实践工作的延续性,教师社会实践从传统的"人与岗"对接转变为侧重于"人与人"的对接。实施主干课程的主讲教师制,以课程为单元,以课程主讲教师为带头人,加强专任教师之间、专任教师与兼职教师之间的合作与交流。

教师素质提升和高层次人才建设计划。面对技术技能人才培养对教师能力的更高要求,学院积极实施教师素质提高计划和高层次人才队伍建设。加大教师出国进修支持力度,推进中长期出国(境)培训项目,对具有较高学术水平、创新能力和发展潜力的专业带头人、骨干教师给予重点培养。近年来,出国进修教师在百名以上,其中2014年出国(境)培训项目达到了22项,投入经费340余万元;实施"博士工程",加大资助力度,共选拔40余名在职教师报考攻读博士学位;贯彻落实青年教师助讲制度,动态跟踪培养效果;按队伍建设、专业建设、教学改革、科技与社会服务、人才培养的目标,遴选、建设专兼一体化校级优秀教学团队20个;试点实施教师分类考核,确定了教师的分类原则、分类依据以及考核内容等。

目前,学校有教师1193人,其中校内专任教师1035人,专任教师中具有高级职称的437人,硕士及以上学位612人,双师素质教师占89.47%;有享受国务院政府特殊津贴专家 1 人,省"151 人才工程"培养人选 7 名,省教学名师 6 人,省级专业带头人 18 人,省级教学团队 4 个;聘请兼职教师 850 余人。

(三)教学改革领先

系统设计人才培养方案。从职业岗位要求出发,围绕"岗位、能力、课程体系、培养途径和方法、考核评价"五大要素,归纳总结出人才培养方案系统设计路径。编制学习导航,让学生、教师、基地明确专业培养目标、培养规格、课程设置、技能实训和职业证书要求等,实现培养方案的"三年早知道"。将三年的培养目标分解成阶段性目标,确定基础理论、专业技能、考证与考核要求,落实到当年具体的课程、校内外基地、实训项目和专兼教师,实现教学过程的"一年有计划"。

探索校企协同育人模式。依托校企深度合作平台,以工学结合为切入点,积极探索校企协同育人,如机械类专业实施"社团体验、定向培训、现代学徒制"渐进式人才培养模式,汽车类专业众泰学院实施"双高管、双专业主任、双班主任、双课程负责人、双指导教师"人员配备的"双主体"育人模式,IT 类专业深入开展 CDIO 工程教育,护理专业深化"院校融通、学做一体"人才培养改革,学前教育专业探索"见习—课程实训—跟班实习—顶岗实习"渐进式、集中与分散相结合的"走园"实践教学模式。

实施职业导向的课程改革。确立职业导向课程开发路径,组建开发、技术、指导和管理多元团队,强化行校企、校校和校内合作,围绕"精心建设"和"精细运行"两个重心,构建校、省、国家精品课程梯队;落实"学习辅导先行、示范专业引领、重点苗子培育、竞争机制推进、课程资源成库、课程运行验证"等六个方面的课程建设工作举措,全面带动学院课程改革与建设。从符合职业要求、体现岗位特点出发,实施"职业导向、融入专业"的公共基础课程改革,如"专题＋项目"的思政课改革、"基础英语＋行业英语"的公共英语教学改革、"基础＋模块"的计算机基础教学改革、"选项＋俱乐部"的体育教学改革等,将公共基础课置于整个专业中考虑教学内容、课时分配和教学要求。十年间,学校共立项国家精品课程 15 门,省级精品课程 30 门,校级精品课程 137 门。

构建立体的教学资源体系。以数字资源为媒介,开发由网络课程、专业教学资源库为重点的在线学习平台,推动现代信息技术对传统教学模式的改造。学院被列为国家教育信息化首批试点院校,共立项国家精品资源共享课 17 门,立项数量居全省第一;主持学前教育国家级专业教学资源库建设,核心参与国家级专业资源库建设项目 10 项;在全省微课竞赛中共获得一等奖 3 项、二等奖 3 项、三等奖 3 项,获奖数量全省高职院校最多;布点校企互动"空中课堂"48 个,覆盖企业生产、管理现场。探索适应课程改革的教材建设,共立项或出版"十一五"规划教材 19

部,"十二五"规划教材 51 部,浙江省重点教材 47 部。

创新主题教研活动载体。开展"专业负责人说专业、课程团队说课程、授课教师说课堂、项目团队说项目"的"四说"教研活动,重点解决专业建设的理念问题;开展"重点观摩三堂示范课、重点推进三项教学改革项目、重点做好三项社会服务项目、重点建好三个规范化实训基地"的"四重"教研主题活动,重点解决专业建设的方法与运用问题;针对国家、省级重点专业,率先聚焦高端需求,开展"课程研究对接应用型学科的发展、课堂管理对接示范课堂的设计、实训运行对接高素质养成的要求、专业提升对接高端产业的需求"的"四接"主题活动,进一步深化专业内涵。常规年度课题与重点招标课题相结合,推动教学改革研究,十年来,共立项浙江省新世纪教学改革研究项目 13 项、课堂教学改革项目 18 项、校级课题 500 余项。强化实践、凝练特色,共获得国家级教学成果奖 5 项,省级教学成果奖 10 项,获奖数量位居全省高职院校前列。

推动课堂教学创新。适应工作过程系统化课程改革,突出学生主体作用,积极探索行动导向教学。以课程为基础,聚焦课堂教学,着力提升课堂教学的有效性,实施校、院、专业三级"示范课堂"建设,树立了一批教学方法新颖、教学手段先进、教学特色鲜明、教学过程规范、教师教学艺术高超、受到广大学生欢迎的课堂典范,通过视频在线观摩、主讲教师巡讲的方式分享经验,建立优课优酬机制引导全校教师发挥课堂教学的主渠道作用,全面提升教学质量。在此基础上,开展"以微课、精品课建设促课程载体多元,以平台课程建设促专业群转型升级,以示范课堂建设促课堂教学质量提高,以课题招标与自选结合促教改效率优化"的"四促"活动,实施一批优质平台课程、一批优质实训课程、一批示范微课、一批精品资源共享课、一批创新课堂、一批课堂教改项目的课堂教学"六个一批"项目建设,全面深化课堂教学改革。

有效评价教育教学质量。构建了由"学生、教师、督导、社会(用人单位、家长、毕业生)"等评价主体参与,涵盖"教学运行过程控制、课堂教学实时测评、顶岗实习环节监控、毕业生职业发展反馈"等评价环节的"四方参与、四类评价"教学质量管理体系,让人才培养各环节利益相关者全面参与评价,将现代信息技术运用于教学质量管理和评价,综合运用课堂教学实时评价、第三方督导的过程评价、就业质量的结果评价和毕业生职业发展潜力的发展性评价,质量评价从封闭式自我评价转向开放式多元评价,教学质量管理从静态转向动态,评价质保及质量信息从主观模糊转向客观真实,实现了"督教、导学、促管"的和谐统一。

(四)社会服务领先

学校围绕"面向社会、合作互赢、凸显应用、服务区域"的科技工作思路,积极构建科技创新与成果转化平台,不断创新科技管理体制,服务区域创新驱动发展。

构建"多元化"科技研发平台。十余年来,学校从"研究所"单一、封闭的科研平台,逐步形成了"11家研究所、4个研究中心、3个科技联盟体"等多元、开放的研发平台。浙江省现代职业教育研究中心于2014年通过浙江省哲学社会科学重点研究基地评估组评估。多元化的研发平台直接推动高层次研发项目的稳步增长,学院已取得国家级科研项目9项,其中国家社科基金2项、国家自然科学基金3项;省部级科研项目186项,其中省重大科技专项3项、其他各类省科技研发项目77项,高层次研发项目领先全省同类院校。

创建"公司＋团队"的专业性公司运行模式。学校自2005年成立第一家专业性公司,经过近几年的专业服务团队组建,已形成了涵盖环保、医学、建筑、旅游、翻译、艺术等领域的专业性公司8家,并逐步形成了"公司＋团队"的社会服务模式,实现了专业技能与经济要素有效融合,专业性公司到款由2005年的不足5万元发展到2014年的320万元。

开展"多途径"的科技支农活动。学院通过开展"1＋1"科技结对、"百名专家联百村帮千户"等活动,采用"科技特派员""农村指导员""教授、博士入企计划"等途径,利用浙江省山区海岛特色畜牧业建设项目等载体,服务"三农"建设成效显著。先后有3人获得浙江省农业科技成果转化推广奖,1人被评为浙江省功勋科技特派员,4人被评为浙江省优秀科技特派员,3人被评为金华市优秀科技特派员,服务"三农"成效显著。

实施"全程化"的专利管理机制。学院建立申请前辅导、申请时补助、申请后推广的"全程化"专利管理服务机制,专利授权数由2006年的5项到2014年的156项,发明专利累计达到30项,实用新型专利401项。充分利用媒体进行专利推广宣传,成立金华职业技术学院技术转移中心对口推广,实现专利数量及转化的突破。目前已成功转化专利3件,累计到款17万元。2014年10月,中央电视台"我爱发明"栏目以"水陆大玩家"为题宣传介绍我院发明的作品"圆周健身机"。

(五)国际合作领先

学校实施"一体两翼、三促四化"的教育国际化发展,即以高等教育国际化为主体,做好留学生和中外合作办学项目两翼;促进领导、教师、学生等教育国际化理念提升,促进两岸高职教育国际化合作交流,促进国(境)内外交流生、交换生项目;实现教学理念的国际化、教学课程的国际化、人员流动的国际化及人才培养的国际化,与20多个国家和地区的50余所高校、教育机构建立了长期合作关系,国际合作与交流取得了积极成效,教育国际化纳入了浙江省教育体制改革试点项目。其中:

优质教学资源入课堂。将国际化工艺流程、产品标准、服务标准等引入教学内容，开设双语教学课程近 70 门，推进专业、课程、师资、标准国际化，开阔学生国际视野，培养具有国际竞争力的高端技能型人才。

中外合作办学迈大步。现有中澳护理、中美会计、中加酒店管理、中澳建筑设计、中美体育服务与管理等 5 个中外合作办学项目，目前在校生已达 1200 余名，居全省高职院校第一位，其中中澳护理专业被评为"浙江省示范性中外合作办学项目"。与新西兰怀卡托理工学院合作成立的中新国际学院，拓展了中外合作办学的专业群项目。

留学生教育上规模。积极拓展留学生教育项目，尝试学历类留学生的招生，先后招收 50 多个国家 400 多名留学生，其中 2014 年新招收 96 名留学生，共有 10 名学生获得浙江省政府来华留学生奖学金；交流生项目重成效，连续开展了 6 届赴美带薪实习项目，与芬兰科拉索应用科技大学开展学生互派、学分互认、学费互免的专本衔接项目，累计选送学生近百名。

对台交流项目重品牌。与台湾 18 所高校建立了合作关系，连续五届承办"青春飞扬、书香两岸"系列活动，并获得了国台办、省台办、市台办的资助；走出国门拓项目，实行高职教育的"走出去"战略，与中国东盟中心积极互动，与老挝、柬埔寨并签约合作项目 5 个，为印尼培训体育教师 30 名、中学教师 60 多名。

三、以人为本培养十万英才

学院始终坚持以生为本的价值追求，注重培养学生的专业能力和职业素养，努力成就青年学生的技能成才梦想。

构建"四心"服务体系。解困助学的爱心服务，建立物质帮助、精神帮助、心理帮扶并重，国家资助、学校资助、社会资助与个人自助相依托的较完整的资助体系，每年受助学生 2 万余人，发放奖助学金逾 2000 万元；以心养德的耐心服务，通过建机制、重防控、细筛查、保重点、抓疏导，完善"校级心理中心—二级学院—班级—寝室"四级心理危机预警体系，"触觉"深入到学生生活最基层；精品社团的用心服务，学生社团达到 143 个，培育了校级"优秀社团"65 个、省级优秀社团和市级优秀 23 个；文明寝室的细心服务，建立寝室管理的 18 个一级网络、67 个二级网络、349 个三级网络以及 5 个信息库，以一年一届的宿舍文化节为轴线，以美化寝室为手段，发挥寝室文化的"凝聚"和"熏陶"育人功能。

培育专业育人文化。强化立德树人，树立专业文化活动的品牌，进而形成以职业素养教育为核心的独特专业文化，以文化育人，着力塑造高素质的现代职业人。如，医护类专业践行动手、动脑、动心"三动"，技术训练、行为养成、文化熏陶"三管"，以及护工、护助、护理"三护"的"三三"育人策略；制造类专业将企业文化、企业精神与专业人才培养有机结合,构建基于现代学徒制和"5S"管理的职业素养培养体系,培养学生以"精益"为特质的职业素质。

搭建技能竞赛平台。积极构建"课证结合、赛训结合、课内外结合、校企结合"的技能训练平台,强化学生职业技能训练。学子们在各类大学生科技竞赛中斩获不断,获国家级奖 120 余项、省部级奖 1100 余项,其中近三年获全国职业院校技能大赛一等奖 17 项,位居全国高职院校前列。学生在机械创新设计、产品造型设计及快速成型、农机维修、护理技能、数学建模等竞赛项目多次蝉联大奖,浙江省大学生电子商务竞赛更是取得了九连冠的佳绩。

加强创新创业教育。着力构建"一个创业园、一个创业学院、一个创新创业基金、一批创业服务站"的创新创业教育体系,"大学生创业园"开办实体店铺共 30 间,至今已孵化学生创业项目 112 个,带动大学生创业 3000 余人次,被团中央列为全国"大学生 KAB 创业教育基地"。在全国"挑战杯"创新创业竞赛中获得在省级"挑战杯"竞赛中获最佳组织奖 2 次,特等奖 1 个,一等奖 3 个、二等奖 13 个、三等奖 10 个,获省大学生科技创新活动计划(新苗计划)立项 63 项,项目资助 40 多万元。

培育校园招聘文化。学校树立"我们努力寻求——适合的岗位,合适的人"的就业服务理念,搭建学生与企业直接交流沟通的平台,积极打造招聘文化。一方面,打造毕业答辩、技能展示、现场签约的"三结合"毕业生就业招聘品牌活动,教师和企业专家共同参加学生毕业设计(论文)中期答辩或毕业答辩,学生现场展示技能或成果,企业专家通过现场考察深入了解学生的专业知识、技能和解决实际问题的能力,双方觉得满意即可就顶岗实习和就业岗位进行现场签约。另一方面,开展毕业生校园招聘季文化系列活动,以周末就业超市、校园招聘会区域性专场、行业(专业)类专场等形式丰富毕业生就业市场,聚合了政府、学校、企业的力量,为毕业生提供了更多就业择业的机会,进一步拓宽了就业渠道。

毕业生广受社会认可,初次就业率保持在 97% 及以上,专业对口率达 70%,2011 年入选全国高校毕业生就业典型经验年度 50 强院校,二十年来为社会输送技能人才近 10 万人。在保持连年高就业率的同时,学校越来越注重毕业生就业质量,不断在更广阔的行业领域寻求就业合作,建立就业基地,实现毕业生批量就业。如,2013 年学校与上海铁路局建立毕业生长期供求关系,两年来共有 412 名毕业生被正式录用,成为上海铁路局和谐号动车的"守护人"。

四、示范引领打造一流高职

在即将跨入"十三五"之际,学校将坚持"质量立校、特色强校",努力建成办学特色鲜明、内涵优势明显、体制机制灵活的具有国际影响力的全国一流高等院校,成为现代职业教育发展的领军力量。

(一)提升内涵建设水平

坚持需求导向和市场导向,根据地方产业布局,对接新兴产业、政府支持产业设置新专业,适应产业转型升级和人力资源市场对人才需求的需要,加大专业调整和资源整合的力度,使"增、调、稳、退"的专业动态调整机制更加成熟,专业总数控制在60个左右。合理进行资源调配,把优势、特色专业做精做强,打造一批有社会影响力的专业品牌。优化师资结构,培养一批国家和省级教学名师,加强师资出国(境)培训,打造具有国际视野的师资队伍。加强统筹改革,加大基础设施和教学条件的硬件投入,进一步改善办学条件,让更多学子享受到最优质的现代教育资源。

(二)丰富产教融合成果

拓展校企合作,进一步扩大产教融合的成果。积极争取政策支持,积极参与行业标准制定,在职业教育领域和行业领域扩大发言权。通过与政府、行业、企业的深度合作,建立更多"你中有我、我中有你"的紧密型合作基地,并以校企利益共同体为平台,拓宽科技研发、社会服务、团队建设等合作面,提升校企合作的层次与水平。积极拓展和吸引上市企业、跨国企业加入校企利益共同体建设,进一步优化校企协同育人的途径与方法,促进学生的高质量就业,让更多企业享受到校企合作、产教融合的人才红利。

(三)探索新型办学模式

积极响应政府号召,以对接网络经济"一号产业"人才培养为己任。以建设金华网络经济学院、稳定输出复合型应用型网络经济人才为总目标,以金义网络经济学院为改革试验田,实施"实践教学实战化、授课教师社会化、教学内容职业化、课堂教学国际化"等教学创新,吸引网络经济产业园内的骨干优势企业投入人财物、标准及管理,建设网络经济专才的培养基地和创业人才孵化基地。并以此为平台,探索混合所有制办学体制,创新管理机制和运行模式,努力使其成为混合所有制办学的成功样板。

(四)提升对外开放水平

加强与国(境)外高校、教育机构的合作,建成非独立法人的国际学院。在做精做强中外合作项目,提高项目培养质量和就业竞争力,形成中外合作教育品牌。重视学历留学生招生,保持百人以上的留学生规模,每年选派海外交流生。拓展学生海外实习,建设海外实习基地。提升实训平台水准,引进国际技能证书。推动双语课程建设,提高来校教学、访学的外教比例。加强与台湾高校的教育文化交流,逐步推动两岸师资往来和科研合作。

(五)发挥示范辐射作用

在地方政府的统筹协调下,进一步承担起引领区域职业教育发展的责任,探索区域中高职协同发展的"总校"模式。作为"总校"托管有意向的各县市中职学校,实行内部资源的整合与统筹管理,解决区域内专业同质化发展的问题,真正将中高职衔接落到实处,实现全市范围内职业教育的良性微循环。

(六)彰显高职文化特色

推进管理体制改革,进一步提高管理水平和管理绩效,完善现代大学制度文化。注重文化积淀与传承,深化校园文化载体建设,整体设计并完善软硬件设施,打造和培育校、院两级文化品牌。丰富基地文化,促进校企文化互动,积极发挥国学经典在学生成长成才中的教育引导作用。丰富校友文化,促进教学文化、制度文化、环境文化协调发展,形成集历史传承与现代气息于一体的文化特色。

根植和服务司法行政
为全面深化法治浙江建设培养高素质实战人才

浙江警官职业学院

2005—2014年,学院坚持"根植司法行政、服务司法行政、引领司法行政"办学宗旨,确立"铸警魂、强技能、重实战"育警思想,坚持"小而专、小而精、小而强"办学方向,形成普通高等学历教育和警察职业教育相结合的办学模式,构建"教学练战一体化"人才培养模式,深化特色发展、内涵建设、协调发展,学院综合办学实力、教育教学质量、行业服务能力显著增强,为打造平安浙江、全面推进法治浙江建设做出了应有贡献。

一、坚持在服务中追求发展的理念,构建了"省部共建、校局联盟、专监(所)合作"体制机制

2011年3月,司法部和浙江省政府签署共同推进学院发展协议书,学院成为全国唯一的一所省部共建的司法类高职院校。2011年底,学院先后与省监狱局、省戒毒局、11个地市司法局签署"共同发展战略联盟协议书"。以"三链接"为基点,全面构建与行业合作办学体制机制。

(一)资产链接:促成学院与行业紧密合作关系

司法警官类专业依托与全省司法行政系统战略联盟,与省金华监狱、省第六监狱共同出资,完成2个监狱的校外生产性顶岗实习基地建设任务,与毗邻主校区的省乔司监狱深度合作,通过资产置换,学校获得200亩用地和1500万元资金,合作建设监狱劳教人民警察教育训练基地。和省十里坪劳教所、省劳教戒毒所、良渚未成年管教所加强合作,由劳教所出资、出房、出地,建设学生顶岗实习宿舍。

安全类专业依托与浙江省安全防范行业协会的战略联盟,与安防产业企业单位开展校企合作,校外建设集群式顶岗实习基地,校内整体性引入安防企业,由入驻企业出资设立工学结合基金和奖教金、奖学金,有力增强了学校与企业的合作紧密度。

(二)人员链接：保障学院与行业长效合作机制

学院与合作的行业企业联合成立领导小组，双方人员定期协商议事决策校企合作中的重要事宜。学院设立了战略合作办公室(产学办)，与此相对应的是，行业企业也都明确了具体的工作部门和工作人员，负责校企合作事务协调和管理。学院与行业共同进行教学改革与建设任务，实战操作性较强的工作任务由行业企业人员牵头完成。通过任务载体，将双方人员整合到共同的事业平台上，使双方人员获得共同的职业生涯成长。构建学院和行业企业双方人员的双向流动机制。根据行业战略联盟框架和校企合作协议，学院专业教师到行业企业挂职锻炼，按照行业企业的岗位规范和工作标准进行绩效考评。与此同时，一批能教善战的行业企业人员来学院担任专职教官或兼职教官。

(三)任务链接：学院与行业真正实现互惠共赢

学生在完成基本的理论、知识学习后，转入对应技能模块的实训环节，进行"模拟—虚拟—实战"三阶梯的技能训练，学习掌握实际岗位所需具备的能力。司法警官类专业学生通过视频系统监控罪犯劳动、生活、学习、会见等现场，在指导教师的陪同下开展犯罪原因分析和罪犯个别谈话，完成罪犯心理咨询与矫正任务，等等。

司法行政类专业与杭州经济技术开发区白杨街道合作建设法律教育服务中心，与萧山区司法局共建法律教育服务产业发展中心，辅助基层司法所和法律服务所为大量的中小企业主、个体工商户和农民工提供法律事务问题咨询，为农村低收入人群及贫困群体、老病残社会弱势群体提供法律援助，将法律事务能力培养和浙江基层司法行政工作有机链接起来。

安全类专业借助院内安防科技产业园，整体性引入安防、信息类企业，学生根据企业的生产经营计划参与到真实的企业工作任务当中。同时，学生积极参与企业的市场调查、产品推介、流水作业生产和现场施工等活动。

二、创新职业素质教育模式，铸就"忠诚、责任、奉献"警院核心价值观

将司法行政干警光荣传统和职业精神作为素质教育的核心内容，塑造学生"忠诚、责任、奉献"警院核心价值观和职业品质。十年间，先后有4名"英雄校友"牺牲在工作岗位上，学院先后获得上海世博会"环沪护城河工程"全省"突出贡献单位"、全省司法行政干警岗位大练兵汇报演练"突出贡献奖"，参与世博会安保执勤的学生获省司法厅集体二等功。

(一)发挥思政教学优势,培育忠诚品德

改革素质课程建设模式和教学方法。由学管干部、思政德育教师会同行业优秀毕业生、英模人物共同编写大学生思政课教材,开发了具有行业特色的"基层法律服务工作规划与职业道德""警察职业道德"等课程。创新教学方法,采用体验教学和情景教学。以思想政治专题教育系列为补充,构建有助于青年学生形成符合时代发展的价值观、职业道德观的第一课堂理论教育体系。

建立思政导师制。聘请司法行政干警中的先进典型、学院党员领导干部,选拔具有中高级职称的优秀教师担任学生德育、才艺和学业的思政导师,对学生进行思想引导、心理疏导、生活辅导和学习就业指导,激发学生奋发向上、成才发展的自信心。

实施素质教育社会学分制。改革素质教育传统评价模式,根据《素质教育社会学分考核与认定办法》,将素质教育社会学分划分为思想政治和道德修养、学术科技和创新创业、文化艺术与社团活动、社会实践与志愿服务、技能培训与身心发展五大类,对学生的职业素质发展水平给予及时的肯定和激励,使理论教学成绩和实践操行评价结果相统一,提高职业道德教育的针对性和实效性。

(二)打造特色文化,陶冶身心素质

抓有形促无形,通过日常行为规范提升学生职业素质。严格实施警务化管理,要求"四统一",即"着装统一、集队统一、训练统一、内务统一",培养职业所需具备的组织纪律性、服从意识和自律意识。校园内学生行进做到"二人成行、三人成列",实行列队进教室和上课喊报告等制度,良好的行为规范潜移默化地促进着学生职业素养的形成。

进行模块化管理,精心设计校园文化活动的实施方案。一年级开展自我认知教育和励志教育,二年级开展身心素质强化训练教育,三年级开展警务职业素质内化升华教育;上半年以"文化艺术节"为主线,下半年以"技能节"为主线,搭建学生身心素质全面发展的广阔平台。

精心建设校园环境,多渠道培育警魂。学院将警魂文化作为校园文化的主体,通过环境文化育警魂。建立警魂墙弘扬行业先进,宣传优秀毕业生事迹,以英模人物和凸显司法职业特色的标志物为主要内容设立雕塑(群)等;建设具备各系专业特色的文化长廊,在学生公寓、教室走廊等场所悬挂反映职业传统文化、行业精神文化的宣传牌匾等。建立在校生和毕业生先进优秀人物资料库,经常性编辑出版优秀先进警院学子事迹的文集;定期邀请行业英模、优秀毕业生来院开展报告会和交流座谈会。

（三）主动服务社会，实践塑造品格

发挥特色优势，维护社会平安。与各级政法部门合作，为学生参加社会安保执勤建立基地，学院与杭州经济技术开发区公安分局、杭州市公安交警支队、西湖景区公安分局等部门签订协议，长期共建治安执勤、网络信息安全实践基地。以实践基地为依托，学院派出学生警力到交通路口站岗执勤，维持道路交通秩序，劝导行人车辆；在"五一""十一"等重大节假日和举办世博会、休博会、西博会、动漫节、啤酒节、观潮节等重大活动时，学院派出警力协助公安民警维持治安秩序，监控管理现场，维护现场安全。十年来，共有 25000 余名学生参与社会治安执勤工作，成为一支重要的维稳力量。

普法护法，助力法治社会建设。发挥专业优势，面向周边社区输出法律服务和法制文化。与周边街道社区共建中小学法制教育基地，与杭州经济开发区白杨街道、萧山区司法局、海宁市司法局建立具有服务社会和服务教学双重功能的"法律教育服务中心"。

学院与社区共建公益志愿服务基地，为学生搭建更广阔的实践场所。发挥团学组织优势，组织学生与周边社区工作人员共同举办形式多样的公益志愿服务活动，积极投身暑期"三下乡"社会实践。其中，"点亮心灯——关爱服刑人员未成年子女，共创健康和谐社会"为主题的社会实践活动，有力地支持了司法行政机关对服刑人员的思想教育和管理工作，被列为"2010 年浙江省未成年人思想道德建设十件实事"之一，2011 年荣获教育部"高校校园文化建设优秀成果奖优秀奖"。

三、重实战，创建"教学练战一体化"人才培养模式

2008 年，学院成为全国第三批国家示范性高职院校和首批全国政法院校人才招录培养体制改革试点单位；2011 年 4 月，省人保厅、教育厅、财政厅、司法厅、公务员局联合批准学院开展警察类专业学生招录培养改革试点。十年来，建成国家示范专业 5 个、全国（省）政法干警招录培养体制改革试点专业 6 个、中央财政支持专业 2 个、省特色专业 9 个、省优势专业 3 个，建成国家级精品课程 5 门、国家级资源共享课程 4 门、省部级精品课程 28 门。学院引领和带动了全国同类院校的改革发展，成为全国司法警官院校教育教学改革的示范和标杆。2010 年，司法部授予学院集体一等功。

（一）岗位能力培养成为主导，教学训练实现"三个融合"

遵循"实战、实用、实效"指导思想，教学方式从"课堂为中心"转向"现场为中心"，岗位能力培养成为教学训练的主要目标，岗位工作实务成为教学训练的主要

内容。教学训练实现了专业课程考核与岗位资格考证相融合、校内专业学习与校外（行）企业实践相融合、专业技能培养与职业素养养成相融合，全面提高学生的实战能力。各专业校内外实训实习课时占比达到80％及以上。

（二）分阶段组织实践教学，递进式培养岗位能力

从行（企）业工作岗位的职业能力培养出发，根据能力培养递进的规律，设计了认知实习、专业体验式实习、参与式顶岗实习、就业顶岗实习4个工学交替阶段。根据工作岗位对学生职业能力的要求，将职业能力按简单到复杂分为职业基本能力、职业专项能力、职业综合能力3个层次。通过4个阶段对学生职业能力的培养，实现3种能力的逐步递进，使学生完成了从基本技能培养（岗位认知）→岗位能力建立→岗位能力提升及强化（顶岗实习）3个层次职业能力的3次提升。

（三）以基地建设为支撑，"教、学、练、战"交融互渗

十年来，学院共新建、改扩建54个设施先进、功能齐全的校内实训室，按照企（行）业的实战或生产标准配置技术装备，按照工作环境设计虚拟实训场景，使教学场景与实战环境相互衔接。通过合理设置实训场景，科学设计实训内容，改革创新实训方法，做到实训与课堂教学紧密融合。在全省选建了95个基础设施好、管理规范的实习基地，选聘了一批业精技强的兼职教官（教师），做到实习与实战结合，以实战促进实习。建立了实践教学综合管理平台，具有工作日志记录，指导教官（教师）出题、答疑和批阅、考核评估等功能，有效提升了顶岗实习教学的效果。

（四）紧扣实战需求，形成"开放合作、联动建设"的课程建设良好局面

1. 开放组建团队，联动开发课程。依托行业战略联盟，与行业专家组建课程建设指导委员会，根据工作岗位构建课程体系、确定课程改革方案，各专业核心课程都成立了校监（所、企）联合开发团队，根据岗位所需的工作任务和职业能力确定课程的教学内容，根据岗位工作要求编制课程的教学实施方案，全面实现课程与工作岗位的相互融合。

2. 坚持"三实"要求，深化课程改革。首先在课程体系构建上，从工作岗位"实际"需要出发，分析岗位说明书，对照职业规范和工作标准，按照"工作岗位—工作任务—职业能力—课程设置"的课程开发路径，构建与人才培养模式改革相适应、体现职业岗位能力要求的课程体系，实现学校培养能力与岗位实战需求能力的无缝对接。

其次以专业核心课程建设为重点，从"实用"性出发，根据典型工作任务，基于工作过程，设计课程教学内容，解决学以致用的问题。与行业共同制定课程标准，

确定课程内容,编写课程教材和辅助资料,建立案例库。

最后从教学的实效性出发,注重"实战与实操",采用案例教学、模拟情境、顶岗实战等教学模式,校内实训与校外工作场所实训相结合,解决教学与实践相脱节的问题。

3.改革考核方式,提高学教效果。学院根据学生职业素养与业务技能的培养要求,大力改革考试考核方式,评价方式实现从"重视理论知识"转向"重视岗位能力"、从"教室考试"转向"现场考试"、从"懂不懂"转向"会不会"。改革课程考核方式,将课程理论知识考试、校内实训项目考核、校外基地实战能力考核有机结合起来,建立以岗位能力为主体的课程综合考评体系。

(五)对接实战实景,整合行业资源,建成设施功能先进、运行管理规范的实习实训基地

1.对接司法行政工作实战,实现"三真"要求。改造教学环境,打造"理实一体化"的专业教室,通过调整教学形态,致力达到专业教学拥有"真实的情境、真实的任务、真实的规程"的训练基地。利用现代技术手段把现实场景、案例搬进课堂,新建了心理矫治专业教室、罪犯综合评价实训室、监狱安全信息采集实训室、安防工程设计实训室、信息安全综合实训室、网络互联实训室、劳教(戒毒)专业教室等校内实践教学场所。改建了警体情景模拟实训室、罪犯教育专业教室、监狱生产管理实训室,扩建了安防技术综合实训场,自主研发设计与建设了消防工程综合实训场,实现在教学中实训、在实训中考核。

引入社会资源,与合作企业共建开展真实生产的校内生产性实训基地。与安防企业建设大华安防设备维修与系统维护实训室、致远安防设备安装与系统调试实训场、安防工程线路施工与检测实训场,与华为通信技术有限公司共建网络互联实训室。

开发"真实实训项目",提高学生的实践能力。安全防范技术专业承担了校园安防系统设计与改建任务,司法信息安全专业参与了校园网扩建和信息化建设工作。学校模拟监禁中心二期工程中监狱安防信息网络就是由安防系的专业骨干教师带领学生完成的。

2.合资、合建、共用、共管校外基地。积极探索与不同类型的专业与行业(企业)共同建设校外顶岗实习基地的方法和途径,形成了3种类型的校外实训基地建设模式:一是由行业主管、学院共建的大型集中型校外基地,如浙江省第六监狱基地、金华监狱基地、浙江省未教所基地、十里坪劳教所基地等;二是由地市司法局主导、依托地方乡镇司法所共建的集群型校外实践教学基地,如与杭州经济技术开发区白杨街道合作建设的法律教育服务中心、与萧山区司法局新建的法律教育服务产业发展中心、与海宁市司法局合作建设的顶岗实习基地等;三是依靠行业协会与相关企业共建的校外实践教学基地集群,如学院与杭州方圆检测股份有限公司、浙江大华技术股份有限公司、浙江广信智能建筑研究院有限公司、杭州下城保安服务公司、杭州江干保安服务公司、杭州西湖保安服务有限公司等行业(企业)合作建设实践教学基地,满足了安全防范技术专业学生的校外顶岗实习需求。

3.建立集人才培养、产业培育、研究开发于一体的安防科技产业园。按照政府引导、企业参与、学校实践的办学模式,杭州经济技术开发区管委会和学院共同合作,以学院科技楼为载体,建成集人才培养、产业培育、研究开发于一体的安防科技产业园。通过招商引进安防科技企业,园区企业通过提供兼职教师、提供实训岗位、参与实训指导、提供真实实训项目、接纳学生顶岗实习和专任教师提供兼职岗位等方式,共同开展专业人才培养。十年来,园区运作成效明显,园区企业把生产设施和展示信息化设备搬进园区,向学生实习实训开放,使学院节省了大量的教学资源投入。同时,学院与企业围绕我国司法行政工作、监狱劳教工作,特别是社区矫正工作的技术需求,从事司法技术培训和监狱信息技术产品展示推广,培育并促进了安防产业的发展。

四、深化人事制度改革,提升人力资源素质,打造警德高尚、能教善战的专兼结合师资队伍

截至 2014 年底,学院现有教职工 434 人,其中高级职称 109 人、正高 34 人。

(一)构建学院与行业共建师资的体制机制

由上级主管部门出台指导性文件,把学院与行业人才双向交流合作提高到全省司法行政队伍建设的高度去推行。2009 年 4 月,浙江省司法厅出台了《关于全省司法行政系统 2008—2012 年大规模培训干部工作的实施意见》(浙司〔2009〕56号)文件,明确提出要"充分发挥浙江警官职业学院和全国劳教民警杭州培训中心在干部教育培训中的主渠道作用,强化其培训职能"。省司法厅主管领导提出"要把浙江警官职业学院打造成全省司法行政系统的智力中心"。2010 年 8 月 31 日,浙江省司法厅党委下发了《关于做好浙江警官职业学院教师行业挂职锻炼及兼职教官聘任工作的意见》(浙司党〔2010〕21 号)文件,对浙江省监狱管理局、浙江省劳动教养管理局、省属监狱劳教单位和浙江警官职业学院分别提出了指导意见和工作要求。这一文件的出台,标志着学院与行业人才双向交流机制的建立有了明确的、可操作性的依据,在制度方面取得了重大突破。

在贯彻落实省司法厅文件精神的基础上,学院先后出台了一系列规章制度,主要有专业带头人培养管理办法、双师素质工程实施办法、兼职教官聘任管理办法、

兼职教师聘任管理办法、教师行业挂职锻炼实施办法等,并逐步建立与之相关的配套制度和激励政策,同时建立和完善行业主动参与学院人才培养过程的激励和保障机制。

(二)建立教师到行业挂职锻炼的长效机制

2010年7月,在浙江省司法厅的统筹下,形成了"省司法厅指导、两局(省监狱局、劳教局)协调、学院选派、各监狱劳教单位安排岗位"的运作机制。学院教师挂职主要面向监狱、戒毒系统单位。岗位职务一般有副监狱(所)长、副分监狱长、副分监区长等职务,具体由各监狱、戒毒单位按照干部管理权限,对挂职锻炼教师进行任命,挂职期满,所挂职务自然免除。

建立了严格的管理和考核制度,注重业绩和效果评价。挂职锻炼教师由学院和所挂单位双重管理,所挂单位对挂职人员在其单位期间实施领导,挂职锻炼人员的挂职期满考核由挂职单位负责,学院根据其业绩和成效进行综合评价。挂职锻炼情况纳入个人履历与公务员年度考评,所取得的考核结果作为职务晋升、后备干部培养选拔、评优选模的重要依据。

(三)注重兼职教官聘任和管理

突出行业特色,聘请行业专家。从监狱、戒毒单位聘请的具有一定的理论水平,且具有行业一线实践经验和实践技能的,能够独立承担实践教学或一门专业课教学任务的人民警察称为兼职教官。根据警衔、专业技术职务及领导职务等条件,将兼职教官划分为高级教官、中级教官和初级教官;根据其承担的工作性质和内容,将兼职教官分为全职式兼职教官、走教式兼职教官和校外实习、实训指导教官。

量才使用,充分发挥行业人才独特专长。兼职教官的主要职责是同学院教师一起共同参与人才培养方案制定和专业建设任务,共同开发实训课程、编写实训教材;承担实践教学任务,加强对实践教学的指导;承担校外实训基地、实习基地的实训指导和实习指导,承担对学院专任教师的实践技能指导任务,对学院教师起到"传、帮、带"的作用。

科学管理,注重培养。建立了兼职教官数据库,统一由司法厅调配、管理和选用。其中全职式兼职教官和走教式兼职教官经各监狱、戒毒单位政治处审核、推荐,并将符合条件人员名单分别上交省监狱管理局、省戒毒局政治部备案;实习指导兼职教官由各监狱、戒毒单位政治处选拔、推荐和管理。每学期由学院提出兼职教官岗位需求计划,并上报省司法厅政治部,由省司法厅政治部审查批准。

（四）加强双师教学团队培养

根据双师教学团队建设需要，在教师挂职锻炼、出国进修、学历学位提升、专业技能培训、学术交流等方面建立了长效机制。2005年以来，选派出国（境）培训、考察、进修学习人员共41批196人次，参加国际学术会议共5批6人次，选送18人做国内访问学者。对全职式兼职教官，由学院教务处负责组织对兼职教官的岗前培训，以教学计划的制订、课堂教学的组织、教学大纲、实训大纲的编写、学习成绩的考核及学院主要教学制度等为培训内容。鼓励兼职教官参加高职教育理论培训，学院提供政策和经费等支持。培训合格并取得合格证书者，由学院统一组织申报高等学校教师资格证书。符合教师系列专业技术职务评审条件的，由学院组织参加相应系列专业技术职务评审。

五、强化育人过程管理，突出综合素质培养，形成专业教学实施及人才培养质量保障的全程监管体系

（一）严格质量标准，强化内控过程监控

制订了专业人才质量标准，对各专业人才培养方案进行了顶层设计。规范了教师业绩考核制度，采用绩点制量化考核，与浙江省教育厅制订的"人才培养状况数据采集平台"及教学工作"五级考核"制接轨。确定了教师一线锻炼管理办法，初步建成了对学生职业能力形成至关重要的双师素质及团队培养的监控机制。制订了实验实训教学成套管理办法，强化了对实践教学过程的质量控制。修订了课程教学质量评价办法，增强了"学生评教""督导评教"的信度和效度，强化了各部门教学管理人员在教学质量监控工作中的职责，规范了质量监督检查工作主要环节的基本程序。

（二）建立监控程序，落实"评查—警示"规范

设计编制并启用了6个质量监测系统软件，将质量监控方案落实到作业层面，提高了工作效率；规范了2套教学质量监控的工作程序，完善了质量监控信息反馈的闭合回路，信息处理方式实现了"循环反馈有时效，监控整改能落实"的工作目标；质量评价过程与结果兼顾，以评查警示与信息反馈的方式建立了评估"三育人"质量的监控工作规范。"教师教学工作业绩考核系统"规范了日常教学管理，在保障教学秩序、保证教学质量方面发挥了作用；"课程教学质量评价系统"改革了"学生评教"传统做法，做到"评的方法科学、评的结果服人""评教之后有导"，加大了教学能力评价激励和教学质量监督导向的力度；"学生个体发展测评系统"全程关注

学生在校期间的素质提升和职业能力培养,体现学校工作要以学生为中心的教育理念;"双师素质及团队建设测评系统"按照"双师素质"内涵标准和测评方法,主导了全院专业师资的职业教育教学能力发展;"毕业综合实践管理系统"抓住人才培养关键环节,规范实践教学流程,监控实践教学效果,致力保障实践教学工作质量。

构建了对"教书育人""管理育人"和"服务育人"质量实时监控评价机制,质量监控信息的收集、整理和反馈形成完整的闭合回路,以"通报—问责"制度,建成了切合学院实际的"三评三查"教学督导警示制度:一是"学生评教",将教学效果与质量评出等级,督导据此重点监控,加强引导,对特定人员重点检查,并予以警示,把好课程教学质量关;二是"在校生评管理""应届生满意度调查",根据学生信息员的"教学质量监控信息反馈"和"应届毕业生满意度调查"的结果,检查评价各职能部门管理水平并提出警示,检查整改,把好"管理育人""服务育人"质量关;三是"专业建设预警",引入外部评价,建立预警机制。

(三)引入外部评价,强化成效监控

为保证教学质量评价的科学性、客观性和可信度,学院与专业评估机构"麦可思研究院"合作,对学院的专业建设水平和教学工作整体质量开展独立、公开的分类评估,着重对毕业生的"就业能力"和"人才培养模式改革成效"及"专业建设水平"等方面进行测量分析,从中评价学院的办学能力和专业建设工作得失,并于2010年10月启动了为期三年的对毕业生就业能力与用人单位满意度的调研,为学院"十二五"期间宏观把握办学方向、控制专业建设质量奠定了基础。

六、拓展服务平台,提高辐射能力,形成立足浙江、辐射全国的社会服务新格局

(一)发挥示范效应,创建职后教育品牌

学院确立了"立足系统、面向社会,立足浙江、面向全国"大培训工作理念,形成了"学历教育和在职培训并举、做强做优在职培训"的培训工作指导方针,培训领域不断拓展。有"司法部杭州培训中心""浙江省司法行政培训中心""浙江省安全技术防范行业协会培训中心""浙江省监狱人民警察培训基地""浙江省高级人民法院司法警察培训基地""浙江省人民检察院司法警察培训基地"等12个培训基地,形成了监狱戒毒干警培训、司法行政专业培训、社会服务培训三大培训体系。与青海、西藏、甘肃、海南、新疆等中西部地区监狱系统建立了紧密的合作关系,充分利用我院优质的教学资源为西部地区干部队伍建设做贡献。开展"全国狱内侦查培训""全国狱政管理培训""监狱信息化培训""外国籍罪犯专管民警培训"等专业品

牌培训项目，解决国内监狱戒毒系统在建设与发展中所遇到的难题和特殊问题。建有 3 幢专家楼、1 幢培训大楼、锦苑西溪大厦等共计 5 万多平方米的培训场地。2006 年以来，年平均培训规模超 10000 人次。

（二）搭建研究平台，打造科技服务高地

充分发挥学院的专业人才优势，瞄准司法行政事业发展的理论前沿，聚焦实践中迫切需要解决的重大问题，加强研究攻关，在智能化现代文明监狱建设、社区矫正人员再犯风险评估软件系统、监狱民警实绩考核系统开发、监狱犯人出监前风险评估系统、监狱物联网技术、监狱周边报警系统、犯人人数自动清点系统、强制隔离戒毒模式管理等重大科研项目上取得了一批有影响力的科研成果，在行业进行了广泛应用，为司法行政改革发展提供有力的科技服务和智力支持。

2005—2013 年底，学院为行业（企业）提供科技服务与技术服务经费数达到 896 万元，获国家级科研项目 2 个，其中国家社科基金项目 1 个；承担省部级科研项目（课题）30 项、厅局科研项目（课题）220 项。获得省部级科研成果奖 4 项、厅局级奖励 58 项。出版学术专著 39 本，在二级以上刊物公开发表学术论文 496 篇。

（三）构筑网络平台，服务法律职教事业

在全国高职高专教育法律类专业教学指导委员会的指导下，构建了具备信息发布、精品课程展示、在线办公、司法技术展示、资源下载等功能，能基本满足教指委和全国法律类高职高专院校对外宣传、校际交流、社会服务等基本需求的具有法律职业教育特色的全国性法律教育网。近年来，由司法部主办、学院承办的全国法律职业教育改革与发展研讨会、监狱人民警察教育训练课程开发研讨会、高职高专教育法律类共享型专业教学资源库建设研讨会、全国高职高专法律教指委"监狱信息化人才培养"研讨会、全国司法类警察院校"社区矫正专业人才培养"研讨会中，学院以中国法律职业教育网为技术平台，实时转播会议进展情况，发布会议重要信息，增强学院与国内同类院校合作交流，提升了全国辐射效应。

（四）提升交流层次，促进国际司法合作

学院注重跟踪世界警察教育发展趋势，加快与发达国家和地区警察教育训练机构的合作，推动与国外监狱实务部门的业务交流，与美国、德国、澳大利亚、芬兰、加拿大等 8 个国家和地区的警察部门、院校和训练机构开展交流与合作。学院被司法部监狱局确定为外国籍罪犯专管警察培训基地，被浙江省司法厅确定为浙江司法行政系统外事交流中心。2010 年 9 月，学院参加由中芬两国司法部主办、浙江省司法厅承办的"中芬罪犯矫正与康复研讨会"，学院提交了"中国监狱工作官员

的职业能力"分析报告并在会上研讨交流。

学院与美国渥斯特州立学院刑事司法学院、马萨诸塞州立警察培训学院、洛杉矶监狱局警察培训学院、澳大利亚南威尔士大学警察学院等国外高校和训练机构开展交流互访。2005—2014 年底，共计选派 216 名教师和教学管理人员出国（境）学习与交流，接待美国、澳大利亚、芬兰、德国等国家来访外宾 52 人次，在不断扩大对外合作交流的过程中拓展国际视野。通过开展院校信息沟通、专业师资互访、警务技能交流、管理人员考察等合作项目的实施，扩大学院在国外司法警官院校的知名度和影响力。

"十三五"期间，学院将以党的十八届三中、四中全会精神，全国职业教育工作会议和浙江省委十三届五次、六次全会精神为指导，坚持"小而专、小而精、小而强"的办学方向，坚持办行业满意院校的办学目标，创新司法行政法治人才培养机制，不断提高依法治校体系和能力现代化水平，着力建设司法警官类、司法行政类、安全类专业（群），着力提高全省司法行政教育培训质量，把握机遇，再接再厉，将学院建设成为培养应用型法治专门人才的摇篮、司法行政改革发展的智库、司法行政干部培训的基地，为司法行政事业发展提供更好的智力支持和人才保证。

依托行业　彰显特色　提升内涵　跨越发展

浙江经济职业技术学院

2005—2014年，是职业教育跨越式发展的十年，也是职业院校练内功、拼实力、抓内涵的十年。十年来，浙江经济职业技术学院在浙江省教育厅和浙江省物产集团公司（以下简称"浙江物产"）等上级主管部门的领导下，以科学发展观为统领，以教育部16号文件为指针，深入贯彻中央关于职业教育的一系列重大部署及省委、省政府"两创"总战略，围绕服务区域经济社会发展和浙江物产战略升级需要，坚持"以服务为宗旨，以就业为导向，走产学研结合发展道路"的办学方针，牢牢把握高素质技术技能型人才培养这一中心工作，依托产业背景，立足行业优势，深化校企融合，紧扣质量内涵，提升办学水平，取得了一系列丰硕成果。学校成为联合国教科文组织国际职业教育和培训联系中心、国家骨干高职院校建设优秀单位、教育部高职高专电子商务专业教学资源库建设单位、教育部第一批教育信息化试点单位、国家示范职业技能鉴定所（站）。获得国家级教学成果奖一等奖2项、二等奖1项，教育部高校校园文化建设优秀成果评选特等奖、全国普通高校毕业生就业工作先进集体、全国模范职工之家等荣誉。

一、十年发展成就回顾

（一）体制机制不断创新

学院依托世界500强企业——浙江物产强大的产业背景，不断探索创新校企深度融合的办学机制。2005年，浙江物产在学院建立了"浙江物产集团教育与产业发展委员会"，下设研发中心、培训中心、人才培养中心和产教办公室，探索建立了"龙头引领、战略合作、需求对接、人才共用、信息互通、设施共享、制度保障、共创一流"的校企合作机制，共同推进集专业、课程、师资、实训基地、管理制度等建设于一体的校企合作双赢工程，校企合作案例入选了《中国高校与大型企业合作典型案例集》。为进一步集聚办学资源，2012年成立了学院董事会，浙江物产董事长兼任了院董会董事长，浙江物产所有一级成员企业董事长或总经理担任了院董事会董事，并进一步集聚政府、行业协会、其他紧密型合作企业和校友资源，充实院董事会力量,对学院办学、教育、科研、社会服务等重大问题提供咨询、指导和监督。同时,合作企业与学院各专业群有效对接,先后成立了5个专业群理事会,实现教育资源与行业、企业资源的优化整合。

为进一步推进和保障产学研结合的有效实施,浙江物产推出了《关于进一步推进浙江物产集团和浙江经济职业技术学院产学研结合的实施意见》(浙物产研〔2012〕18号),提出了"校企双方实施人员互聘互用、共同开展教学与研发、共建共享产学研实训基地、共同培育高素质应用型人才、共建物产专家库和物产知识管理中心、共建一流企业大学"6大目标和8项具体举措,配套制订了8个实施细则,形成校企融合发展的长效机制。教育部官网专题刊发,众多兄弟院校来校学习,发挥了引领示范和辐射效应。

2012年,浙江物产在学院建立了企业大学——浙江物产管理学院,与学院实行"两块牌子一套班子"的"双轨制"运行机制,创新了高职院校与企业大学协同共生的发展新模式。同时,校企共同投资建造了培训大楼,除满足集团自身培训外,为政府部门、行业、企业员工提供培训、职业技能鉴定、证书考试等继续教育服务。企业大学开办两年来,已开展培训61期,培训企业员工14000余人次。

(二)办学设施不断改善

2005—2014年间,学院办学硬件条件不断改善,校园建筑面积从21.98万平方米增至26.96万平方米;学院图书馆纸质藏书从45.74万册增至78万余册;校内实训基地由52个总面积1.9万余平方米,增至108个总面积7万余平方米;教学科研仪器设备总值由3010万元增至14689万元。学校实训条件不断改善。校企共建集一般性、生产仿真和生产实训基地于一体的实训平台。截至2014年,建成了227个校外实训基地,拥有中央财政专项支持的职业教育实训基地3个、国家高职高专学生实训(师资培训)基地1个、教育部-LUPA开源软件实习实训基地1个、浙江省示范性实训基地1个、浙江省高职高专院校示范性实训基地建设点3个、浙江省财政重点支持实训基地3个、中国物流协会首批产学研基地1个,不仅有效满足在校学生的实践需求,同时也进一步向兄弟院校和社会开放,切实服务区域经济和社会发展需要。同时,建设了"浙经院虚拟校园(EVC)"三维虚拟教学平台、与浙江物产共建校企合作视频互动平台,连接物产物流基地、元通汽车4S店、校内多媒体教室和实训室,打通了教学课堂、实训场所、生产车间的物理界限,实现了校企资源共享与开放教学,使专业与行业(企业)岗位对接;专业课程内容与企业的生产工艺流程、产品标准、服务规范对接;学校的教学过程和企业的生产过程对接,确保人才培养的针对性。

(三)专业建设不断优化

学院紧密结合行业转型发展需求,紧扣现代物流产业对商流、物流、资金流、信息流等环节的需求,积极构建与行业发展相一致的专业群,致力于打造行业特色鲜明的高职院校。通过不断调整与完善专业设置,筹建新专业,使专业发展与产业发展同步。十年期间,新增专业 8 个,专业数达到 29 个,其中,中央财政支持的专业7 个,省级示范、重点、特色、优势专业共计 17 个。学校与物产物流公司和元通汽车集团共建产业学院,协同打造了物流和汽车 2 个在省内乃至全国处于领先地位的优势专业群,"基于产教融合的'物流产业学院'机制创新与实践"项目获得 2014年国家级教学成果奖二等奖。电子商务专业联合省内外 84 所高校和企业共同建设教育部教学资源库项目,发挥引领辐射作用;报关与国际货运、金融管理与实务两个中央财政支持的高等职业院校提升服务产业发展能力项目成效显著,顺利通过教育部和财政部验收。信息专业群积极参与全国高校 LUPA 联盟推进工作,深度对接浙江物产 M1 工程,特色显现,并紧跟产业升级所需增设了物联网技术专业。艺术品经营管理、空中乘务等专业不断对接行业、企业岗位需求,特色显现。

(四)课程改革成果丰硕

学院大力推动基于工作过程导向的课程改革,推行"基于校企合作能力本位课程系统改革模式(CCTS/DACUM)",先后立项 272 门课程,优化课程能力标准与课程实施纲要,使课程标准与职业标准相对接,取得了丰硕的改革成果。建成了 9门国家级精品课程、7 门国家级资源共享课、19 门省级精品课程,22 本教材成为"十二五"职业教育国家规划教材。近年来,学校不断推进以提升学生创业创新能力为目标的系统综合实践改革,共开展 2729 个综合实践项目,参与的学生达177505 人次,校企指导教师 10284 人次,经费支持 1334 万元,师生普遍受惠,学生的创新创业能力和素质技能得到有效提升。基于"顶岗实习"的毕业综合实践模式与评价方法,获得浙江省教学成果奖一等奖。"电子商务专业系统综合实践培养模式与协同创新机制"获得 2014 年国家级教学成果奖一等奖。同时,依托教育部教育信息化试点单位项目,不断提升教学信息化水平,开发网络课程 251 门、教师空间 107 个,虚拟仿真实训 18 个,在线考试系统 9 个,教育信息化水平走在全省乃至全国高职院校前列。

(五)师资团队量质齐升

学校专兼职教师学历、职称、层次、素质得到有效提升,整体结构进一步优化。副高以上职称教师从 54 人增加到 142 人,其中正高从 1 人(0.43%)增加到 32 人

（8.5％）；硕士以上学历比例从 24.78％ 增加到 71.8％，双师素质教师比例从 61.04％ 增加到 85.37％。13 名教师成为教育部及全国行业职业教育教学指导委员会委员，其中副主任委员 3 位；5 名教师成为教育部职业教育专业目录修订专家、国家"十二五"规划教材评审专家和国家级职业技能大赛专家评委。培养了省级教学团队 3 个，省级教学名师 4 人，省级教坛新秀 4 人，省新世纪 151 人才工程培养对象 34 人，省级专业带头人从 9 人增加到 20 人，兼职教师从 112 人增加到 1099 人，1 名教师获得浙江省首届最美教师（高职唯一）。校企专兼师资团队共同育人，确保了教学质量的提升。

（六）办学特色不断深化

一是校企合作特色平台不断拓展。学校与浙江物产 200 多家成员企业、中国物流与采购协会、浙江省物流与采购协会、浙江省艺术品经营行业协会、浙江八方物流、康桥汽车、国大百货、物美集团、杭州全麦电商、浙商银行等建立了紧密型合作关系。共同制订校企融合发展系列制度，形成了具有强大活力的校企合作长效机制。通过深化"五个共同"：共建基地、共建师资、共同培养、共同培训、共同开发，构建并完善了校企一体化的资源共享平台。企业向学院学生全面开放学生课程综合实践、暑期实践、毕业见习、实习场所；企业中高级技术专家与管理人员、专业技术人员等兼任学校二级学院副院长、专业带头人、专业指导委员会专家、实践指导教师等，协助各专业根据行业企业用人需求和标准，优化专业设置和课程标准，指导或参与课程和教材开发。学院教师定期或不定期到企业挂职实践，承担企业项目研发、科技攻关任务；协助企业开展商情调研、业务分析、方案设计等管理咨询工作等；学校中层以上干部及骨干教师参加浙江物产重要的经营工作会议和干部培训，全面了解行业企业发展情况。学院和浙江物产、八方物流、康桥集团等共同开展订单培养，培养了 7 届物产示范生，基本实现了以合作发展为动力、合作育人为模式、合作办学为机制、合作就业为导向的校企双赢目标。二是文化素质教育特色平台不断提升。本着"人文兴学、和谐育人"的理念，立足全球化、信息化时代对高素质技术技能型人才的培养要求，借助先进企业文化和优秀传统文化融入校园文化的实施路径，学院积极探索和实践专业技能和职业素质教育相融合的"绿韵工程"，努力构建"以诗教为特色，兼容诗书画、并蓄文史哲"的人文教育体系，培养"专能精、通能强、素质高"的和谐发展职业人，成果丰硕。中华诗词学会先后在我院建立诗教促进中心、中华诗词学院，学院成为浙江省非物质文化遗产（传统诗词艺术）传承教学基地，发挥全国传统诗词文化传承基地作用。2007 年，教育部以"浙江经济职业技术学院弘扬优秀传统文化，大力提升学生人文素质"为题专门刊发工作简报（第 396 期），高度肯定了学院的素质教育实践与成果。"校园诗教，和谐育人"荣获教育部高校校园文化建设优秀成果奖评选特等奖;"以培养现代'和谐职业人'为目标的高职文化素质教育创新实践"获得 2014 年国家级教学成果奖一等奖。学校获得 3 项浙江省高校校园文化品牌;被浙江省文化厅、教育厅、团省委等五部门联合评选为浙江省优秀传统文化教育普及活动先进集体。中央电视台、《人民日报》《光明日报》《中国教育报》《浙江日报》等媒体多次报道我院文化素质教育成果。三是国际交流与合作特色平台不断深化。学院积极发挥联合国教科文组织国际职业教育和培训联系中心(UNESCO-UNEVOC Centre)的作用,开展国际职教多边合作、国际职教比较研究、国际交流、项目国际论证、国际宣传与推介、引进国际智力、合作办学和国际学生交流等方面的工作。承担了联合国教科文组织国际职教中心资助课题《面向可持续发展的教育创新方法——中国职教课程改革》的研究,课题成果辐射运用到广东、无锡等国内高职院校的课程改革中,受到广泛好评。鉴于我院在国际职教界的成绩和贡献,联合国教科文组织国际职教中心授予我院 UNE-VOC CENTRE AWARD 奖牌和证书,同时在中心网站(www. unevoc. unesco. org)"聚焦"栏目上专题介绍了我院办学情况,在联合国教科文组织国际职教中心成立十周年纪念册上推介我院办学经验,积极肯定我院在服务联合国教科文组织国际职业技术教育与培训等方面做出的成绩。学院积极拓展师生国际交流渠道,与美国、澳大利亚、德国、新加坡、中国台湾、中国香港等国家(地区)进行相关领域的合作,建立了师资培训基地,互派师生交流,招收了 40 多名留学生。积极引进国际优质资源,与新加坡管理发展学院合作招收了四届 403 名国际贸易实务和酒店管理学生,毕业生中 10 多名学生顺利升入新加坡管理发展学院就读本科。物流管理专业中英合作办学项目也已获得省教育厅批准,正报备教育部。

(七)社会服务亮点纷呈

一是教师科研能力不断提高。2005—2014 年,学院教师共完成省部级课题 43 项、厅局级课题 292 项。出版专著 29 本、教材 385 本,核心以上期刊发表论文 827 篇,其中一级期刊 178 篇,获得专利等知识产权授权 42 项,申请发明专利 1 项。二是企业大学功能凸显。学院充分发挥三基功能:为集团统一培训提供培训基地、基本服务保障和基层员工的基础教育培训,为浙江物产开展定时、定制、定质的员工培训。尤其是浙江物产管理学院成立以来,对标国际一流企业大学,培训数量稳步提升、培训项目不断拓展、培训的专业化水平日益提升,涵盖了高管领导力、高管后备领导力、中级领导力、初级领导力、卓越员工培训、新员工培训、高级功能管理培训、专业能力培训项目等八大系列培训项目;同时,建立了网络学院,设立 108 门网络课程,服务浙江物产 20000 名员工培训,为推动浙江物产管理变革、企业文化塑造、知识管理、员工素质提升文化发挥了积极作用。除满足浙江物产外,学院积极将培训服务拓展到政府和行业企业。积极参与义乌市政府30万电子商务人才培训项目，累计实施培训达52期，居8所高校培训机构和14所本地培训机构首位，被义乌市政府誉为"成效最佳、企业口碑最好的标杆培训团队"；承担了浙江省人社厅举办的"金蓝领"电子商务、现代物流培训班，相关培训成果入选了新华社内参资料；与省物流与采购协会合作，承办了浙江省物流职业经理人等培训项目，获得高度评价。企业大学的绩效改进实验项目被国际绩效改进协会（中国区）评为"绩效改进杰出实践奖"，已受邀在2015年"ATD国际会议展览会"上做经验交流。三是服务开发区项目不断拓展。充分发挥浙江省企业经营管理人员培训基地、杭州市职工教育培训示范基地、杭州市就业再就业定点培训机构等基地作用。积极参与政府开展的"蓝领成才"工程，为杭州经济技术开发区青工提供继续教育、技术咨询、培训和学历提升服务；承办多项职工技能大赛；与企业共同投身公益事业，创办"东芝·经济学堂"，成为开发区"职工素质教育"教学基地；承接杭州市和开发区考试外包工作，承担各类考点考务组织工作；为开发区各社区提供活动场地、人员等支持，十年累计服务368153人次。四是服务中高职衔接成效明显。与13所中职院校建立了长期的3＋2合作培养，成效显著。发挥浙江省中职师资培训基地，开展物流、汽车、文秘等中职教师培训工作。承办浙江省中职物流技能、会计等技能比赛，并提供赛前服务。作为首家中职专业水平证书考试考点，承办了6场浙江省汽车专业和国际贸易水平证书考试技能考试，服务考生8000余名，受到了考生、家长、中职院校和省教育考试院的一致好评。五是积极开展职教援疆项目。根据教育部要求和省教育厅统一部署，牵头联合浙江医学高等专科学校、浙江机电职业技术学院、浙江纺织职业技术学院等5所院校组团与阿克苏职业技术学院建立对口帮扶与合作关系。选派了2名援疆干部担任阿克苏职业技术学院副院长，先后选派7批骨干教师指导该校开展专业建设、课程建设、科研活动，为阿职院争取到了600万元实训基地建设经费，筹措500余万元用于师资和产业工人培训，建立了国家技能鉴定站工作分站，与阿克苏地区合作立项科研项目30项，助力阿职院成为新疆维吾尔自治区示范院校。学校援疆工作经验在中国高等职业教育研究会高职高专院校支持新疆职业教育发展论坛联盟论坛上做经验交流。同时，充分发挥国家骨干院校辐射引领作用，根据教育部职成教司函有关要求，积极投入到援助西藏职业技术学院的建设中，支援该院实训设施建设和学生技能大赛培训。此外，与泉州工艺美术职业学院建立了校际支援合作关系，利用我院的优势专业开展对口援助工作。六是积极承担高校文化传承功能。利用中华诗教促进中心，策划、参与、主持了多次全国诗教现场经验交流会、校园诗教调研等重大诗教普及活动，推动并参与考察中华诗词学会、浙江省诗词与楹联学会"诗词之乡"和"诗教先进单位"创建活动。先后在温州、瑞安、衢州等地举办中华诗教大讲堂，在金华浦江、杭州临安等地举办诗词培训,开设诗词函授班。坚持将诗教文化送入基层,在省内外中小学校、企事业单位进行诗词讲座20多次。编印刊物《中华诗教》,全部免费赠送给各地诗词爱好者,每期赠送逾2000份,至今已有81期。创建"中华诗教网",为宣传、促进全国传统文化发挥了积极作用。

(八)人才质量不断提高

十年来,学院文、理科招生录取分数一直名列全省高职前茅,被评为浙江省"阳光高考"信息平台工作先进单位。学生在省内外各类竞赛中获奖1057项,2007—2014年学生在浙江省高职高专"挑战杯"创新创业大赛中共获得47个奖项,其中特等奖3项。2010—2014年获得浙江省大学生科技创新活动计划(新苗人才计划)资助40项。学院成为杭州市大学生就业创业指导站、浙江省高校毕业生就业服务中心工作站,学生就业率连续九年达到98%及以上,2014届毕业生就业率98.70%。先后荣获"全国高职院校就业质量50强"和"全国普通高校毕业生就业工作先进集体"称号。据麦克斯调查,我院2013届毕业生半年后就业率高出全国骨干校2.8个百分点;月收入3294元,比全国骨干校平均数高211元;对母校总体满意率95%,高出全国骨干院校4个百分点。许多学生成为企业技术骨干和基层管理人员,浙江物产高管团队中我院毕业生占30%,近三年集团年创利千万元以上的部门负责人38%毕业于我院。

(九)安全稳定保障有力

学院牢牢坚持"发展是第一要务、稳定是根本保障"的原则,2005年成功创建"平安校园",2010年在全省高校深化平安校园检查中再次获得"优秀",先后荣获杭州市和浙江省"社会治安综合治理先进集体"称号。2013年学院获得中央综治委授予的全国首届平安校园建设优秀成果奖三等奖,2014年在首次全省高校平安校园等级考核中,获得了5A级称号。学院坚持以生为本,构建了"三方联动、六位一体"的学生社区管理服务新体系,得到教育部、省委宣传部、省教育厅、省综治办等各级领导的高度评价。学院不断健全完善分配激励制度,建立了绩效考核制度,改善了教职工的收入结构,实现了收入增长。不断健全内部民主管理制度,通过职工代表大会、重大事项报告、民主评议等方式加强信息公开、党务公开、校务公开,建立了专题公开网站,接受教职工的民主监督和评议。充分发挥工会组织作用,组织开展丰富多彩的群众性文体活动,不断增强凝聚力、向心力,先后被评为浙江省和全国模范职工之家。

(十)社会声誉显著提升

十年来,学院社会声誉显著提升。先后获得浙江省文明单位、浙江省职业教育先进单位、浙江省心理健康教育示范单位、全国诗教先进单位、深化平安校园检查考核优秀单位、全国职教先进单位等荣誉称号。2006 年以优异的成绩顺利通过了教育部人才培养水平评估,2009 年列入浙江省首批示范高职院校,2010 年成为国家骨干高职院校首批立项单位,2013 年骨干示范院校结项验收中获优秀等级,2014 年在全省高职高专院校教学工作及业绩考核中获得了"优秀"成绩。教师在省级以上教学技能大赛中获奖 170 项,获得省部级以上教育成果奖 10 项。学校是全国物流职业教育教学指导委员会、人力资源和社会保障职业教育教学指导委员会、教育部职业院校文化素质教育指导委员会副主任委员单位;财政部职业教育教学指导委员会、电子商务职业教育教学指导委员会、民航职业教育教学指导委员会、教育部高等学校文化素质教育指导委员会、全国高等学校体育教学指导委员会委员单位;中国物流与采购联合会常务理事单位、全国开放源代码高校推进联盟副主席单位、全国高职 LUPA 理事长单位、全国流通职教研究会会长单位等。学院办学成果在历届浙江教育博览会上得到省委、省政府主要领导的肯定。《人民日报》《光明日报》《中国教育报》、中央电视台、浙江卫视、联合国教科文组织网站、新浪网、新华网等国内外媒体报道我院办学成果 300 余次,2013 年 6 月 21 日《光明日报》(教科新闻版)以"树立了中国高职教育的新标杆"为题,赞誉了我院办学特色与成就。

二、十年发展经验总结

总结十年来的发展,我们有以下经验:

(一)坚持党的领导,凝聚发展力量

坚持党的领导,是学院持续发展的根本保证。学院党委班子充分发挥领导核心作用,牢牢坚持以邓小平理论和"三个代表"重要思想为指导,深入贯彻落实科学发展观,学习贯彻习近平总书记系列重要讲话精神,深刻领会党的十七大、十八大以来各类重大会议精神,以及中央针对职业教育发展的重大部署,统揽全局,把好方向、注重贯彻、强化执行。先后开展了以"强师德、育人才、产学研、促发展"为主题的保持共产党员先进性教育活动,以"做强三大平台、培育两创人才、打造一流高职"为实践载体的深入学习实践科学发展观活动,以"和谐发展先锋"为主题的创先争优活动,以"为民务实清廉"为主题、反对"四风"问题为主要任务的党的群众路线教育实践活动。着力提升党员干部团结师生、服务师生、发动师生、依靠师生的能

力，讲政治、抓大事、保稳定，创先争优，和谐育人，科学发展。

（二）坚持解放思想，抢抓发展机遇

坚持解放思想，是学院持续发展的思想基础。学院上下树立强烈的危机意识和发展意识，把握机遇，乘势而上，尤其在国家骨干示范院校建设项目申报上不气馁、不退缩，三次申报方获成功，在跨越发展的节点上抓住了机遇。学院党委统筹部署，师生团结奋进，紧紧抓住人才培养工作评估、精品课程建设、教学团队和教学名师培育等发展关键点，全面推进校企合作、工学结合的人才培养模式改革，有效促进了专业建设，提升了办学质量。

（三）创新体制机制，增强发展动力

体制机制的创新，是学院可持续发展的动力。学院充分发挥政府与行业引领性企业共同举办的体制优势，与浙江物产形成了人才共育、过程共管、成果共享、责任共担的紧密型校企合作机制，为学院开展工学结合提供了体制上的保障。体制机制的创新，有效保障了校企人才共享，优化了校企专兼师资团队的结构，实现了校企资源共享与开放办学，促进了校企需求对接，强化了专业特色，促进了校企文化融合，提高了就业质量。

（四）坚持和谐稳定，营造发展环境

坚持和谐稳定，是学院持续发展的保障。学院坚持立德树人办教育，不断强化社会主义核心价值观教育，坚守政治意识、政权意识和阵地意识。不断深化"平安校园"建设各项举措，不断完善有利于和谐校园建设的体制和机制，形成了良好的发展氛围和环境。学院始终坚持以人为本，充分发扬民主，尊重学生，尊重教师，尊重知识创新，强化队伍建设，努力提高人才培养质量和水平，确保在日趋激烈的竞争中立于不败之地。

三、"十三五"学校事业发展展望

2014年是职业教育发展史上有里程碑意义的一年，领导重视前所未有，改革力度前所未有，部门协作前所未有，为职教改革指明了新方向，提出了新要求，绘制了新蓝图，开启了新阶段，完成了顶层设计。"十三五"期间，职业院校将在前所未有的变革中前行，迎来新一轮发展的良好机遇，同时也将迎来本科转型、生源下降、技术进步、产业升级、创新驱动带来的新挑战。面对新形势，学院发展总体思路是：以邓小平理论和"三个代表"重要思想为指导，以科学发展观统领全局，学习贯彻习近平总书记系列重要讲话精神，全面贯彻落实党的十八大、十八届三中、四中全会

精神,深入贯彻落实国务院关于大力发展职业教育相关部署及全国职教会议精神,主动适应新常态背景下经济发展与产业转型升级对高素质技术技能型人才的新要求,坚持"以立德树人为根本,以服务发展为宗旨,以促进就业为导向",坚持依法治校,坚持依托强大的产业背景办学,坚持"两条腿走路"的发展路径,坚持特色创一流的目标定位,为实现一流高职院校和一流企业大学双一流目标而努力。

(一)坚持依法治校

进一步贯彻落实党的十八届四中全会精神,进一步完善治理体系,提高治理能力,促进学院管理的制度化、规范化和法治化,努力把"依法治国"方略自觉内化为"依法治教、依法治校"的各项举措,落实到教学、科研、管理、服务、育人等各项工作中去。一是强化落实"两个主体"责任。切实强化领导班子、中层干部的一岗双责意识和责任。重点加强对教学、科研、财务、招生、资产、基建、后勤、招标采购等重点领域的监督管理,建立风险防范体系,做到反腐倡廉工作与教育业务工作同研究、同规划、同布置、同检查、同考核、同问责。二是强化学校内控管理。进一步贯彻《行政事业单位内部控制规范(试行)》,发挥学校内部控制工作小组和风险评估小组作用,对学校管理中存在的风险节点进行了进一步梳理,查找管理中存在的内控缺陷,落实整改责任和举措,确保学校各项规章制度落实到位,提高学校管理的规范化、科学化、精细化水平。三是以章程统领办学治校。进一步明晰学院内部治理结构,努力以章程规范办学行为,以章程统领办学治校。进一步规范招生管理,加强学生学籍、学业管理,抓好教学课程管理,重视实习管理,加强干部队伍和双师队伍管理等,将"依法治教、依法治校"的理念固化为具体制度。

(二)坚持依托强大产业背景办学

全国职教会议精神、习总书记关于职业教育的重要指示、李克强总理重要讲话,以及《国务院关于加快发展现代职业教育的决定》《现代职业教育体系建设规划(2014—2020年)》等,都对职业教育校企合作、产学融合、协同育人提出了新要求。针对这些要求,学院将进一步深化校企共建基地、共建师资、共同培养、共同培训、共同开发为基础的产教融合,加大学院与合作企业在共享知识、共建专业、订单培养、顶岗实习、生产实训、交流任职、员工培训、协同创新等方面的力度。重点发挥校企专兼团队作用,共同将专业发展规划落到实处,优化专业设置,实现专业设置与产业需求相对接;围绕"课堂改革三年行动计划",共同推进专业改革与实践,实现课程内容与职业标准相对接;共同建设好实训基地,实现教学过程与生产过程的对接,进而培养符合区域经济发展和产业转型升级需要的高素质技术技能人才。

(三)坚持"两条腿"走路的发展路径

1. 高质量提升教育教学业绩。高等职业教育已经跨越了规模发展的快速增长期,进入到比拼内涵的相对稳定期,内涵发展的衡量标准从粗略测算向精细管理、指标细化过渡。应对这种要求,我们明确了提升学校内涵质量的三个着力点:决战在课堂、关键在教师、落脚在学生。

决战在课堂。按照《浙江省高校课堂教学创新行动计划(2014—2016年)》有关要求,进一步完善学院实施方案。重点落实省教育厅提出的推行学分制、增设选修课、小班化教学和分层次教学等举措,努力实现省教育厅提出的量化指标,力争成为全省课堂教学创新示范校。具体抓手:一是对接职业标准,动态优化教学内容。引导教师在熟悉《国家职业标准》的基础上,深入行业、企业和生产岗位一线,直接了解岗位职业标准,积极将职业标准引入课程开发和课程教学内容中。同时,及时将行业企业的最新应用成果更新到教学内容中来。并与企业大学课程实现共享共用。根据专业人才培养目标,建立系统完整的必修和选修课程体系。二是对接学生特点,改革教学与考核方法。针对90后学生的身心特点建构科学适用的教学方法与考核办法。实施小班化教学、分层次教学、强化教学、学习、实训相融合的理实一体化教学。优化对学生学业的评价,注重形成性评价与终结性评价相结合,素质考核和技能考核相结合。三是对接新技术,创新教学手段。以信息化手段进一步"推转"教学手段现代化创新。结合微课、慕课的兴起及课堂"翻转"趋势,利用教育部首批教育信息化建设试点单位的平台,借助信息化教学体验中心、视频互动、虚拟实训技术、手机App等,让教师熟练运用各类最新的教育信息化教学手段,以信息化促进课堂教学质量水平的提升。

关键在教师。继续加大高层次人才引进工作力度,缩小师生比,提升学校教学水平和社会服务能力。师资培养方面,一是进一步强化师德师风教育,引导全体教师以德育人、以德化人,以高尚的人格魅力影响学生,以高超的专业技能指导学生,不断提高教书育人的业务水平。进一步完善自我职称评审机制和评审方案,以科学、合理的职称评审机制,促进教师朝着品德高尚、业务精湛的目标努力,提升人才培养质量。二是在"干中学"中提升服务能力。继续按照集团发展到哪里,学校的服务跟进到哪里的服务理念,让教师带着项目去挂职,与企业合作开展项目研发、流程优化、技术改造等,让教师在服务企业的实践中提升服务能力水平。三是提升青年教师和兼职教师的职业素养。继续发挥骨干教师与新教师的传、帮、带传统,做好一对一结对工作;继续开展青年教师培训和企业实践,不断提高业务水平;继续开展职业道德和教学业务培训,尤其是加强企业兼职教师教学规律的学习,提升规范教学能力,把先进的技术和管理经验带进课堂教学中。四是实现教师与培训师双责制,形成新双师队伍。继续探索企业大学与高职院校在师资互补、教学互动、课程互联、文化互融等方面协同共生的路径,达到效益最大化。进一步鼓励学有专长的优秀教师成为企业大学的内训师,形成一种反向促进教师素质提升的倒逼机制,并有效推动课程改革和课堂教学改革。同时,进一步借鉴企业大学灵活多样的培训方式,促进教师更新课堂教学理念,改进方式方法,激发学生学习兴趣,提高课堂教学质量。

落脚在学生。坚持育人为本,德育为先,把社会主义核心价值体系、优秀传统文化、现代企业先进文化融入人才培养全过程,将提高学生专业技能与培养职业精神高度融合起来。以实现学生的价值为主线,以提升学生就业质量为目标,从专业建设、课程改革等方面培养学生的学习能力、创新能力、创业就业能力,提升学生融入经济发展的结合点,终身发展的增值点。进一步深化现代"和谐职业人"培养工程,不断深化"爱、学、诚、敬、新"主题实践活动,深化"企业文化融化、传统文化内化、课程建设深化、校园活动优化、社会实践悟化、专业渗透细化、师资队伍强化"七项行动。紧跟当前产业转型升级的新需求和90后大学生的特点,不断创新人才培养载体和评价机制。进一步做好招生就业工作,构建多元招生宣传体系,完善不同类别、不同形式的毕业生招聘服务工作体系,为学生就业创业提供更加完善的服务,进一步提升毕业生就业质量。完善学院校友会建设,发挥校友资源。营造全员、全程、全方位服务育人的良好氛围,培养职业技能和职业精神高度融合的高素质技术技能人才。

2.高水平提升社会服务能力。通过教师下企业调研,参与项目研发,提供技术服务,为浙江物产等企业战略实施、学习型组织的创建、企业文化建设、商业模式的优化和供应链的整合等发挥积极的推动作用。依托企业大学平台,服务集团员工素质提升,在培训的专业化多样化、项目的特色化绩效化上下功夫,提高培训课程的自主研发能力,实现培训团队的资源优化,培训数量的持续提升,培训项目的有序拓展。同时,进一步推进拓展与省人社厅、国资委、中国物流与采购联合会、省物流与采购协会、下沙开发区等政、行、企不同层次的培训合作和技术服务,逐步形成培训和服务品牌。

(四)坚持特色创一流的目标定位

李强省长强调,特色是高校的生命线和核心竞争力。高职办学特色主要体现在专业特色上,专业是学校服务学生、服务社会的平台,是影响学校核心竞争力的关键。"十三五"期间,学校在进一步深化"校企合作、素质教育、国际交流"三大办学特色的基础上,着力在专业特色上下功夫。进一步健全专业动态调整机制,优化专业布局,着力在求精、求强、求差异化显特色。专业建设:一要依托行业产业企业背景。要围绕流通产业转型升级,健全专业动态调整机制。如,寄托浙江物产整体上市,优化金融服务等专业建设;结合浙江物产养老产业发展,探索健康养生类新专业等。二要针对新常态背景下经济发展与产业转型升级。要对接原产业升级对一线劳动力能力升级需求和大量新兴产业发展对新的人才和复合型人才的需求,不断优化专业设置。重点围绕浙江省信息、环保、健康、旅游、时尚、金融、高端装备制造七大产业核心领域对技术技能型人才的需求,优化专业布局,培养产业急需的高素质技术技能型人才。三要创建特色品牌专业。在做强物流、汽车专业的基础上,将电子商务、计算机信息管理、金融等建成品牌或优势专业,航空服务、文化市场经营管理等建成特色专业。四要对接四年制专业学士。根据产业有需求、高职有能力、本科有涉及但不强大的要求,争取四年制本科专业。引进国际优质教学资源,在办好原有的酒店管理、国际贸易中外合作专业的基础上,发展与英国物流专业合作办学,并以此带动整体专业建设水平的提升。

依托行业产学结合接轨国际
打造旅游职业教育"中国品牌"

浙江旅游职业学院

2005 年国务院出台《关于大力发展职业教育的决定》,高等职业教育步入了快速发展之路,浙江旅游职业学院作为浙江省唯一一所公办旅游类全日制高等职业院校,近十年来紧跟高等职业教育的发展步伐,始终坚持"依托行业、产学结合、接轨国际"的办学理念,坚持围绕旅游办专业、围绕旅游育人才、围绕旅游搞科研、围绕旅游强服务的办学定位,探索和打造旅游职业教育的"中国品牌",取得了较好的办学成效,学院已成为浙江省旅游专业人才培养基地、旅游产学研融合创新基地、旅游标准化示范基地和旅游教育国际化引领基地、国际教育旅游体验基地,成功跨入全国高职教育的第一方阵,为高职教育改革创新的浙江实践书写了浓墨重彩的一笔。

——2006 年,教育部高职高专人才培养工作水平评估优秀院校

——2007 年,浙江省第一个亚太旅游教育培训机构(APETIT)会员单位

——2008 年,浙江省示范性高等职业院校建设单位

——2009 年,全国率先通过联合国世界旅游组织旅游教育质量认证

——2010 年,全国第一所国家旅游局和省级政府省部共建的高职院校

——2010 年,"国家示范性高等职业院校建设计划"骨干高职院校建设单位

——2011 年,国家旅游局旅游标准化试点单位

——2012 年,教育部教育信息化试点单位,浙江省示范性高职院校

——2013 年,"国家示范性高等职业院校建设计划"骨干高职院校

——2013 年,校园"国际教育旅游体验区"建成全国高职院校第一个国家 4A 级旅游景区,浙江旅游博物馆建成全国一个省级旅游专题博物馆

——先后获得国家社科基金 2 项,教育部人文社科基金 5 项,国家级教学成果奖 1 项,国家级教学团队 1 个,中央财政支持的职业教育实训基地建设项目 1 项,"提升专业服务产业发展能力"建设专业 2 项,国家级教育体制改革项目 1 项

……

一、发展历程

浙江旅游职业学院前身为浙江省旅游职工中等专业学校创建于 1983 年，1987 年经省计经委、省教委批准成立浙江省旅游学校，2000 年经省人民政府批准筹建为高职院校。自 2005 年《关于大力发展职业教育的决定》发布以来的十年，既是我国高职教育从规模的"跨越"到模式的"转型"再到质量的"提升"的十年，也是学院量质不断突破、实现自我超越的十年。回顾学院十年的发展历程，既是一部见证高职改革、目睹质量并进的发展史，也是一部同舟共济、不畏艰辛的创业史，更是一部不断超越、实现跨越的奋进史。总体来说，学院的发展历程概括为以下三个阶段。

（一）求真务实，蓄势奠基阶段

2005—2006 年是学院发展的蓄势奠基阶段。学院三堡校区由于占地面积仅 17 亩，严重制约了学院的发展。经过多方努力，2002 年学院整体搬迁至萧山高教园区新校区，同时也顺利完成了高职摘筹，学院的发展跨入了一个新起点。但是面对职业教育迅速发展的态势，学院发展面临着诸多困境：首先，从中专到高职的办学层次提升了，但办什么样的高职、如何办高职的思路还不清楚，还需不断探索实践；其次，面对高职教育规模的不断扩张，学院的师资严重不足，新校区的各项教学设施也逐渐不能满足需要，如何完善基本的办学条件需要得到解决；再次，办学经费严重不足，新校区建设尚有大量的贷款要还，高职教育发展对办学硬件的要求也越来越高。

面对内外发展困境，学院一心一意搞建设，全心全力谋发展，一方面通过与行业企业合作解决办学资金难题，另一方面通过与国外高等职业院校合作提升办学理念。2005 年实施南校区扩建工程，校园容纳学生规模增长了 1 倍，还兴建了一批高水平的实训室，解决了办学硬件问题。2005 年与澳大利亚威廉·安格里斯学院签订了中澳合作办学项目，开启了中外合作办学的大门。2006 年以优秀等次通过了教育部高职高专人才培养工作水平评估，成为全国第一所以优秀等次通过评估的旅游类高职院校，充分证明了学院举办高职以来所取得的办学成效，为学院的下一步发展奠定了良好基础。

（二）内外兼修，铸造品牌阶段

2007—2009 年是学院发展的铸造品牌阶段。这个阶段学院发展面临着新的形势：一方面是高职教育由量向质转变发展阶段，2007 年教育部开展了国家示范性高等职业院校建设计划；另一方面国家对职业人才的需求也越来越大，高职教育还在不断扩张。同时学院的发展也面临着新的困难：一方面由于办学规模的快速扩张,原来办学资源不断稀释,宿舍、教室、实训场所越来越紧张,师资也十分紧缺。另一方面高职教育的竞争越来越激烈,如何能跨入高职教育的第一方阵,在竞争中抢得先机,成为学院发展首先要考虑的问题。

面对新形势和新任务,学院一手抓外延拓展,一手抓内涵建设。2007年学院启动了北校区建设工作,2008年启动了省级示范性高职院校创建工作,先后实施了师资队伍建设"星光计划"、人才培养质量提升"英才计划"和学生综合素质提升"阳光工程",整合校内资源全面加强内涵建设。经过不懈努力,2008年学院以全票通过省教育厅评审,成为浙江省示范性高职院校建设单位;2009年学院酒店管理等6个专业通过世界旅游组织旅游教育质量认证,成为全国第一所通过该认证的高职院校;2009年北校区建设项目正式动工,2010年部分标段建成并投入使用。学院呈现了量质齐头并进的良好发展态势,办学品牌和社会声誉得到了极大提升。

(三)开拓创新,争创一流阶段

2010—2014年,是学院发展争创一流的阶段。2010年,教育部、财政部出台了《关于进一步推进"国家示范性高等职业院校建设计划"实施工作的通知》,高职教育进入了全面内涵建设。面对新的发展形势,学院启动了骨干校创建工作。2010年学院开展了省部共建工作,国家旅游局和浙江省人民政府正式省部共建我院,争取把我院建设成为国家示范性骨干高职院校,为学院争创一流提供了良好的政策保障。经过不懈努力,学院成为"国家示范性高等职业院校建设计划"骨干高职院校首批建设单位,开始了为期三年的国家示范建设工作。

省级示范和国家示范的"双示范"建设时期,也是我院内涵建设不断深化、办学质量显著提升的时期,取得了一系列"国字号"办学成果,成功跨入了高职教育的第一方阵,成为旅游职业教育的排头兵。截至2014年10月,学院现有专任教师395名,其中副高以上职称教师128名,国家旅游业青年专家3名,国家教学指导委员会专家2名;拥有国家社科基金项目2项,国家级教学成果奖1项,国家级教学团队1个;国家级精品课程3门,国家级精品资源共享课程2门。现有全日制在校生10311人,在校留学生44人,每年出国(境)留学、研修、实习、访问的学生占毕业生总数的15%及以上。

二、办学成果与经验

十年来,学院始终秉承"依托行业、产学结合、接轨国际"的办学理念和"励志、惟实、博爱、精致"的校训,坚持在继承中创新、在创新中发展,努力打造旅游职业教育的中国品牌,较好地完成了浙江省政府提出的"两个领先"(在全省高职院校中领先、在全国旅游同类院校中领先)的办学目标,实现了学院又好又快发展。

（一）创新办学体制机制，全面激发办学活力

1.形成"省部会商"机制，畅通校政合作沟通渠道。学院积极争取国家旅游局和浙江省人民政府的政策支持，优化发展环境。经过积极汇报协调，国家旅游局和浙江省人民政府分别于2010年6月和2012年5月，两次召开推进学院建设和发展的专题会议，双方商定省部共建，共同努力把学院建成一所在中国旅游业内有特色、高水平的国家示范性高职院校。省部共建的实现，确立了省部共同支持学院发展的办学体制机制，为我院深化教育教学改革、拓展中外合作办学途径、加快师资队伍建设、开展旅游产业研究等方面重点工作的推进和改革发展创造了良好的政策环境，也使学院成为全国第一所"省部共建"的高职旅游院校，确立了学院在旅游职业教育的排头兵地位。

2.建立发展理事会，完善校政企合作推进平台。学院在原有董事会基础上，进一步整合校政企各方资源，于2012年1月6日成立了以浙江省人民政府为主导，浙江省旅游局为理事长单位，省发改委等相关政府部门和企业共计27个单位参与的浙江旅游职业学院发展理事会，有力推动了校企政三方合作的深入开展。在发展理事会推动下，学院筹到校企合作专项资金301万元，并与全省各地旅游部门合作建立产学合作工作站20家。借助发展理事会平台，宋城集团、杭州饮食服务集团有限公司、西湖国际高尔夫乡村俱乐部等理事会成员纷纷与学院合作成立企业制学院，使学院实现创建"开元学院""南都学院""杭帮菜学院""艺龙学院"等企业制学院12个，并推动更多的行业企业专家参与到学院教学改革和人才培养的工作之中。

3.争取设立"校企合作贡献奖"，优化校企合作激励措施。为了激励旅游企业积极参与学院校企合作，在学院努力争取下，2010年浙江省旅游局出台了《关于加强浙江旅游职业学院校企合作的意见》，特别设立"校企合作贡献奖"，用于表彰校企合作先进单位和先进个人。该奖励同时作为各地市、县（市、区）旅游部门年度工作考核和旅游企业评先评优的重要依据。自校企合作贡献奖设立以来，已有45家单位、45名个人荣获该奖项，省内各级旅游部门和旅游企业参与学院校企合作的积极性和热情也愈发高涨，为学院提升办学活力、提高办学实力注入了强大力量。

4.厘清四层面交叉互动校企合作组织体系。学院还在省旅游局的支持下，进一步厘清校企合作组织体系中省旅游局层面、各地旅游部门层面、学院层面和专业层面的校企合作重心。其中，省旅游局校企合作推进委员会是推进学院校企政合作不断深入的组织领导保障，各地旅游部门层面的产学合作工作站是学院与地方旅游部门主导的旅游企业开展合作对接的重要平台，学院层面的企业制学院是学院与旅游企业校企深度合作的落脚点，专业层面的专业指导委员会是校企合作培

养人才的重要抓手。厘清四个层面交叉互动的校企合作组织体系,为学院高效开展校企合作奠定了坚实基础,成功推动学院先后与开元旅业、世贸君澜等 200 余家知名旅游企业建立合作关系,开办各类"订单班"20 多个。

(二)牢固树立教学中心地位,培养高素质国际旅游人才

1.秉承"校企合作、工学结合"理念,构建多元化人才培养模式。学院深入贯彻"校企合作、工学结合"理念,不断优化具有旅游特色的人才培养模式改革,立足专业特色和实际情况,开展了"一个专业一个模式""一个专业一种特色""一个专业一个体系"的多元化旅游人才培养模式梳理工作,并构建起"全程产学交叉""学生主体、任务引领""分层递进、工学交替""四联动""课堂＋舞台"等多元化的人才培养模式。其中,"全程产学交叉"的企业制学院人才培养模式项目获得浙江省教学成果奖一等奖;"课堂＋舞台"的表演艺术专业人才培养模式改革,成功推出国内首部旅游教育舞台剧《诗画山水》,获杭州市文创产业专项资金立项,并获得浙江省版权局作品登记。

2.凝练"三种类型、六大模式"国际化旅游人才培养体系,增强学生国际竞争力。2010 年,学院承担了国家"提高中外合作办学水平"教育体制改革试点项目,通过中外合作办学项目、派遣学生出国(境)交流学习和国际化工学结合三种类型,以及以中澳合作为代表的中外合作办学模式、以赴台交流为代表的校际交流培养模式、以赴日研修为代表的渗透学习研修模式、以赴阿实习为平台的就业导向顶岗模式、以赴美实习为平台的短期体验实践模式和以中意合作培养为路径的订单培养实训模式等六大模式,逐步凝练、形成涵盖学生校内学习、出境交流和出国实习就业的国际化旅游人才培养体系。至 2014 年,学院已与 13 个国家和地区的 30 多所高校和国际友好组织建立合作办学关系,并在美国、日本、韩国等 6 个国家和地区建立实习、研修基地,有海外培训、交换、研修、顶岗实习经历的学生数已经占到应届毕业生总数的 10％以上。中澳酒店管理合作办学项目也被评为首批"浙江省示范性中外合作办学项目"。《中国教育报》在 2011 年 11 月 13 日头版头条刊发长篇通讯报道,高度肯定学院国际化旅游教育的成果与实践;《2013 中国高等职业教育人才培养质量年度报告》也将学院作为国际化办学的典型范例进行推广。

3.开展"分类实施、形式多样"的专业建设,不断深化教学改革。学院根据专业类别和专业特色的不同,对骨干重点建设专业、中央财政支持提升发展产业能力建设专业、省级优势专业、省级特色专业等进行分类建设,并不断深化专业内涵建设,推动教学改革。学院一直重视专业内涵建设,截至 2014 年底,学院完成了省级示范院校 4 个重点专业、国家骨干院校 8 个重点专业、2 个中央财政支持提升发展产业能力建设专业和 8 个"十一五"省级特色专业的建设与验收工作,并获得 3 个省

级优势专业建设项目立项,进一步推进酒店管理、导游、空中乘务等专业整体提升。在有效的专业建设基础上,酒店管理、会计、导游、景区开发与管理、会展策划与管理、烹饪工艺与营养(西餐)等6个专业通过联合国世界旅游组织旅游教育质量两次认证。

4. 坚持"以生为本、优化共享"建设课程标准和精品资源课程,提高课程质量。学院坚持以"以生为本、优化共享"为原则,开展专业核心课程标准修订与精品资源共享课程建设。截至2014年底,学院建成百门院级优质核心课程,19门省级精品课程以及3门国家级精品课程,并在此基础上建设课程资源共享体系,通过精品资源共享课程、精品视频公开课、慕课、微课建设,使优质核心课程及精品课程逐步完成转型升级,其中,2门课程获得第三批国家级精品资源共享课立项;立足学院国际化发展战略,促进双语教学与外语教学课程建设,建成94门双语教学课程和82门全外语教学课程;优化修订26个专业(方向)568门专业课程的课程标准;建成浙江省重点建设教材31部,国家级"十一五"规划教材7部,20部教材入选国家级"十二五"规划教材,其中11部教材正式立项为国家"十二五"规划首批教材;完成浙江省新世纪教学改革课题7项,5项课题获得省级高等教育教学改革项目立项,10项课题获得省级高等教育课堂教学改革项目立项,多项教改研究项目获得全国高职高专校长联席会议课题、浙江省科技厅高技能人才项目和浙江省教育规划课题等立项。学院还建成由"中国旅游职业教育网"、国家旅游局"全面推进旅游标准化试点交流平台"、浙江省旅游局"中国旅游人力资源网"以及虚拟中国游、旅游院校招生网组合而成的旅游职业教育公共服务平台,构建了"100门网络课程""100个虚拟旅游景区"以及"100集浙江旅游人文大讲堂"的"三个一百"网络教学和学习资源库,借助网络优势扩大课程资源的辐射受益面。

(三)强化专兼结合,打造高素质高水平双师队伍

1. 完善制度建设,推动教师稳定成长。学院通过实施师资队伍建设"星光计划",相继调研出台了《专任教师招聘办法》《高层次紧缺人才引进办法》《教职工考勤管理办法》等一系列文件,形成了较为完善的教师聘用、管理、考核制度。尤其在提高教师"双师"素质方面和专兼职教师队伍建设方面,学院在《"行业职业能力提升工程"实施办法(试行)》《教师脱产挂职管理暂行办法》,专业教师联系企业制度、行业师徒制的基础上,出台了《"兼职教师队伍建设工程"实施办法(试行)》《"专业双带头人"工程实施办法(试行)》以及《外聘教师管理办法(试行)》等制度文件,为师资队伍建设提供强有力的制度保障。同时,学院大力开展青年教师教学技能大赛和"教坛新秀""科研新秀""行业新秀"评比,以及"奖教基金"评选等活动,有效激励教师内在的成长动机,在全院形成教师主动成长、主动发展的良好局面。

2.加强行业联系,提高教师双师素质。为提高专任教师的实践能力,学院积极鼓励教师去旅游行业、企业和国家旅游局、省级政府部门、地市(区)旅游部门挂职锻炼。据不完全统计,十年来,学院已选派了近200名教师参加各种途径的挂职锻炼,其中仅2010年10月—2013年9月就有116名教师通过学院平台,赴旅游部门、旅游企业挂职锻炼。其中,赴国家旅游局挂职3人,赴省旅游局、省教育厅、省科技厅等省级政府部门挂职4人,赴全省地市、区旅游部门挂职18人,以实际行动为区域旅游经济发展做出贡献。与此同时,学院还聘请大量行业企业的专业人才担任兼职教师,通过校内专业教师与企业兼职教师结对组成"教学拍档",实现教师教学能力和行业实践能力优势互补。目前已有60位行业兼职教师与专任教师结为行业师徒,并有65名知名企业高管被聘为客座教授,来自行业企业的兼职教师有634人,专业兼职教师承担的专业课学时比例平均达到了67.16%。企业兼职教师与校内专任教师的合作越来越密切,一支相对稳定、带动作用显著的兼职教师队伍已经形成。

3.开展高品质海外培训,开阔师资队伍国际视野。学院非常重视国际先进教学理念、教学手段和前沿信息在教育教学过程中的融合应用,并为此大力开展教师海外培训项目,以提升双师队伍国际视野。通过参加各类海外活动,目前已有超过70%的专任教师拥有海外培训、进修和访学经历,并为教学积累了大量国际化素材。除了选派教师参加海外培训以外,学院还引进了来自韩国、日本、澳大利亚、意大利、美国、英国、加拿大、西班牙等国家的数十名优秀外教来任教,支持、指导教师国际化水平的提高,进而提升国际化旅游人才的培养质量。

(四)整合国内外优质资源,提升实践实训教学水平

1.借力二期工程建设,大幅优化校内实践实训条件。学院借助二期工程建设的契机,统筹建设浙江省旅游博物馆、歌诗达实训中心、"智慧校园"等校内实验实训场所,大幅改善校内实践实训条件,为学生实践提供充足的场地和资源。2010年,导游专业"四位一体"综合实训中心项目获中央财政支持职业教育实训基地项目;2013年,学院获批成为国家4A级旅游景区暨"国际教育旅游体验区",成为全国最大且唯一的校园4A级旅游景区校内实训基地。目前全院各系均有适合专业实践实训教学的高品质实训场所和设施,并建有中央财政支持职业教育实训基地1个、省级实训基地9个以及省高职高专示范性实践教学基地和非物质文化遗产传承教学基地,设有旅苑酒店、旅苑旅行社、旅苑会展公司等"旅苑"品牌系列的"校中店"。在此背景下,欧洲顶级豪华邮轮企业——意大利歌诗达邮轮公司捐献与歌诗达浪漫号同样的船舱设施设备,与我院在校内共建全国首家邮轮实践、教学、培训基地,并将其作为企业全球8大培训基地之一,每年培养大量邮轮人才。

2.积极拓展校外实训基地,显著提升顶岗实习质量。长期以来,学院一直高度重视学生的实习质量,坚持精选高品质旅游企业作为学生顶岗实习单位,并积极开拓实习渠道,尤其是海外实习渠道。目前,学院已经建成83家高端海外实习基地,美国迪士尼乐园、七星级帆船酒店、全球唯一一家八星级酒店——阿布扎比酋长宫殿酒店、位于世界最高建筑——迪拜塔中的乔治·阿玛尼酒店、意大利歌诗达邮轮公司等国际知名企业,都有我院学子在那工作。具有国际化实习经历的学生,其国内就业竞争力也高于其他学生,他们多被万豪、凯悦、洲际、香格里拉等国际知名品牌酒店热捧,甚至直接被聘为领班等基层管理岗位工作。据调查,有过境外学习经历的毕业生,起薪要比普通毕业生高20%以上。

3.坚持以赛促训、以赛促教,推动师生实践实训水平提高。学院积极承办各类大型赛事,通过赛场平台帮助师生开展技能交流活动,提高实践实训水平。近十年来,学院多次成功举办全国和省级高职院校导游服务技能大赛,并积极选派师生参加世界旅游合作组织(GTTP)全球旅游案例研究大赛、全国职业院校技能大赛、全国烹饪技能竞赛等国际和浙江省高职高专院校"挑战杯"创新创业竞赛等具有较大行业影响和社会影响的赛事,获得了令人瞩目的成绩。其中,我院学子获得了世界旅游合作组织(GTTP)全球旅游案例研究大赛一等奖、中东国际烹饪大赛2项银奖,并收获了数十项全国高职院校技能大赛金牌,在全国乃至世界舞台上展示了我院风采。

(五)助力地方旅游经济发展,积极服务社会重大活动

1.牵手"1+6",专业服务区域经济发展。学院坚持"开放、合作、服务"的理念,以服务旅游经济发展为己任,以助力地方经济发展为目标,提升专业社会服务能力与水平。重点开展牵手"1+6"(1为国家级旅游改革试点:舟山,6为省级旅游综合改革试点:淳安、洞头、安吉、武义、仙居、遂昌)校地合作工程,分别与"1+6"旅游综合改革试点市县签订深度融合的校地合作协议,逐步形成学院和行业企业合作办学、合作育人、合作就业、合作发展的联动机制。自2012年启动"1+6"旅游综合改革试点市县校地深度融合以来,学院主动为各试点市县的旅游改革发展提供各类前沿和热点问题研究,开展牵手"1+6"免费送教下乡活动,先后完成可行性分析报告、旅游规划策划等20余项,开办各类专题培训40余场次,培训旅游行政管理和从业人员数千人次。

2.承担纵横向课题,发挥旅游业"智库"作用。学院积极服务于从国家旅游局到县市旅游局的各级旅游部门,为区域旅游经济发展和全国旅游经济发展提供强大的智力支撑。尤其学院承担的《全国高级导游等级考试标准制订及浙江省试点工作研究》《全国特级导游员评定办法和特聘导游员制度研究》等重大战略课题得

到国家旅游局高度重视,其中《全国高级导游等级考试标准制订及浙江省试点工作研究》成果直接推动停顿十四年的高级导游员考试在浙江重启试点;《旅游突发事件应急手册》经由国家旅游局发布,作为我国游客应对旅游突发事件的指导性读本,受到行业广泛关注。学院2012年完成的《浙江省旅游业人才发展"十二五"规划》也经由省旅游局发布,作为我省首个旅游业人才队伍建设的纲领性文件在全省范围实施;同年完成的《2012浙江旅游业发展报告》被省旅游局以白皮书形式向社会发布,产生良好的社会影响。

3.做好旅游业务培训工作,主动免费送教下乡。学院依托高端完善的实验实训基地,承担众多各地的旅游发展高端研讨班、培训班、企业经理主管培训班等任务,十年来已累计为数十万人次提供培训服务。其中仅2014年,便与浙江省旅游局、杭州市旅委、温州市旅游局、舟山市旅委等行政管理部门以及横店影视城、曙光酒店集团、杭州运河集团等旅游企业合作,举办多项各类专题研讨班和培训班40期,培训人数达2303余人次。另从2008年开始,学院每年坚持开展暑期送教下乡活动,组建教师社会服务小分队,深入全省各地市累计免费培训旅游从业人员近10万人次,得到了浙江省原副省长王建满的批示肯定,获得了良好的社会赞誉。

4.开展志愿行动,服务社会重大活动。学院充分发挥自身专业优势,积极服务各类社会重大活动。上海世界博览会、全国残疾人运动会、全国大学生艺术展演、世界浙商大会、西博会、国际动漫节、休博会、省市"两会"等各类社会重大活动均有旅院志愿者的身影。据不完全统计,仅2010—2013年间,学院选派志愿者数量达到6500余人次,获得了"第八届全国残疾人运动会志愿者工作突出贡献奖""全国第三届大艺展筹备工作先进集体""浙江省优秀志愿服务集体"等各类荣誉。学院用实际行动为社会事业发展奉献力量。

(六)招生就业双管齐下,稳步提高人才发展质量

1.大力开展招生改革。学院积极响应省教育厅号召,多次承担高考招生改革试点工作。2011年,学院首次实行"校考单录"自主招生,并作为全省4个试点院校之一招收退伍士兵新生;2012年,学院首次实行"三位一体"自主招生,并进行五年一贯制中高职衔接人才培养改革试点;2014年,学院作为全省首批试点进行技能高考。多元化的招生模式吸引了更多潜在的优秀旅游人才报考我院,也为更多优秀学子的加入拓宽了渠道。

2.不断强化就业教育。一是改革就业指导课程。为提高就业指导课程的针对性和实用性,学院对《大学生职业发展与就业指导》课程进行改革,组织编写了《旅游专业学生就业创业指导》教材,针对不同学生群体进行细分指导。授课方式也由原先单一教师讲授改为由不同专业特长的就业指导教师组成教学团队进行授课,

以满足不同模块的教学需求。二是组织职业生涯规划大赛和创业大赛,帮助学生提前做好就业、创业的准备。从 2010 年开始,学院每年举办职业生涯规划大赛和创新创业竞赛,并积极组织学生参加全省性赛事,已有 10 余名学生在全省职业生涯规划大赛中获奖,另在全省高职高专"挑战杯"创新创业竞赛中获得 11 个奖项。三是创办创业园区,为学生创业提供便利。创业园共扶持在校生创业企业 30 家,引入毕业生创业企业 4 家、旅游企业 4 家,资助金额达到 49 万元。在扶持在校生创业方面,学院大力支持如 PARTTIME 社、卓越会展工作室、"美味教室"创业团队等小微团队,取得了不错的业绩,其中"美味教室"创业项目营业额累计已达 10 万元以上。

3.持续关注毕业生发展质量。2011—2013 年,学院委托第三方专业调查机构——麦可思数据有限公司对 2009 届、2010 届、2011 届等毕业满半年的 3278 名毕业生以及 2006 届、2007 届、2008 届等毕业满三年的 1633 名毕业生进行了跟踪调查,为学院全面掌握学生就业质量提供了科学依据。调查数据显示,毕业生就业质量得到稳步提升,其中毕业生就业竞争力、专业对口率、用人单位对毕业生满意率、毕业生对学校满意率均位居全国示范性骨干高职建设院校前列,毕业生毕业半年后的月收入连续三年高于全国骨干院校平均水平,且离职率也低于全国骨干院校平均水平。

(七)深化校园文化建设,发挥文化育人重要功能

1.完善文化育人载体,加强校园文化品牌建设。从 2009 年学院出台《校园文化建设五年(2009—2013)行动计划》到 2013 年开展"校园文化建设年"活动,学院一直坚持以"励志 惟实 博爱 精致"校训精神为核心,丰富校园文化育人载体。学院创作了弥补建校三十年来空白的中英文版校歌《一路阳光》,首次编辑出版了校园文化读本《旅院文化》,编写了校园文化系列丛书,并于 2014 年 11 月启动"旅院精神"大讨论活动,计划用一年时间凝练旅院精神,增强全体旅院人的凝聚力和自豪感。一系列文化育人举措有力促进了原有"微笑文化"(2008 年浙江省品牌校园文化)、"感恩教育""美味教室"等校园文化品牌的深入建设,并对培育"阳光工程""校友文化""校庆文化"等新的校园文化品牌产生了较大的正面影响。

2.强化环境育人功能,注重旅游文化传承。学院在校园环境的设计上,根据 4A 级景区创建标准,通过对校园环境的整体布置和改造,丰富了水域风光、生物景观、天象与气象景观、建筑与设施、旅游商品以及人文活动等旅游资源,实现了校内建筑、绿化、假山、湖景以及各类标识引导牌的和谐搭配,并完成了教学楼、办公楼以及实训室的文化上墙工作,营造了优美、怡人的校园环境,使学院成为集旅游功能和教育功能于一体的教育旅游体验区。与此同时,为进一步发挥文化育人的功

能,学院还将校园文化与浙江旅游文化相结合,在省文化厅、省旅游局的鼎力支持下,创建全国首个旅游专题博物馆——浙江省旅游博物馆,并融合"5·19"中国旅游日、徐霞客精神和浙江地域文化等重要元素,精心编排完成了中国首部旅游教育舞台剧——《诗画山水》,为文化育人工作增添了亮丽一笔。

3. 建成智慧校园,跃升教育信息化水平。为了适应高科技在旅游业应用越来越广泛的新常态,学院在校园文化建设过程中,大力开展智慧校园建设工作。一方面,通过开展接轨行业、服务教学的智慧旅游实践研究,深化教育信息化在职业教育内涵发展中的作用,建成了目前全国内容最丰富、产品最齐全、应用最前沿的智慧旅游体验中心——浙江省智慧旅游体验中心,集中展示当前浙江智慧旅游建设成果,如智慧旅游公共服务平台、智慧旅游目的地营销、智慧旅游行业监管、智慧酒店、智慧景区、智慧旅行社等,设置了几十个可参与体验、关联互动的设施设备。另一方面,通过硬件和软件建设,提高信息化在学院提升服务师生能力、改进校园管理模式、创新校园卡应用、助推教学模式改革等方面的应用能力和水平,取得了明显成效。学院因借此成功入选教育部第一批全国信息化试点建设单位,试点"智慧校园建设机制与应用模式探索"。学院同时获得浙江省首批数字校园示范建设校、国家计算机软件自主知识产权等荣誉及成果,在进一步发挥校园文化育人方面抢占了先机。

三、发展展望

"十三五"是国家建设现代职业教育的关键阶段。学院将以《国务院关于加快发展现代职业教育的决定》和全国职业教育工作会议精神为指导,以立德树人为根本,以"内涵建设、提高质量"为主线,以培育高素质旅游技能人才、推动旅游行业转型发展为宗旨,大力推进合作办学、合作育人、合作就业、合作发展,积极举办职业本科教育,探索专业化、国际化、人文化、智慧化发展之路,力争在"十三五"期间建成一所有特色、高水平的示范性旅游高等院校,使学院在国际旅游教育领域具有一定知名度,主要办学指标和整体办学实力在国内旅游教育领域居于领先地位,努力打造旅游教育的"中国品牌"。

(一)以改革创新为先导,加快发展步伐

以《学院章程》编制为契机,完善学院发展制度,进一步简政放权,努力建立现代大学管理体制。不断完善省部共建机制,加强学院发展理事会建设,充分利用省部共建的优势和行业企业的资源共同推动学院发展。积极推进依法治校,完善学院教职工代表大会和党员代表大会制度,建立健全民主管理、民主决策、民主监督的有效机制。

(二)以专业建设为核心,强化人才培养

按照"调整结构,培育特色,分类建设,突出重点"的原则,建立人才需求预测与专业设置调整联动机制,进一步提升专业服务产业发展能力。深化"一专一模式、一专一特色、一专一体系"的多元化旅游人才培养模式建设,大力推进课堂教学创新行动,重点加强视频公开课、微课、慕课等课程建设。强化学生学业指导与管理,完善学生综合素质提升保障体系,做好实习实训基地和学生创业园建设,重点培养学生的职业道德、职业技能和就业创业能力。

(三)以人才强校为关键,提升师资素质

实施"人才强校"战略,完善师资队伍建设计划,建立"引进、培养、提升"的建设机制,重点培育各类名师。积极推进人事管理制度改革,健全考核评价体系,强化岗位管理,着力探索解决结构性、发展性矛盾问题。进一步加强优秀教学团队建设,重点加大中青年骨干教师的专业深造力度,促进优秀人才梯队的形成。进一步加大干部教师培养培训力度,继续组织教师到国(境)外培训学习、考察交流,学习借鉴国外先进的教学、科研和管理经验,提高师资的国际化水平。

(四)以互利共赢为基础,深化社会服务

完善校企合作机制,以产学合作工作站为依托,建立校企合作长效运行机制。完善政府主导、行业指导、企业参与的合作办学模式,提升校企(地)合作工程品质,充分吸引行业企业资源参与学院办学,建好浙江省旅游职业教育集团。充分发挥中国旅游研究院旅游标准化研究基地、浙江省旅游发展研究中心等研究机构的作用,大力推进政产学研合作,加强旅游应用型研究,开展多元化的旅游紧缺人才培养,以继续教育为载体,提升社会服务能力与水平。

(五)以交流合作为平台,推进国际化办学

创新国际合作办学新机制,引进国际旅游师资和优质教育资源,积极探索与国外高校联合培养旅游高端人才的新项目,提高对外交流与合作的层次与水平。积极探索国际化人才培养模式,继续开拓新的学生出国(境)留学、交换和实习等基地,积极开拓新的留学生生源地,扩大留学生的规模与比例,提升人才培养的国际化程度。建立国(境)内外学术交流和互访机制,搭建资源共享、师生互访等多层次全方位合作平台,构建"输出、引进、融合"的国际化办学网络。

(六)以文化引领为抓手,凝练办学特色

积极传承中华优秀传统文化,进一步凝练、丰富办学理念和学院精神,以校园文化建设增强学院的凝聚力。深化"校园文化阵地建设工程",不断丰富校园文化活动的内容和形式,增强文化底蕴,强化育人功能。继续做好4A级景区建设,建好非物质文化遗产综合楼,丰富浙江旅游博物馆藏品。加强与旅游行业、旅游企业文化的融合度,营造具有旅游特色的校园文化,开展"一系一品"的特色校园文化品牌创建。

(七)以党建思政为重点,构建和谐校园

完善党委领导下的校长负责制,着力提高领导班子办学治校、谋划发展和改革创新的能力。加强干部队伍建设,完善选拔任用和培养锻炼制度,健全干部任期目标责任制和业绩考核评价机制。开展基层党组织建设,搭建党员发挥作用的载体和平台,以党内民主带动民主民生。不断强化"平安校园"建设工作,建立健全教师发展平台和学生服务平台,努力建设惠及全体师生的和谐校园,实现办学成果的共建共享。

改革创新强交院特色 科学发展创全国一流

浙江交通职业技术学院

一、前言

2005 年至 2014 年,我国的高职教育进入了跨越式大发展时期,从国务院做出《关于大力发展职业教育的决定》(国发〔2005〕35 号)再到《关于加快发展现代职业教育的决定》(国发〔2014〕19 号),从规模的"跨越"到模式的"转型"再到促进质量的内涵"提升",职业教育前进的步伐坚实有力。紧随高等职业教育发展的清晰足迹,浙江交通职业技术学院在十年间浓墨泼彩,书写了一份办学佳绩:

■ 2005 年全省普通高校毕业生就业工作优秀单位

　● 荣获"平安校园"称号并保持至今

■ 2006 年浙江省职业教育先进单位

　● 高职高专院校人才培养水平评估获优秀等级

■ 2007 年学校汽车系获全国教育系统先进集体

■ 2008 年"改革开放三十年浙江交通创业创新"先进集体

■ 2010 年全国交通职业教育示范院校

■ 2011 年交通运输部与浙江省人民政府共建院校

■ 2012 年浙江省示范性高等职业院校

■ 2014 年国家骨干高职院校建设优秀等级单位

十年间,各级领导给予了学院亲切的关怀和指导。2006 年 11 月 20 日,中共中央总书记、国家主席、时任浙江省委书记习近平在参观全省高校创意设计大赛展览时,特地来到我院展厅,认真听取了我院关于校企合作、工学结合成果的汇报。2008 年 5 月 1 日,时任国务院总理温家宝视察杭州湾跨海大桥工程,亲切慰问我院公 14 班毕业生、大桥建设工程副总指挥董孟。2008 年 5 月,时任浙江省省长吕祖善为我院五十周年校庆发来贺信;时任省政协主席周国富欣然题词鼓励我院秉承五十年办学形成的"励志力行"校训,谱写新华章。2009 年 4 月,时任浙江省委书记赵洪祝、省长吕祖善、副省长郑继伟等省领导视察浙江省首届教育博览会学校展区,听取我院汇报,并予以肯定。浙江省教育厅、团省委、省交通运输厅等领导经常视察我院,开展调研,给予工作指导。这些荣誉和关怀,充分体现了社会各界和各级领导对我院办学能力和水平的高度肯定。

雄关漫道真如铁,而今迈步从头越。发展是永恒的主题,站在历史的基石上,我们需要总结经验,分析不足,把握规律,推动全体师生员工统一思想,拓宽视角,实现下一个十年现代职业教育发展的跨越。

二、发展篇

十年高职积累,学院办学条件明显改善,办学定位更加明确,办学特色更加彰显,社会声誉不断扩大。

(一)办学条件明显改善

以"高职教育招生人数"和"在校生人数"为衡量指标的"发展规模",生动地体现了学校的发展速度。2005 年,学院全日制高职招生人数为 2063 人,在校人数为5693 人;到 2010 年,全日制高职招生人数为 2817 人,在校人数达到 7979 人,截止到 2014 年 9 月,学校在校人数不断攀升,达到 8779 人。

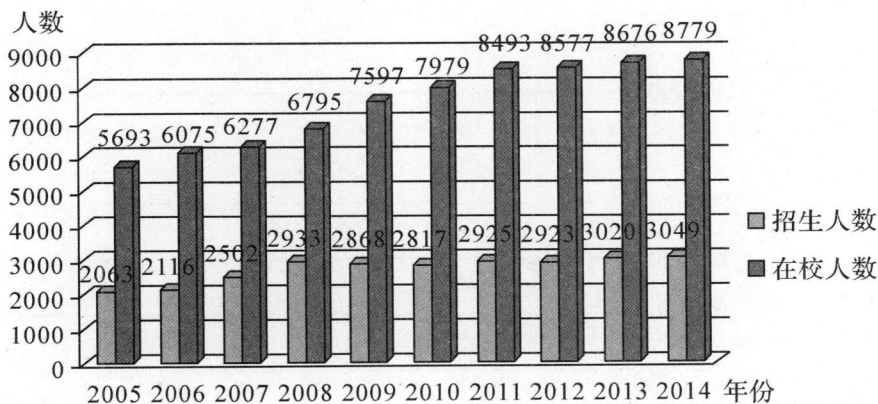

图 1　学校学生人数情况

与学校较快的"发展规模"增速相匹配的,是同样大幅提升的"供给资源"。

为改善教育教学环境,在省委省政府等各级领导的关心和大力支持下,学院新校区扩建工程于 2005 年 11 月正式开工,至 2008 年底扩建工程基本完成,工程主要包括综合教学楼、实训楼(实验室实习场所及附属用房)、图书馆、行政用房、风雨操场、学生宿舍、食堂等基础设施,办学条件得以不断完善。学院固定资产由 2005 年的 11461 万元到 2010 年的 54464.78 万元,截至 2014 年学院固定资产达到 75360.6 万元。学校建筑面积从 2005 年的 143360 平方米拓展至 2010 年的 238941 平方米,再到 2014 年的 254782 平方米,在加大建设的同时,学院更加注重教学、科研设备的配置,从 2005 年的 3300 万元跳跃到 2014 年 12755.47万元。

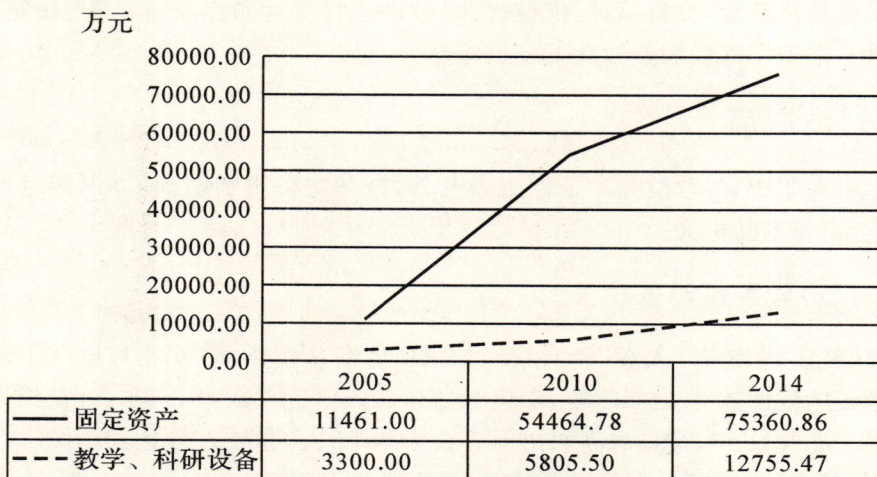

万元

	2005	2010	2014
—— 固定资产	11461.00	54464.78	75360.86
---- 教学、科研设备	3300.00	5805.50	12755.47

图 2　学校资产情况

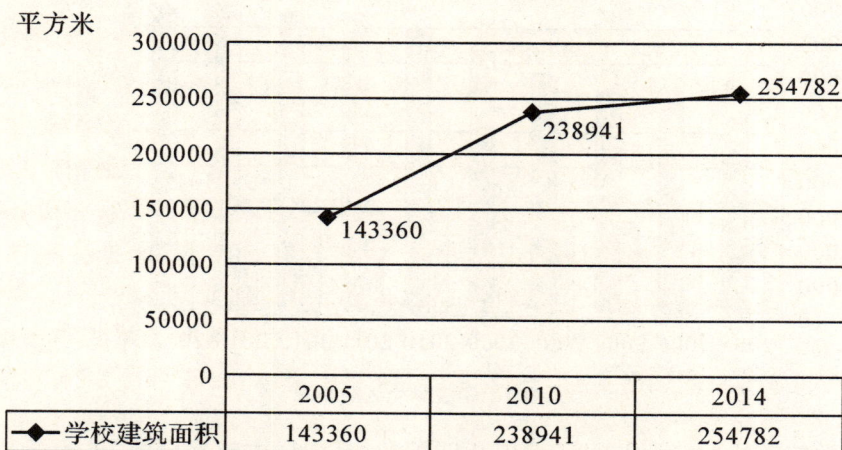

平方米

	2005	2010	2014
◆ 学校建筑面积	143360	238941	254782

图 3　学校建筑面积情况

　　十年里,学院不仅在校舍、教学设备上投入建设,更在"软件"上下足了功夫。学校扩大图书馆馆藏,纸质图书从 2005 年的 26.80 万册到 2014 年的 61.28 万册,数据库资源从 2005 年的 7.15GB 发展到 2014 年的 2322.00GB,保障了教学、科研和技术服务资源的需求,促进了师生素质的提高。从 2006 年起,随着新校区的建设,学校信息化基础设施及信息化应用水平得到飞速发展。建成骨干万兆,有线、无线双覆盖的校园网络,网络出口带宽达到 1.7Gbps,信息节点超过 1 万,信息中心 CPU 接近 300 核,网络存储资源达 70TB,网站及应用业务系统超百个,业务系统数据量 1.3TB,教学资源数据量 38TB,网络课程 180 门,有力保障了教育事业健康发展。2013 年学校信息化技术团队被评为中国教育和科研计算机网(CER-NET)浙江省高校网络信息化先进集体。

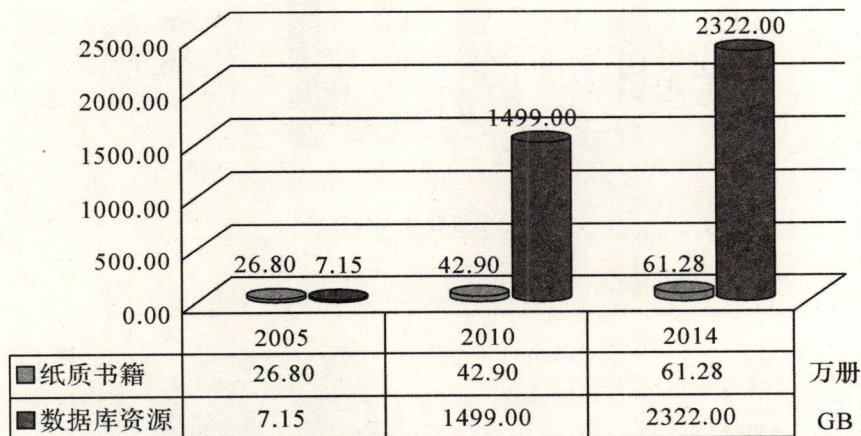

	2005	2010	2014	
纸质书籍	26.80	42.90	61.28	万册
数据库资源	7.15	1499.00	2322.00	GB

图 4 学院图书资源情况

十年中,学院通过改善教育教学环境,让学院的面貌焕然一新。与此同时,作为"供给资源"中最重要因素——教师,其数量和结构也在不断优化,学院教职工人数从 2005 年的 462 人增加到了 2014 年的 528 人,职称和学历结构不断优化。

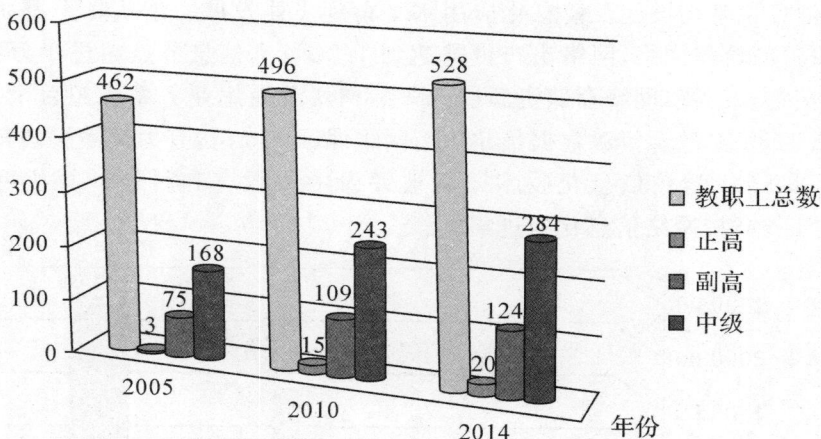

图 5 学院教师人数情况

2005年教师职称

2014年教师职称

图 6 2005 年及 2014 年教师职称情况

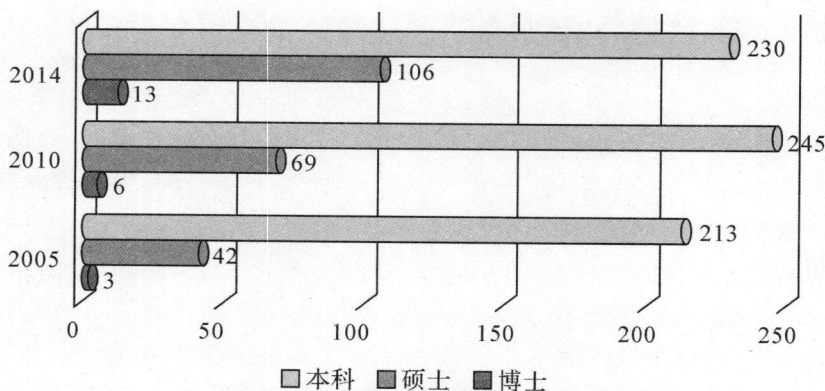

图 7 学院教师学历情况

　　这一系列数字的迅速增长,表明了这十年以来学院发展规模以及办学条件明显改善的事实。校园拥有了优美的外部环境,齐全的教学设施,现代化的设备设施配置,充足的教师资源,有力地提升了办学条件,学校办学实力明显增强。

(二)办学定位逐渐明确

高职教育的发展历史不长,在众多高职院校"摸着石头过河"办学的背景下,学院厘清思路,逐渐明确了发展目标和定位,作为一所具有交通行业特色的高职院校,肩负起培养社会和浙江交通行业生产、建设、管理和服务需要的高素质技术技能型人才的重任,明确"为学生提供最优教育,为社会提供最佳服务"的使命,坚持以服务为宗旨、以就业为导向、走产学结合发展的道路。

在办学模式和人才培养模式的定位上,学院对高职教育的认识由浅入深、由模糊到清晰,逐渐明确举校企合作之旗、走工学结合之路,努力打造交通高职教育一流品牌。

举校企合作之旗是产教深度融合、培养高素质技术技能人才的借力支点。学院深刻认识校企合作在高技能人才培养中的重要性,坚持以行业为主导,以服务为驱动,构建了以校企合作为平台的合作办学、合作育人、合作就业、合作发展的模式,使校企双赢,达到共同发展。通过构建校企办学模式,学院在专业设置、人才培养、师资队伍建设、共建实训基地、行业技能培训、技术信息服务、科学技术攻关、创办技术实体等方面均取得了显著成效。

走工学结合之路是产学结合、培养高技能人才的必由之路。学院坚持"以人为本,提供优质教育服务,培养交通事业和社会需要的高端技能型专门人才"的质量方针,崇尚"励志力行"的校训精神,以内涵发展、提高教育教学质量、创立品牌为目标,着力培养具有岗位适应能力和岗位迁移能力的高素质技术技能型人才,形成了以"工学结合"为核心的"岗位需求,学做一体"人才培养模式。

(三)办学特色日益彰显

"依托交通,服务交通"是学院长久以来的办学特色,也是学院的责任。学院是浙江省交通运输行业高素质技术技能型人才培养的主要基地,专业的设置始终与交通行业息息相关,行业发展到哪里,专业就办到哪里。

学院坚持"立足行业,面向浙江经济,以工科专业为主"的办学特色和专业特点,主要以道路桥梁工程技术、汽车运用技术、航海技术、轮机工程技术专业及专业群为建设重点,形成了鲜明的专业特色和优势。其中道路桥梁工程技术专业为国家精品专业、教育部教学改革试点专业和浙江省高职重点专业,航海技术专业为教育部教学改革试点专业,轮机工程技术专业为浙江省高职重点专业,以汽车运用技术专业为主的载运工具应用工程为浙江省重点学科(专业群)。特色品牌专业数量和质量在全国交通高职院校中处于领先地位,引领着交通类高职院校不断深化教育教学改革,促进了交通高职教育的快速发展。

根据交通运输行业转型升级的要求,学院建立专业设置和调整优化机制,紧紧围绕浙江交通推进"五大建设",服务海洋经济,新增国际邮轮乘务、船舶电子电气技术等涉海类专业,通用航空器维修等民航运输类专业以及城市轨道交通类专业,积极支撑产业升级和适应行业需求。目前,交通运输大类专业及与交通运输相关的专业共有 28 个,占学院专业总数的 75.7%,专业设置覆盖"公海空铁",真正成为"浙江交通人才的摇篮"。

(四)社会声誉不断扩大

学院就业状况与专业设置是吸引生源的关键因素,我院与主要竞争高校相比优势明显,生源质量较好。根据麦可思公司对学院 2011—2013 级新生的调查,学院生源质量较好,其中 2013 级 21% 新生来自"国家级、省直重点高中",比同类院校 2012 级(8%)高 13 个百分点;2013 级新生中 69% 优先选择我院,比 2012 级(58%)高 11 个百分点。

学院毕业生就业率和专业对口率高。学院毕业生就业率在 99% 以上,专业对口率 80% 以上,就业工作受到用人单位、学生等多方的高度评价。

新闻媒体对学院的报道广泛。中央人民政府门户网站、人民网、中国新闻网、新华网、中国高职高专教育网等各类网站及《中国教育报》《中国交通报》《中国青年报》《中国水运报》《浙江日报》等主流报刊对学校的文化建设、专业建设与改革、教学改革成果等报道十年来达到近 1000 篇,通过扩大宣传学院,提高社会公众对学院的了解。

学院立足浙江,面向长三角,辐射全国,开展了对浙江经济欠发达地区及青海、云南、湖北、安徽、新疆、贵州等中西部地区交通高职院校的对口支援和合作交流工作,向支援院校赠送教学仪器设备和教学资料,并为其培养教师,学院双方进行互访。在四川、河南等 11 个内陆省份招收应届高中毕业生,有效转移中西部地区农村剩余劳动力。

学院通过设在学院的全国交通运输职业教育教学指导委员会、浙江省交通教育研究会、浙江省造船工程学会、浙江省船员管理协会、浙江省交通物流协会秘书处,传播教学改革成果和科技开发成果。学院还与全国兄弟高职院校建立了广泛、密切的联系,学院的先进办学理念和管理经验吸引了许多同类院校前来取经。

三、改革篇

十年来,学院锐意改革,不断创新,在教育教学管理、学生素质教育、师资队伍建设、社会服务能力、校园文化建设、质量管理保障等方面积极探索,为内涵建设奠定了基础。

(一)创新办学体制机制,构建合作发展联盟

学院按照"合作办学、合作育人、合作就业、合作发展"的理念,充分依托行业办学优势,全面推进和完善校企合作体制机制,积极探索以行业为主导,理事会为核心的校企合作体制机制建设,成立了学院与政府、行业、企业深度融合的学院理事会,组成学院校企合作的协调层;以专业群为基础,成立了水运类、公路类、汽车类、机电类、信息技术类、运输管理类等 6 个产学研联合体,组成学院校企合作的执行层;以专业为单位,成立了各专业建设委员会,组成学院校企合作的操作层;在浙江省各地市校友联谊会基础上成立了 11 个"校企合作工作站",组成学院校企合作的一网络,整合了交通优质资源,构建了学校"三层次一网络"校企合作组织体系,创新了学院校企合作运行机制。从学院、专业群、专业及各地校企合作工作站等不同层面层层推进,深化了合作内容,创新了合作方法,完善了合作制度,畅通了运行机制,推进了校企的深度合作,形成了人才共育、过程共管、成果共享、责任共担的紧密型合作办学体制机制,开辟了校企合作新格局,推动了行业、企业与学院合作办学、合作育人、合作就业、合作发展的态势向纵深发展。

(二)优化调整专业结构,对接行业产业发展

十年来,学院始终坚持立足交通运输,服务行业企业,紧密对接浙江省交通运输行业转型发展对高素质技术技能型人才需求的变化,专业数量稳步增长、专业结构更趋合理、专业建设成果丰硕、专业服务行业产业发展能力不断提升。

学院坚持数量和质量协调发展的原则,不断根据社会和行业转型发展形势和人才需求变化,设置更符合市场需求和体现学校发展特色的专业和专业方向,撤销不适应经济发展的专业。专业数由 2005 年的 27 个增长到 2014 年的 37 个。

学院坚持立足交通运输,服务行业企业,把专业建设与产业需求紧密对接,紧紧根据浙江省交通运输行业发展对高素质技术技能人才需求的变化,及时调整、优化学校的专业结构和资源配置,主动适应行业产业发展需求,不断提升学校专业服务产业发展的能力。自 2007 年浙江省提出"港航强省"战略到 2012 年浙江交通系统实施现代交通三大建设和 2013 年进一步实施现代交通五大建设以来,学院及时把握战略机遇,充分依托行业优势,适时调整专业结构和资源配置,陆续设置"铁道工程技术""游艇设计与制造""航空港管理""物联网应用技术""城市轨道交通运营管理""通用航空器维修"等交通行业紧缺专业。到 2014 年,设置交通运输大类专业以及与交通运输相关的专业共计 28 个,占全校专业设置总数的 75.7%。其中,设置的 17 个交通运输大类专业覆盖了交通运输 7 个二级类中的 6 个二级类,基本形成了综合交通运输专业体系,为区域经济社会发展和交通运输行业转型升级培

养和储备了大批高素质技术技能人才。

多年来,学院加强以重点专业建设为龙头的专业建设和发展战略。重点专业建设成果丰硕。

表1 学院专业建设主要成果汇总表

成果名称	专业、实训基地名称
浙江省高职高专重点专业	道路桥梁工程技术、轮机工程技术
省级示范性高职院校重点专业	道路桥梁工程技术、汽车运用技术、航海技术、通信技术
省级特色建设专业	市政工程技术、汽车技术服务与营销、物流管理、汽车运用技术、通信技术、船舶工程技术、楼宇智能化工程技术、国际航运业务管理
省级优势建设专业	道路桥梁工程技术、航海技术、汽车运用技术
高等职业学校提升专业服务产业发展能力项目	机电设备维修与管理(港口机械)
国家骨干高职院校重点专业	道路桥梁工程技术、汽车运用技术、航海技术、轮机工程技术、通信技术、物流管理
中央财政支持职业教育实训基地	汽车维修技术实训基地、船舶工程技术实训基地
交通运输部支持的实训基地建设	国际航运技术实训基地
浙江省高职高专院校示范性实训基地	汽车维修技术实训基地、轮机工程技术实训基地、机电技术实训基地、物流管理实训基地

学院通过推进校企对接,积极探索与实践工学结合人才培养模式改革与创新,强化实践育人等,形成了各具特色的人才培养模式。如,航海类专业(航海技术、轮机工程技术)形成了"以培养国际化高素质海员为目标,以海员素质和职业技能为主体的2种素质养成为主线,以学校、企业和海事局共同参与管理的3方监控为保障"的"123"人才培养模式;道路桥梁工程技术专业形成了"四段培养、能力递进"人才培养模式;汽车运用技术专业形成了"平台+方向"的人才培养模式,实行了"312"分段教学组织;通信技术专业形成了"标准统一、校企互融、三段交替"深度校企合作的工学交替人才培养模式等。

(三)深化课程育人建设,创建活力优质课堂

课程建设与改革是教学工作的核心工程,也是教学改革的重点和难点。学院重视课程的建设和改革,按照"打造精品、强化特色"的原则,遵循高职教育人才培养目标,围绕课程、教材、课堂,通过推进"工学结合"课程改革、抓精品课程建设和教材建设、创新课堂教学等途径,将课程建设与改革作为教学改革的核心和突破口,取得了丰硕的课程建设成果。十年间,我院建成国家精品课程5门(全部转型

升级为国家精品资源共享课），教指委精品课程 7 门、省级精品课程 20 门，网络课程 179 门，校企合作共同开发工学结合优质课程 200 余门、共同开发出版教材 168 部、共建重点专业教学资源库 6 个。

为推进课程建设与改革，切实提高人才培养质量，学院从 2010 年开始启动了学校新一轮教学改革，在组织教师教育教学能力测评和教师下企业提升实践能力的基础上，将关注重点从课程建设转移到课程实施，以课堂教学改革为着力点，循序渐进地推进课堂教学创新，创建优质高效课堂，切实提高人才培养质量。从 2012 年开始，学校以"课堂教学改革项目工程"为载体，每年立项建设 50 余门课堂教学改革项目，深入推进课堂教学改革，积极探索创新型人才培养的课堂教学改革新举措、新路径。通过三年的课堂教学创新实践，学生的主体地位进一步凸显，课堂气氛不断活跃，考核方式更加多元，师生关系更加融洽，学生对课程、教师的满意度不断提高。

表 2　学院省级及以上精品课程一览表

序号	课程名称	批准年份	负责人	文　号	备　注
1	汽车发动机构造与检修	2006	陈文华	教高函〔2006〕26 号	2013 年批准为国家级精品资源共享课
2	测量技术	2006	金仲秋	教高函〔2006〕26 号	2013 年批准为国家级精品资源共享课
3	运输管理实务	2007	季永青	教高函〔2007〕20 号	2013 年批准为国家级精品资源共享课
4	通信线路工程与施工	2007	楼惠群	教高函〔2007〕20 号	2013 年批准为国家级精品资源共享课
5	航运管理实务	2010	徐　秦	教高函〔2010〕14 号	2013 年批准为国家级精品资源共享课、交通类教指委精品
6	航海学	2005	李德雄	浙教高教〔2005〕180 号	交通类教指委
7	汽车电气设备与维修	2006	张琴友	浙教计〔2006〕129 号	
8	仓储管理实务	2007	孙秋高	浙教高教〔2007〕167 号	
9	公路勘测技术	2007	王建林	浙教高教〔2007〕167 号	2008 年，交通类教指委精品
10	通信工程概预算	2008	李锦伟	浙教高教〔2008〕197 号	2008 年，通信类教指委精品
11	中小企业网络组建与管理	2008	叶忠杰	浙教高教〔2008〕197 号	

序号	课程名称	批准年份	负责人	文　号	备　注
12	路基路面养护技术	2009	张乐飞	浙教高教〔2009〕163号	
13	制冷与空调技术	2009	金湖庭	浙教高教〔2009〕163号	2007年土建类教指委（院级结题）
14	采购管理实务	2009	潘国强	浙教高教〔2009〕163号	
15	船舶管理	2010	戴耀存	浙教高教〔2011〕9号	
16	汽车营销技术	2010	叶志斌	浙教高教〔2011〕9号	汽车类教指委
17	航海技术英语	2010	吕　青	浙教高教〔2011〕9号	
18	汽车维修业务接待	2010	金加龙	浙教高教〔2011〕9号	
19	集装箱运输实务	2010	方照琪	浙教高教〔2011〕9号	
20	汽车底盘构造与维修	2010	赵金祥	浙教高教〔2011〕9号	交通类教指委

（四）完善教师培养制度，强化师资队伍建设

学院以"优化专业结构，深化内涵建设，促进师资队伍建设可持续发展"为目标，出台了师资队伍建设相关政策和制度，推进和实施师德师风提高计划、青蓝工程、中青年骨干教师培养计划、教授工程、高层次人才特殊支持计划、专家名师工作室创建工程、"四百行动计划"、访问学者（访问工程师）等8项行动计划，旨在强化教师队伍建设，优化师资结构，使教师队伍具备"亦教亦工"，为行业企业发展解决实际问题。通过建设，学院培养了一支具有较强服务产业能力的双师型师资队伍，双师素质教师占专任教师的比例比全国高等职业学校平均水平高出21.47个百分点。

学院从2010年开始实施"选派百名教师，深入百家企业，培养百名骨干，建好百名课程"的"四百"行动计划，累计共派出158个项目小组600余人次奔赴244家企业实践锻炼，合作开展课程开发、项目研究、技术攻关。学院组建了桥隧工程、交通运输规划与管理等12个科创团队，开展道路桥梁检测、通航航道安全评估、交通物流规划、交通运营决策以及交通运输安全管理等科技服务。特别是近三年来，检测全省各类桥梁2500余座，常驻舟山跨海大桥开展安全检测服务，为280余家交通运输企业开展安全标准化评估，科技服务到款总额达8000余万元，直接为企业

创造 2 亿多元的经济价值。

(五)夯实实训基地建设,突出实践技能培养

学院内建车间,建成系列实训基地。2005 年至 2014 年,通过中央、省及各级财政投入,学院新建校内 6 个实训基地,共计 10 个校内实训基地。

表 3　学校校内实训基地一览表

序号	实训基地名称	省级合格实训基地	浙江省高职高专院校示范性实训基地	中央财政支持职业教育实训基地	交通部财政支持实训基地	国家级合格示范实训基地	实训室数量
1	路桥技术实训基地	2009	—	—	—	—	26 个
2	汽车维修技术实训基地	—	浙财教〔2010〕248 号	2005 年,财教〔2005〕295 号	—	2005 年,教贷办〔2005〕119 号	23 个
3	航海技术实训基地	2009	—	—	2006 年,浙教办〔2006〕164 号,交规划发〔2006〕478 号	—	41 个
4	船舶工程技术实训基地	—	—	2010 年,财教〔2010〕157 号	—	—	14 个
5	轮机工程技术实训基地	—	2002 浙教高教〔2002〕242 号	—	—	—	12 个
6	机电技术实训基地	2009	浙财教〔2010〕248 号	—	—	—	32 个
7	计算机网络与信息技术实训基地	2009	—	—	—	—	10 个
8	通信技术实训基地	2009	—	—	—	—	8 个
9	软技能实训基地	2009	—	—	—	—	7 个
10	物流管理实训基地	2009	浙教办高教〔2010〕188 号	—	—	—	19 个

经过十年的建设,学院拥有 192 个实训室,建设了一批如轮机自动化机舱、大型船舶操纵模拟器、桥梁结构实训场和港口设备操作实训中心等具有真实或仿真模拟功能的校内实训基地,新建和扩(改)建校内实训室 141 个,教学仪器设备总值增加 9772 万元。

学院人才培养质量得到业内企业的认可,引来多家企业和有关单位主动联系学院,通过捐赠或准捐赠的形式支持办学。学院与台州五星海运公司共建 2.7 万吨实习船"五星交院"轮;浙江省港航管理局资助 550 万元用于学院水上训练基地等建设,浙江省邮电工程公司捐赠 793 万元的通信设备充实学院通信技术专业实训基地,等等。开发了新的实训项目 918 个,实训基地功能不断提升。

学院外设课堂,扩大校外实习基地,通过"三层次一网络"校企合作体制建设,深化校企合作,按相对稳定、管理规范、合作紧密、接纳学生顶岗实习数量相对较多等要求遴选了 230 余家校外实习基地。在校外实习基地的基础上拓展其他方面的合作,如设置教师培训基地,共同合作开展项目研究等。在船舶、施工工地、物流园区等设立课堂,并建立一整套实训基地运行、管理、考核评价制度,使实训基地正常有序运行,为工学结合人才培养模式改革提供保障。

(六)拓宽科技服务领域,服务地方区域经济

十年来,教师的应用技术科学研究能力突飞猛进,科研项目和经费到款从少到多,涉及的研究领域从窄至宽,科研队伍从小到大,科研立项级别从低到高。通过交通运输行业与学院科研资源整合、校内教学科研资源与浙江省交通科学研究院的科研资源,促进学院科学研究综合实力的提高,不断提升学院科学研究竞争力。

近几年,学院在浙江省"五大建设"中,坚持有所为有所不为,以市场需求为导向,突出重点、错位发展,重点在交通运输软科学研究、智能交通、现代物流、道桥检测等领域加大科技投入力度,产学研相结合,逐步形成了具有交通运输行业特色的科学研究和技术服务体系,影响力日渐扩大。以浙江省现代科技创新基地建设为抓手,建成了全省唯一的浙江省道桥检测与养护技术研究重点实验室,全省交通行业唯一的智能交通技术综合试验场,浙江首个海洋工程水下结构检测平台。以打造高层次交通运输科技人才集聚区、浙江交通科技资源集聚地、浙江交通科技成果转化与应用示范基地和教育培训基地,为学院开展科学研究和技术服务提供了良好的条件保障。

学院与浙江省交通科学研究院协同发展,以国家交通规划、浙江省交通规划为指引,立足前瞻思维,把握行业发展趋势,敢于突破创新,注重市场判断,坚持差异化发展。通过组建专业团队,加大人才引进培养力度,不断提升行业科技研发能

力,积极服务行业转型发展。如,积极组建软科学研究团队为行业发展提供宏观战略支持;参加国家物流公共平台建设,提升物流信息化水平;成立橡胶沥青新材料研发团队,推动道路材料节能环保等,使科学研究和技术服务既符合行业发展方向,又符合市场需求,成为学院在科学研究与社会服务方面发展的特色。

表4　学院2005—2014年科研工作一览表

年份	2005	2006	2007	2008	2009	2010	2011	2012	2013	2014	总计
科研项目立项数(项)	76	63	57	60	143	184	145	173	140	149	1190
其中:纵向项目	62	48	37	47	120	138	101	134	73	71	831
横向项目	14	15	20	13	23	46	44	39	67	78	359
其中:省部级项目	1	2	4	3	1	3	2	12	9	5	42
厅局级项目	14	12	13	25	37	50	43	53	46	38	331
科研经费到款(万元)	216.33	328.1	424.4	405.7	602.1	1146.3	1142.27	1151.4	1318.7	1174.5	7909.8
其中:纵向经费	84.65	230.85	204.67	253.1	333.3	518.2	414.45	537.25	496.55	376.3	3449.32
横向经费	131.68	97.25	219.73	152.6	268.8	628.1	727.82	614.15	822.15	798.2	4460.48
教职工发表论文数(篇)	283	343	301	189	173	220	146	149	167		
著作和教材(部)	30	25	39	30	32	37	38	47	19		
授权专利(项)	0	2	0	2	4		8	9	28		
软件著作权(项)	0	0	0	0	0	7	6	9	8		

(七)扩大职业培训规模,提升社会服务能力

学院统筹学历、非学历的继续教育,紧贴"充电需求",大力发展面向社会、交通运输行业的继续教育,加强交通运输行业重点领域紧缺人才的继续教育,是浙江交通从业人员进行终身学习的主要基地,形成了"广覆盖、宽领域、多层次"的继续教育体系。

在"以外促内,服务行业"的理念指引下,学校不断拓展对外服务项目与载体。分别争取到了交通运输部审批的一级道路运输类型、浙江省交通运输厅审批的二级水路与港口企业类型二级企业安全标准化考评机构,浙江省建筑业管理局审批

的建造师培训资格,浙江省人力和社会保障厅审批的专业技术人员继续教育基地。加上原有的船员培训基地及三类人员继续教育基地载体,并在"五水共治"发展战略号召下,不断拓展内河摩托艇及游艇培训,培训数量及规模逐年增加。

学院现有培训项目 60 余个,完成校企合作职业培训体系建设,教育培训项目年均增加 10% 以上,年平均为行业企业提供培训达 372755 人日次,其中高技能和新技术培训人次占 80% 以上,使中职毕业生等在岗接受高等学历教育年平均达到 3846 人;年均培训教育收入 1700 万元以上。

(八)引入国际管理理念,提高教育保障能力

学院融入企业高效管理方式,建立了覆盖全校的质量管理体系。体系基于国际 ISO9000 族质量标准,自 1998 年建立以来,质量管理体系保持着连续、有效运行,并得到不断改进和完善,已从航海教育的局部实施推广到全院实施。

通过建立和运行质量管理体系,强化了质量意识,实施了科学规范的教育教学质量过程控制,体现了"该说的一定要说到,说到的一定要做到"的理念,对教育教学组织、实施、检查过程的每个环节进行了控制,并在每个程序中明确需要遵守的规范性文件,在工作完成后需留下的质量记录,体现"无记录、无行为"的理念。教育质量管理体系的实施进一步提高了学校教育教学服务水平,使教学质量监控力度不断得到加强,使人才培养质量不断提升,社会评价和声誉大大提高,扩大了学院的知名度和美誉度。

在推进教育服务质量管理体系过程中,学院通过部门目标考核,建立校、分院两级督导制度,开展教学单项评估,完善教师教学业绩考核,推进"学评教"和"教评学",扩大听课制度实施范围及建立教学信息员制度等加强教学质量的监控,形成了学院教学质量监控网络。

(九)开展三全育人工作,重在学生成长成才

学院以理念建设为先导,深化三全育人的内涵。提出了"为学生提供最优教育,为社会提供最佳服务"的使命,提炼形成了"学思并重、知行合一"的学风。学院以载体建设为阵地,丰富三全育人的内容。强化学生组织建设,近十年来,新建励行队、大学生兼职服务中心、公寓自治委员会等学生组织 20 多个;强化校园文化建设,形成了以社团文化节、新生节和科技体育文化节等三大校园节日为主导的文化品牌;强化师生联系平台建设,主要包括学生事务中心、干部教师联系寝室制、导师制、师生座谈会、职业指导工作室、心理咨询工作室等的建设;强化始业教育和职业指导。

学校育人工作深受社会关注,取得丰硕成果。根据浙江省教育评估院的调查,

学校为学生提供的就业求职服务排名第 3 位,毕业生的起薪排在全省高职院校前列。学校连续八年荣获浙江省社会实践组织工作奖,荣获第八届全国残疾人运动会志愿服务工作先进集体、第三届全国大学生艺术展志愿服务工作先进集体,建立的全国首家"爱心课堂"深受众多媒体关注,学校献血工作近三年内累计超过 100 万毫升。先后产生了"全国高等职业教育毕业生百名就业创业之星"沙智萍、沈晓锋,"浙江省平民英雄"陶涛,全国高职(含专科)院校唯一一名当选为全国高校传媒联盟执行主席的娄佳男等一批优秀学生。

(十)构建特色校园文化,发挥文化引领作用

五十年办学历程积淀了深厚的文化底蕴,而教育和交通大发展又为学院搭建了广阔的舞台。十年来,学院逐步确立了以培养职业道德为目标,校园文化与行业文化零距离对接的发展战略,推崇基于行业特色的校园文化,营造学生职业道德的精神家园。学院提出校园文化建设应"与近五十年办学历史相适应,与办学特色相适应,与行业需求相适应"的三个适应原则。主动融入行业文化,让行业文化培养学生职业素养,着力培养学生"海的博大、自强不息"和"路的开拓、默默奉献"特有品格,从而使他们能"出得去、用得上、留得住"。

学院在寻求校园文化与交通文化对接的过程中,结合高职院校特点,努力构筑"一个中心,两个平台,多个载体"的文化建设阵地。"一个中心"即交通文化研究院,现已完成浙江省教育厅和省交通运输厅多个课题,并在核心期刊发表相关论文 10 余篇;"两个平台"是指校企合作平台和社会实践平台,这使学院的校园文化建设不再囿于校园;"多个载体":学院已初步完成重要载体的系统化任务,形成了"校训为魂,提升形象;网站为主,辅以读本"的可持续发展格局。"在行业中植根,在校园里养成,在社会上结果"开放式的校园文化生态系统现已基本形成,并成为引领学校科学发展不可或缺的内驱力。

(十一)加强对外合作交流,拓宽师生国际视野

学校设立国际交流中心,积极实施"全球合作"战略,提升学校的国际影响力。航海专业学生培养实现国际海员适任标准覆盖;成功举办第四届物流与贸易国际学生研讨会;重视与东盟国家的友好交流,为招收东盟国家留学生做前期准备工作;与奥迪、宝马、丰田等世界汽车知名企业共同培养学生和培训教师。十年间,学校出国访问 60 余名教师,出国培训 160 余名教师;赴境外参加国际会议 4 次,承办重大国际会议 1 次;接待境外各类教育来访团组 7 个,访问学者 2 名,国际短期交流生 1 名;聘请外国文教专家 1 名,外籍英语教师 3 名;先后与美国、加拿大、德国、荷兰、新加坡、澳大利亚、中国台湾建立了教育交流合作关系;与德国、美国、中国台

湾签订了实质性合作协议。组织学生进行境外交流学习 60 余人,组织参与物流与贸易国际学生研讨会 3 次 94 人次;通过开展通信技术、中策等国际订单班,为海外工程输送高素质技术技能型人才。

四、展望篇

(一)经验与不足

1. 主要经验。升格高职的十多年来,学院始终坚持"以服务为宗旨,以就业为导向,走产学结合发展道路"的高职教育办学方针,把发展作为第一要务,把质量作为永恒主题,牢固树立科学发展的理念,走上了一条从规模跨越到模式转型再到质量提升的道路。

(1)坚持"依托交通、服务交通"的办学特色是学院发展的优势。交通运输事业的持续快速发展,为学院的科学发展提供了广阔舞台和良好背景。"依托交通、服务交通"是学院长期以来形成的办学特色。学院致力于建立交通运输人力资源支持保障体系和科研应用智力支持保障体系,为交通运输事业源源不断地提供高素质的技能型人才、高素质的劳动者,持续提升交通从业队伍素质,从而更好地为经济社会发展服务。

(2)坚持"以人为本、德才兼备"的育人理念是学校发展的根本。学校坚持"以人为本、德才兼备",把以人为本的理念作为出发点和落脚点,强化职业道德、职业能力和职业素养的培养,形成了"学思并重、知行合一"的良好学风,促进学生知识技能综合素质提高。

(3)坚持"校企合作、工学结合"的办学模式是学院发展的主题。校企合作、工学结合是职业教育的本质特征。学院坚持把"完善校企合作教育机制、深化工学结合人才培养模式改革"作为发展的切入点,作为提高人才培养质量、增强办学活力的有效途径,积极主动地加强与行业、企业的密切合作,加强学生的生产实习和社会实践,改革以学校和课堂为中心的传统人才培养模式。

(4)坚持"文化引领、凝心聚力"的办学环境是学院发展的基础。坚持发展为了师生员工、发展依靠师生员工、发展成果由师生员工共享,学院确立了以"励志力行、追求卓越"交院精神为核心、校园文化与行业文化零距离对接的发展战略,形成"植根于行业、养成于校园、服务于社会"的开放性校园文化生态建设理念,这是学院持续发展的重要根基和不竭动力。

2. 存在不足。在十年的高职教育办学过程中,虽然取得了一定的成绩,但我们也清醒地认识到学院存在的不足:一要继续进一步加强教师队伍建设,提升专任教师的双师素质;二要加大专业教学资源的建设力度,提升职业教育的信息化应用水平;三要在构建现代职业教育体系中,中高职衔接、引入本科课程教学等方面需进一步探索和实践;四要结合高等职业教育新的发展形势,需深入推进课程改革和教学模式改革,让更多的学生分享改革成果。

(二)发展目标

牢固确立学院在"科教兴交、人才强交"战略中的重要位置,按照助推"综合交通、智慧交通、绿色交通、平安交通"四个交通发展的要求,坚持以立德树人为根本,以服务发展为宗旨,以促进职业发展为导向,坚持适应现代交通运输业发展新常态,到 2020 年,形成适应现代交通运输发展需求、产教深度融合、与中职和应用型本科相互衔接与沟通,体现终身教育理念,具有鲜明交通运输行业特色的人才培养体系,建成世界一流的高等职业院校和骨干专业。

(三)工作思路

今后一个时期,学院将坚持以立德树人为根本,以校企合作、产教融合为主线,以推进与中职、应用型本科衔接与沟通为重点,以建设世界一流高职院校和骨干专业为战略目标,不断优化和调整专业结构,从专业管理向课程管理转变;探索发展股份制、混合所有制的项目建设,激发办学活力;完善与中等职业学校、应用型本科衔接的人才培养体系;以课程管理的视角改革课程体系;完善"双师型"教师培养培训体系;加快现代信息技术应用能力建设;促进国际合作交流。

五、结束语

回顾过去,我们不畏艰难,不失壮志,事业不断发展壮大;展望未来,我们肩负着神圣的使命。作为一所具有交通行业特色的高职院校,学院也必须承担起自己的历史使命和责任,继续深化改革、创新发展,认真贯彻落实《关于加快发展现代职业教育的决定》,坚持以立德树人为根本任务,以服务发展为宗旨,以促进就业为导向,积极融入现代职业教育改革发展的洪流中,开拓高职教育更加美好的明天!

跨界融合 创新校企共同体
深耕内涵 实现转型新发展

杭州职业技术学院

一、学校基本情况

　　杭州职业技术学院系杭州市人民政府主办的以工科类专业为主的普通全日制高等职业技术院校，其前身是由杭州市经委系统所属的杭州机械、丝绸、纺织、化工、轻工、西湖电子等 6 所学校合并而成的杭州职工大学，1998 年筹建，2002 年正式建立。学院位于杭州下沙"大学城"，毗邻杭州经济技术开发区，占地 1000 余亩。学院下设友嘉机电学院、金都管理学院、达利女装学院、临江学院、信息工程学院、新通国际学院、青年汽车学院、普达海动漫艺术学院等 8 个二级学院，开设装备制造、轻工纺织、化工与生物、电子信息等 11 大类专业群 34 个专业，现有在校生 9600 多人，教职工 600 余人。建有市政府投资 3 亿元、占地 30 亩、面向全市开放的集实训、培训、鉴定、研发于一体的杭州职业技术学院实训中心暨杭州市公共实训基地、杭州经济技术开发区高职学生创业园等。

　　学院坚持姓"杭"、姓"职"、姓"院"的办学属性。突出"区域性"，强调为杭州经济社会发展服务，明确了"立足开发区、服务杭州市"的办学定位；突出"职业性"，强调走类型发展道路，提出了"重构课堂、联通岗位、双师共育、校企联动"的教改思路和"首岗适应、多岗迁移、可持续发展"的人才培养规格；突出"高等性"，强调"融"文化核心理念，倡导"学校融入区域发展、专业融入产业发展、教师融入学校发展、学生融入专业发展"，确立了"校企合作、工学结合、文化育人"的办学理念，明晰了"为了所有学生体面就业"的育人目标，构建了以利益与共、文化相通、成果共享为基础的"校企共同体"办学模式。

　　学院 2007 年被评为全国高职高专人才培养工作水平评估优秀学校；2008 年被列为浙江省示范性高职建设院校；2010 年被列为国家骨干高职院校建设单位，并荣获全国职业教育领域的最高奖项——黄炎培职业教育奖"优秀学校奖"；2012 年，教育部"两大平台"——数字化校园学习平台、高等职业教育专业建设与职业发展管理平台落户我院；2014年，学院被评为全国教育系统先进集体，并荣获教育领域最高奖项——国家级教学成果一、二等奖，学院整体办学水平居全国前列。

二、近十年办学经验与取得的主要成果

(一)创新顶层设计，引领学校发展

1.革新办学理念，明晰发展方向。2005年起，学院分步推进教学改革、人才培养模式改革、专业建设与专业结构调整工作，学院专业建设工作步入良性发展轨道。2007年，顺利通过教育部高职高专人才培养工作水平优秀评估，初步形成了"追踪岗位需求、创设真实情境、营造职业文化、培育双高人才"的办学特色。2008年，学院重新修订并再次明确"立足开发区、服务杭州市"的办学定位和"校企合作、工学结合、文化育人"的办学思路，提出了"重构课堂、联通岗位、双师共育、校企联动"的教改思路和"学生体面就业、教师幸福生活"的办学指向，确立了基于岗位实际需要的工学结合人才培养模式和"首岗适应、多岗迁移、可持续发展"的人才培养规格，凸显了办学特色，明晰了发展方向，获得国家教育部、全国高职界和媒体的广泛赞誉。

2.倡导跨界合作，首创"校企共同体"。

(1)跨界合作全面推进。2008年，与杭州经济技术开发区管委会签订战略合作协议，共同组建学校发展委员会，学院发展纳入开发区国民经济社会发展总体战略规划，开发区管委会主任担任学院发展委员会主任，形成了优势互补、资源共享的区校合作机制。同年，与全国示范性高职院校宁职院、温职院建立"同伴互助、信息互通、资源共享、发展共谋"三校"战略联盟"，并在2010年5月走向实质性"联盟"，构筑教学、科技、管理共享平台，形成了示范带动、同伴互助的校校合作机制，2012年三校联盟会议受到职业教育界广泛关注。2008年，组建由全国知名高职教育专家组成的专家委员会，形成了专题咨询、典型引路、逐步推开的专家引领机制，截至2014年底累计召开专题会议7次。

(2)校企共同体示范全国。学院创新性地提出"政府引领、企业主体、学校主导"的校企共同体建设思路，2008年至2010年，先后与区域主导产业的主流企业合作共建了友嘉机电学院、金都管理学院、达利女装学院、临江学院、新通国际学院、青年汽车学院、普达海动漫艺术学院等7个校企共同体，校企共同规划、共构组织、共同建设、共同管理、共享成果、共担风险，实行二级学院理事会领导下的院长负责制，推行院长与厂长、专业组长与车间主任、教师与师傅对接联系制度，形成了利益与共、文化相通、成果共享、示范全国的校企合作机制。《基于校企共同体的服装专业人才培养模式创新与实践》荣获职教类2014年国家级教学成果奖一等奖。

3.秉持"融"理念,推进文化育人。

(1)学生融入专业发展。坚持"以学生发展为本",以素质教育为目标,将思政理论课和公共基础课改革纳入专业人才培养体系。将技能比武与专业学习紧密融合,先后成功举办10届社团文化节、文化艺术节、技能文化节。技能文化节、文化艺术节分别获评浙江省、杭州市校园文化活动品牌项目。

(2)可视环境和谐共融。建设"融"置石、"善"湖、莲池、银杏林、桃李林、"敲墙运动"小品等,凸显了学院办学追求和类型发展道路;院系文化环境融入专业特色和企业元素,促进了校园环境文化与职业技能、企业文化的交融对接;弘扬师德师风,展示教师风采,引领学生成长,营造了师生教学相长、和谐共融的精神家园。

(3)融练创新创业文化。学院提出"创业带动学业、提升就业能力"等全新理念,把创新创业教育融入专业人才培养全过程,构建了"通识教育+创新教育+专门教育+创业实践"的渐进式创业教育体系,设立100万元创业"护犊"资金、制定创业学生个性化培养方案、推进创业导师队伍建设、完善创业公共服务平台建设。学院创业教育的成功实践案例被写入国家版高职人才培养质量年度报告(2012),向全国高职院校进行推广。"创业带动学业、提升就业能力"在2014年校长联席会议上获优秀案例,《基于"创业带动学业"的高职院校创业教育体系构建与实践》荣获职教类2014年国家级教学成果奖二等奖。

(4)实施文化梯度育人。学院在提炼"校企合作、工学结合、文化育人"实践经验的基础上,创新性地提出了"文化梯度育人"理念,制定了"杭职院'文化梯度育人'实施方案"和"杭职院'文化梯度育人'项目推进表",根据育人对象的多重角色,把文化育人的素养养成分为学生素养、职业素养和公民素养三个梯度;根据育人对象的认知规律,将文化育人的载体选择分为环境文化、制度文化、行为文化三个梯度;根据育人主体的不同责任,将文化育人的推进实施分为党委引领、学院为主、教师为先三个梯度;通过循序渐进、分步推进、突出重点、统筹兼顾的梯度落实,让学生将学院"融"文化的核心理念内化于心、外化于行,专业技能得到锤炼,职业素养得到熏陶,文化活动得到充实,创新意识得到升华,综合素质不断提升。

4.坚持以人为本,落实办学指向。

(1)促进学生体面就业。坚持以学生发展为本,构建了以就业机会、专业对口率、岗位待遇、就业主观评价、自主创业为主要指标的学生体面就业评价指标体系,着力培养"首岗适应、多岗迁移、可持续发展"的高素质技术技能型人才,2014年麦可思第三方评价数据显示,我院毕业生就业率为97.85%,专业对口率87%,逐步实现学生体面就业。

(2)提升教师幸福生活。坚持以教师为主体,营造了浓厚的民主治学氛围,为教师提供优越的工作、生活条件,优良的专业成长环境,不断提高教师的幸福指数,激励教师全身心投入学院建设和发展,实现教师专业成长与学院事业发展的有机统一。

(二)深化综合改革,加快内涵发展

1.跻身国家骨干高职院校行列,学校事业持续快速发展。

(1)全面推进国家骨干高职院校建设。2010 年 11 月 30 日,教育部确定我院为国家骨干高职院校建设单位。以建设社会信誉高、家长学生满意度高、教职工幸福指数高的国家骨干高职院校为目标,投入 10400 万元,用于数控技术、服装设计、精细化学品生产技术 3 个专业和“双师型”教师队伍、社会服务及功能拓展、学生创业能力培养体系等项目建设,内涵建设持续深化,人才培养质量和社会服务能力全面提升。

(2)学校影响力和社会声誉显著提升。2010 年 9 月,教育部全国高等职业教育改革发展工作会议,将我院“校企共同体”体制机制创新的先进经验推向全国。校企共同体入选全国骨干高职院校建设项目典型案例。我院作为编写组成员直接参与撰写 2012 年、2013 年度全国高职教育人才培养质量报告。学校荣获全国职业教育领域的最高奖项——黄炎培职业教育奖“优秀学校奖”。《新华社内参》《光明日报》《中国教育报》《中国青年报》《浙江日报》《杭州日报》和中央人民政府网、中央电视台、浙江电视台、杭州电视台等,都对我院的先进办学理念、办学改革与发展成效进行了宣传报道,累计报道达 130 次。

2.紧密对接杭州的主导产业发展,专业现代化建设不断推进。

(1)加强专业现代化建设,优化专业布局。倡导“专业融入产业发展”,整体推进专业现代化建设。编制了《杭州职业技术学院专业发展规划 2014—2018》,确立了主动服务区域经济社会发展,为杭州“转方式、调结构,建设现代产业体系”培养高素质、高技术技能型人才的思路,明确了建立适应区域产业结构转型升级要求的专业结构调整机制,招生专业总数控制在 30 个左右。2014 年招生专业调整为 27 个。学校现有国家骨干院校重点建设专业 3 个,中央财政支持重点建设专业 1 个,省级特色(重点、优势)专业 8 个,市级重点(特色)专业 7 个,初步形成适应区域产业发展、产学结合紧密、结构科学合理的专业布局。

(2)深化人才培养模式改革,彰显专业特色。大力推行项目导向、任务驱动、教学做合一教学模式改革,人才培养百花齐放,数控技术专业基于校企共同体的工学结合人才培养模式,服装设计专业“整体化教学、生产性实训”人才培养模式,精细化工专业“四真三融”工学交替人才培养模式,汽车检测与维修专业基于校企共同体的“项目导向、工学同步、能力递进”人才培养模式,计算机通信专业的“课证融合、能力递进”人才培养模式,动漫设计专业的“产教融合、项目驱动”人才培养模式，电子商务专业的"岗位工作室、大模块项目化"人才培养模式等初步形成。《以岗位综合职业能力培养为核心的服装设计专业人才培养模式创新与实践》《产业集群发展背景下汽车类高技能人才培养的创新与实践》荣获 2014 年浙江省教学成果奖二等奖。推行了"学生主体，教师主导，教学做合一"思想政治理论课的项目化教学改革试点，在教学内容、教学方式上实现新突破，探索实施了思想政治理论课教学"五融"机制，提升了思想政治教育对人才培养的效用。2012 年 11 月，我院《思政教育"五融"育人实践——杭州职业技术学院思想政治理论课多维度育人文化》被评为"杭州市属高校首届十佳校园文化品牌"。

2008 年以来，立项国家精品资源共享课程 1 门，省级示范性实训基地 3 个，省级精品课程 10 门，市级精品课程 24 门，省级教学改革项目、课堂教学改革项目 21 项，省（高校）重点建设教材 29 本，省级教学团队 2 个；学生获国家级技能大赛一等奖 7 项、二等奖 8 项，省级技能大赛一等奖 35 项、二等奖 77 项、三等奖 133 项。2014 年，学院选送的"便携式室内空气质量检测仪"研制项目荣获"挑战杯——彩虹人生"全国首届职业学校创新创效创业大赛特等奖与"最佳创意奖"。

3. 大力推进"双师素质"的团队建设，教师的教科研能力明显提升。

（1）实施人才培养专项计划，提升教职工的教育教学能力。学院从 2008 年起大力实施"两大经历工程"，147 名教师参与"学生工作经历工程"，247 名教师参与"企业经历工程"，"双师素质"教师占专任教师数的 90%。2011 年起推行教师能力提升计划和校企共推引才计划，每年对全体教职工进行分层分类的校本培训，培训人数 644 人次；拓展教师国际化视野，选派 150 余人次赴德国、新加坡等国进行培训。教职工学历学位及教科研水平得到较大提高，现有 504 名在职在编教职工中，正高职称的 31 名，副高职称的 117 名，博士 4 名，硕士研究生或硕士学位的 201 名。依托校企共同体打造兼职教师资源库，截至 2014 年底，兼职教师资源库中的兼职教师总量为 740 人，其中来自校企共同体参与企业比例为 53.2%，承担课时数由 2008 年的 8157 学时上升到 2014 年的 75527 学时，兼职教师承担的专业课时数达 50%。聘请 27 位行业企业一线技术骨干担任兼职专业负责人，与校内专任专业负责人共同引领专业建设。

（2）实施 51133 人才高地计划，促进专业教学骨干快速成长。学校遴选一批"高职教育研究学者""校级技术带头人""教学名师""名专业带头人""双师教学团队""中青年骨干教师"进行重点培养，在优秀兼职教师中评选了 32 位企业名师和 74 位技术能手。入选省"151"人才培养计划第三层次 1 人，市"131"中青年人才培养计划 13 人，省级专业带头人培养对象 9 人，2 人获评省级教学名师，2 人获省级高校优秀教师，4 人获评省级教坛新秀，1 人获杭州市政府特贴，3 人入选市教学名师，1 人入选市中青年学科带头人，1 人入选"西湖鲁班奖"。

(3)实施教科研专项奖励计划,提升教科研与社会服务能力。2008 年以来,累计承担省、市厅级以上科研课题 412 项,其中省部级以上 48 项;为企业开展技术服务 200 多项,到款 1100 多万元;获市厅级以上成果奖 46 项,出版专著 14 本,一级刊物发表论文 161 篇,核心刊物发表学术论文 405 篇,申请或授权国家发明专利 6 项,实用新型专利 85 项,外观设计 22 项,软件著作权 34 项。

4.加强“产学研一体”实训基地建设,产教融合的教学形态初步形成。

学院开展了震惊职教界的“敲墙运动”,突破以学校和课堂为中心的教学组织形式,教学场地延伸至校内实训基地和校外合作企业。改造与建设了数控 4S 店、服装制版与加工车间、精化产品研发与生产基地、电梯培训中心等 10 个近 6 万平方米的校内生产性实训基地,形成鲜明的“教学做合一”职业氛围和职业环境。依托校企共同体机制,在友嘉实业集团、达利集团、杭州电化集团、金都物业集团、普达海动漫有限公司、虹越公司等 8 个合作企业建立了“厂中校”教学区,累计有近 50 门各类课程移师到企业进行教学,3000 多人次的学生得到企业师傅和学校教师的指导,亲身体验生产环境。2008 年学院实训中心暨杭州市公共实训基地 7 个实训中心 82 个实训室投入运行,2012 年 5 月基地被立项为国家高技能人才培训基地,2014 年 12 月通过顺利验收,标志着公共实训基地正式迈入“国家队”行列。

5.精准定位主流企业的人才与技术需求,社会服务能力得以有效增强。

学院、开发区政府和区内主流企业共建了“高技能人才培训中心”“蓝领成才培训中心”等合作实体。重点推进实施“开发区高技能人才培训工程”“下沙失地农民培训工程”“开发区职工素质提升工程”“开发区社会人员文化知识提升工程”和服务社区“百千万工程”,选择优秀的高职教师对企业职工、社区居民进行继续教育,提升企业技术工人、社区居民的素质,校企联合展三下乡活动、科技咨询等,累计培训学员 493180 人日。高质量完成了 6 个国培项目,1 个省培项目,培训学员 300 多人。2013 年 12 月,与开发区共建产学研发展学院,为持续提升学院的社会服务能力搭建了新平台。

6.建立职业教育反哺基础教育的体验中心,专业品牌效应得到全新拓展。

2014 年新颁布的《国务院关于加快发展现代职业教育的决定》中首次提出了在普通中小学引入“职业教育”概念。学院充分发挥自身职业教育办学优势和专业特色,面向社会全面开放学院的优质教学实训资源,创建了集职业辅导、实践体验、能力训练于一体的“青少年职业体验中心”,组织专业老师精心开发了 50 余门青少年职业体验课程,其中既有体现前沿科技的 3D 打印、6 轴 CNC 加工,又有植物瓶景及种植、七彩皂和香囊制作,既有网页设计、电商应用,又有芭比服装、十字绣制作,既有实用的汽车养护,也有好吃的蛋糕烘焙,更有好玩的动漫纸杯绘制,注重贴近生活且不脱离专业。通过邀请家长和中小学师生走进校园、送教上门或为中小学开设职业教育课程等形式,积极探索了高职教育反哺基础教育的有效途径。2014年,杭州天地实验小学、杭州源清中学、杭四中等中小学1200余名师生先后来学院进行职业体验,《青年时报》等多家媒体都进行了现场采访和报道,拓展了专业品牌和社会影响力。

7.强力推进中外合作办学"六大项目",人才培养国际化水平明显提升。

2010年以来,学校通过"六大项目"积极推动国际交流与合作项目,不断探索高职教育国际化发展之路,人才培养国际化水平明显提升。一是语言培训项目。优化语言培训方式,专门针对不同基础、不同阶段的学生,推出一系列量身定做的语言培训课程,提升学生外语能力,培训超过400人次。二是出国留学服务项目。依托现有国际资源,加强了出国留学服务,广泛与美国、英国、澳大利亚、新西兰、新加坡及中国香港等海外知名学府建立国际合作交流关系,为200多名学子提供优质留学服务。三是海外名校预科项目。主导引进新加坡1+2快捷本科项目,已帮助超过176名学子圆梦新加坡。四是浙台交换生项目。截至2014年12月,已有143名杭职院学子体验了"赴台研修生"的经历。五是留学生教育项目。审议通过了留学生教育管理相关规定,出台《杭州职业技术学院外国留学生管理若干规定》,从制度层面规范留学生教育管理。六是人才劳务输出项目。制定了人才劳务输出方案,以校企共同体为载体,充分利用新通国际的国际化资源,大力拓展我院人才的海外就业市场。

8.持续深化学院内部治理体制改革,校园基本建设和服务体系得到完善。

持续推进行政机构改革,行政机构总数由17个减至11个。完善实施两级管理制度和二级教代会制度,管理更加民主、高效。深化后勤服务社会化改革,服务质量进一步提升。2008年以来先后修订出台了170余项管理规章和制度,推进了学校工作的制度化、规范化。建设现代化、生态化、数字化校园,完善了校园网络管理系统,初步建成"春有花、夏有荫、秋有果、冬有绿"的校园环境。学校被评为杭州市"最清洁单位"和"绿化先进单位"。

(三)加强党的建设,保障学院发展

1.贴近中心创新服务,提高党建工作水平。

(1)全面推进党建"结合点"建设。完善党建工作顶层设计,出台《关于进一步推进党的建设服务中心工作的意见》。着力推进党建工作项目化,紧紧围绕校企合作、专业建设、文化育人、社会服务等中心工作,立项建设23个党建"结合点"项目,彰显了党建引领学院发展的功能。坚持以点带面,在全院推广"学生党员宿舍导师制"等4个项目的经验做法。强化党建工作整体合力,统筹加强了宣传、统战、群团和离退休工作。

（2）完善基层党建工作长效机制。固化党建工作的基本经验做法，出台《党员专业负责人"一岗双责"制度》《党支部工作"一建三带"制度》《党员教师联系学生寝室制度》《领导干部进课堂进学生公寓制度》等。学校党建工作的创新实践，赢得各级领导充分肯定，省委常委、常务副省长蔡奇，市委常委、组织部长张仲灿等领导做出重要批示，要求关注和研究我院的党建创新经验。

2.抓好班子带动中层，发挥示范引领作用。

（1）营造党政同心共事良好局面。认真贯彻落实党委领导下的院长负责制，制定了《党委行政会议制度和议事规则》，完善了党政同心共事认知机制、议事机制、保障机制和党政职能分工机制、协商调整机制、决策叫停机制等，保证了党政班子的高度团结和科学决策。我院的经验在全市领导班子建设会议上做大会交流发言。

（2）大力加强中层干部队伍建设。科学制定了《干部队伍建设"十二五"规划》。创新干部竞争性选拔制度，2006年、2009年、2012年、2014年实施四轮竞聘上岗，完善了干部选任公开化、民主化、人性化机制。重视干部梯队建设，2008年、2010年、2013年开展三批副处级后备干部选拔，加强能力培养和管理监督，推进了干部队伍的年轻化、知识化、专业化。我院干部队伍建设的做法在全市干部工作会议上做了大会经验交流

3.抓好基层带动党员，完善作用发挥机制。

（1）发挥党内教育活动平台作用。深入开展学习实践科学发展观、创先争优、群众路线教育等党内重大教育实践活动，基层党组织的战斗堡垒作用和党员的先锋模范作用进一步凸显。开展"师生心目中的党员形象"征集活动，把师生期盼的"教学骨干、服务标兵、管理能手、改革先锋、雷厉风行、关爱师生、处事公正、公私分明"等8条党员形象提供给党员对照，激励党员不断提升自我形象。

（2）创新和优化基层党组织设置。推行院（系）教工党支部建在专业上，学生党支部按专业或年级设置，优化了与教学、科研、管理等实体组织相对应的基层党组织设置格局。成立高职学生创业园直属党支部，开展学生公寓"红色阵地"建设活动，扩大了党的组织覆盖和工作覆盖。目前，全院共设14个党总支（直属党支部），45个党支部。

（3）推动二级院系党政交叉任职。二级院系党员院长（主任）兼任党总支副书记，党总支书记（副书记）兼任副院长（副主任），推动院系党政团结合作、共谋发展。特别是二级学院党员院长（主任）兼任党总支副书记的组织设置，进一步优化基层党组织作用发挥机制和整体功能。

4.反腐倡廉警钟长鸣，营造清正干事环境。

（1）完善制度强化权力运行监督。认真贯彻党风廉政建设责任制，健全了党委

统一领导，党政齐抓共管，纪检监察组织协调，部门各负其责，依靠群众支持和参与的领导体制。完善干部选拔、招生、科研经费使用、资产经营管理、基本建设、采购招标、内部审计等监督制度，基本形成了从决策到执行的制度体系，把权力关进制度的笼子里。

（2）源头防范加强反腐廉政教育。坚持标本兼治、综合治理、惩防并举、注重预防，重点加强党员干部遵守政治纪律、思想与工作作风的监督。理想信念与宗旨观念教育、党性党风党纪教育等全方位铺开，调处来信来访、排查风险岗位、加强内部审计、监狱现场参观等立体化推进，不断增强了党员干部的拒腐防变意识和能力。2013年，获省教育厅审计优秀成绩。

5.重视民主民生工作，构建和谐美丽校园。

（1）加强基层民主建设。加强教代会制度建设，认真落实《学校教代会提案工作条例》，切实维护了教职工合法权益。出台党务、校务公开实施办法，对重大决策、职称评聘、人才建设、经费收支、科研经费管理使用、工程建设招投标、大宗设备采购、干部队伍建设等情况全部实行公开，保障了教职工的知情权、参与权、选择权和监督权。

（2）实施民生改善工程。2008年以来，先后投入2500余万元，用于笔记本电脑配置更新、建设教工食堂和咖啡吧、建设膜结构停车棚、购置上下班大客车、共建教师下沙宿舍、建设教职工健身中心、开辟亲子活动室等。开展高雅艺术进校园、师生文艺演出、"善湖风"系列文化活动、暑期调研学习等，丰富了师生精神文化生活。学校连年获评"市平安示范校园""市维稳工作先进单位""市教育系统学校安全工作考核优秀单位"，荣膺"省文明单位""市文明单位"等称号。

三、"十三五"期间学院发展新设想

以邓小平理论、"三个代表"重要思想、科学发展观为指导，认真落实党的十八届四中全会精神，全面贯彻党的教育方针，坚持以立德树人为根本，以提高人才培养质量、服务区域经济社会发展为宗旨，以学生体面就业、教师幸福生活为指向，深入研究人才成长规律和高职教育发展规律，凝心聚力，勇担使命，克难攻坚，推动发展，力争在"十三五"期间建设成为国内一流的高等职业院校。

（一）提高"跨界合作力"，创新体制机制，突出资源优势，推动国际合作

充分发挥政府、行业企业、科研院所等多元办学主体的作用，进一步深化跨界合作，再创体制机制新优势；充分发挥两大平台优势，提升信息化水平，推进职业教育专业教学资源共建共享、实现优质数字教育资源全覆盖，占领数字资源新高地；加强中外合作，着力提升国际化办学水平，打造高职教育国际化之"浙江重镇"。

（二）提高"集约发展力"，完善产教融合，深化专业内涵，提升育人质量

坚持"有所为，有所不为""差异化发展"策略，优化专业结构，深化产教融合；把学院工作重心和资源配置集中到教学工作中，进一步凸显教学工作在学院各项工作的中心地位，围绕教学中心，提升人才培养质量；坚持产学研协同育人，提升技术服务水平。

（三）提高"队伍建设力"，完善工作机制，提升师资水平，推进人才强校

建立健全教师培养使用机制，建立合适的考评激励机制，优化人才发展的环境建设，加快"双师结构"教学团队建设；持续推进"教师能力提升计划"，创新培养培训模式，提升教师"双师素质"；加快推进领军人才队伍建设，撑起教育教学的脊梁，充分发挥技能大师在带徒传技、专业内涵建设等方面的示范、推动作用。

（四）提高"管理服务力"，强化管理效能，健全管理制度，优化服务质量

适时制定《杭州职业技术学院章程》，完善内部管理决策机制，深化人事分配制度改革，进一步优化校、院两级管理制度，健全学院管理制度，提高公共服务和保障能力，推进民主治学和依法治校。

（五）提高"文化引领力"，完善顶层设计，文化梯度育人，促进体面就业

进一步加强文化建设顶层设计，深耕"文化梯度育人"，丰富校园文化内涵，提升文化育人实效；提倡以人为本，落实人文关怀，深入研究总结学院办学实践和发展经验，提炼体现现代职业教育发展规律、具有鲜明特色的校训，提升人文精神；进一步夯实环境文化建设，加强师德师风建设，促进学生体面就业。

（六）提高"党的建设力"，抓好骨干队伍，推动民主民生，确保和谐稳定

加强学院两级班子建设，提高干部选拔培养质量，加强基层组织和党员队伍建设，扩大党内民主带动民主民生，进一步营造风清气正、团结和谐的政治生态环境，为学院创建国内一流高职院校提供坚强的政治保障。

传承建院精神 培育鲁班传人

浙江建设职业技术学院

浙江建设职业技术学院,是浙江省唯一一所公办建设类全日制高等职业院校,是国家骨干高职院校建设单位和浙江省示范性高职院校。办学近 60 年来,为浙江省乃至全国建设行业和地方经济发展输送了各类人才 4 万余名,已成为浙江省建设人才培养的基地和摇篮。近年来,学院积极贯彻落实《国家中长期教育改革和发展规划纲要(2010—2020 年)》《现代职业教育体系建设规划(2014—2020 年)》等文件精神,将现代职教理念融入学院办学体制机制建设、人才培养模式改革、质量提升教学创新、校企合作产教融合、提升社会服务能力等各项工作中,进行了系列创新与实践,取得了一定的成效与经验。

一、十年来的办学历程

学院前身浙江省建筑工业学校创办于 1958 年,2002 年经省人民政府批准正式升格为高职院校。2005 年以来的这十年,是学院 56 年办学历史中最不平凡的十年、发展最好最快的十年。这十年的发展历程,是一部艰苦奋斗、团结奉献的创业史,是一部参与建设事业、见证高职改革的发展史,更是一部培养高素质人才、创造高水平成果的奋进史。学院正式成立后,面对新形势、新机遇,科学制定了《浙江建设职业技术学院"358"发展规划纲要》,明确了"三步走"发展战略,学院发展大致经历了三个阶段。

(一)提振信心、转型创业阶段

学院正式成立后至 2005 年这几年里,是学院提振信心、转型创业阶段。在此阶段,学院面临着前所未有的困难:一是部分教职员工人心不稳、情绪迷茫,凝聚力不强,各类矛盾凸显;二是建设和发展资金非常困难,还贷压力大;三是师资队伍数量不足,结构不合理,质量有待进一步提高;四是专业建设不平衡,课程建设影响面小;五是校园及周边环境有待进一步改善。根据学院面临的主要困难和发展的实际情况,学院及时调整发展思路和建设速度,以"强基固本、居难思改、稳中求进"思路为指引,在现有条件中夯实基础,在正视困难中思索改革,在平稳运行中求得发展。

　　经过不懈努力，"三步走"发展战略初见成效，主要标志性成果为：一是学院圆满完成了校园整体搬迁工作，基本完成校园建设，学院办学走上正常轨道；二是学院顺利通过浙江省教育厅组织的高职高专人才培养工作水平评估，并获得良好成绩；三是开了学院民主治校的先河，召开了学院首届教职工代表大会第一次全体会议；四是实施了《浙江建设职业技术学院"358"发展规划纲要》和院系二级管理改革。

（二）凝聚共识、争创品牌阶段

　　50周年校庆前后的2006年至2009年里，是学院凝聚共识、争创品牌阶段。在此阶段，学院主要存在以下问题：一是如何处理好规模发展和内涵建设之间的问题；二是如何进一步改革和深化人才培养模式，提高人才培养质量；三是如何进一步加强"工学结合、校企合作"，推进校内外实训基地建设。根据新情况，学院认真研究和正确处理了外延与内涵、当前与长远、统筹兼顾与重点突出等三方面的关系，实现了从注重"规模拓展"向注重"内涵建设"的重大转变。从有利于加快学院的发展建设、有利于促进学生的成长成才、有利于提高教职工的福利待遇出发思考改革、发展和稳定的关系。

　　经过不懈努力，"三步走"发展战略成效明显，主要标志性成果为：一是学院成功列入"浙江省示范性高等职业院校建设单位"；二是学院顺利通过教育部组织的高职高专人才培养工作水平评估，并获得优秀成绩；三是成功举办建校50周年庆典活动，学院声誉度和美誉度显著提高；四是组建了以学院为理事长单位的浙江省建设职业教育集团，构建了校企合作新平台。

（三）修内拓外、追求卓越阶段

　　2010年以来的这几年里，是学院修内拓外、追求卓越阶段。在此阶段，学院办学面临了一些新变化和新形势：一是学院的办学理念与新形势下对高等职业教育的要求还有一定的差距，需要进一步学习和探索；二是如何依托建设行业办学优势，进一步提炼办学特色，构建有效的全院性工学结合人才培养模式发展平台；三是高层次人才与教师队伍整体水平有待充实与提高，高层次的专业带头人比较缺乏；四是学风建设有待进一步加强。对此，学院积极转变办学思想，创新办学思路，进一步明确以就业为导向的办学定位和方向；积极转变办学模式，根据高等职业教育发展规律构建"334"办学模式。

　　经过不懈努力，"三步走"发展战略圆满完成，提前超量完成了学院"十一五"规划和"358"发展规划纲要的主要指标。主要标志性成果为：一是学院成功列入"国家示范性高等职业院校建设计划"骨干高职立项建设院校；二是省级示范性高职院校建设取得阶段性成果，专业课程建设成效显著；三是"校企合作"办学模式取得新突破，与多家知名企业合作举办联合学院或订单班；四是校园文化建设成绩斐然，成功申报鲁班文化、心育文化和定向体育文化 3 个省级校园文化品牌，成为我省唯一一所拥有 3 个省级校园文化品牌的高职院校，2011 年"鲁班文化"被教育部评为全国高校校园文化建设优秀成果奖二等奖。

学院办学 56 年来，为我省建设行业和地方经济建设输送了各类人才 4 万余名；经过多年尤其是这十年的改革和发展，学院已成为我省建设行业人才培养的"黄埔军校"和基地摇篮，在浙江省建设行业中形成了"要用人、找建院"的共识。

二、十年来的办学成果

十年来，学院始终深入贯彻落实党的教育方针政策，结合学院实际，审时度势、与时俱进，适时调整办学定位、办学思路和办学目标，主动适应新形势，内抓改革、外创条件、整体推进、重点突破，团结带领全院师生员工锐意改革、奋力进取，学院面貌发生了巨大变化，办学实力和社会声誉显著提高。

（一）始终坚持内涵发展、质量兴校，办学教育水平不断提升

一是完善人才培养模式。学院不断完善体现建设行业高职教育特色的"411"人才培养模式。该模式被全国土建类高职专业指导委员会确定为创新性人才培养模式向全国同类院校推荐。2009 年，《"411"人才培养模式的理论与实践》获得了浙江省第六届高等教育省级教学成果奖一等奖。根据高等职业教育发展要求，在完善"411"人才培养模式的基础上，学院提出依托"行业、企业、校友"三种社会力量；实施"专项、综合、顶岗"三段育人模式；推进"教育、技术、培训、对口合作"四大社会服务的"334"办学模式，并取得良好成效。二是实施教学质量工程。开展"构建和谐师生关系、打造满意魅力课堂"专项活动，教风学风明显提升；制订各类教学管理文件 12 项，形成完整教学管理体系。近年来，学院共获得浙江省教学成果奖一等奖 1 项，二等奖 3 项；在省教育厅组织开展的 2012—2013 学年全省 49 所高职高专院校教学业绩考核工作中排名前二十，获 A 等。三是加大专业课程建设。目前，学院共开设专业 25 个，其中国家示范性骨干高职院校建设中央财政支持专业 4 个，国家高职院校提升专业服务产业发展能力中央财政支持专业 2 个；浙江省高职高专重点专业 2 个，浙江省"十二五"高职高专优势专业 2 个，浙江省高职高专特色专业 7 个；拥有国家级精品课程 3 门、国家级精品资源共享课 2 门、省级精品课程 15 门；获得"新世纪教研教改课题"等省级及以上教研项目 14 项，厅级项目 20 项；编写"十一五""十二五"国家规划教材、部级规划教材 77 种。四是打造"双师"

师资队伍。深入推进以"百名教师下企业、百名能工巧匠进课堂"为主题的"双百工程",初步建立了一支师德良好、素质较高、能力较强、适应发展的专兼结合双师队伍,专任教师双师素质比例为94.04%。2名教师获得浙江省省级教学名师称号,3名教师获得浙江省省级教坛新秀称号,2名教师获得浙江省优秀教师称号,12名教师入选浙江省"新世纪151人才工程"培养对象,其中第二层次培养对象1名、第三层次培养对象11名,12名教师成为浙江省高职高专专业带头人、15名教师列入浙江省高校青年教师资助计划、62名教师取得了一级注册建筑师、国家注册监理工程师等国家级注册师资格;建立了拥有174名来自行业企业的专业技术人员组成的兼职教师资源库;建成"园林工程技术专业教学团队"和"建筑工程技术专业核心课程教学团队"2个省级教学团队。获得高校访问工程师校企合作项目一等奖1项、二等奖2项。五是推广教学信息技术。建成施工技术远程现场教学系统,利用远程实时传输系统将一线施工场景运用于教学实践,打造了"空中课堂";建成施工技术虚拟仿真操作系统,搭建3D虚拟仿真教学环境,学生通过操作虚拟人物,以施工员角色完成一系列实训任务;建成智能化校内综合实训场地,学生通过扫描二维码进入自主学习,设有自主语音讲解系统,全天候开放;建设虚拟植物园,学生自主进行植物认知训练,同时将校园内的230多种植物标本通过二维码技术挂牌定位,实现无缝对接。实现资源开发商业化,与广州中望龙腾股份有限公司合作开发"建筑工程识图能力实训/评价系统",该系统已推向市场,70多所职业院校购买,销售业绩达370万元。六是提升办学资源条件。目前,学院生均仪器设备值达到6800元以上,设备总值达到5500万元以上;年进新书量达到3册/生及以上,生均藏书80册以上,图书馆藏书达到79.32万册(不含电子图书)以上。学院与省内外诸多知名企业合作建立了校外实训基地352个,其中集产研合作、订单培养和顶岗实习于一体的紧密型实训基地50个。同时,与德国萨克森州建筑业协会合作,整合中德合作吉博力房屋卫生设备技术有限公司等10多个企业和研究机构资源,在建筑新材料、新技术、新设备、绿色节能建筑等方面共建实验实训室46个,形成校内3大实训中心,12个实训基地。

(二)始终坚持开放办学、产教融合,校企合作模式务实创新

一是政府引导,构建校企合作组织架构。成立了由省住房和城乡建设厅厅长担任理事长,11个地市建委(建设局)及骨干企业负责人担任理事的建设行业促进浙江建设职业技术学院发展理事会;成立了由省住房和城乡建设厅牵头的浙江省建设行业产学研工作领导小组;成立了以学院为理事长单位的浙江省建设职业教育集团,形成了"促进学院发展理事会——建设行业产学研工作领导小组——浙江省建设职业教育集团"的合作交流平台。二是依托行业,创建"1+1+X"行业联合

学院模式。所谓"1＋1＋X"行业联合学院，第一个"1"是学院、第二个"1"是行业协会、第三个"X"是行业协会各中小型企业，它是多个独立法人组成的产学研合作联合办学体，实行"统一领导、分工负责、资源共享、专款专用"的管理模式。目前，已招收浙江省建筑业行业联合学院建筑工程技术（国际工程管理方向）专业学生 48名。同时，浙江省建筑业行业联合学院将新增建筑工程技术（工程信息技术管理方向）专业方向，拟于 2015 年招生 110 人；浙江省装饰幕墙行业联合学院将新增装饰工程技术（幕墙方向）专业方向，拟于 2015 年招生 55 人。二是携手名企，深化"1＋1"校企合作学院模式。学院共建有 4 所校企合作学院，充分结合企业优势特色和学院专业优势。如亚厦学院重在专业建设，在建筑装饰发面与学院建筑艺术系形成良性互动；绿城学院重在实践锻炼，组织学院赴企业各地建设基地实习锻炼；五洲管理学院重在"院中院"建设，在人才培养、项目共研、基地共建、文化共融等方面均有合作，覆盖面广，效果显著；金都联合学院重在绿色文化，以宣扬绿色文化为合作主线，以树立绿色建筑理念、培养绿色建筑人才为合作目的。三是立足多元，探索"1＋X"专业发展联盟体模式。为提升建设行业人才培养整体水平，以专业为基点，协同"X"家行业学会、同类企业、本科院校和科研院所，共建专业发展联盟体。该模式的建立，有利于行业、企业、院校和科研机构等社会多元共建专业发展平台、共组双师教学团队、共担专业发展成本、共推专业课程论证、共享专业发展资源，形成专业发展联盟体，从而推动专业发展，带动人才培养质量提升。四是面向国际，打造中外合作办学模式。学院与德国 Bau msr 有限公司、堡密特公司、伊通公司、吉博力公司以及瑞士喜利得等公司合作，新建国际新技术展厅，引进当今世界先进的节能技术与材料，更好地展示中德职业教育的合作成果，更有效地推广新技术的开发与应用、推动中国职教院校与德国院校和企业的合作。学院的开放办学、校企合作工作得到了教育部门的重视和认可，2014 年学院被选为全国高等职业教育"校企一体化"创新联盟副理事长单位和全国职业技能竞赛工作委员会委员单位，同时，指定我院承担"全国职业院校技能大赛官方网站"及"技能竞赛工作委员会官方网站"的唯一建设维护单位。

（三）始终坚持以生为本、就业导向，人才培养质量成效显著

一是大学生思想政治教育富有成效。积极推进思想政治教育进公寓、进社团、进网络工作，重视大学生行为养成教育和心理健康教育，大学生心理健康教育工作两获全国先进；大力加强思想政治工作队伍专业化建设，积极发挥学生干部的桥梁和纽带作用，学生思想政治教育取得显著成效，良好校风学风逐步形成。积极开展精神文明创建活动，开展大学生"三下乡"社会实践活动，青年志愿者"专业义工"活动成为学院精神文明建设的新亮点。2014 年我院被团中央授予"全国大中专学生

暑期社会实践活动先进单位"荣誉称号。二是学生管理水平不断提高。学院加强辅导员队伍、学生党员、学生干部等三支队伍建设,建立了一支能够满足学院管理和发展需要的学生工作队伍;多管齐下大力实施帮困扶贫工程,让经济困难的学生能够安心就学、健康成长;经过多年培育和实施,创建了富有特色的学生素质教育体系;设立了大学生创新创业园。三是毕业生就业质量持续向好。根据麦可思调查报告数据分析显示,学生近三年初次就业率均在98%以上;就业率、专业对口率和平均月薪水平等14个核心对比指标均超过全国示范、骨干高职院校平均水平。《浙江日报》2011年11月8日以"练好身手就业不愁　高职毕业生很抢手"为题报道了学生就业情况。四是学生各类竞赛获奖频频。在第三届浙江省大学生艺术展演活动中,选送的4个节目均荣获一等奖,位列全省高职第一,尤其是学生自编自演的舞蹈《实习日记》,荣获第三届全国大学生艺术展演活动舞蹈类一等奖,并在闭幕式上向全国人民汇报演出;在全省第十二届"挑战杯"大学生课外学术科技作品竞赛中荣获一等奖1项,改写了高职院校在此竞赛中无一等奖的历史,并在全国"挑战杯"决赛中荣获高职最高奖二等奖,全国仅4所高职获得;作为全国唯一一所高职院校参加全国第七届大学生结构设计竞赛并获得二等奖;在2014年"挑战杯"全国职业学校创新创效创业大赛中以排名第一的优异成绩获得"特等奖";全国大学生定向越野赛连续获得团体金牌等优异成绩在全国高职中领先;省"挑战杯"、结构设计、测量、高校合唱等比赛成绩均名列浙江高职前茅。截止到2014年10月,学生获省级以上奖项500多项。

(四)始终坚持文化育人、弘扬正气,校园文化建设影响日盛

一是注重文化传承,校园核心文化渐入人心。学院在多年的办学实践中,始终围绕为建设行业培养高素质技术技能型人才这一目标,立足打造校园核心文化——"鲁班文化"。通过一系列围绕"鲁班文化"建设的主题活动,如鲁班技能节、文化艺术节、体育文化节、"鲁班杯"大学生创新创业作品竞赛、"鲁班"大讲堂等,培育他们吃苦耐劳的精神、积极探索的信心、实际动手的技能,使"鲁班文化"促进每位学生综合素质的提高。同时,在艰苦创业中逐步凝练了"敢亮剑、志筑强"的"建院精神",形成了"格物求新、致远求实"的校训,确定"居为上"为学院校歌。在学院2011年首届党代会上,又明确提出学院共同使命、共同愿景和共同价值观。二是注重文化育人,人文素质教育渐成体系。针对高职教育尤其是工科类高职教育重技能轻素质的现状,学院从2007年开始对高职学生人文素质教育进行全面的探索与实践。成立了以学院党委书记为组长的领导小组抓人文素质教育,成立了人文素质教研室和人文素质教育研究所,在全省率先成立学院社科联与社会各界联合开展人文素质教育研究,专著《高职院校人文素质教育论纲》在全国公开发行。设

置"中国传统建筑文化"等4门人文素质必修课程,开设文化艺术修养等素质教育课程70多门,编写13本具有专业特色的素质教育教材,其中4本被列为浙江省"十一五"重点教材。成立"鲁班学院"开展第二课堂素质教育,邀请专家学者、成功企业家开设人文教育专题讲座。同时,通过开展优秀企业文化进校园,举办各类企业文化专题讲座等活动,培养学生实践实训中的市场意识和创新理念、团队合作与爱岗敬业的职业精神;建立了校企联合评价学生机制,由企业行业专家和领导对学生在实践实训中所体现出来的职业人文素养进行评价。三是注重文化创新,校园文化品牌渐成共识。学院在全面推进文化建设时,着力构建积极向上、内涵丰富、形式多样、特色鲜明的校园文化,培育了"鲁班文化""心育文化"和"定向体育文化"3个省级高校校园文化品牌,在全省乃至全国高职院校中起到了辐射和示范作用,上级有关部门多次组织不同层面的机关、社会团体等到学院调研、考察校园品牌文化,对学院的素质教育做出较高评价,并建议在有关职业院校推广。据统计,自2009年以来,学院接待前来学习、参观的高职院校达80余所。四是注重文化投入,重大文化项目渐趋完善。学院在国家骨干高职院校建设过程中,十分重视文化项目建设,将"以'鲁班文化'为核心的高职文化育人教育平台项目"列入学院骨干建设7个一级项目之一,投入530万元建设职业道德养成、人文艺术熏陶、身心健康发展、创新创业实践、文化内涵提升等五大平台。为进一步宣传、研究"鲁班文化",投资近700万元建设鲁班文化馆,使其成为一个集知识性、实践性、艺术性于一体的建筑人文素质拓展实训基地。

(五)始终坚持立足行业、服务企业,科技服务能力突飞猛进

一是科技研发成果丰硕。学院累计已立项厅级及以上科研项目达476项,其中国家自然科学基金项目2项、省部级项目68项,科研经费达2427万元。获得授权和受理专利409多项,其中授权发明专利20项、实用新型专利105项、外观设计专利41项。获浙江省科学技术进步一等奖1项、三等奖3项,建设部华夏建设科学技术三等奖1项。国家自然科学基金项目、浙江省重大科技专项项目和浙江省科学技术一等奖均实现了重大突破,走在了省内乃至全国高职院校的前列。进一步完善了高职教育、城乡规划、建筑节能技术、岩土工程、新型建筑材料、建筑经济、建筑人文教育、数字城管等8个研究所的运行机制,积极开展应用型、集成型、技术合作型课题的研究和规划设计、工程检测、工程造价等技术咨询活动。二是技术服务取得突破。目前,学院与企业共建科技研发中心14家,其中省级研发中心2家、市级研发中心6家;师生参与编写国家一级工法2部、省级工法6部;与省建科院共建浙江省节能应用技术重点实验室1个。共成立22个产学研教师社会服务团队,专业覆盖建筑工程、生态建设、社会培训、企业文化建设等多个方面。与1个县

级市、7个重点培育小城镇建立了合作关系,学院与地方共建产学研基地 10 个,开展多渠道合作。完成各类技术服务项目 200 余项,合作项目经费到款超 1500 万元。学院积极承担各类建造师的注册、考核、继续教育工作,在土建类专业学生中逐步推进实施"准二级建造师"制度。支持职业院校开展在岗人员培训,近五年来,培训人员超过 8 万人次。同时,学院下属国有科研与设计企业"浙江建院建筑规划设计院"已具有建筑行业(建筑工程)甲级资质、城乡规划编制甲级资质、风景园林工程设计专项乙级资质及市政行业(道路工程、桥梁工程)乙级资质,为省内为数不多的综合性科研设计单位;仅 2013 年一年,该设计院合同金额达 1.3469 亿元,营业收入达 7578.4 万元。三是对口支援辐射引领。与省内外 11 所办学定位、专业设置相近的高职院校联合组建"155 校际联盟",协同创新发展;完成了对西部 5 所院校对口支援计划的学生培训工作和图书、软件捐赠工作,共计 162 名西部院校师生来我院学习技能、体验课题、交流文化,受到对口支援院校领导、教师和学生的高度赞扬。

三、十年来的办学经验

乘着我省高等职业教育大发展的东风,过去的十年是学院历史上发展最快、变化最大、取得标志性成果最多的十年,是各项工作蓬勃发展的十年,是实现历史性跨越的十年。学院多年的发展历程,特别是近十年来的实践使我们获得了一些有益的经验,这就是:

(一)必须坚持紧抓高职教育发展机遇

抓住一次机遇,就会赢得一次跨越;错过一次机遇,就会失去一个时代。只有抓住了发展的机遇,才能赢得发展的主动权;只有抓住了发展的机遇,才能实现超常规的发展。十年来,我们抓住了教育部水平评估的机会,为学院进一步的发展奠定了扎实的基础;抓住了省级示范性高职院校创建的机会,实现了办学层次的提升;抓住了国家骨干高职院校立项建设的机会,迈入了国家一流高职院校的行列,实现了跨越式发展。事实证明,只要我们紧紧把握时代的脉搏,抓住高等职业教育发展的机遇,就一定能够实现学院新的跨越式发展。

(三)必须坚持以改革创新促进发展

改革是发展的动力。大改革大发展,小改革小发展,不改革难发展。十年来,学院通过办学体制机制建设,扩大了办学规模,构建了校企合作新模式;通过教育教学改革,促进了人才培养质量的提高;通过人事制度改革,改善了教职员工的福利待遇,调动了教职员工的积极性。事实证明,只有通过改革,才能实现体制和机制的创新;只有通过改革,才能解决制约学院发展的矛盾和难题;只有通过改革,才能促进学院全面协调可持续发展。

(三)必须坚持和弘扬"建院精神"

近年来的办学中,我们历经了 2006 年教育部人才培养水平评估、2008 年省级示范性高职院校申报和 2010 年国家骨干高职院校申报等三件大事,可谓披荆斩棘、历经磨砺。这一历程铸就了"敢亮剑、志筑强"的建院精神。正是在建院精神的激励下,我们秉承"格物求新、致远求实"校训,围绕发展目标,克服重重困难,在异常激烈的竞争中脱颖而出,取得了学院发展中里程碑式的成就。学院要实现更大的发展,就必须继续坚持和弘扬"建院精神"。

(四)必须坚持营造团结和谐的发展环境

团结、和谐、稳定的内外部环境是学院加快发展的基础和保证。只有积极营造有利于学院发展的外部环境,才能有效地赢得社会的广泛关注和支持;只有不断营造团结和谐的校园人际氛围,才能形成促进学院发展的合力;只有不断完善有利于和谐校园建设的体制机制,才能形成人人促进和谐、人人为和谐建院做贡献的良好环境;只有建设团结和谐的一流高职院校,才能为构建社会主义和谐社会发挥积极的作用。

四、学院"十三五"发展的展望

(一)"十三五"学院面临的形势

一是高职教育发展面临良好机遇。党的十八届三中全会《关于全面深化改革若干重大问题的决定》做出了"加快现代职业教育体系建设"的战略部署,为职业教育发展创造了良好机遇。《现代职业教育体系建设规划(2014—2020 年)》明确指出"建立现代职业教育体系,对打造中国经济升级版,创造更大人才红利,促进就业和改善民生,加强社会建设和文化建设,满足人民群众生产生活多样化的需求,实现中华民族伟大复兴的中国梦都具有重要意义",为高等职业教育的发展提供了良好机遇。浙江省政府也明确将"大力发展现代职业教育"作为教育强省目标的突破口和重要阵地。二是浙江建设行业面临人才需求。"十三五"期间,浙江建筑业要进一步打造"省内建筑市场、国内建筑市场、国际建筑市场"的产业发展布局规划和实现"建筑大省向建筑强省跨越"的战略目标。但从目前我省建设行业人才队伍建设来看,存在着人才队伍整体素质不高、专业人才队伍总量不足、复合型外向型人才比较缺乏、人才队伍结构性矛盾突出等问题,人才需求缺口很大。要促进建筑业转型升级,大力提高我省城镇化水平,继续保持浙江省建筑业在全国的领先地位,关键在人才、在技术,这将为建设类高等职业教育和建设行业各类企业的共赢共荣、共同发展提供更大的空间和机遇。三是学院事业发展面临关键时期。目前,学院国家骨干高职院校建设工作全面推进,学院事业发展已经进入一个向更高层次、更高水平迈进的关键时期。在激烈的竞争环境下,学院有良好的发展机遇,也面临严峻的挑战,创建国内一流高职院校的任务十分艰巨,必须认清形势、明确方向、团结一致、齐心协力推动学院今后各项事业蓬勃发展。

(二)"十三五"学院发展的展望

一是进一步开拓创新,深化教育教学改革,全面提高人才培养质量。完善校企融合、育人为本的"233"办学模式,改进与职业资格标准对接的课程体系和课程教学资源库的建设,利用现代信息技术加快数字化课程建设,建设理论与实践交融、虚拟与真实并举、教学与科研共享、生产与教学共用的现代高技术含量校内外实训基地,不断培养高素质技术技能型建设人才。二是进一步凸显特色,发挥建设行业优势,全面促进校企合作显成效。依托"促进学院发展理事会——建设行业产学研工作领导小组——浙江省建设职业教育集团"三级组织机构,不断加强校企合作办学体制机制建设,联合行业协会,建设好行业联合学院、企业联合学院、专业发展联盟体,发挥成效,形成经验。三是进一步练好内功,提升师资力量水平,全面打造双师素质队伍。转变教师发展理念,师德与能力、理论与实践、执教能力与行业服务能力并举,大力培养和引进高水平的专业带头人,形成一支"师德高尚、校企互融、专兼结合"的双师结构专业教学团队。四是进一步凝练精神,传承学院核心文化,全面深化人文素质教育。积极培育和践行社会主义核心价值观,营造"青春正能量"校园文化氛围;不断深化"鲁班文化""心育文化"和"定向体育文化"为主的校园核心文化,发挥文化传承作用,培育新时代鲁班传人、建筑业能工巧匠。五是进一步辐射引领,优化办学条件环境,全面实现社会服务目标。进一步优化办学环境和条件,加强办学支撑体系;不断提高科研能力和社会服务水平,提高学院服务区域经济和社会发展的能力,实现行业、企业与学院相互促进,区域经济社会与高等职业教育和谐发展。

经过建设,使学院成为高职学院校企合作办学体制机制的"示范点",成为建设行业高素质技术技能型人才培养的"骨干校",成为行业产业提升和企业技术创新研发推广的"服务器",成为建设行业核心价值观和行业文化的"传承者",成为"两美浙江"建设的"实践者",成为全国知名的、建设行业特色鲜明的、示范辐射作用突出的国家骨干高职院校。

创新发展高等职业教育的浙江样本

下册:2014 职业教育国家教学成果奖的成绩

主　编　周建松
副主编　郭福春

浙江工商大学出版社
ZHEJIANG GONGSHANG UNIVERSITY PRESS

图书在版编目（CIP）数据

创新发展高等职业教育的浙江样本：全 2 册／周建
松主编. —杭州：浙江工商大学出版社，2015.4
ISBN 978-7-5178-0982-1

Ⅰ.①创… Ⅱ.①周… Ⅲ.①高等职业教育－课程建
设－浙江省－文集 Ⅳ.①G718.5－53

中国版本图书馆 CIP 数据核字(2015)第 065191 号

创新发展高等职业教育的浙江样本

下册：2014 职业教育国家教学成果奖的成绩

主　编 周建松　副主编 郭福春

责任编辑	刘　韵
责任校对	丁兴泉
封面设计	王妤驰
责任印制	包建辉
出版发行	浙江工商大学出版社
	（杭州市教工路 198 号　邮政编码 310012）
	（E-mail:zjgsupress@163.com）
	（网址:http://www.zjgsupress.com）
	电话:0571-88904980,88831806(传真)
排　版	杭州朝曦图文设计有限公司
印　刷	杭州恒力通印务有限公司
开　本	710mm×1000mm　1/16
印　张	21.5
字　数	409 千
版 印 次	2015 年 4 月第 1 版　2015 年 4 月第 1 次印刷
书　号	ISBN 978-7-5178-0982-1
定　价	49.00 元(全两册)

编 委 会

前　　言

创新发展高等职业教育,是 2014 年全国职业教育工作会议的重要主题,是《国务院关于加快发展现代职业教育的决定》的主要内容。事实上,它更是高等职业教育办出特色和水平的重要源泉,是全国高职教育近几年的积极实践,是高等职业教育下一步努力的方向。

由于经济发展条件、产业结构背景、基础教育发展状况、高等教育发展水平、财政投入水平诸方面的原因,浙江省的高等职业教育发展水平一直走在全国前列,排名为第一方阵,不仅省委省政府领导给予了充分肯定,而且也得到了兄弟省市、行业企业和社会各界广泛认同。为此,浙江省先后提出打造浙江高职教育强省,继续推动浙江高职走在全国前列等目标口号,而解放思想、与时俱进、创新发展,也始终是浙江高等职业教育的使命和责任。

摆在读者面前的这本《创新发展高等职业教育的浙江样本》,汇集了全省 11 所国家级示范高职院校(含 6 所国家示范院校和 5 所国家骨干院校),学习贯彻全国职业教育工作会议的思考和举措,同时也汇集了全省高职院校教师创新教学的部分成果。全书分为上下两册,上册是 11 所学校层面的总体回顾、思考和设想,下册是浙江省 2014 年度获得职业教育国家教学成果奖的主要内容。应该说,它体现了理论和实践、宏观和微观的结合。纵览全书,不难发现其中有以下特色:

一是充分体现出立德树人是学校的根本任务。高等职业教育作为我国高等教育的重要组成部分,其具有高等教育的一般特征,即具有人才培养、科学研究、社会服务、文化传承与创新等四大职能,但应该看到,四大职能并不是并列的,人才培养是首要的、基本的、第一的职能,而人才培养工作必须坚持以生为本,贯彻立德树人原则,努力培养德才兼备的面向中国特色社会主义现代化生产、建设、管理、服务第一线的高素质技术技能人才。

二是充分体现出开放办学、产教融合、校企合一的高职办学特征。各学校坚持开放办学理念,充分利用各自优势,在校地、校行、校企合作,在融入产业、行业、企业等方面既有机制层面的建构,也有操作层面的探索,新招不断、高潮迭起、成绩明显,宁波职业技术学院、杭州职业技术学院、温州职业技术学院、浙江金融职业学院更是特色纷呈。

三是充分体现出工学结合、知行合一、学知统一的高职人才培养基本规律。各学校从自身专业、地域和所处企业背景出发,或依托世界 500 强,或依托行业,或服务小微企业,坚持工作与学习相结合,学习和实践相结合,使学生既知道是什么,也知道为什么,既懂得怎么做,也能爱做、乐做、早做。所培养的人才,真正受到行业企业欢迎,具有不可替代性。

四是充分体现出因地区、因行业、因学校而异的特色发展思路。浙江省的高职院校一直保持在 45 所左右,其中地处省城杭州的约占三分之一,属于省厅和行业的约占三分之一,属于民办和社会力量办学的约四分之一。各学校从升格或建立之初就遵循规律、找准市场,合理布局专业结构,从实际出发确定服务面向和合作依托依靠对象,贯彻高职特点、区域特征、行业特色原则。虽然从专业名称本身看有较多雷同,但总体定位合理,体现了较强的特色办学,结合起来具有结构效应和合理性。

五是充分体现出各学校坚持可持续发展的理念和扎实举措。浙江省的高职教育坚持高起点准入、高标准建设的思路,从浙江经济和国土条件出发,本着集约和节约思路,占地不大、规模适中,师资条件好,财政投入有保障,各学校坚持从长计议,在领导班子建设、干部队伍建设、师资队伍建设、实验实习条件建设、信息化和校园环境建设、教风学风和校园文化建设等方面,发展思路具有整体性,目标具有长期性,既是创新的,也是特色的,更是可持续的。

实际上,本书包含的特点还不止这些,读者可以从中进一步研究和体会。

诚然,本书系研究会用民间方式组织,无任何行政组织背景,带有一定匆忙之感,也可能不太成熟,恳请大家理解和支持;但可以相信,浙江高职教育的实践状况比本书上所表现出来的一定还要更好、更精彩。

浙江省高职教育研究会理事长

周建松

2015 年 3 月 3 日

目　录

基于"院园融合"的校企合作
育人长效机制探索与实践*

宁波职业技术学院

[摘　要]　宁波职业技术学院围绕提升人才培养质量这一根本任务,将学院服务地方与人才培养紧密结合,不断创新和构建校企合作育人的长效机制。2008年起,宁职院创新"院园融合"育人模式,通过政府引导、政策支持、公共服务平台搭建等手段,结合市场化手段,不断探索校企合作、产学研结合制度化治理结构建设,努力构建跨部门、跨领域、跨专业协同育人的长效机制,深入推进工学结合人才培养模式改革。经过多年实践,学校在制度建设层面实现了专业和企业深度合作的互融格局,建立起市场导向的校企合作利益驱动长效机制,强化了学生职业能力培养,提升了人才培养质量。

[关键词]　院园融合;市场化运行;长效机制;合作育人

"院园融合"的"院"指宁波职业技术学院(以下简称学院),"园"指宁波经济技术开发区数字科技园(以下简称数字科技园),数字科技园由宁波职业技术学院、宁波经济技术开发区、宁波市经济和信息化委员会(以下简称经信委)三方按股份公司制组建,宁波职业技术学院以其西校区原教学场地作为股份之一,为数字科技园董事长单位。"院园融合"就是通过政校企共建数字科技园,建设人才培养与人力资源服务、科技合作与技术服务、产业集聚与企业服务相互融合、相互促进的产学研合作基地,为提升人才培养质量建立机制和制度保障。

一、成果的主要内容

"院园融合"育人方案 2008 年 4 月开始与宁波经济技术开发区管委会对接,数字科技园的筹建同步开始,2008 年 9 月数字科技园成立运营,2009 年 5 月学院发文全面推进该项工作,并在实践中不断改进和完善。截至 2013 年底,数字科技园在册企业 225 家,注册资金 4.08 亿元,产值 1.83 亿元;依托产业集聚特点,学院在

---

*　本文为 2014 年职业教育国家教学成果一等奖成果总结。

园区内设服务外包分院,常年有 20 个班级、600 名学生、30 名专任教师;数字科技园奖励参与产学研合作的企业 150 多家、返税 1200 多万元;园区对接全院 32 个专业(方向),为 4300 多人次学生提供职场化训练、项目教学和实训实习岗位,为教师提供 132 项企业科技服务项目。

1. 数字科技园通过服务区域经济发展和产业转型需要,获得地方政府对合作育人的政策扶持和制度保障。数字科技园实行市场化运作,通过转承政府招商引企、科技服务、人力开发等职能,以服务获得政府的政策支持。入驻数字科技园的企业,其缴纳税收的地方留成部分,开发区财政按会计年度结算后全额拨入,数字科技园拥有二次调配权,可以对参与产学研合作并取得成效的企业给予税收优惠和专项支持。此外,数字科技园遵照市场规律和原则,对合作育人做出贡献的企业,给予物业费用减免、办公设施低价租赁、科技研发创新补助等。

2. 数字科技园运用政府赋予的政策,以经济、法律手段激励和规范企业参与产学研合作育人。数字科技园和学院合作出台《关于加强校企业合作、鼓励企业参与人才培养的若干意见》等政策,与企业签订个性化的产学研合作协议,规定企业技术骨干担任专业带头人、兼职教师,企业为专业教师挂职提供岗位和技术指导,企业为学生提供顶岗实习岗位、进行实训和毕业设计指导等在合作育人方面做出贡献的,都可享受不同幅度的税收优惠和政策倾斜;与宁波市外经贸局合作成立宁波服务外包学院,合作培养区域急需的服务外包人才,参加合作的企业除享受宁波市扶持政策外,还可获得数字科技园专项补贴。

3. 科技园通过搭建科技创新服务中心和人力资源开发与服务基地等公共服务平台,帮助专业提升吸引企业参与合作的实力。学院各个专业与数字科技园人力资源公司及其他类型企业合作进行企业员工的岗前和技术培训、毕业生顶岗实习岗前辅导、人才招聘会等;学院科研机构与企业合作设定科技服务攻关方向,合作成立研究所、工作室,围绕企业生产需求开展技术研发、技术改造、技术协作、成果转化推广以及员工培训等,推进企业技术骨干队伍快速成长,使企业切身感受到校企合作带来的当前效益和长远利益,与专业合作更加紧密。

"院园融合"使学院的地方服务与人才培养工作相互促进,学院服务地方的水平提升又助推数字科技园发展。依靠产学研合作特色,园区先后成为浙江省服务外包示范园区、宁波市工业设计园区、宁波市中小企业公共技术服务平台、宁波市科技服务业示范基地,荣获宁波市文化产业最佳突破奖,2013 年纳入国家发改委服务业发展重点扶持单位。"院园融合"平台成了数字科技园的一张"名片",提升了数字科技园可持续发展的核心竞争力。

经过几年实践,学院与数字科技园"院园融合"育人模式改革成效显著,获得了"浙江省第七届高等教育教学成果一等奖""宁波市第八届高校教学成果一等奖"

"浙江省服务外包人才培养基地""浙江省省级大学生创业示范基地""宁波市科技孵化器""北仑区功能区域人才服务站"等荣誉称号,整体提升了学院人才培养的针对性和有效性。

二、成果主要解决的教学问题及解决教学问题的方法

本成果主要解决的教学问题有:一是在制度层面解决校企合作育人过程中涉及的利益及矛盾问题;二是从教学实施过程和资源整合角度,解决专业教学过程与生产过程结合途径及师资、设备等资源瓶颈问题;三是通过教学管理改革适应工学结合要求,解决学校评价(管理)与企业评价(管理)结合问题。

解决这些教学问题的方法:

1.通过数字科技园为师生搭建起职场化训练、项目教学、实训实习、科技服务、双向兼职等互惠共赢的平台。通过政府引导、政策支持、公共服务平台搭建等手段,数字科技园与区市、行业协会、企业、科研机构与学院相关专业合作共建起"宁波模具汽配检测中心""北仑区金属材料监测中心"等区域性中小企业研发和技术服务中心,纳入区域产业扶持政策绩效考核范围,数字科技园成了区域骨干企业的合作伙伴和中小民营企业的"智核"。数字科技园为学院搭建起互惠共赢的校企合作育人"桥梁",成了教师企业实践场所、企业兼职教师库、学生职场体验和实训实习基地。

2.依托数字科技园直接对接实际生产、承接真实项目,调动学生学习积极性,学生成为工学结合实施的主体。通过数字科技园推进了专业和企业深度互融,专业可以对接企业真实项目的解决方案,任务驱动式教学,专兼师资协作实现了教学做一体化;推进了专业教学紧跟企业技术发展,及时了解企业新技术、新工艺、新方法;实现了企业的用人标准、岗位职责、管理制度、企业的生产组织方式、工艺流程、操作规程与专业教学过程紧密结合,学生学习目标明确、任务明确、标准明确,极大调动了学生学习的积极性和主动性。

3.采取合作单位"两块牌子,一套班子"相互兼职,教学管理服务于工学结合的需求。数字科技园内与区科技局合作共建的北仑科技创新服务中心、北仑工业设计促进中心,与学院产学研部门、工业设计系合署办公;与区人社局合作共建的北仑人力资源开发服务基地和开发区大学生创业园,与学院招生就业部门合署办公;利用数字科技园创建省服务外包示范园区之机与市外经贸局合作成立的宁波服务外包学院和宁波职业技术学院实行"两块牌子,一套班子"的办学模式。这些合署办公机构的负责人均由学院任命,围绕工作目标形成合力,提高运行效率。学院在园区内成立依照产业集聚性质而不是完全以学科划分的服务外包分院,实行园区托管的"教改特区"政策,企业和专业在人才目标规格、课程设置、职业素质培养等

人才培养的各环节都有充分的话语权,针对人才培养目标、规格、特点协同"发力",在学生中开展项目教学,实行校企双向考核与评价。

三、成果的创新点

1.围绕调动企业参与人才培养的积极性,数字科技园在推进校企合作、产学研结合制度化建设方面有质的突破。数字科技园运用政府财政政策、产业政策、政府管理制度等手段,将服务地方与人才培养紧密结合、互为促进,成了一个由学校、政府部门和企业共同参加的校企合作育人协调组织。校方作为数字科技园董事长单位负责总经理聘任和日常管理;开发区政府制订财政政策并委派财务总监;宁波市经信委落实产业政策并委托信息化服务中心进行业务指导。三方职责清晰、互为依托,形成了市场导向的校企合作利益驱动长效机制,合作育人与合作发展互为推动。

2.围绕校企合作开展人才培养需要,数字科技园跨部门、跨领域、跨专业整合政策、资金、项目和人力资源,支持专业教学。数字科技园的资源整合模式突破了学校已有资源的局限性和片面性,"跨界"争取了工业、科技等教育界以外的部门对办学的支持。以科技园承担"淘宝·特色中国·宁波馆"项目管理为例,得到了宁波市贸易局、农业局、经信委、工商局、食品药品监督局、旅游局、科技局、供销社、团市委、残联、区政府以及其他企业支持,带动学院电子商务、物流、物联网技术、国际贸易及市场营销等专业交叉联动,共同打造集农、特产品网上营销、人才培养、创业就业三位一体的电子商务公共服务平台,带动吸引了业内外一批专业人员参与教育教学改革。

3.围绕技术技能人才规格需求,数字科技园实现了学校教育环境与企业工作环境的有机结合,强化了学生职业能力培养。学院与数字科技园"院园融合"育人模式推进了专业工学结合人才培养模式改革,实现了学校教育环境与企业真实工作环境的有机结合,为学生实训实习提供了真实的岗位训练机会、真实的职场氛围和企业文化,推进了大学文化、产业文化与区域文化的有机融合。实现了教室工作室合一、教师师傅合一、学生学徒合一、教程工艺合一、作品产品合一,提高了教学效果,提升了人才培养质量。

四、成果的推广应用效果

1.学生成为院园融合、工学结合的受益者。有178件学生作品被吸收和转化为企业产品(设计),385个学生方案、建议等软作品被企业采用或部分采纳。工业设计专业学生获得专利61项,参与企业合作项目10项,与企业共同申报专利63项,产业化21件;动漫专业参与开发完成了英国BBC电视台动画片《火车宝宝》模型制作、宁波梅山保税区水利工程宣传片等国际、国内项目 11 项,并荣获爱奇艺"金花瓣"奖 2013 年度最佳高校制作团队奖。

2.企业参与积极性调动起来。数字科技园 225 家落户企业 200 多名技术骨干承担实践课程;企业参与建设课程 114 门、编写教材或讲义 62 部,参与制订教学方案 42 个(次);参与物流信息化创新实验班教学的有 7 家企业、12 位行业企业专家,授课总课时占专业总课时的 40%。

3.从点到面实现校企合作育人。数字科技园帮助全院 32 个专业(方向)、4300 名学生对接企业近 200 家。学院在数字科技园内成立服务外包分院,常年有 20 个班级、600 多名学生、30 多名专任教师,作为"院园融合"的教学改革试验区。

4.助推了学院就业创业工作。数字科技园已成为宁波市首批大学生创业园和浙江省首批大学生创业示范基地,目前在孵大学生企业 60 家,其中学院毕业生有 32 家;2011—2013 年培训创业学员 1400 多人(含校外);2013 年学院创业学生有五个项目获得"北仑区优秀创业项目"称号(全区共七项);2011 年孙权获得浙江省大学生创业新秀奖;2012 年宓柯泽获得宁波市大学生创业新秀奖。近两年已有 12 个专业 880 多名学生参加园区职场化训练,其中 HR 精英训练营参训的 130 名学生获得 HR 职业上岗证书。学院总体就业率连年保持在 99%,企业满意率超过 90%。

5.促进了"双师型"教师队伍建设。科技园通过政校企共建研究机构、工作室 36 家,引进科技中介机构 10 家;吸引 11 家龙头企业把研发、设计部门从公司中剥离出来迁入企业,在科技园注册公司与学院合作,包括 34 家设计类企业,教师主持企业科技项目 121 项,技术服务项目 11 项。

6.得到了政府主管部门肯定。2011 年,数字科技园作为宁波市产学研合作基地列入宁波市"十二五"经济社会发展规划,规划明确提出要"充分发挥浙江大学宁波软件学院、宁波软件园、宁波开发区数字科技园和丰创意广场等平台的作用,推动产学研合作";2013 年,依托产学研合作特点和优势,数字科技园成为国家发改委现代服务业发展重点扶持单位。

7.发挥了示范辐射作用。2011 年教育部组织的国家示范二期 100 所骨干高职学校培训班在数字科技园内召开现场会,以数字科技园为主要内容的"创新体制机制,合作培养高素质技能型专门人才"入选《高等职业教育改革与发展报告(2000—2010 年)》(高教社出版),并作为 2010 年全国高等职业教育改革与发展工作会大会交流材料;2011 年,"院园融合"模式在教育部高校管理工作会议做经验介绍推广;2013 年,中国职业技术教育产业文化育人联盟在我院成立,学院成为第一届理事长单位。近三年,先后有 281 所全国各地兄弟院校来数字科技园调研、考察和学习;数字科技园案例作为中国职业教育援外项目考察交流项目,近三年已接待过 11 期援外项目的 55 个发展中国家的 315 位司局级官员(校长)。

五、成果相关基础研究

几年来,学院共有 40 个各类课题和 46 篇论文与本成果建设有关,并有部分论文在《高等工程教育》《中国高教研究》等刊物发表。这些课题和相关论文从产学研合作育人角度,在教学模式、教学手段、教学质量保障、校企合作机制、师资队伍建设等方面进行了多方位的研究,丰富了本成果的内涵,为探索和完善本成果起到了推动和指导作用。

2011 年,数字科技园改革项目成为国家教育体制专项改革试点《宁波市地方政府促进高等职业教育发展综合改革试点项目实施方案》项目之一,得到国家教育体制改革调研组充分肯定。

宁波职业技术学院继提出"三三模式"之后,再次探索"院园融合"的新型育人模式,体现了学院坚持走产学研相结合,立足区域、服务区域、融入区域的办学之路。通过充分挖掘政府、行业企业、院校等多方资源潜力,优化合作育人政策环境,全力开创政校企全过程、全方位合作培养人才的局面,培养出既符合市场需求又有一定前瞻性的技术技能型人才。

郑卫东　苏志刚　李　珍　周　晨　张　臻　韩　竹

高职院校"三个三结合"人才培养方案的整体创新设计与实践*

温州职业技术学院

[摘　要]　本成果系统梳理出高职院校人才培养方案设计中最关键的三个层面、九个要素的逻辑关系,提出"三个三结合"的人才培养方案。通过对接产业、依托行业、合作企业建成体现区域产业特点的专业 33 个;设计以能力为本位的高职院校课程体系;建立"三个合一"实训基地;培养"三能型"教师队伍;优化制度设计等措施,取得了良好的社会效益。具体表现为:理论效应上,据 2011 年《中国高被引指数分析》数据,成果负责人名列高职示范院校核心作者首位,并在 2013 年全国职教教学改革创新工作会议、国家教育行政学院等院校做专题报告 30 多场。实践效应上,成果所在单位新生报到率净增 8%,现为 97.5%;就业率 98.7%;专业对口率净增 9%,现平均为 77.2%;产学研合作中心净增 28 个,科技服务年到款额净增1150 万元。本成果将深化实践导向的高职教育课程改革,深入推进高职院校"三个三结合"人才培养方案实践活动。

[关键词]　高职院校;"三个三结合";人才培养方案;创新设计

一、成果主要解决的教学问题及解决教学问题的方法

(一)成果主要解决的教学问题

本成果有效地解决了高职院校人才培养三个根本性问题,并提炼成"三个三结合"人才培养方案:

(1)怎么办专业? 即专业设置和办学模式,提出产业—行业—企业三结合;

(2)培养什么样的人才? 即人才培养定位和课程设计,提出岗位—能力—课程三结合;

(3)怎样培养人才? 即实施人才培养关键三要素的配置,提出基地—师资—制

---

* 本文为 2014 年职业教育国家教学成果一等奖成果总结。

度三结合。

(二)解决问题的方法

在立项课题理论研究的基础上,首先针对每一个问题,逐项推出解决问题办法,最后系统提出高职院校"三个三结合"专业人才培养方案整体设计的概念模型,在实践中不断深化,丰富内涵。

1.通过对接产业、依托行业、合作企业的方法,解决高职院校怎么办专业的问题。提出专业设置要以需求为导向,与区域支柱产业相对接,根据区域产业设置专业;要发挥行业协会的指导作用、协调功能和服务职能,通过行业协会的牵线搭桥,与其下属的主流企业合作办专业。其中产业是基础,行业是纽带,企业是合作实体。见图1。

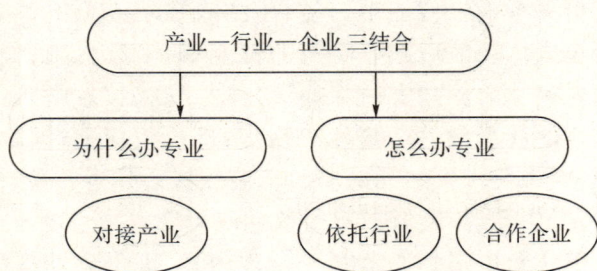

图1 "产业—行业—企业"三结合

2.通过确定核心岗位、分析核心能力、设计课程新体系的方法,解决高职院校培养什么样的人才问题。提出高职院校首先要对产业进行岗位的差异化分析,确定高职学生的岗位定位;再根据确定的核心岗位,分析所需的核心能力;然后以能力为本位系统设计课程新体系,培养高职院校不可替代性人才。见图2。

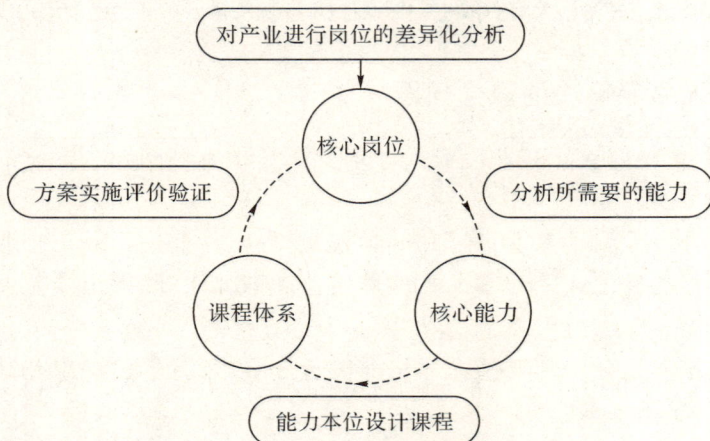

图2 "岗位—能力—课程"三结合

3.通过建立三个合一实训基地,配备三能型教师,制订适应工学结合教学管理制度的方法,解决高职院校怎样培养人才的问题。提出高职院校必须建立适应于单一技能、综合能力、创新能力三个层次实践教学需要的"三个合一"实训基地;配备相应能传授理论知识,又能指导学生实训,还能参与企业技术创新的"三能型"教师队伍;制订与"工学结合"相适应的教学管理制度。见图3。

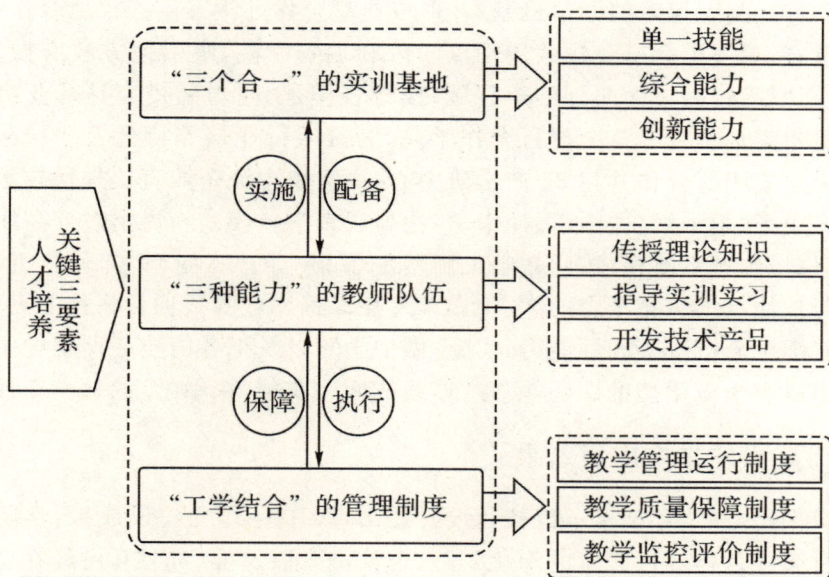

图3 "基地—师资—制度"三结合

整体设计的"三个三结合"人才培养方案,是有效解决高职院校"怎样办专业""培养什么样人才"和"怎样培养人才"的有效途径。

二、成果的创新点和实践推广应用效果

(一)成果的创新点

1.理论创新。理论研究上首次提出:高职院校强化区域性、突出实践性、体现高教性的"三性"专业人才培养理念,高职院校培养不可替代性人才策略、建立"三个合一"的实训基地、建设"三能型"教师队伍等概念,以及对这些概念的系统论述,形成系列教育研究论文。

2.提出"三个三结合"高职院校人才培养整体方案。系统梳理出高职院校专业人才培养方案设计中三个根本性问题以及九个要素的逻辑关系。在"产业·行业·企业"三结合中,提出按照区域支柱产业设置专业,对接产业、依托行业、合作企

业办专业;在"岗位·能力·课程"三结合中,提出确定高职学生在某个产业中的核心岗位,以能力为本位构建课程新体系;在"基地·师资·制度"三结合中,提出构建"三个合一"的实训基地、建设相应的"三能型"师资队伍、建立相适应的"工学结合"教学管理制度。

3. 构建了合作办学新机制。提出以实现"各自目的"为基础,合作双方产权明晰、职责明确、制度保障的办学机制,并形成典型合作办学案例。校地合作:学院与永嘉县政府、瑞安市政府合作共建永嘉学院和瑞安学院,吸引地方政府投资10多亿元,使高职院校服务面向延伸至县域;校行合作:学院与温州家具行业协会等联合举办温州家具学院等3个校行合作学院,为区域行业培养特色人才;校企合作:学院与亚龙集团等合作共建35产学研中心,为区域主流企业直接提供技术服务。

4. 形成了"学中做、做中学、探中学"的高职教学新模式。提出改变高职院校校园形态,将传统教室改建成为"教学工厂",配备相应的"三能型"师资队伍,实施专业知识与技能点训练相结合的"学中做",专业课程综合实践项目将技能点"连点成线",培养学生分析解决问题能力,实施"做中学",以及把各门核心课程中主要的技能技术串成一个应用型的课题,实现"连线成面",实施"探中学"的教学新模式。

(二)成果的推广应用效果

本成果是2007年国家示范校建设时提出,2010年作为建设成果,学院以优秀成绩通过验收。再经过四年的深化实践、理论提升以及推广应用,已经在全国高职院校中发挥引领和示范作用。

1. 成果负责人的学术影响力在全国教育领域居领先地位,发挥引领作用。根据2011年《中国高被引指数分析》排名,成果负责人名列教育领域高被引作者第8位;根据我国百所高职示范院校发表期刊论文的文献计量学研究数据,成果负责人名列核心作者首位。四年被引497次,200多个兄弟院校网站转载和宣传。负责人在国家一级刊物发表系列论18篇,列举部分如下:

(1)关于高职教育体现"高教性"的研究与实践[J]. 教育研究,2011(6);

(2)基于"三性"的高职教育可持续发展研究与实践[J]. 高等教育研究,2010(6),入选2010年10部(篇)值得关注职业教育的论著;

(3)高职系统化多层次实践教学体系研究[J]. 教育发展研究,2010(23);

(4)高职院校"三能型"教师队伍建设的思考与实践[J]. 中国高教研究,2012(7);

(5)基于产学研结合的高职教育办学模式探索[J]. 高等工程教育研究,2012(4),刊物封面文章。

负责人出版专著4部:

（1）高职院校"三个三结合"专业人才培养方案的理论与实践［M］.大连理工大学出版社，2012；

（2）职场生活与职业教育［M］.大连理工大学出版社，2012；

（3）高等职业院校人才培养创新探索［M］.大连理工大学出版社，2012；

（4）高职教育人才培养理论研究与实践［M］.国防工业出版社，2011。

2.研究成果多次在国家级会议上报告，发挥示范作用。负责人应教育部邀请，在国家教育行政学院，陈希副部长、鲁昕副部长主持的研讨会，比利时召开的国际工程教育年会等，做《"三个三结合"专业人才培养的创新设计与实践》专题报告；应邀在海峡两岸职业教育发展论坛，援非洲英语国家职业技术学校校长研修班和全国各地高职院校做关于高职院校专业人才培养的专题报告30多场，均得到各方面认可。

3.本成果实施前后人才培养质量指标增量明显，具有推广价值。学院在生源质量、就业质量、专业各项内涵指标数据等方面变化明显，见表1～3。四年来本院受益学生超过1.5万人，教师结构优化明显。以"电机与电器"专业为例，该专业对接中国电器之都，依托温州电气行业协会，与德力西等名企合作，学生毕业设计项目来自企业，就业岗位优先，起薪水平比同类院校高出500元以上。学院2010年被评为"中国十大最具就业力高职院校"，2011年评为"中国十大创新型高职院校"。教育部最近三年组织的示范建设周年会议，温州职院人才培养方案的创新设计均做了大会专题报告，并被与会专家马树超、石伟平等作为典型案例进行介绍。

表1　学生技能竞赛获奖对比数据

项目类别	截至 2007.07	截至 2012.10
学生技能竞赛获奖（国家级）	4	89
学生技能竞赛获奖（省级一等）	6	38
学生技能竞赛获奖（省级二等）	11	101

表2　学生四年级各项就业质量对比数据

项目	2008届	2009届	2010届	2011届
就业率	93.56％	99.26％	98.85％	98.65％
专业对口率	68.68％	93.11％	75.33％	77.23％
起薪水平（元/月）	1387	1645	1621	1647
半年后薪资（元/月）	1864	2293	2273	2282

表3　专业建设各项内涵指标对比数据

项目类别	截至 2007.07	截至 2012.10
国家、省重点建设专业	2	23
国家、省精品课程	10	28
国家、省重点教材	11	48
国家、省、市示范实训基地数	3	9
校企合作产学研中心	7	35
科技服务年到款额(万元)	162.04	1313.91
国家、省级教学名师	1	5
高级职称教师比例	30.6%(98)	41.7%(171)
有企业经历的教师数	41	244

4. 本成果多次被国家级媒体报道。2009 年 3 月 2 日《中国教育报》作了题为《温州职院:教室变身"教学工厂"》的报道,揭示学院基于"三个三结合"的高职院校专业人才培养的重大理念转变和创新;2010 年 4 月教育部《百所名高职》摄制组对温州职院基于"三个三结合"的专业人才培养进行了专题报道;2011 年 1 月 27 日《中国青年报》报道《职业院校悄然兴起"拆墙运动"》写道:"职业院校'拆墙运动'源于浙江温州,随后杭州、宁波等地的职业院校纷纷借鉴";2011 年 11 月,《中国教育报》专版以《高职不可替代性人才:有多少理由可以期待》为题,深入报道了温州职业技术学院"三个三结合"专业人才培养方案的创新与实践。

5. 形成的高职教学新模式,容易被仿效。学院从改变校园形态入手,将传统教室改建成为"教学工厂",形成"学中做、做中学、探中学"的高职教学新模式。被国内 20 多所高职院校推广应用,中西部 7 所对口支援与交流的高职院校共有 100 多人到我院挂职锻炼,仿效并逐步引入各自院校。近四年来总共接待了 500 多批,6000 多人次的考察。

6. 构建的合作办学新机制,可以被借鉴。学院"校地合作、校行合作、校企合作"已经形成可以推广的典型办学案例。例如学院与永嘉县、瑞安市分别签订协议,各自征地 500 亩合作举办"永嘉学院"和"瑞安学院",吸引地方政府投资 10 亿元,高职院校服务延伸至县域,受益学生面将进一步扩大。

7. 本成果在 2013 年全国职业教育教学改革创新工作会议上做经验介绍,鲁昕副部长做推广讲话;本成果 2013 年 11 月,载于《浙江政研专报》,得到省委、省政府充分肯定,标题为《温职院率先探索"产教融合、校企合作"改革》。

三、成果研制和实践中遇到的困难及解决办法

(一)成果研制和实践中遇到的困难

本成果在研制和实践中遇到高职院校人才培养方案的设计和实施并不能充分体现"类型特色"和"层次特征"的困难,具体存在的问题有:

(1)专业设置与区域经济发展的需求结合不紧密,院校之间专业设置同质化现象严重;

(2)专业人才培养目标定位不准确,没有真正体现高职院校人才培养不可替代性的要求;

(3)课程体系设计没有真正体现能力本位,尤其没有把应用技术解决实际问题的能力放到能力培养的主要位置上,导致高职培养的人才缺乏核心能力;

(4)实践教学体系不能满足人才培养方案实施的需要,无论实训设备、师资,还是训练方法都不能满足学生综合能力、创新能力等多层次实践教学的要求。

(二)解决办法

1.开展理论研究。为了破解以上难题,本项目组通过课题立项,逐项开展理论研究和实践验证。其中,项目负责人主持省级及以上课题 7 项,且均已通过验收。

(1)国家社科基金项目"基于工学结合的高职系统化多层次实践教学体系的研究与实践"(BJA100090);

(2)浙江省新世纪教学改革项目"基于'三个三结合'的高职工科类专业人才培养模式的创新与实践"(yb2010100);

(3)浙江省新世纪教学改革项目"'三个合一'校内实训基地培养高技能人才的研究与实践"(Yb07101);

(4)浙江省重点软科学研究项目"浙江省产业转型升级与高职教育对接研究"(2011C25069)等 7 项。

在以上 7 项立项课题研究的基础上,梳理出高职院校专业人才培养方案设计中最关键的三个层面、九个要素的逻辑关系,系统提出"三个三结合"的人才培养整体方案。本方案在国内首次提出高职院校按照区域支柱产业设置专业,建立以"教学工厂"为主的校园形态,形成"三个合一"的实训基地,建设"三能型"教师队伍等概念,以及对这些概念的系统论述。

2.开展实践探索。

(1)优化专业设置。对接产业、依托行业、合作企业,建成体现中国电器之都、中国泵阀之乡、中国鞋都等区域产业特点的电机与电器、阀门设计与制造、鞋类设

计与工艺等专业 33 个。

（2）开发课程新体系。确定各专业就业核心岗位，分析核心能力，设计了以能力为本位的高职院校课程新体系。

（3）建立"三个合一"实训基地。建立适应于单一技能、应用技术解决实际问题的综合能力、创新意识和能力三个层次实践教学需要的"三个合一"实训基地。

（4）形成相应的"学中做、做中学、探中学"的高职教学新模式。即实施专业知识与技能训练相结合的"学中做"，专业课程综合实践项目将技能点"连点成线"培养学生分析解决问题能力，实施"做中学"，以及把各门核心课程中主要的技能技术串成一个应用型的课题，实现"连线成面"，实施"探中学"的教学新模式。培养能传授理论知识，又能指导学生实训，还能参与企业新技术、新产品开发的"三能型"教师队伍，制订与"工学结合"相适应的教学管理制度，并系统组织实施。

四、后续的成果深化思路

（一）深化实践导向的高职教育课程改革

通过构建体现职业岗位核心能力的专业课程体系，开发为专业服务和提升学生职业素质的通识课程，系统设计适用于"三层次"的实践教学体系，创建相关保障机制等措施，深化实践导向的高职教育课程改革，推进高职院校"三个三结合"人才培养方案实践活动。

（二）创建保障机制

高职院校"三个三结合"人才培养方案设计是一项复杂的教育实践活动，因此，在具体的实践过程中，高职院校应根据自身的办学条件、地域优势，整合各种优质资源，创建完善的保障机制。

丁金昌

"双元制"成人高等职业教育改革与实践*

浙江机电职业技术学院

[摘　要]　项目构建了政府推动与社会支持相互结合的合作办学新机制,制订了浙江省《"双元制"成人教育改革试点班教学管理实施办法》等系列制度文件,形成了典型合作办学案例。项目创新实践了"1114"成人高职教育人才培养模式,首次提出在成人继续教育中开展"大专学历证书"＋"技师等级证书"的培养方法,开辟了企业中的低技能人才向高技能人才转化的成人高等职业教育新路,为职业教育"现代学徒制"提供了借鉴经验,对构建现代职业教育体系和终身教育体系具有积极意义。

[关键词]　双元制;人才培养模式;现代学徒制

随着经济发展,浙江企业需要能推动技术创新和科技成果转化的高技能人才。企业本身拥有一大批入行较早、初始学历不高、比较稳定的一线工作人员,由于理论等水平较低,难以支撑企业转型升级,迫切需要在学历和技能方面进行有效提升;而传统的成人教育,在面向来自于不同企业、多种岗位的员工时,不同程度地存在教学与企业生产工作实际脱节的问题,教育模式、教育内容、教学组织等不尽符合成人的要求和特点,难以满足企业发展的人才需要。

为破解这种两难境地,2007 年在浙江省教育厅委托学院开展成人教育改革试点并构建中职"终结型"教育向"发展型"教育转变新通道的基础上,借鉴了德国职业教育技能人才培养"双元制"的经验,对企业中职层次的在职职工开展基于校企合作的成人高职教育,学校和企业在高技能人才的培养过程中,实现分工合作,各展所长、共同育人、风险共担。将高等职业教育延伸到成人学历教育,打破了传统成人教育中学校单一主体的育人模式,面向企业具有中等文化程度和一定工作经历的在职职工开展定向招生,针对不同企业需求制定个性化培养计划,教学地点设在企业,技能训练场地设在车间,教学课程由校企双方共同承担,针对企业工作实际将教学时间弹性化,创新实施了成人教育的"大专学历证书"＋"技师等级证书"

---

*　本文为 2014 年职业教育国家教学成果一等奖成果总结。

双证教学,改革了传统成人教育中重理论、轻实践的做法,参照国家职业标准要求开展教学设计与内容组织,充分体现了成人教育的开放性、灵活性和职业教育的实践性、针对性。开辟了一条企业中低技能人才向高技能人才转化的新途径,走出了一条符合浙江特色的"双元制"成人高等职业教育之路。

一、成果主要内容

1."回归成人学习本质,体现企业岗位需求"的理念创新,引领成人职业教育改革实践,培养企业适用的高技能人才。成人的学习是在已有经验的基础上,为实现其包括在岗提升、转岗需求、完善知识体系在内的目标而进行的有目的的学习,由于教育对象的特殊性,成人教育教学改革必须回归"成人本质"。同时由于行业、企业技术升级的需要,企业成人高职教育的培养目标不再是简单地提高职工的岗位能力,而是使职工成为更高级岗位上的员工,使职工在知识和技能上有个飞跃,所以要结合企业的人才需求使得成人高职教育具有更强的针对性,必须体现"企业需求"。

浙江省"双元制"成人高职教育改革以"回归成人学习本质,体现企业岗位需求"为理念,确立如下改革思路:坚持企业实用原则,以企业为主体开展职工的继续教育;以学员的职业能力培养为主线,在学习理论知识的同时,强化技能训练;以国家职业标准二级(技师)为参考,在成人学历继续教育中引入"双证书"教学;强化学员职业发展与岗位能力提升相结合,学校资源和企业资源相结合。遵循成人学习的实用性、办学形式的灵活性、教学组织的开放性和实践性,通过"企校合作、订单培养",实施"工学交替",最终达到"岗位成才",针对企业需求培养适用的"本土化"高技能人才。

2.中国化"双元制"实践,探索运行管理的机制创新,建立"1114"培养模式,架构高职教育服务社会的人才培养立交桥。"双元制"成人高职教育改革在运行和管理机制上实现了三个方面的创新,有效缩短了企业高端技能人才的培养时间,使企业紧缺的高技能人才从个体培养走向了批量培养。

途径创新——创建了企业中低层次技能型人才向高技能人才转化的成人高职教育新途径。企业、学校双元合作培养员工,企业员工工作学习双结合,员工成才双证书,员工企业双发展。在为企业转型升级提供高技能人才支撑的同时构建了人才成长立交桥,为中职毕业生进一步提升构建学习平台。

机制创新——形成了宏观与微观层面相结合的统筹运行机制。针对"双元制"实施要点,学校和企业共同成立企校合作指导委员会,制定招生政策,确定实施方案,讨论决定重大事宜。委员会下辖企校合作教学模块开发小组、企校合作教材开发小组、企校合作教学实施小组、企校合作考核评价小组等。

管理创新——从源头上重建符合成人学习动机和实现企业需要的教学管理体系,制订了一整套有特色的、适合于成人的教学运行管理文件和教学实施管理办法,有效地保障了改革的顺利实施。

(1)上下联动,创新机制。政府推动,校企双方建立职责明确的办学机制。省教育厅批复同意改革试点工作思路和人才培养方案,并制订招生新政策:具有 3 年工龄的企业员工,参加全国招生考试,降 20 分录取,中级工资格加 20 分、高级工资格加 30 分。省人保厅批复同意具有 3 年工龄并具有中级工资格的学员,经过 3 年培养直接开展技师考评的政策。制订浙江省《"双元制"成人教育改革试点班教学管理实施办法》等系列制度文件,解决实施保障问题。企业制订参与"双元制"试点班学员和企业技能指导师傅激励政策。学校制订《双元制成人教育改革试点班教学管理实施办法》及《学员岗位实习教学实施细则》《学员在线学习管理办法》《教材开发工作流程管理办法》《教学准备工作规范》《学员职业技能考核评价办法》《专业教学模块开发管理办法》等一整套完整的教学管理实施办法。形成学校与企业结合、师生合作和自我评价的教学评价系统,即由学校、企业、学员三方组成评价团队,开展包括职业道德、职业能力、团队合作精神、解决实际问题等能力的综合评价,真正实现动态的评价目的,保障了教学改革的顺利实施。

(2)校企合作,开放办学。学校和企业共同成立了企校合作指导委员会,全面负责招生工作,制定招生政策,确定招生计划,制定实施方案,讨论决定招生重大事宜;委员会下辖企校合作模块开发小组、企校合作教材开发小组、企校合作教学实施小组、企校合作考核评价小组等,分别负责教学计划(模块)制定、教学计划的实施、学员的考核评价等各项具体工作。特别要求企业全程参与培养目标和教学方案的制定、全程参与教学管理和教学实施工作,各个教学模块设计由校企双方共同承担;教材开发学校为主,企业参与;教学实施过程中教师、工程技术人员和一线指导师傅共同承担相应教学任务;岗位技能训练与考核评价企业为主,学校参与;教学管理学校为主,企业参与。解决传统成人继续教育关门办学,企业与在职职工参与成人教育的主动性不高的问题。

(3)个性定制,订单培养。根据不同企业的生产特点,按企业需求个性化定制教学模块。主要教学模块分基本技术、专项技术和岗位训练模块。基本技术由与岗位技能相关的专业知识、国家职业资格标准中应掌握的基本知识和技能等内容组成;专项技术由生产岗位需要掌握的专项技术知识和专项技能等内容组成;岗位训练由企业岗位技能及国家职业资格标准中应会训练内容组成。实施"大专学历证书"＋"技师等级证书"双证教学。解决传统成人继续教育教学计划单一和学科化教学倾向严重的问题。

(4)工学交替,强化实践。为满足企业职工在岗学习的要求,教学地点设在企业,技能训练场所设在车间,采取弹性学习时间,根据企业生产节奏安排教学,学员边学习边工作,采取师傅带徒弟、单兵训练与班级授课相结合的形式开展教学,以实践教学为例,其中企业相关部门的负责人主要职责是分配实训岗位、落实专业岗位技能考核;工程技术人员的职责是按照各训练模块制定技能考核方案,制定实训考核方法;一线指导师傅的职责是布置岗位实训任务,进行岗位业务指导,按模块进行阶段性考核和总结;实训结束时,进行岗位实训鉴定和成绩考核,签署意见等;教师的职责是按照技能考核方案,定期到岗位进行现场检查等;职业技能指导师的职责是对整个实训进行阶段性指导,提出技能指导意见和建议;综合评价成绩作为申报国家职业资格等级的依据。解决传统成人继续教育只注重学历文凭,而企业适用人才培养针对性不强的问题。

(5)本土养育,岗位成才。学员自我发展与岗位实际相结合,推进企业转型升级。通过"大专学历证书"+"技师等级证书"的双证培养,学员在系统学习专业理论知识的同时进行技能提升训练,既对从事的具体工作有更深的理解,又使原先积累的工作经验得到深化,进而促进他们在工作中的创新并直接参与到企业的技术革新和发明创造中,在企业的现场技术应用和管理中独当一面,解决学以致用的问题,一大批参训员工真正成长为企业适用的高素质技能型人才。

(6)扎根一线,因材施教。课程教学内容改革紧跟企业技术发展的前沿,及时吸取企业的创新成果和工作内容。成人高职教育教学改革在教学过程中开发了《生产组织与管理》《现代机床设备》等配套系列教材和讲义;结合企业岗位,完成了浙江省机械制造工艺师新职业工种标准与配套鉴定题库的开发。解决教学内容更新与落实问题。

二、成果的创新点

1. 体制先行,构建宏观与微观层面相结合的系统教改新机制。省教育厅、省人社厅批复招生和技师考证的相关政策,企业制订"双元制"毕业学员的用人激励政策,学校建立浙江省《双元制成人教育改革试点班教学管理实施办法》《职业技能考核评价办法》等教学管理和质量保证体系,形成了整套"双元制"成人高职教育改革的体制机制。

2. 开放办学,形成"1114"成人高职教育的人才培养新模式。创新实施"1114"成人高职教育人才培养模式,"1"个原则——坚持企业实用原则;"1"条主线——以学员的职业能力培养为主线;"1"个参考——以国家职业标准二级(技师)为参考;"4"个结合——知识与技能学习相结合,学员职业发展与岗位能力提升相结合,学历证书与职业资格证书相结合,学校资源和企业资源相结合。

3. 引领实践,开拓"本土化"企业技能的人才升级新渠道。首次在成人高职学历教育中实施"大专学历证书"＋"技师等级证书"的培养方案,企业在职员工通过不脱岗方式得到学历教育与岗位技能双提升,真正实现了"订单培养、工学交替、岗位成材"的校企互利双赢,创建了企业中低层次技能型人才向高技能人才转化的新途径。

三、成果应用

1.全省22所高职院校应用"双元制"改革模式。教改成果被浙江省教育厅推广到全省22所省级示范高职院校实施,省教育厅和省人社厅形成的政策和《双元制成人教育改革试点班教学管理实施办法》等制度被广为采用。通过与浙江信息工程学校等8所国家级重点中职学校共同教学,以点带面,将改革延伸到湖州、义乌等全省多个地区。

2.全省企业获得人才储备和经济增长多重效益。基于学历教育和岗位技能提升的"双元制"人才培养方式鼓励了企业在职学员的技术钻研和创新精神,69.23%毕业学员从本岗位的简单操作人员成长为企业的技术骨干,多人次、多项目的技术革新项目为企业创造了直接经济效益,提升了企业的竞争力,也激发了企业参与改革的积极性。目前浙江省参与"双元制"成人高职教育的合作企业400余家,共招收企业员工14837人。

毕业学员在未参加学习前大部分是一线员工,而现在基本是各企业的技术与管理骨干。如大和热磁班38名毕业学员中4人为部门管理人员,2人为系长,17人为部门班长、副班长职务,均为生产一线的业务骨干。卧龙电机班38人毕业生中担任副总经理的1人,制造部部长的1人,质量技术部副部长的1人,工程装备科副科长的1人,车间主任、副主任的7人;检验主管、企管主管、班组长等基层管理骨干的10人;相关专业技术骨干的10人。

大和热磁真空事业部试点班学员获得4项专利,如蒋卫金的实用新型专利"一种用于产品耐水压检测的检验治具接头",能够较大的提高工作效率,每年可为公司节约480多个工时约4万人工成本。"轭工艺、治具、刀具改进""楔子粗加工治具改进"项目获得公司级技术革新三等奖。卧龙电机班李水军等人承担开发了无线头单飞叉绕线机(国内尚无同类产品),创造产值300多万元,利润60多万元。

3.全国教育和人社系统共同聚焦产生重大影响。浙江省"双元制"成人高等职业教育改革得到了有关部门和专家的重视。中国就业培训指导中心主任刘康认为,浙江试水"双元制"最重要的意义在于加快了技工的培养速度。以往从一个初级技工到拥有技师资格,不但要找个好师傅,有自学能力,还要加上天时地利,熬10余年方能修成正果。"双元制"的出现起码将这个周期缩短3～5年,使市场紧缺的高技能人才从个体培养走向了批量培养。

在教育部职成司产教合作处处长林宇看来，浙江省推行的"双元制"改革试点为国家正在推进的职业教育"现代学徒制度"提供了很好的借鉴经验。因为，现代学徒制可以有两种形式，一种是"招生即招工"或"招工即招生"；一种是对企业在职职工开展的基于校企合作的成人职业教育。"现代学徒制"的根本意义在于学校和企业在职业人才的培养过程中，实现分工合作、各展所长、共同育人、风险共担。而浙江省'双元制'试点具备了这些元素。

2011年浙江省教育厅将《浙江省扎实推进"双元制"改革，积极探索职业教育"现代学徒制"新途径》为题的信息专报呈送教育部办公厅和浙江省委、省政府办公厅，浙江省委办公厅将此专报报送国务院办公厅。

成果的经验在教育部职业教育与成人教育司举办的多次研讨会上进行交流，2013年教育部将该改革试点情况作为职业教育"现代学徒制"改革试点成果向国务院分管领导做了汇报，同年学校被列入教育部职业教育现代学徒制实践探索研究项目成员单位之一。

2012年中国教育报在头版以《浙江"双元制"助工人成技术骨干》为题做了专题报道，《中国青年报》《浙江教育报》、浙江电视台、《浙江日报》《杭州日报》等主流媒体也作了相应的报道。同时完成省科技厅三项研究项目，在《中国高教研究》《中国职业技术教育》等杂志上发表论文9篇，取得了较好的社会反响。

王建林　管　平　屠　立

基于校企共同体的服装专业
人才培养模式创新与实践[*]

杭州职业技术学院

[摘　要]　人才培养与产业发展和企业岗位要求的严重脱节是困扰高职教育的一大瓶颈。本文以服装专业为例,通过创建校企合作新型组织形式——校企共同体,创新人才培养模式,找准提高人才培养适用性与突破口,有效解决了校企联合培养人才过程中,企业参与校企合作积极性不高、专业定位模糊不清、"同质化"严重、教学内容和条件滞后、跟不上产业发展要求等高职校企合作人才培养的关键问题,为全国高职教育校企合作人才培养模式改革提供了典型范式。

[关键词]　校企共同体;服装专业;人才培养模式

基于校企共同体的服装专业人才培养模式创新与实践,是杭州职业技术学院对高职教育校企合作体制机制创新之"校企共同体"理论研究与实践应用的一项成果。校企共同体是指高职院校与区域主导行业的主流企业以合作共赢为基础,以协议形式缔约建立的相互开放、相互联系、相互依赖、相互促进的利益实体,是校企合作的新型组织形式,具有共同规划、共构组织、共同建设、共同管理、共享成果、共担风险等"六共"特征。达利女装学院是学校与服装行业的主流企业达利(中国)有限公司合作建立的 7 个校企共同体之一。经过 7 年的探索与实践取得了显著的成效,有效解决了企业参与校企合作积极性不高,专业定位模糊不清、"同质化"严重、教学内容和条件滞后、跟不上产业发展要求等高职校企合作人才培养的关键问题。

---

*　本文为 2014 年职业教育国家教学成果一等奖成果总结。

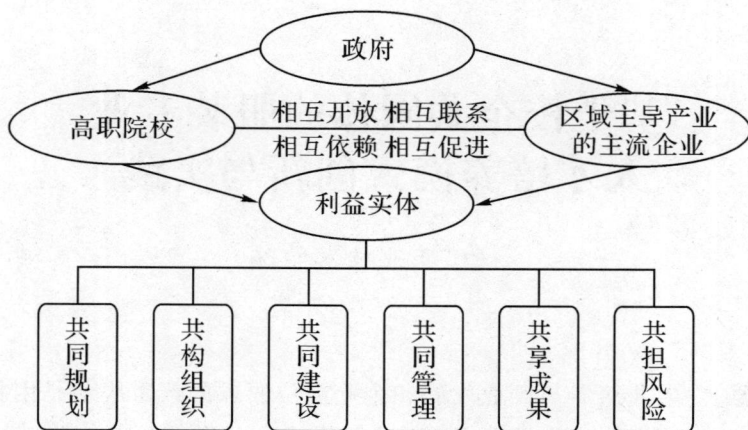

图1　校企共同体内涵示意图

一、校企共同体人才培养模式实践探索

通过创建校企合作新型组织形式——校企共同体,创新人才培养模式,找准提高人才培养适用性与突破口。

(一)创建"企业主体、学校主导"的校企共同体

通过政府牵动、学校主动、企业需动,与主导产业的主流企业——达利公司以协议的形式缔约建立了校企共同体——达利女装学院。在组织架构和制度设计上体现"企业主体、学校主导"。企业主体是指在人才培养过程中要以企业为主体,"春江水暖鸭先知","企业在水里,学校在岸上",企业最先了解新设备、新技术、新工艺、新产品的发展趋向,学校对生产技术的了解与掌握具有相对滞后性,因此,制订人才培养方案,明确人才培养目标和人才培养规格,明确专业定位与建设方向等都要以企业为主体,学校的人才培养始终保持与企业生产实际的一致性、先进性;学校主导是指学校主导人才培养的全过程,课程开发、教学研究、教学管理、组织教学、教学评价、思政教育、道德规范教育等都由学校来主导。企业主体与学校主导二者相辅相成,相互依存,企业与学校共同承担人才培养。校企共同体之"六共"特征,不仅阐释了校企共同体从组织规划、建设、管理到成果、风险共担的紧密合作的关系,而且达到了以真心服务企业换取企业真心参与之目的,实现了校企价值取向同归,找到了合作的利益结合点。在运行过程中实行"理事会领导下的二级学院院长负责制",学校与达利公司共同组建达利女装学院理事会,达利集团总裁担任理事长,学校主要领导担任副理事长;校企共同任命达利女装学院领导班子,达利公司总裁担任院长,学校任命常务副院长,确保企业参与人才培养全过程。

(二)构建"整体化教学、生产性合作"的人才培养模式

1.明晰体现岗位需求的服装专业人才培养目标定位。紧跟企业需求,提出"首岗适应、多岗迁移、可持续发展"的人才培养规格。在校企共同体的框架下,依据企业的岗位需求,通过对比中职、高职、本科的人才培养层次与要求,结合杭州"女装之都"产业特色和学校实际,校企双方共同确定服装专业人才培养目标是"女装制版师",并明确专业的就业岗位群和相对应的能力要求。

2.开发基于达利典型产品的项目化课程体系。坚持"立足一个企业、面向整个行业",通过岗位描述、任务分析和能力定位,打破原有课程结构和内容,选取达利典型产品研发任务和生产工艺作为教学项目,构建融入行业企业技术标准和职业资格标准的项目化课程体系,实施能力的培养及技能的训练,以对接女装产业转型升级对人才的要求。达利女装学院以达利典型产品开发为纽带,开发了基于达利典型产品的项目化课程体系(见图2),以达利(中国)有限公司生产实际引领教学,选取达利企业的典型款式作为教学项目,以企业产品开发工作过程整合教学内容,学习即工作;将企业真实产品开发项目融入教学,作品即产品,达利企业全程参与项目教学与评价;学生去达利企业进行岗位技能实训和顶岗实习,教室即工厂,实行企业化管理,提高职业能力,培养职业素质。

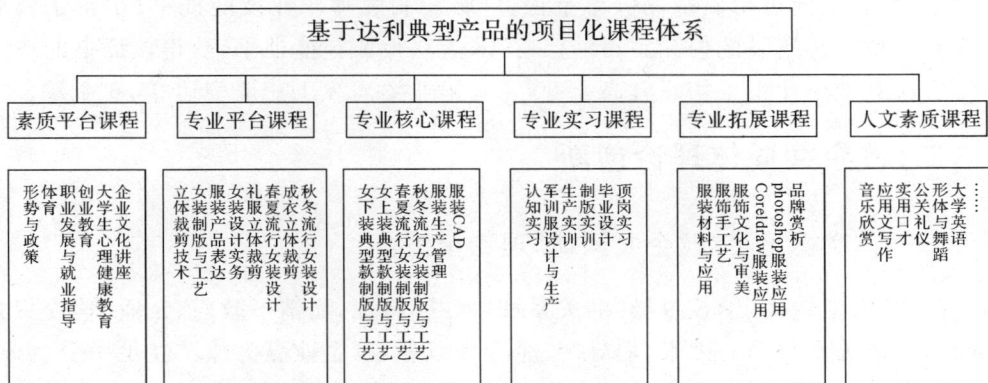

图2 基于达利典型产品的项目化课程体系示意图

3.优化"身份互认、角色互换"的双师结构教学团队。学校和达利企业发挥各自优势,共同优化了"身份互认、角色互换"的双师结构教学团队。发挥企业技术资源优势,聘任了行业企业专家、技术骨干和能工巧匠等52人来校全程参与专业建设。由具有行业影响力的专家担任专业负责人,企业派出技术骨干和能工巧匠,按企业要求共同规划专业发展,参与教学活动。校企共建10门课程,其中省精品课程2门;校企共同编写8部教材,其中省重点教材3部。发挥学校人才资源优势,

实施"教师企业经历工程"，轮流选派教师到企业担任技术员或车间主任，四年来，教师到达利企业锻炼达 3200 人，为行业企业提供技术支持项目 42 项。最终达到了"专业教师"与"企业师傅"角色互换的目的。达利企业每年出资 100 万元专项资金，用于达利女装学院专业教师培养与奖励，达利企业支持教师国内外进修 16 人次。

4. 创建"产教融合"的"校中厂"和"厂中校"。依托校企共同体，将"教学性"与"生产性"有机结合。在校内建立"校中厂"——生产性实训基地，建筑面积达 2787 平方米，实训设备总值从原来的 514.6 万元增至 958.8 万元，人均实训设备值从建设前的 1.5 万元增至 2.4 万元，极大地改变了实习实训条件。女装工业工程实训中心 2010 年被列为"中央财政支持的职业教育实训基地"建设项目，2012 年成为杭州市公共实训基地的第八个实训中心，增强了基地的社会服务功能。在企业建立"厂中校"——产学研中心，建筑面积达到 3056 平方米，同时可容纳 210 名学生实习实训，以典型产品开发为载体开展教学，有效解决了设备滞后与场地偏少等问题，保证教学设备、教学内容的先进性，提高了教育教学质量。2010 年以来，师生合作为企业设计开发产品 1512 款，为企业带来经济效益达 8000 余万元。

5. 探索"三证书"全方位教学质量评价体系。主导成立浙江省服装制版师协会，在业内首推"制版师"职业资格标准。依据学校标准、行业企业岗位能力要求和职业资格标准构建了"学历证书、学力证书、岗位技能证书"的"三证书"教学质量评价体系，校企共同进行质量评价与监管。《服装制版师职业技能证书》丰富了服装设计专业现代化建设的内涵。目前已有 48 人获得该技能证书，获得该证书的毕业生工资比其他毕业生平均每月高 1500 元。毕业生高级工获证率达 95.6%。

二、校企共同体理论创新

（一）首次提出了"校企共同体"理论模型

阐明"企业主体、学校主导"的关系和"六共"特征，厘清了政府、企业、学校三方之间的主体关系与动力因素，倡导"校企合作双赢，以企业赢为律""立足一个企业，面向整个行业"等思想；明确校企合作的目的不只是为钱、为人、为设备，也不只是为了学生的顶岗实习与毕业生的就业安置，更重要的是要以企业的生产实际指导学校的教学，明确人才培养目标与人才规格，推进专业建设，落实工学结合，最终达到提高人才培养质量与效益的目的。

（二）成功践行了校企联动、跨界融合的办学新机制

实践"政府引领、企业主体、学校主导"的校企共同体办学机制，与杭州经济技术开发区全方位战略合作，组建学校发展委员会；与区域主流企业共建校企共同体

(二级学院),实行理事会领导下的分院院长负责制,校企共同组建和任命分院领导班子,达利企业总裁担任女装学院院长;建立分院院长与企业厂长联席会议制度、专业负责人与车间主任例会制度、教师员工身份互认制度,从制度层面保障了校企共同体的持续发展。

(三)探索形成了资源共建、全程参与的新型培养模式

企业全程参与人才培养过程,深度介入课程建设,以达利产品研发过程整合教学内容,选取达利典型产品研发任务和生产工艺作为教学项目,构建融入行业企业技术标准和职业资格标准的项目化课程体系,创新了"整体化教学、生产性合作"的人才培养模式,探索了"三证书"全方位教学质量评价标准,优化了"身份互认,角色互换"双师结构教学团队,建成了集教、学、做、研于一体的"校中厂"和"厂中校"实体,提高了人才培养的适用性,推动、引领服装产业制版技术发展。

三、校企共同体人才培养模式成效分析

本成果是 2007 年提出,2010 年作为申报国家骨干高职院校的重要成果之一,学校顺利进入国家骨干高职院校的建设单位。经过六年的理论深化、实践探索、成果推广与应用,在全国高职院校中起到示范与引领作用。

(一)"校企共同体"成为高职校企合作典范,被全国众多高职院校借鉴应用

本成果实施后,先在校内推广应用,后来在省内、全国得到了借鉴应用。在校内"友嘉机电学院""青年汽车学院""普达海动漫艺术学院""金都管理学院""临江学院""新通国际学院"等 7 个"校企共同体"的利益实体中得到了广泛推广与应用。校内推广应用由点到面,由浅入深,应用效果明显。从解决政府在校企合作中职责模糊不清、企业参与校企合作积极性不高等宏观问题入手,逐步深入到解决了企业深度参与学校的教育教学、学校的课程建设等微观问题。2010 年全国高职教育改革与发展工作现场会在我校召开,校企共同体引起与会者高度关注。"达利女装学院"案例入选全国《高等职业教育服务产业发展成果案例汇编》,2011 年至 2013 年,国家在天津、山东潍坊、广东顺德等地举办国家高等职业院校示范(骨干)教育教学成果展示会,该成果连续三年在展示会上作为典型范例展出,并被全国众多高职院校借鉴应用。2010 年至今,来参观学习的高职院校达 531 所。

(二)学生获用人单位首肯,实现体面就业

近四年服装专业学生获国家技能大赛一等奖 9 项,3 名获技师资格,1 名获全

国职业技能标兵,学生制作的工艺服装在国家博物馆参展并被永久收藏。四年来初次就业率 98%以上,专业对口率 80%以上,学生起薪逾 2800 元/月,企业纷纷提前进校预订学生,不少毕业不到一年的学生月薪就达 8000 元。

(三)教师深度参与企业产品研发,实践技能显著提升

达利公司每年出资 100 万元支持教师能力提升。四年来教师下达利企业锻炼达 3200 人日,完成产品研发和技术革新 42 项,为企业开发产品 1512 项。教师获市级以上奖励 10 项,获省十佳制版师竞赛第一名,省十佳设计师 1 名,服装教学团队列为省重点教学团队。

(四)成果获地方政府、社会各界和媒体广泛关注

本成果经验多次在全国职业教育会议上作为典型案例推广,成果在 2011 年全国职教改革发展成果展示会上作经验介绍,朱传礼、李进、马树超、石伟平等职教专家多次在全国职教会议上以此成果作为典型案例推广。成果在《浙江政研》《杭州政研专报》上刊登,浙江省委书记夏宝龙、常务副省长蔡奇多次在全省会议讲话中提到学校的校企共同体办学成果与效益,杭州市主要领导做出重要批示,要求在成果经验推广基础上制订杭州市促进产学合作政策,该政策将在近期出台并实施。成果先后被《中国教育报》《光明日报》《中国青年报》《新华社内参》等 30 余家主流媒体报道。

(五)理论研究取得丰硕成果,应用前景良好

已公开出版《校企共同体——校企一体化机制创新与实践》《校企共赢我们在路上——校企共同体实践研究》2 本论著。承担全国教育科学规划教育部重点课题、教育部人文社科课题以及浙江省新世纪教改课题等省级以上课题 9 项。在《中国高教研究》等中国一级教育类期刊发表系列学术论文 6 篇,多篇论文被《新华文摘》、人大复印资料转载。相关成果连续两届获中国纺织工业协会教学成果一等奖,达利女装学院被评为杭州市"美丽现象"。本成果鉴定委员会一致认为:该成果具有较强的针对性和实效性,在高职校企合作体制机制建设和教育教学改革方面迈出重要步伐,取得重大的人才培养效益,对解决中国高职教育校企合作中遇到的瓶颈问题具有重要的借鉴意义,有普遍推广价值,也为全国高职教育校企合作人才培养模式改革提供了典型范式。该项成果在国内同类项目中处于领先水平。

叶鉴铭　贾文胜　许淑燕　章瓯雁　郑小飞　梁宁森　林　平

"多元结合、分层递进"的高职院校制造大类专业实践教学体系的创建与实施*

温州职业技术学院

[摘　要]　本成果不仅提出了由四层次项目化教学系统和"1＋1＋4"企业顶岗实习模式组成的能力递进式实践育人教学体系,而且给出了该体系的实施路径和方法,并创新提出了四阶段分组教学法和项目驱动七步教学法,"校企双导师"教学法。温职院通过校企合作实施能力递进式实践育人体系,探索实践了以典型工作项目为载体校企共育高技能人才合作路径和方法,建立立体式实践教学基地,全面开发实训基地的生产研发功能,通过产品生产、社会服务、技术研发等服务于区域产业发展能力提升的生产性过程,实现实践育人和经济效益,从而进一步深化校企合作,形成校企合作运行长效机制,为其他高职院校实践育人教学工作提供一种很好的模式。

[关键词]　多元结合;分层递进;高职院校;制造大类专业;实践教学体系

一、成果主要解决的问题

(一)转型升级形势下高职教育实践教学重要性

当前,我国正处于从经济大国向经济强国、人力资源大国向人力资源强国迈进的关键时期。在此经济转型的特殊时期,国家高度重视服务于产业发展能力提升的实践育人工作。教育部等部门于 2011 年颁发表了两个文件《教育部财政部关于支持高等职业学校提升专业服务产业发展能力的通知》和《教育部关于推进高等职业教育改革创新引领职业教育科学发展的若干意见》,强调要以提升专业服务产业发展能力为出发点,整体提高高等职业学校办学水平和人才培养质量,提高高等职业教育服务国家经济发展方式转变和现代产业体系建设的能力,指出高职教育要自觉承担起服务经济发展方式转变和现代产业体系建设的时代责任,主动适应区

＊　本文为 2014 年职业教育国家教学成果一等奖成果总结。

域经济社会发展需要。2012年在《教育部等部门关于进一步加强高校实践育人工作的若干意见》中指出:进一步加强高校实践育人工作,把实践育人工作摆在人才培养的重要位置。

高职教育本质上是区域经济发展的教育,高职院校主要面向地方经济和行业需要,担负着为当地经济和社会培养生产一线技术应用型人才的任务。从高职教育的发展策略来说,高职教育是应用服务型的高等教育。高职教育的职业特性和社会特性决定高职教育必须与区域经济对接,强化实践性教学,必须拓展教学空间,由课内向课外拓展、校内向校外拓展,实现"课内、课外、校外"大课堂实践教学,调动课内、课外和校外各种资源,发挥学校教师和行业企业人士的作用。

基于这改革思路,我们提出"课内、课外、校外"大课堂实践育人的理念,构建"多元结合、分层递进"大课堂实践教学体系,将实践教学落实到专业、课程、课堂三层面上,培养学生专业核心能力和综合素质,这对服务于产业发展能力提升需求的高职教育具有十分重要的意义,并将对我国高职教育实践教学起到积极的示范作用。

(二)高职制造大类实践教学现状和急需解决的教学主要问题

实践性是高职教育区别于普通高等教育的主要标志,也是高职教育内在特征的体现。目前高职在实践教学落实到专业实践体系建设、课程实践教学等方面还普遍存在设计不合理的现象,主要凸显在以下几个方面:

(1)实践课仅仅停留在面向课程的单项技能的实训层面,欠缺综合性实训的教学安排,无法使学生具备系统性、综合性的实践技能;

(2)实训项目的内容仅限于教师设计的小案例,未与企业合作进行真实项目的设计与开发,不利于培养学生真实的工作技能;

(3)实训环境仅为课程层面的实训教学而设计,未与产业和企业对接,缺乏真实性;

(4)校企共建实践基地过程中,企业积极性不高,尤其是引名企入校,企业参与实践性教学的利益驱动机制不完善等问题。

针对高职制造类专业实践教学的上述现状,当今制造类专业实践教学中急需解决的问题主要有:

(1)高职制造大类专业实践教学体系较松散,不利于系统化地培养学生的专业核心能力和综合素质;

(2)高职制造大类专业实践教学缺乏有效实施方法和路径;

(3)校内实训基地未与产业对接,缺乏真实工作环境;

(4)校企资源整合缺乏有效运行机制。

二、成果解决问题的具体方法

针对上述高职实践教学急需解决的问题，构建了"多元结合、分层递进"高职院校制造大类专业实践教学体系，该体系的总体设计思路是针对区域制造业的企业和岗位需求及高职制造类学生特点，以培养学生专业核心能力和综合素质为主线，设计了四层次项目化校内课内实践教学，"基础实训＋校内顶岗"的校内课外实践教学和"认知＋专业＋顶岗"有组织的校外企业实习的大课堂实践教学体系，通过"课内与课外""校内与校外"和"能力与素质"的多元结合，使素质教育与技能培养层层递进，有机融合，满足制造类行业、企业和岗位对人才的需求。（如图 1 所示）

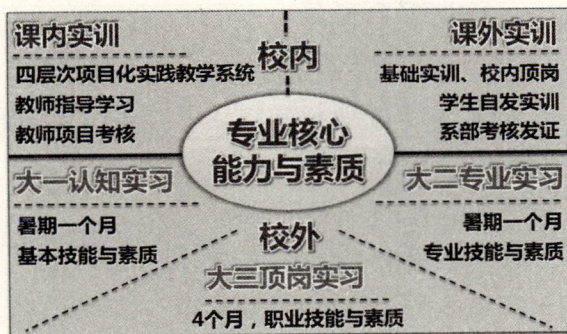

图 1 "多元结合、分层递进"的实践教学体系

（一）提出和实施了"多元结合"的实践教学模式，系统培养学生制造业岗位所需的专业核心能力与综合素质

通过校内课内与课外和校外实践教学设计，本实践体系将校内课内实践教学、校内课外实践教学和校外企业实习无缝衔接，实施多元结合的实践教学模式。在空间上，实施以四层次项目为核心的课内实训，以基础实训为核心的课外实训以及以企业顶岗为核心的校外实习；在时间上，实施大一认知实习—大二专业实习—大三顶岗实习三年不断线的实践。

1. 校内课内实践教学设计：四层次项目化实践教学系统。市场调查表明，行业、企业和岗位对就业者在专业技能方面在广度上由宽至窄，在精度上是由粗至细。温州区域相关行业要求就业者具备所需的专业通用知识和简单的专业基础技能；相关企业要求就业者在具备行业需求的基础上至少掌握一至两项专业技能，通过后期岗位培训后能胜任相关岗位的工作；相关岗位要求就业者在具备企业需求的基础上还具备专业技能的综合应用能力，能独立或通过团队合作完成企业项目。

针对市场需求,设计了由基本技能项目、课程综合项目、专业综合项目和毕业设计项目构成的四层次项目化实践教学系统(如图 2 所示)。其中,基本技能项目教学用于满足行业需求,专业技能项目教学用于适应企业需求,综合项目教学和毕业综合实践用于满足岗位需求。这四类实训课程在项目难度、综合度和与企业的结合度都是由底向上逐层递进。

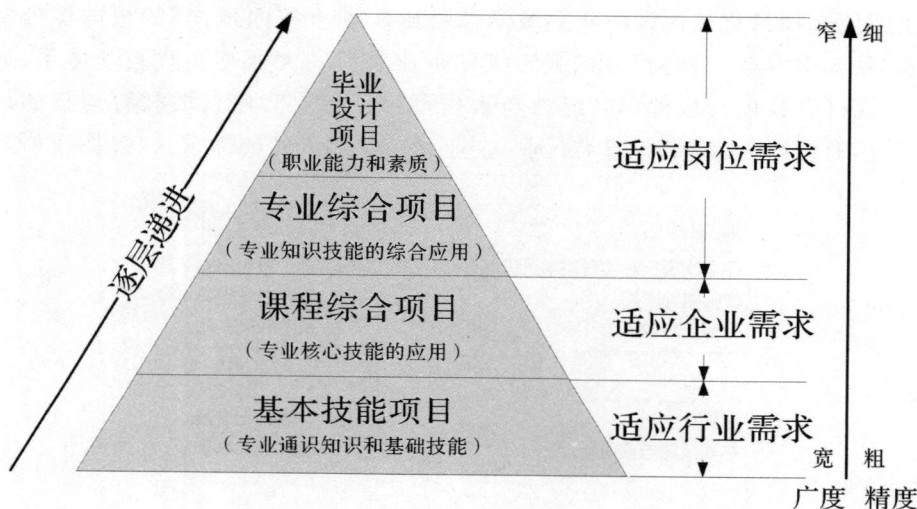

图 2   四层次项目化实践教学系统

2. 校内课外实践教学设计:基础实训＋校内顶岗。为了充分利用校内课外时间,根据制造大类专业特点开设适合学生在课外自发学习的基础实训项目和在院级应用研究与技术服务机构、市级及以上公共服务平台和入驻企业实施校内顶岗实习。

3. 校外实践教学设计:"认知＋专业＋顶岗"有组织的企业实习。为了培养学生具备行业和企业需求的职业工作能力和综合素质,创建了"认知＋专业＋顶岗"有组织的企业实习,即让学生在大一暑假 1 个月到企业进行专业认知实习,大二暑假 1 个月到企业进行专业实习,大三 4 个月到企业进行顶岗实习。

(二)探索并形成了"分层递进"的实践教学方式,解决了实践教学实施路径不足问题

1. 分层实施项目化的实践教学系统。项目化的实践教学系统每层项目的教学目标及内容(如图 2 所示),项目的开设时间、项目载体类别、教学方法(如图 3 所示)。四层次项目化实践教学系统实施过程中采用了项目驱动七步教学法(如图 4 所示)、四阶段分组教学法(如表 1 所示)、"三真"("真题真做真用")、校企双导师和

"做、展、评、聘"相结合等方法和措施。

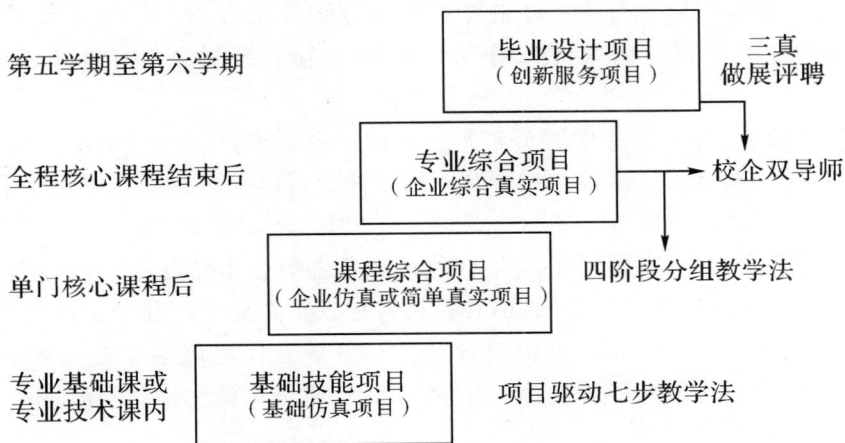

第五学期至第六学期　　　　毕业设计项目　　　三真
　　　　　　　　　　　　　（创新服务项目）　　做展评聘

全程核心课程结束后　　　　专业综合项目　　　→校企双导师
　　　　　　　　　　　　　（企业综合真实项目）

单门核心课程后　　　课程综合项目　　　四阶段分组教学法
　　　　　　　　　（企业仿真或简单真实项目）

专业基础课或　　　基础技能项目　　　项目驱动七步教学法
专业技术课内　　　（基础仿真项目）

图3　四层次项目化实践教学系统实施

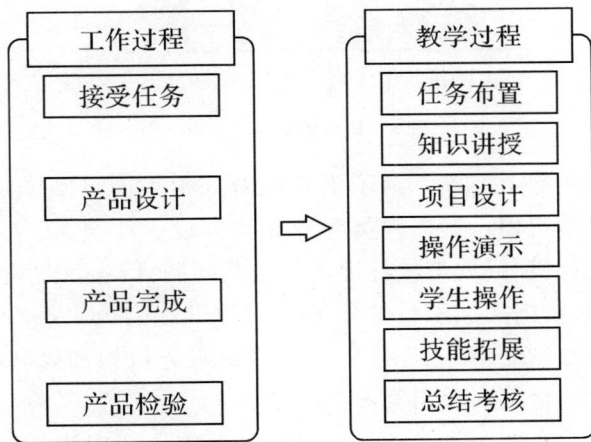

工作过程	教学过程
接受任务	任务布置
	知识讲授
产品设计	项目设计
	操作演示
产品完成	学生操作
	技能拓展
产品检验	总结考核

图4　项目驱动七步教学法

2.逐步推进四层次项目化实践教学系统。基本技能项目:2008 年出台了《关于加强以工作过程为导向的系统化课程建设实施意见》,提出以基本技能项目为主体的项目化达标课程建设要求,对通过者奖励 1500 元。本项目分为专业教研室主任、35 周岁以下教师和所有专任教师三个阶段实施,于 2009 年中提前完成验收。

课程综合项目:2010 年学院出台了《关于专业课程与真实项目相结合的综合实践项目的申报通知》,对经认定的综合项目以院重点课题直接立项(奖励 5000元)。2011 年至 2013 年共立项制造大类课程综合项目 192 项,评出优秀项目 5 项。

专业综合项目:2008 年出台《关于申报实践教学管理及实训基地内涵建设项

目的通知》,对于立项的重点项目资助经费 1 万元,普通项目 5000 元,共立 31 项,到 2010 年以专业综合项目为主体的生产性实训综合项目为 26 项,完成了制造大类专业生产性实训综合项目讲义编写工作,现已落实到近三年学生人才培养方案中。

毕业设计项目:2010 年学院要求所有专业学生必须在第六学期留校完成以真实项目为主的毕业设计,由校企双师共同指导两个月以上。留校比率逐年上升(如图 5 所示)。在学生完成毕业作品后,各系召开"做、展、评、聘"相结合的毕业作品展暨就业招聘会,并且聘请行业协会和企业专家给毕业作品打分。已有学生毕业设计作品成功获得授权发明专利,也有直接转化成了企业生产和销售的商品,赢得企业高度认可。2013 年 270 家企业参加各专业毕业作品展暨就业招聘会,提供3840 个岗位,539 名学生在正泰、德力西等知名企业成功就业。

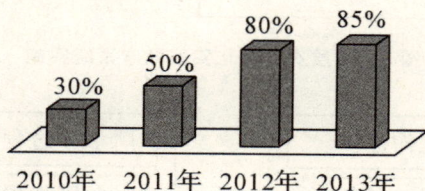

图 5 毕业设计留校比率

3.校内课外实践教学实施。为了更好地锻炼学生简单操作技能的熟练程度,养成学生良好的自学习惯。制造大类各专业均开设了 4 至 11 个基础项目作为校内课外实训项目,这些项目的考核标准由校企共同制订,项目是由学生自发在课外业余时间进行实训,校内实训项目达标证书作为毕业生毕业条件之一。同时鼓励学生课余时间到学生创业工作室、校内各级科研服务机构和入驻企业等产学研一体的实践教学基地进行校内顶岗实习。

4.校外实践教学实施。自 2010 年起,校外实施了有组织的"认知+专业+顶岗"企业实习。大一暑假 1 个月进行专业认知实习,大二暑假 1 个月进行专业实习,大三 4 个月进行企业顶岗实习。学院统一安排暑期留校学生的实习单位,学生参与度逐年提高(如图 6 所示),每个实习小组由校内和企业指导教师共同指导。

2013 年学院出台了《暑期社会实践工作考核暂行办法》,提出了"三度一要求两监控"。①集中度:每个实践团队的学生数 10 人以上,2013 年平均达到 13.7人/组;②参与度:有组织的实践学生数须达大一、大二学生的 2/3 以上,2013 年72%;③满意度:2013 年学生满意度达 82.58%;④教师指导要求:至少为学生实践时间的 1/4;⑤两监控:由院系两级组成多支检查小组对学生到岗、教师指导情况和实习单位反馈意见等进行实地了解和检查。

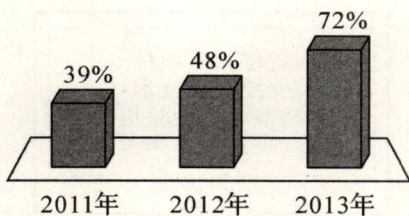

图 6　暑期实习学生留校比率

（三）建立并完善了校内产学研一体的实践教学基地，创造了基于真实工作的实践教学环境

校内产学研一体的实践教学基地是中国特色高职教育内涵建设的重要内容，是转型升级形势下实践教学体系实行的保障条件。温州职业技术学院与政府、行业、企业合作，建立了 34 个省市院梯队发展的产学研一体的教学科研服务机构。给予机构负责人副处级待遇和办公场地、设备、经费和岗位津贴支持，引导开展立地式研发，在技术研发和社会服务中培养学生专业实践能力和综合素质。校企共建了浙江省轻工机械技术创新服务平台等 10 个市级以上科研服务机构和 8 个市级以上示范性实训基地。2013 年 1358 位学生进入校内科研机构进行毕业设计。

（四）实施并形成了校企资源整合的有效运行机制，实现了制造类专业实践教学"教学做一体化"

为了充分发挥校企双方资源优势，创新实践了以真实项目和产品开发为载体的"教学做"一体化的校企双导师教学模式（如图 7 所示）和暑期师生共进企业实习的举措，将校企合作落实到专业、课程和课堂，为校企共育人才提供了实施的方法和路径。2013 年暑期共有 190 名专职教师与学生共进企业实习，与 168 位企业技术人员共同指导。

同时，学院先后出台了《生产性实训基地建设与教学管理办法》《进校企业管理暂行规定》等相关文件对企业实习、实践教学基地建设等提出了要求，从而为完善实践教学体系的实施提供了制度保障。

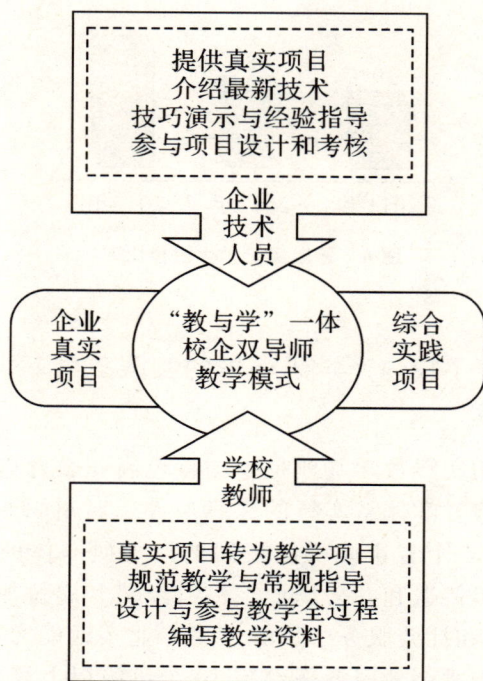

图 7 "教学做"一体化的校企双导师教学模式

三、成果的创新点

（一）提出并实践了"课内、课外、校外"大课堂实践育人的新理念。

在大课堂实践育人思想指导下，将实践教学空间由校内（课内与课外）向校外延伸，构建和实施了"多元结合、分层递进"的高职制造大类专业实践教学体系，使工学结合落地，丰富了高职教育"学做合一"的理论内涵。在高职教育权威刊物发表 9 篇高质量论文，8 个项目得到省部级立项。

（二）创新了"教学做"一体化和"做、展、评、聘"相结合的毕业设计项目教学的新路径。

1. 综合实践项目实施"教学做"一体化的校企双导师教学模式。以真实项目和产品开发为载体，按照工作过程校企双方共同设计学习过程。由企业提供真实项目，学校教师将其转化为教学实践项目。校企双方共同担任教学任务，企业技术人员以技巧演示和经验指导为主，学校专任教师以规范教学和常规指导为主。

2.毕业设计留校实施"做、展、评、聘"。学生第六学期留校毕业设计,校企双师共同指导两个月以上,选题来源于企业项目、校企合作项目或科技服务项目。召开毕业作品展暨就业招聘会,聘请行业和企业专家给毕业作品打分,毕业设计作品成了学生就业"金名片"。

（三）探索了整合校企资源、保障产学研一体的实践教学基地有效运行的新机制。

政、校、企共建了省市院梯队发展的产学研一体的教学科研服务机构。学院出台了《应用研究与技术服务机构暂行管理办法》等相关文件,给予机构负责人副处级待遇,并提供经费和岗位津贴支持,要求机构团队将科技服务项目与学生毕业设计相结合,在技术研发和社会服务中培养学生实践能力和综合素质。

四、成果的实践推广应用效果

"多元结合、分层递进"实践教学体系率先在温州职业技术学院电气自动化等制造大类专业试行,并逐步推广到温州职业技术学院 24 个工科类专业,直接受益面每年近 5000 学生,间接受益面每年 4000 余人。经过 2 年不断实施和完善,逐步推广至全省,辐射至全国,取得良好效果。近三年温州职业技术学院制造大类新生报到率逐年提高,2013 年达到 98.66%,毕业生就业率连续六年均在 98% 以上,企业对毕业生的满意度均达到 98% 以上,毕业生进名企率均超过 30%。毕业设计项目教学近年也凸现成效。温职院学生毕业设计作品"轮滑动力辅助装备"获第五届全国大学生机械创新设计竞赛二等奖,并已成功申请发明专利;学生竞赛也成绩显著,近三年学生技能竞赛获得国家一等奖 12 项,省一等奖及以上 33 项,真正实现了"我们学生能做东西,会做东西,做好东西,并且能展出来,还会讲出来,推向社会"的实践育人目标。此外,在立体式校内教学科研基地建设方面也取得了显著成效。温职院以第一单位成功申报了浙江省轻工机械科技创新服务平台,成立浙江中小企业研究基地等 10 个市级以上研发与服务机构,使之真正成为人才培养培训、技术开发和社会服务于一体产学研多维立体式基地。温职院科研到款额从2011 年至 2013 年连续三年均上升到 1000 万元以上。2013 年申报专利 122 项（发明专利 12 项）,获授权 88 项,专利成果转化 16 项,转让金额 122.6 万元。2010 年和 2011 年被腾讯网"回响中国"授予十大最具就业力高职院校和创新型高职院校。

王向红

电子商务专业系统综合实践
培养模式与协同创新机制*

浙江经济职业技术学院

[摘　要]　本成果于 2005 年 1 月启动,通过 9 年的研究、探索与实践,创建了 1 个模型:依据职业能力与素质协同发展理念,研发专业系统综合实践人才培养概念模型,创新性提出毕业综合实践、课程综合实践与系统综合实践的概念体系及理实一体专业课程开发与实施的三维系统方法;创建了 1 个模式:依据概念模型创建电子商务专业系统综合实践人才培养示范模式;创建了 2 个平台:依托中国电子商务之都(杭州)、世界小商品城(义乌)的区域优势,主持学校是世界 500 强浙江物产集团企业大学的体制优势,政行企校协同创新,面向中高职师生与企业构建了联网创业实践、生产资料电子商务实践 2 个教学服务平台;创建了 3 种方式:校企协同创新网上交易与网下配供结合的创业实践、生产资料电子商务实践与基于移动互联网教学等 3 种开放教学方式。

[关键词]　系统综合实践;协同创新机制;电子商务

一、成果解决的教学问题及具体方法

(一)研究的主要问题

1.专业顶层设计的系统、科学与实用性问题。专业人才培养顶层设计贯彻落实党和国家的教育方针,系统、科学、动态地整合职业标准、技术标准与千差万别企业职业岗位的任职要求,把培养目标规格标准系统具化为实践教学项目、任务及其能力与素质的评价标准体系,以及便捷校企全程参与培养的机制,使专业人才培养顶层设计更系统、科学与实用。

2.专业建设的示范、引领与推广成效问题。电子商务作为国家骨干重点专业与教育部教学资源库项目,发挥示范、引领与推广作用。

---

*　本文为 2014 年职业教育国家教学成果一等奖成果总结。

3.区域教学资源整合的协同创新体制机制问题。政行企校协同整合区域教学资源,解决电子商务网上创业效益低、大宗生产资料电子商务实践教学难等问题。

(二)主要解决方法

1.基于三个学科。基于事理学、职业学与系统科学,研究做事的机理与基于职业岗位工作需求的系统解决问题的方法,动态变化中的产业结构及其企业的组织运行方式和产业流程及其企业职业岗位工作项目与任务的逻辑体系框架,系统思考电子商务专业培养模式及其运行的协同创新机制。

2.明晰两个需求。系统调研并把握科技发展与区域产业转型对人才的需求与区域政行企校协同创新需求。

3.注重两个吸收。吸收国内外优质职业教育的理念、机制与模式,并在实践中总结、优化、提升,为电子商务人才培养协同创新提供方向与方法。

4.优化两个路径。10多年来,主持学校注重成果在校本长期实践中总结提升,在国际国内交流合作中成熟发展。

二、成果内容

(一)核心理论成果——专业系统综合实践人才培养的概念模型

高职专业系统综合实践人才培养的概念模型可以表述为一个三维系统逻辑框架,如图1所示。

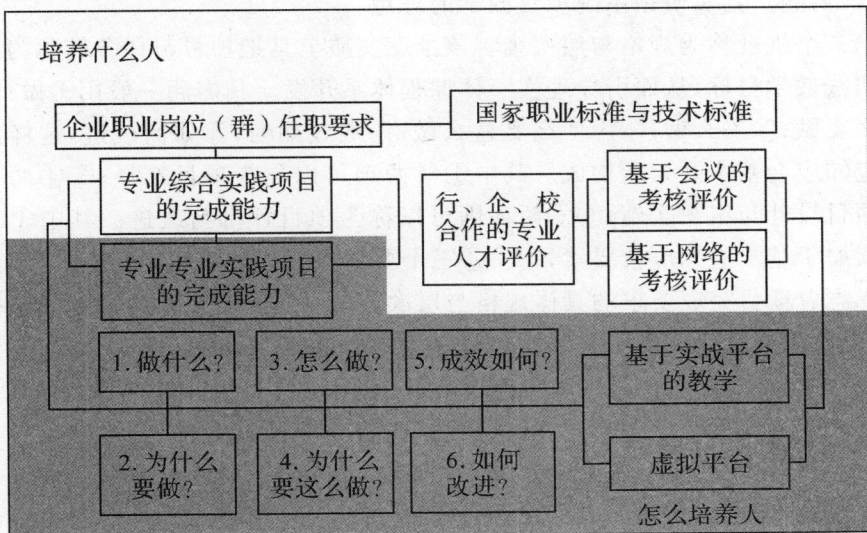

图1 专业系统综合实践人才培养(课程系统)概念模型逻辑图

首先,高职专业实践教学必须系统对应企业职业岗位群的任职要求。一方面任职要求转化为综合实践项目的完成能力与素质来评价;另一方面国家或行业协会对企业岗位任职要求概括成职业标准来加以规范考评。我们把职业标准、企业岗位标准融入专业人才培养规格标准体系,简称"三标一系"。学校开发系统的专业课程与组织教学,就是让学生形成专业系统综合实践项目的完成能力与素质,达到行业企业相关岗位对毕业生的任职要求。因此,所谓综合实践教学,就是根据学生就业或创业所对应的企业职业岗位的任职要求,与综合实践项目的完成能力与素质目标规格要求,运用所学专业知识与基本专项技能,在企业技术人员与专业教师的联合指导下,系统科学地选择并完成综合实践项目与任务,实现预期的成果与目标,最后由校企专兼教师联合评价的系统实践教学过程。它一般分课程综合与毕业综合实践环节。把整个专业的实践教学逻辑系统地构建起来,就称为系统综合实践项目教学或系统综合实践人才培养。

其次,根据国内外职业标准内涵研究与行业企业调研分析,系统综合实践项目教学内涵实际上可以构建为"三维度"的系统结构模式。

第一个维度称为项目与任务维。综合实践项目的完成能力要以若干基本专项实践项目的完成能力(或称基本专项技能)为基础。从人才培养系统工程的角度来看,学生掌握了本专业基本专项技能以后,进一步运用基本专项技能来分析解决职业岗位工作中的实际问题,形成综合实践项目的完成能力。其核心是系统解决问题的方案设计及其组织实施能力。因此,专业综合实践项目与专项实践项目构成了高职专业系统综合实践人才培养的一个基本逻辑维度。其内涵特征是:由专到综,专综协同。其实质是系统项目教学的思想。

第二个维度称为规格与层次维。该维度实质上是把项目与任务转化为应知应会的实践教学目标,从而引导理实一体课程体系开发。其内涵一般用①做什么;②为什么要做;③怎么做;④为什么要这么做;⑤成效如何;⑥如何改进,这样六个方面的应知应会基本要素所构成。其中①②两项可以称为项目选择;③④两项可以称为项目设计与组织实施;⑤⑥两项则可以称为项目评价与改进。其中①③⑤三个要素属于基本应知应会要素,②④⑥三个要素是属于高级应知应会要素,这6个要素标志着项目完成要求的具体规格与层次要求。这6个要素构成的一个基本逻辑维度,我们称其为规格层次维度。其内涵特征是:由知到行,知行合一,其实质体现了能力本位的思想,也是构建专业职业教育体系的内涵基础。

第三个维度可以称为方式方法维。指在培养训练学生时,让学生在什么样的环境条件下,用什么技术或方式方法来完成项目与任务。是真实实践平台条件下的方式方法,还是仿真或虚拟实践平台条件下的方式方法。这两种实践平台构成了高职系统综合实践专业人才培养的第三个逻辑维度。其内涵特征是:由仿到真,仿真互通。

依据上述三个维度构成的高职专业系统综合实践项目教学的系统构架(如图2所示),通过系统组织教学可以获取学生的实践过程体验与包括素质在内的应知应会的修为,同时也创造了相关的一种或若干种实践产品或成果:包括实物产品、服务产品、技术应用方案,或同时形成了实践(或体验)总结报告、技术应用论文及其相应的单位或机构对过程与成果的应用评价证据、文献收录证据等。依据系统综合实践的评价指标体系,学校与企业教师对学生做出是否已经达到国家、行业、企业的人才培养目标与要求的评价。

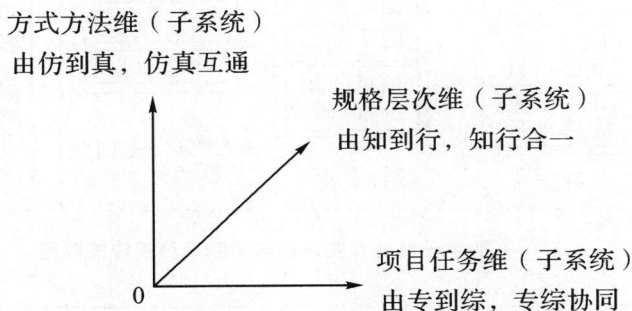

图2 高职专业系统综合实践项目教学(课程系统)三维结构图示

(二)系统综合实践人才培养概念模型在电子商务专业中的应用创新

基于系统综合实践人才培养的概念模型与电子商务行业企业人才需求调研,借助于主持国家骨干高职电子商务专业建设项目与国家高职电子商务专业教学资源库建设项目的建设与实施,在成果主持院校率先开展了创新实践。

1.依据电子商务专业相关职业岗位群任职要求,明晰岗位工作难度系数,构建综合实践项目与专项实践项目完成能力水平的系统评价体系,形成了中高职专业人才培养规格标准及其评价体系(如图3、4所示)。

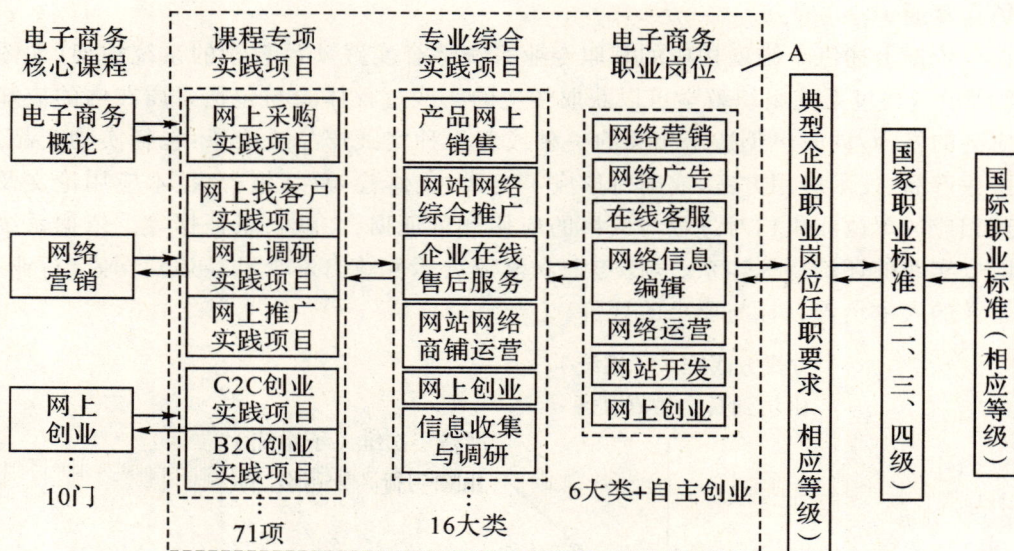

图3 高职电子商务专业岗位与实践项目系统关联图

岗位名称	岗位难度系数	适用层次
在线客服	★	中职重点面向岗位，高职兼顾岗位
*电话营销	★	中职重点面向岗位，高职兼顾岗位
网站编辑	★★	中职重点面向岗位，高职兼顾岗位
网络推广	★★★	高职重点面向岗位，中职潜能发展岗位，应用性本科兼顾岗位
*网店运营	★★★★	高职重点面向岗位，中职潜能发展岗位，应用性本科兼顾岗位
网络营销	★★★★	高职重点面向岗位，中职潜能发展岗位，应用性本科兼顾岗位
网上创业	★★★★	高职重点面向岗位，中职潜能发展岗位，应用性本科兼顾岗位
*网店店长	★★★★★	应用性本科重点面向岗位，高职潜能发展岗位
网站运营	★★★★★	应用性本科重点面向岗位，高职潜能发展岗位
网站策划	★★★★★	应用性本科重点面向岗位，高职潜能发展岗位

图4 电子商务专业相关岗位任职难度系数与中高职教育面向建设表

2.依据综合实践项目体系框架及其项目完成能力规格体系,与理实一体专业课程开发与实施的三维系统方法,开发形成电子商务专业教学标准、真实与仿真实训基地建设标准与基于综合实践项目的"干中学"校企专兼师资团队建设标准。依据上述标准,开发了专业核心课程10门,建成了校内真实与虚拟仿真的系列化实践教学基地,投入设备总值达576.21万元,面积3800m²与工位735个,创建了数量充足、行业有影响的专兼师资团队130余人。整体内涵框架如图5所示。

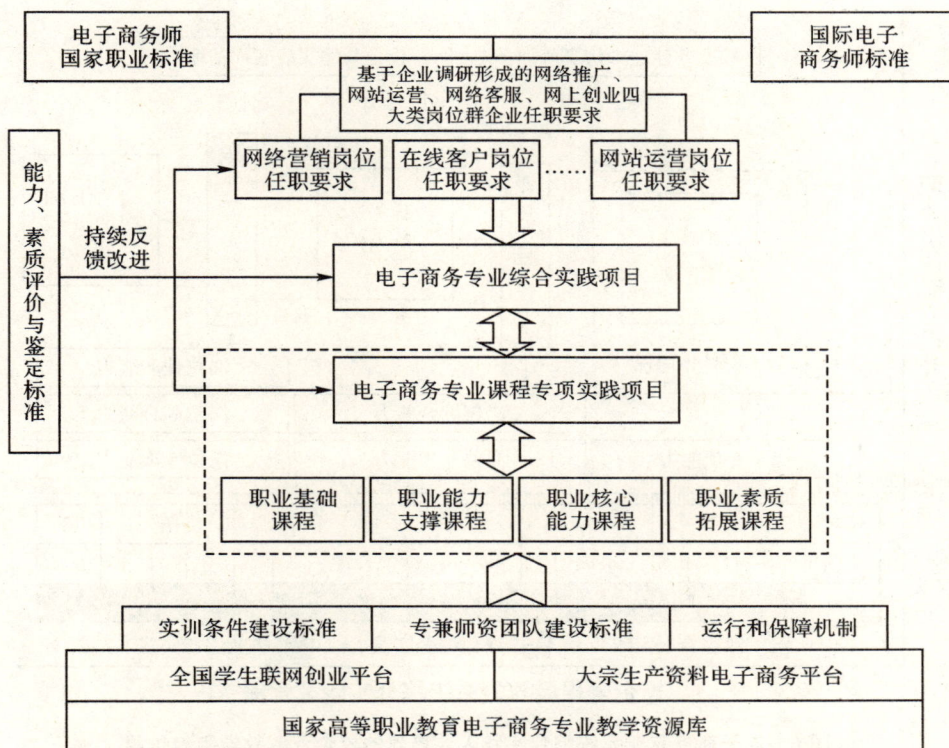

图 5　电子商务专业系统综合实践人才培养模式内涵系统

3.政行企校协同创新资源整合运行的体制机制探索。依托中国电子商务之都（杭州）及世界小商品城（义乌）的区域优势,成果主持学校是世界 500 强浙江物产集团企业大学的体制优势,以服务学生创业与就业为目标,以政行企校资源整合体制协同创新为形式,以企业化项目化与运行机制为动力,以网络高技术手段为支撑,探索政行企校协同创新机制,面向社会、企业、中高职师生构建全国学生联网创业服务平台与大宗生产资料电子商务实践平台;完善专业配套教学运行与保障制度 15 个;形成了课程专项实践、课程综合实践、毕业综合实践系统贯穿于专业人才培养全过程的校企互融开放式培养模式（如图 6 所示）。校企协同创新了网上交易与网下配供结合的创业实践、生产资料电子商务实践与基于移动互联网教学等 3 种开放教学方式。

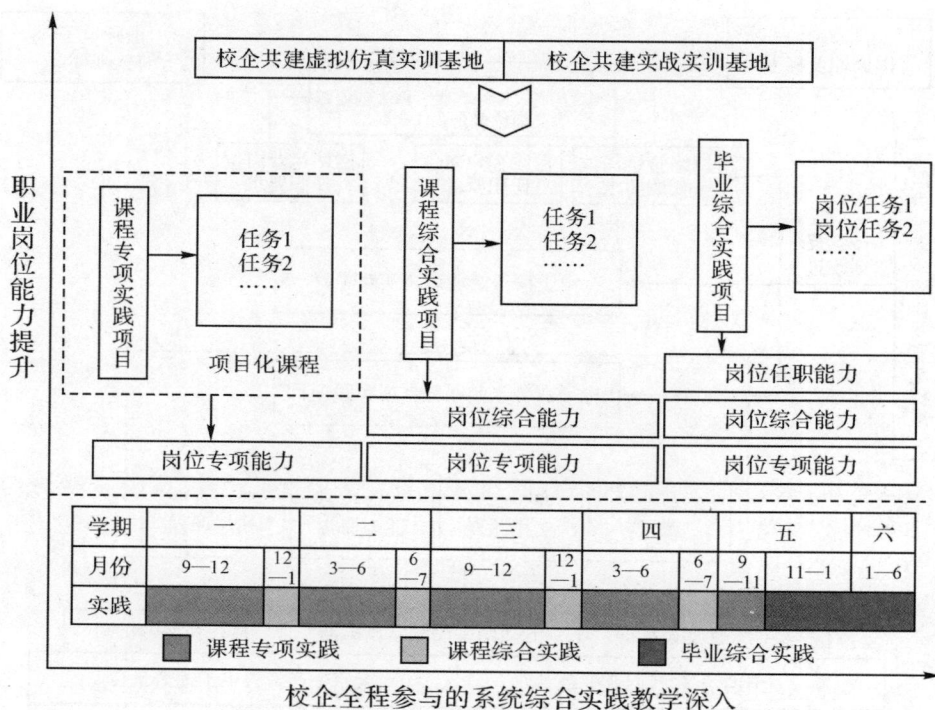

图6 电子商务专业系统综合实践人才培养的校企互融教学实施过程

(三)完成的主要项目与成果

获全国电子商务职业教指委教学成果特等奖1项,一、二等奖各1项,浙江省教学成果奖一等奖1项,二等奖2项。发表论文130余篇,出版专著6本,国家规划教材18本。主持完成国家高职电子商务专业教学资源库1项,国家骨干高职重点专业建设项目1项,相关省级教学与科研项目30余项。

三、成果特色

(一)系统综合实践人才培养概念模型,科学有效地应用于职业教育专业人才培养的顶层设计

概念模型遵循党的教育方针,基于事理学、职业学、教育学、系统科学等学科理论的启示,从专业教学标准的设计如何系统科学地研究、整合相关国家职业标准、技术标准与千差万别的具体企业职业岗位的任职要求入手,把专业人才培养规格

标准与理实一体课程体系具化于综合实践项目和任务的系统科学设计及开发之中。对中高职各专业人才培养的顶层设计具有较强的实用指导与应用价值。基于概念模型,研发了高职电子商务专业国家教学资源库的"四库三平台",实现了为高职师生、企业员工与社会学习者等四类学习者的学习,专业建设和相关职业与岗位标准建设以及校企产学研等提供了有效的服务资源等 4 大功能;创新了系统解决问题的综合实践教学项目驱动、网络高技术支撑的政、行、企、校合作等三种模式;形成了学、做、评协同机制学为主,虚、实、综能力递进综为主,校、企、政联合保障政为主等三种特色,有效地构建了可广泛应用于中高职的专业人才培养的顶层设计方法。

(二)政、行、企、校协同创新网上交易与网下配供相结合的创业教学方式

为探索解决大学生创业难问题,依托区域资源,携手地方政府,校企联合构建了全国学生联网创业资源服务平台。

平台由学校主导设计与研发,并参与经营和培训,义乌市政府提供政策与 36000m² 仓储物流基地,零创公司投入资金 1000 余万元并负责平台运营,义乌商城提供海量货源形成四方联动合作模式。形成了校企联合创新网上交易与网下配供创业实践教学模式,为创业者提供商品货源、创业培训、美工设计、网络推广等服务。平台运营二年,198 家供应商进驻平台,供货 2608 种,吸纳 40 多所高校参与创业和管理。来自全国各地 382 名大学生创业代表进行现场示范培训,线下培训创业指导教师 80 余人。

(三)与世界 500 强企业协同创新生产资料电子商务实践教学方式

钢铁等大宗物资电子商务一直是产业发展与实践教学的难点。依托学校是国家电子商务专业教学资源库项目主持单位,也是世界 500 强企业、大宗生产资料电子商务龙头企业——浙江物产集团企业大学的体制优势,由浙江物产投入 2800 余万元,合作共建了大宗生产资料电子商务实践教学服务平台。为钢铁、化工等企业提供资讯、交易、企业客户信息采集,新闻采编,电话营销等大宗生产资料电子商务方面的综合实践服务(见图 7)。创办两年多来,平台已实现钢材挂牌交易 500 余万吨,实际成交 92 万吨;广告签约客户 237 家,实现广告收入 151 万元;银行融资服务客户 24 家,帮助客户实现融资 2.1 亿元。2011 年平台共实现销售近 19 亿元,2012 年实现销售近 39 亿元,销售额实现翻倍增长;已服务 800 余家企业,2000 多名师生与社会学习者。

➤面向中、高职师生与企业实施"校企协同创新网上交易与网下配供结合的创业实践、生产资料电子商务实践与基于移动互联网等3种开放教学方式"

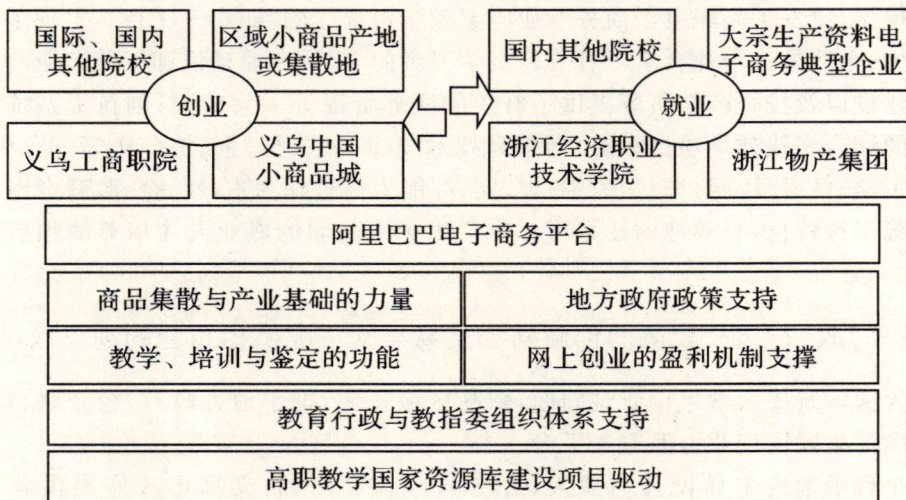

图 7　国家高职电子商务专业教学资源库综合实践协同创新模式构架图

(四)校企协同创新基于移动互联网络技术的互动教学形态

本成果创新性地引入微信等目前社会上广为流行的推广与交互方式,探索为各类学习者提供最便捷的学习、创业等方面的在线移动实践教学服务,激发学习兴趣,提高学习效果。

四、成果应用推广成效

(一)课程与教学项目交流与推广成效

以本成果第一完成人为主编的《毕业综合实践导引——高职高专适用(教材)》,自 2005 年初版以来累计发行 16.32 万册,培训教师达 6000 余人次。2006 年开始,作为浙江省教育厅下文唯一指定的高职高专毕业实践参考书及质量抽查标准在全省全面推广,受益学生 30 余万人。为浙江省毕业综合实践网络平台建设奠定内涵基础,促进全省毕业生就业率与就业质量的持续提升。2007 年,主持学校受省财政委托调研高职教育面临的问题,并在电子商务等专业试点基于创新创业能力培养的系统综合实践模式。依据试点成效,省财政厅开始在全省国企所属 7 所高职设常年推广专项。主持学校已完成课程改革 281 门,综合实践创新创业项目立项 1588 项,获财政资助 2180 万元。7 所高职已获财政资助 1.2 亿多元,有效提高了学生创新创业能力。

成果第一完成人拥有自主知识产权的概念模型研发、应用与推广的相关 PPT22 个。借助于成果第一完成人是联合国教科文组织职业教育联系中心、全国工商管理类专业院(校)长系主任联席会议的常务副理事长和浙江省工商管理类专业教指委主任委员等有利条件,在国内外相关专业领域开展了交流与推广 50 多场;学校在德国、日本、泰国等国参与国际职教政策性磋商 8 次,主办或承办高规格国际会议 4 次,并组织国际职教专家参与学校自主研发装备、培养模式与课程等论证 3 次。毕业综合实践教学成果得到了联合国教科文组织国际职教中心主任麦克林先生等国际权威职教专家的肯定。被《光明日报》等主流媒体报道誉为"树立了中国高职教育的新标杆"。

(二)专业建设应用推广成效

本成果的不断开发与应用,使我校电子商务专业 2009 年成为学校重点建设专业、浙江省特色专业。2010 年国家骨干校重点建设专业,2011 年国家电子商务教学资源库主持专业,截至目前,这些项目全部结项并通过验收。2014 年获得全国电子商务行指委教学成果特等奖,国家级教学成果一等奖。拉动专业建设资金 900 多万元,吸纳国内 84 所高职院校、22 家知名企业、6 个行业协会和 1 个国际组织共同参与建设和指导。短短 5 年,实现了普通的专业向具有广泛影响力的品牌专业的提升。

近三年我校电子商务专业平均年就业率为 99.4%,高出全国 14 个百分点;专业对口就业率 2012 年同比高出 70 个百分点,专业对口率从 2010 年的 65% 提高到了 2014 年的 97.6%,远高于全国平均值。特别是 2014 年,只有一位同学没有对口就业。这充分显示了本成果在育人方面的成效,具有很好的推广示范价值。

(三)政行企校协同创新的资源平台有效服务四类学习者

依托国家电子商务专业教学资源库建设项目,拉动 84 所高职、22 家知名企业和 6 个行业协会 1 个国际组织参与建设和指导,完成了 10 门网络核心课程,出版了 10 本"十二五"规划教材,面向社会、企业与中高职师生提供学习、创业、实践、培训等资源服务平台,累计网上点击量近 500 万人次,举办线下培训班 16 期,参与高职 103 所,中职 224 所,企业 310 家,有效推动中高职电子商务专业教学改革。

(四)服务区域政府主导的电商培训项目

2014 年又先后服务于中国义乌市政府 30 万电子商务人才培训项目;中国常

山大学生村官、政府领导电商培训项目;浙江省人力资源与社会保障厅"金蓝领"电子商务培训项目;义乌市党校山东寿光企业家电子商务培训项目等项目。取得了非常好的服务成效。

以义乌市30万电子商务人才培训项目为例:受义乌市政府邀请,省内外8所本专科院校于2014年2月开始实施义乌市30万电子商务人才培训项目。其中,浙江经济职业技术学院承担培训任务20期。由于浙江经济职业技术学院培训项目总体设计科学,课程开发极具特色,培训效果好,大受企业欢迎,场场爆满,完成50期,培训企业人员2000多人次,任务完成率超250%,是其他7所本专科高校总量的50%,浙江经济职业技术学院电商培训团队成为培训成效最佳、企业口碑最好的标杆培训高校,多次受义乌市电子商务人才培训工作领导小组的表彰,成为被义乌市政府主导的义乌网商学院唯一邀请共同挂牌成立义乌市电子商务人培养基地的合作学校。

系统综合实践培养模式与协同创新机制在中高职教师与学生、企业员工与社会学习者的培养与培训中如何整合政行企校资源,如何提高培养培训质量水平等方面已经取得了令人瞩目的成效。

陈丽能　袁江军　宋文官　聂　华
倪成伟　沈建国　范小青　谈黎虹
李晓阳　裘军民　贾少华　王庆春
商　玮　沈凤池　王宏梁　杨志昂

新技术　新合作　新课程[*]

——自动化类专业人才培养模式的探索与实践

浙江机电职业技术学院

[摘　要]　遵循"技术引领，产教融合，能力为本，持续发展"理念，引入自动化新技术，与名企个性化合作，建产学合作工作站等新合作模式，建新技术应用与创新能力培养平台，开发并实施"一周一项目""一学期一工程"新课程，构建传统技术和高新技术并举、职业核心能力和专业核心能力融合的人才培养方案，形成"三新"（新技术、新合作、新课程）特色人才培养模式。

[关键词]　新技术；新合作；新课程

背　景

自动化技术是工业化与信息化"两化"深度融合的桥梁，是推动产业转型、升级的关键技术。浙江省提出了打造先进制造业基地的战略，制订了《浙江省先进制造业基地建设规划纲要》等规划，实施腾笼换鸟、机器换人、机联网等计划，社会急需大量自动化高技能人才。中国高等职业教育经过近二十年的发展，取得了长足的进步，但还存在着诸多问题有待进一步探索和解决，例如在高职自动化类专业的人才培养上没有及时引入高新技术和先进企业文化，致使课程教学内容滞后于企业的新技术发展；校企合作不稳定、不够深入，更多关注学生实习，没有建立"优势互补、资源共享、互惠互利、共同发展"的长效机制；人才培养注重专业核心能力培养，忽视职业核心能力等，不能很好地满足社会需求，因此人才培养改革势在必行。我院自动化类专业通过多年的探索和实践，形成了基于"新技术、新合作、新课程"特色的专业人才培养模式。

一、成果简介

自动化新技术高速发展、产业转型升级，培养学生的岗位适应能力和可持续发

---

*　本文为 2014 年职业教育国家教学成果一等奖成果总结。

展能力势在必行。成果以装备制造业为背景,遵循"技术引领,产教融合,能力为本,持续发展"理念,引入自动化新技术,与名企个性化合作、建产学合作工作站等新合作模式,建新技术应用与创新能力培养平台,开发并实施"一周一项目"、"一学期一工程"新课程,构建传统技术和高新技术并举,职业核心能力和专业核心能力融合的人才培养方案,形成"三新"(新技术、新合作、新课程)特色人才培养模式。

取得了较好的成果:

(1)校企合作引进机器视觉、DCS 技术(JX-300XP 等)、FCS 技术(CC-Link IE、Profibus、Profinet、Devicenet、EPA 等)、PAC 技术、太阳能光伏技术、智能网络化仪表技术、多轴联动控制技术、伺服控制技术、PA 自动化技术、工业机器人技术、嵌入式应用技术、物联网技术等新技术 12 项,与 Fanuc、Siemens、浙江中控等国内外 10 余家名企建立了数控系统、西门子自动化等新技术应用中心 7 个,建立萧山产学工作站等 7 个,开发校外实习基地 90 余个,建成《数控设备应用与维护专业》国家教学资源库 1 个,《过程检测与控制技术应用》等国家精品资源共享课 4 门,《自动控制综合实训》等省级精品课程 7 门,《机电一体化技术》和《自动化技术》省级示范实训基地 2 个,出版"十一五"国家规划教材《可编程控制器技术及应用(欧姆龙机型)》《电机及拖动基础》《单片微型计算机原理及应用》等 5 种,入选"十二五"国家规划教材《过程检测与控制应用》等 6 种,承担国家级师资培训 3 项,获得教学成果奖 4 项。

(2)直接受益学生 5000 余人。相当部分学生在毕业前能承接与完成自动化应用工程项目,解决实际问题,毕业后进入中控科技集团、聚光科技等高新技术企业迅速成为技术骨干、班组长和部门经理。学生获中国青少年科技创新奖 1 项、全国大赛一等奖 5 项、二等奖及省级奖项一大批,成绩名列全国前茅。就业率近100%,学生就业竞争力和可持续发展能力名列全省前茅。

(3)锻炼了师资队伍,培养了国家教学名师 1 名、全国优秀教师 1 名、省教学名师 4 名、省教坛新秀 4 名、省级专业带头人 6 名、省 151 人才工程 4 人、国家教学团队 1 支,"双师"素质达到 100%。

(4)"三新"特色人才培养模式入选教育部示范性高职院校建设成果集。

二、主要解决的教学问题及解决教学问题的方法

解决了教学内容滞后于企业新技术发展、校企合作不够深入、人才培养忽视职业核心能力等 3 个问题。解决方法如下:

(一)跟踪新技术,培养新技术应用能力

一方面通过国内外工业博览会、新技术论坛等,另一方面通过教师持续开展企

业技术攻关活动,找准行业企业新技术。建立激励机制,鼓励教师为掌握新技术并为企业提供技术服务,建立一支科研先导的专兼结合教师团队。及时引入自动化的 Profinet、PAC、物联网等新技术,建工业机器人应用、工业网络技术等开放式实训室,构建自动生产线、机器人应用、仪表自动化、智能产品等新技术的一、二课堂及技能大赛训练有机结合、分层次人才培养体系。实施新技术进培养计划、进教材、进课堂等"三进"工程,让学生及时认识、学习、应用新技术,使培养的学生在技术上紧跟企业发展,提高毕业生的企业适应能力。培养平台架构如图1。

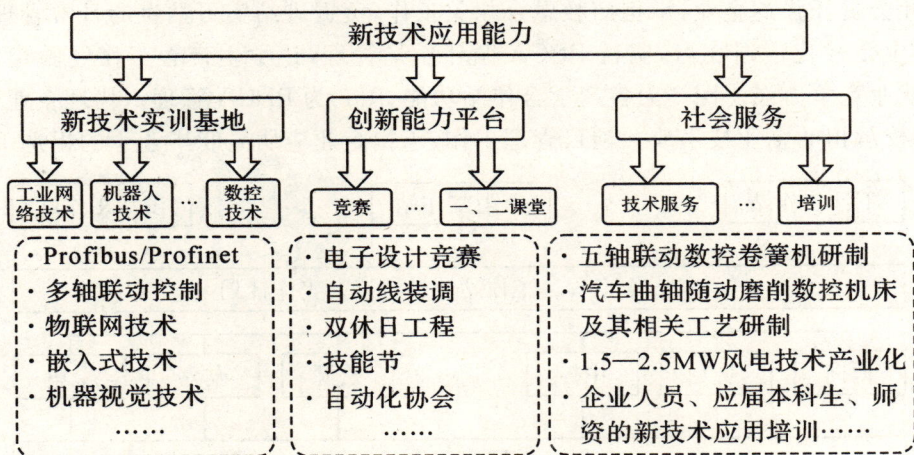

图1　新技术应用能力培养平台

(二)新合作,实现"生、企、校"三赢

开展校企合作是遵循职业教育规律、提高人才培养质量的关键。成果创新校企合作模式,建立了"优势互补、资源共享、互惠互利、共同发展"的长效机制,实现"学校、企业、学生"三赢。主要方法如下:

1.与名企个性化合作。Fanuc 授权成立数控系统技术中心,每年开展用户培训超过 10 期,培训人数超过 500 人,为 Fanuc 公司浙江用户提供及时的技术支持。合作开发新技术教材 3 本,合建国家精品课程和资源库,中心是教育部职教师资国家培训基地(FANUC 数控系统应用)。

Siemens 全资捐赠建实训室,授权开展社会培训,颁发资格证书,联合开发《工业网络技术》等 5 门课程,帮助西门子公司推广产品,完善售后技术服务,培训从业人员,合建国家精品课程和资源库,实训室是教育部职教师资国家培训基地(西门子自动化技术)。

浙江中控合建"迷你车间",每年培训中控新员工及其用户的技术培训 300 多

人次,充分利用地域近的优势年安排顶岗实习 100 人次,招聘学生就业每年多于20 人,提供兼职教师 10 人,提供课程外移实施的场地,接收教师企业锻炼,开展技术项目合作,提供兼职教师和工程案例,合建国家精品课程和资源库。

另与三菱、欧姆龙、通用电气、浙江亚太机电、大连机床等公司也建立了个性化合作的新技术应用中心。

2. 建产学合作站,搭建学校与产业集聚区之间的桥梁。在高新技术开发区或制造业产业集群区建立产学合作工作站,每站联络 15 家以上技术水平高、管理规范、社会责任强的企业,承担产教融合相关工作,负责进站实习学生的日常管理,满足学生个性化顶岗实习,实行 PDCA 循环质量管理,让学生带着工作经验走向社会,就业竞争力强。图 2 为各产学合作站功能,图 3 为 PDCA 管理。代理企业管理好学校承担的企业技术攻关项目管理工作,承担企业应届高职毕业生的粗选工作。

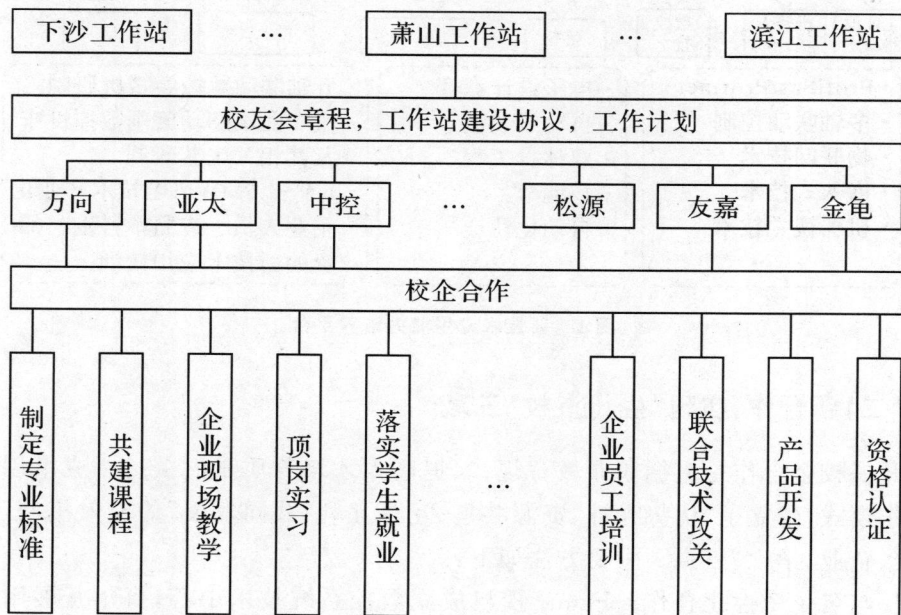

图 2　产学合作站功能

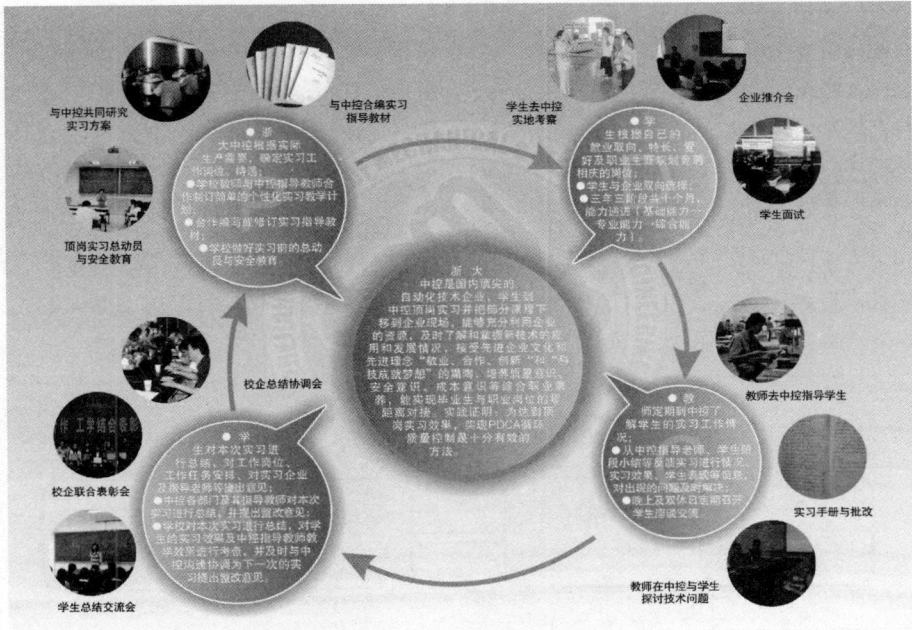

图 3　PDCA 循环质量管理

(三)开发新课程,培养双能力

精选多个适合一周完成、循序渐进的真实案例,组成项目化课程,包括《过程检测与控制技术应用》《自控系统集成与创新》《工业网络(DCS、FCS)技术》等,对多门专业课进行整合,开发适合一学期完成、融合多项新技术的工程,形成学期课程,包括《智能仪表调试与创新》等。分别采用"一周一项目"、"一学期一工程"教学法。教学实施分团队组建、课余设计、课堂汇报、现场答辩、鼓励学生提问、教师点评与完善、安装调试等环节。培养专业能力的同时实现团队合作、自我学习等职业核心能力培养。图 4 为《过程检测与控制技术应用》的新课程开发,图 5 为课程实施方法。

自动控制系统基本概念 被控对象的数学模型 检测仪表与传感器 显示仪表 基本控制规律 执行器 简单控制系统 复杂控制系统 新型控制系统	项目一 过程检测与控制技术基本知识 项目二 温度控制系统集成与安装调试 项目三 流量控制系统集成与安装调试 项目四 恒压供水控制系统集成与安装调试 项目五 储液位控制系统集成与安装调试 项目六 反应锅温度串级控制系统集成与安装调试 项目七 间歇式反应过程温度分程控制系统集成与调试 项目八 锅炉三冲量控制系统集成与安装调试 项目九 安全检测与控制

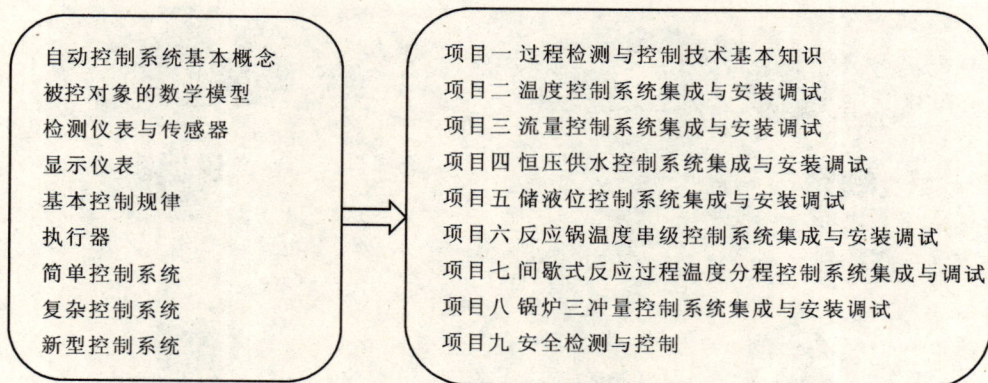

图 4　课程项目化设计

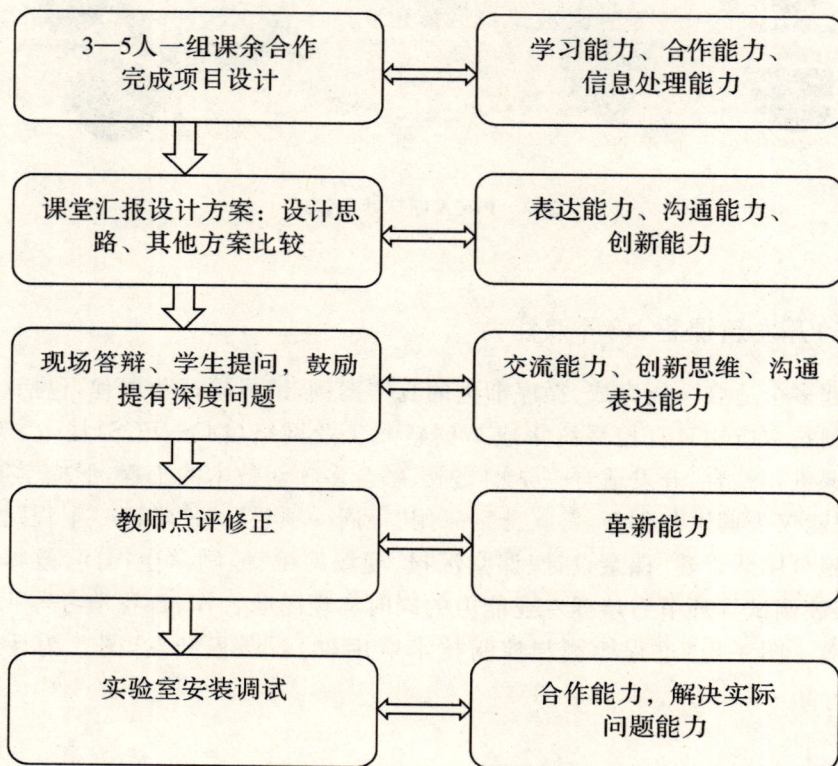

3—5人一组课余合作 完成项目设计	学习能力、合作能力、 信息处理能力
课堂汇报设计方案：设计思路、其他方案比较	表达能力、沟通能力、 创新能力
现场答辩、学生提问，鼓励提有深度问题	交流能力、创新思维、沟通表达能力
教师点评修正	革新能力
实验室安装调试	合作能力，解决实际 问题能力

图 5　课程实施

三、成果的创新点

(一)创建"三新"特色高职自动化类人才培养模式

面向自动化高新技术,依托"三真"(真设备、真项目、真要求)新技术应用平台,立足"生、企、校""三赢",创建校企合作新模式,产教融合,重构以装备自动化为背景的课程体系和开发新课程标准,制订了电气自动化技术等自动化类专业人才培养方案,实施学期项目和课程项目化教学等改革,达到了高技能人才职业核心能力和专业核心能力的协调发展。形成了"三新"特色人才培养模式。

(二)建产学合作工作站,搭建学校与产业集聚区之间的桥梁

在高新开发区或制造业产业集群区域建立产学合作工作站,每站联络 15 家以上企业,承担产教融合相关工作。组建"企业工程师＋学校教师"指导团队,统筹解决学生顶岗实习与就业问题,承担部分外移课程教学。及时将企业需求反馈到学校,为企业提供技术服务和人才支撑。学生在各企业中学习新技术和先进企业文化,完成个性化课程学习。

(三)与名企个性化合作,引进新技术

合建新技术应用中心,市场化运作,实现"优势互补、资源共享、互惠互利、共同发展"。

(四)开发实施"一周一项目""一学期一工程"新课程,实现双能力融合培养

坚持课程项目"来源企业,服务教学",以真实工程案例为载体,重构教学内容,职业核心能力融入训练过程,形成"一周一项目""一学期一工程"的新课程。实施过程中,通过 CDIO 教学方式,实现专业核心能力与团队合作、自我学习、创新创意、交流表达、信息处理等职业核心能力的融合培养。

四、成果的推广应用效果

(一)提高培养质量

学生通过"一周一项目""一学期一工程"的训练,激发了学习活力,提高了学习积极性和主动性。80%学生参加各类竞赛,学生获中国青少年科技创新奖 1 项、全国技能大赛一等奖 5 项、全国二等奖 8 项、省一等奖 10 余项、全国高职高专"发明

杯"创新创业大赛金奖 6 项,成绩名列全国前茅。毕业生人均可选就业岗位超过 4 个,就业率近 100%,在厦门航空、中烟工业、浙江中控、上海大众、上海铁路等高收入的大企业就业人数众多,毕业生就业满意度高。成果直接受益学生 5000 余人。省教科院提供的调查数据显示我院自动化类专业学生就业竞争力、可持续发展能力名列全省前茅。学校是全国就业 50 强之一。

（二）全面促进专业建设

建成国家教学团队 1 个、省级教学团队 2 个、国家教学名师 1 位、全国优秀教师 1 位、省级教学名师 4 位、省级专业带头人 6 位、1 人当选为浙江省高职高专自动化类专业指导委员会副主任委员。

国家示范专业 2 个,省优势专业 1 个,国家精品资源共享课 4 门,出版"十一五"国家规划教材 5 本,入选"十二五"规划教材 6 门。

完成国家 863 科技项目"汽车曲轴随动磨削数控机床及其相关工艺研制""十一五"国家科技支撑计划重大项目"1.5～2.5MW 双馈式变速恒频风电机组产业化关键技术"、省重大科技攻关项目"五轴联动数控卷簧机研制"、公益项目"基于现场总线技术的化工安全监控系统"等 100 余项。

建立师资国培项目"西门子自动化技术""嵌入式系统""数控维修"等 3 个、省级示范实训基地"机电一体化技术""自动化技术"等 2 个。

培训浙江工业大学、杭州电子科技大学、中国计量学院、浙江树人大学本科生 500 人,年培训企业人员 1000 余人次,师资 200 人次。

（三）政府与行业肯定

本成果入选教育部示范建设成果集,在有几百所高职院校、上千人参加的国家高职示范建设周年成果大会上,做了"三新"成果交流汇报,取得很好效果。

成果是 2010 年 9 月教育部高职高专工作会议、2012 年 5 月全国职业院校管理工作会议等考察学习项目,我校多次受邀在教育部行指委、教指委会议做宣讲,交流经验。

是教育部、省师资培训基地及省示范基地。

"三新"特色人才培养模式产生很好的社会效应,受到企业欢迎,多名教师当选为浙江省电机动力学会等行业学会、协会常务理事,并吸引 GE、Siemens 等多家国际著名企业主动与学院共建实训基地,如图 6 所示。

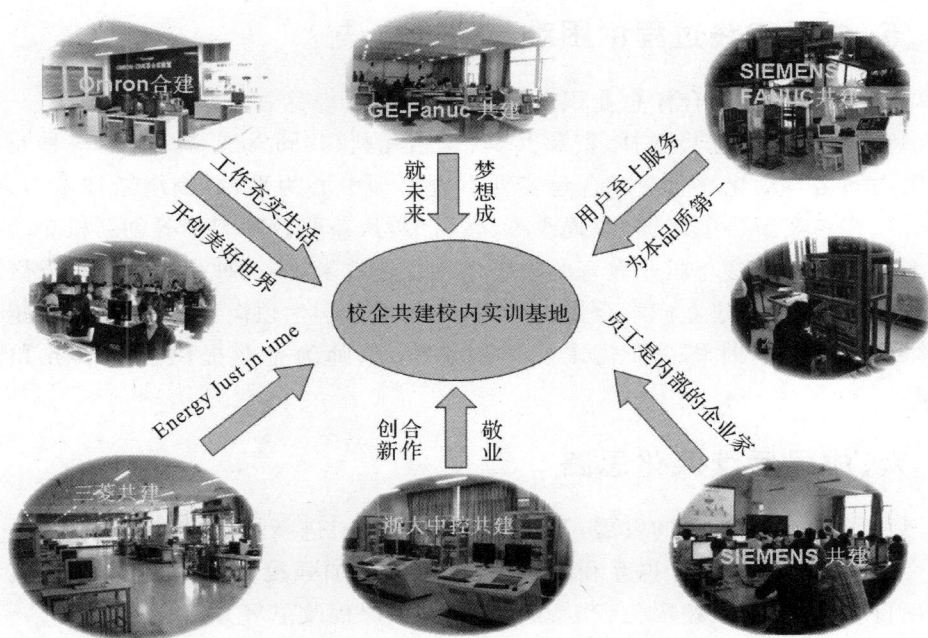

图 6　共建实训基地

(四)同行认可

1.创建 Fanuc 数控系统技术应用中心,合作与运行模式直接在宁波职业技术学院、芜湖职业技术学院等 30 余家学校与企业推广,并成为联合应用中心秘书长单位。富士康科技集团、浙江联强数控机床公司、东风本田汽车有限公司、重庆赛菱斯机电设备公司等 20 多家企业派人参加培训;

2.自主开发融合了"三新"理念的自动控制综合实训系统等推广到浙江电力职业技术学院等 10 多所兄弟院校;

3.对口支援阿克苏职业技术学院、延安职业技术学院、甘肃机电职业技术学院、平湖职业中专、慈溪杭州湾中等职业学校等 10 余所院校;

4.年接受 100 余所国内院校交流学习,也接待巴基斯坦、澳大利亚、中国台湾、日本、新加波、美国、德国等多个境外访问团来学习考察,先后有 20 多位教师赴德国、澳大利亚、新加坡、中国香港、美国交流学习。

5.在《高等工程教育研究》《教育与职业》等核心杂志发表了一批论文,对本成果涉及的高职教育、产学工作站建设、课程建设、教材建设等进行了理论研究与实践探索,在同行中产生积极影响。

五、成果实践过程中困难与解决方法

主要困难为校企合作企业积极性不够。

解决方法：以"优势互补、资源共享、互惠互利、共同发展"为前提，一种是与国际、国内知名自动化类企业以合建实训室暨培训中心为平台，围绕新技术引入、产品推广、客户及新员工培训、课程改革、教材编写、兼职教师聘用等创新校企合作模式，大大提高企业参与职业教育的积极性和合作效果；另一种是在高新开发区或制造业产业集群区域建立产学合作工作站，企业承担学生顶岗实习与就业，承担部分外移课程教学，及时将企业需求反馈到学校，老师为企业提供技术服务和人才支撑。

六、成果后续深化思路

1.紧跟社会和企业的发展，及时跟踪新技术、引进新技术、教授新技术。

2.在"学校、企业"互惠互利的前提下，进一步加强校企合作，包括学生实习内涵、项目合作、技术难题攻关、产品或系统推广、课程改革等方面。

3.围绕新技术优化课程体系，全面实行项目化改造，课程实施融入交流沟通、自我学习、解决问题等职业核心能力的培养，全面提高学生软硬能力。

金文兵　刘哲纬

基于"创业带动学业"的高职院校创业教育体系构建与实践[*]

杭州职业技术学院

[摘　要]　创业教育是衡量高校教学质量的重要指标,也是高校办学特色的直接体现。目前,对于高校创新创业教育的研究有了较大发展,而针对高职院校的创业教育研究仍处于初期阶段。本文以"创业带动学业"为导向,提出了全新的创业教育理念,构建了渐进式的创业教育体系,探讨了高职学生创业平台的运行机制,对高职院校创业教育体系的构建与实践上进行了创新,为高职院校创业教育的特色发展提供了借鉴。

[关键词]　创业带动学业;高职院校;创业教育体系

当前,高职院校为了适应新的挑战和变革,应对就业压力,不断加强内涵建设,努力培养学生的创新精神和创业能力,这既是深化人才培养模式改革、全面提升人才培养质量的内在要求,又是高职院校办出特色、办出水平的应有之策。

本成果旨在通过构建"创业带动学业"理念下的创业教育体系,来培养高职学生的创新创业能力。本成果很好地解决了以下教学问题:①如何激发学生创业激情和专业学习兴趣;②如何选择创业教育内容;③如何解决在校生创业与学业间的矛盾。

一、高职创业教育体系构建

(一)提出了全新的创业教育理念

1.创业带动学业,提升就业能力。通过创业教育与实践,可以使学生明白"为什么要学习"和"要学什么",激发学生学习的兴趣,变被动学习为主动学习,从而带动学生学业,提升学生的实践能力和创新创业能力,最终提升学生的就业能力。

2.创业能力是高职学生的核心能力。把培养学生的创业能力纳入专业的人才

---

*　本文为2014年职业教育国家教学成果二等奖成果总结。

培养目标,面向全体学生、结合专业教育,将创业能力培养贯穿人才培养全过程。

3.杭职院可能没有"马云式"人物,但必须要有培育"马云式"人物的平台。与开发区共建共管高职学生创业园,为学生创业提供实践平台,使学生在全真的环境中开展创业实践,赋予创业园创业教育的含义。

4.创业成功是我们的教学成果,创业失败也是我们的教学成果。创业成功的经验往往很难复制,甚至可能会导致更多学生创业失败;而创业失败的案例更具有教育意义,会帮助更多学生规避创业风险、走向创业成功。

这些理念,从理论层面诠释了创业与学业之间的关系,科学架构了创业教育的顶层设计,为构建创业教育体系和实践创业教育提供了理论依据。

(二)构建了渐进式的创业教育体系

与专业教育相融合,重构创业教育体系和开发课程内容,将创业能力培养纳入专业人才培养体系,构建了创业通识教育、创新教育、专门教育和创业园实践的渐进式创业教育体系(如下图1所示),形成了基于"创业带动学业"的创业教育模式。

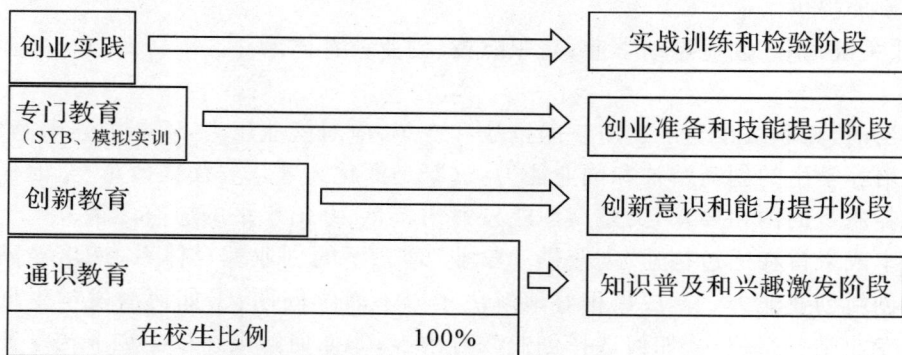

创业实践	→	实战训练和检验阶段
专门教育(SYB、模拟实训)	→	创业准备和技能提升阶段
创新教育	→	创新意识和能力提升阶段
通识教育	→	知识普及和兴趣激发阶段
在校生比例 100%		

图1 创业教育体系示意图

1.通识教育。将《创业教育》纳入公共必修课,2个学分,100%学生接受创业通识教育。同时,要求每个院(系)开展2门以上创业选修课,目的是普及创业知识,激发学生的创业兴趣。

2.创新教育。与专业相结合开发创新教育课程,开发课程标准和教学内容。如友嘉机电学院的机电类专业,与友嘉制造系统精实计划(FNPS)活动相结合,将企业岗位开展"大改善、小改善"活动的程序、步骤、方法和典型案例等作为创新教育的主要内容。同时,结合教师科研项目、学期项目课程等开展创新教育;通过开展创业大讲堂或企业文化大讲堂、创业计划大赛、"挑战杯"选拔赛、大学生科技创新活动、高职学生创业论坛、创业集市大赛等创业教育活动,营造浓郁的创业氛围,激发学生的创新思维,激励学生的创业精神,增强学生的创业意识和创业能力。

3. 专门教育。对于有创业意愿和日后打算进行自主创业的学生,组织开展 SYB 创业培训和模拟公司实训。通过培训,一方面让学生的就业观念发生转变,另一方面激发他们的创业意识,掌握基本创业技能。学校已举办了 162 期 SYB 创业培训和模拟公司实训,参加培训学生 4006 人。

4. 创业实践。经专门教育并具有成熟创业项目的学生,可向学校申请入驻高职学生创业园进行真实创业实践。在杭州市大创联的支持下,为创业企业安排了"一对一"的企业创业导师和专业指导老师,对创业学生及其团队提供个性化的培养和指导。通过指导学生参与创业实践、评选优秀创业企业和创业之星等,让学生明确职业发展定位,增强专业学习兴趣,促进专业学习。

(三)创建了国内一流的高职学生创业园

1. 区校共建,搭建了全真环境的创业实践平台。2007 年底,本着"共建、共管、共享"的原则,杭州职业技术学院与杭州经济技术开发区管委会联合创办了高职科技创业园。园区按照现代企业运作模式,设立了独立法人资格的杭州高职科技园管理有限公司。公司下设创业园管理办公室和财务办公室,制定了完善的管理办法、培育孵化和淘汰制度,可以为入驻企业提供办公场地、物业管理、工商注册、财税、法律咨询、创业资金、人才推荐、市场开发、招商引资等全方位、多层次的优质配套服务。

学校创业园已建面积 9000 余平方米,园区累计孵化企业 133 家,在孵企业 85 家。其中 8 家企业通过评审被认定为"杭州市高新技术企业",有 6 家学生企业被授予"杭州市大学生企业实训基地",2 家"雏鹰企业",3 家"青蓝企业",1 家企业被评为"杭州市十佳大学生创业企业",2 名创业学生被评为"杭州市十佳大学生创业之星",1 名创业学生被列入杭州市杰出创业人才培育计划,3 家企业被评为杭州经济技术开发区"诚信民营企业",1 家企业获得杭州市发展文化创意产业先进单位,创业园学生创业企业年产值 5000 余万元,利润 600 余万元,专利 40 余项。

2. 成立创业企业联盟和园区党组织,共享资源,共商发展。为充分发挥创业园的人才集聚效应,整合优化政府和社会资源,更好地帮助和扶持大学生创业,园区成立了大学生创业企业联盟,并率先在下沙大学科创园中推出创业沙龙主题活动,开展创业企业工商财务、法律知识和小额担保贷款申报培训,举办创业园开放日活动、大学生创业论坛、创业企业联谊会等主题活动。2010 年 5 月,园区成立了直属杭职院党委的创业园党支部,这是下沙高教园区第一个设立党组织的大学科创园,也是全国高职院校第一个设立党支部的创业园。支部成立以来,已发展了 5 名预备党员,为 9 名预备党员办理了转正手续,党员人数从原有的 5 人增加到现在的

29人。创业园直属党支部的成立,拓展了创业园的教育功能,创新了创业园管理机制,构筑了创业大学生的"精神家园"。

(四)建立了全方位的创业教育保障体系

1.建立创业"护犊机制",为大学生创业提供持续保障。初生牛犊不怕虎,但大学生创业也难免会有失败。为积极鼓励大学生自主创业,促进以创业带动就业,学校每年出资100万元专门设立了"护犊资金"。在校创业的学生只要品学兼优,具有一定的组织协调能力和创业创新能力,有创业项目,无不良信用和违纪记录,都可向园区提出申请。"护犊资金"不要求回报,目的就是为了帮助学生敢于创业实践,同时允许学生创业失败,免去其创业的后顾之忧。目前已有13家创业企业获得"护犊资金"立项。

2.提供个性化教学管理服务,解决在校生创业与学业间的矛盾。为实现学校在校生创业期间教学管理工作的科学化、规范化,培养高职生创新创业能力,以创业带动学业进步,杭职院出台了《关于在校生自主创业教学管理原则意见》,规定"创业学生所取得的各项创新成果、科研成果等经认定可计入学分","创业学生所进行的创业活动经学分认定可抵公共选修课、实践课学分","与创业学生创业项目、创新成果与所学专业课程内容相近的可申请免修"等。同时要求各教学单位针对创业学生的具体情况制定学生创业期间的个性化教学方案,对创业学生日常教学工作加以专门化的组织和管理。2007级市场营销专业王杭飞同学、2008级园艺技术专业朱弘等同学先后向学校提出创业申请,其所在二级系(院)专门制定了适合他们创业需求的教学方案,允许这些学生创业期间可以不用上课,学校在工余时间指派教师对他们进行专门辅导,并确保不落下教学需要的每一个环节。这不仅强有力地推动了大学生自主创业,而且解决了学生创业与学业的两难选择,既不让学生荒废掉学业,又能让学生根据兴趣自主选择创业项目。

3.开辟多元融资渠道,扶持大学生创业企业。为了让学生创业企业享受到更多的优惠政策,园区积极组织创业企业申请杭州市及开发区大学生创业无偿资助项目,帮助学生企业申请市文化创意产业专项资助、市科技局种子资金、国家科技创新基金等项目。自开园至今,创业园已有45家大学生企业获得杭州市大学生创业无偿资助220万元,1家企业获90万元国家创新基金资助及配套奖励。

4.加强创业导师指导,引导创业企业发展。一方面,选拔具有创业意识的教师到国内外创新型企业和高校进修、培训,更新了教师的职业教育理念,提高了教师的专业创新能力。另一方面,充分利用学校校企合作体制的优势,聘请校企合作企业的企业家、技术创新能手和成功创业人士担任"创业导师",建立创业导师资源库。目前已培养了国家创业指导师3名,SYB培训师27名,模拟创业公司培训教师 6 名,有 20 名老师被聘为"杭州市大学生创业导师"。同时,聘请了达利(中国)总裁费建明、金都房产集团总裁吴忠泉、绿盛集团总裁林东、德意控股集团总裁高德康等 40 名知名企业家和社会成功人士担任学校创业导师,初步构建了一支"创业讲师+专业导师+企业导师"的三师型创业教育师资队伍。

二、高职创业教育成效分析

1. 国家级课题 1 项,厅(局)级课题 7 项,公开发表论文 9 篇(其中人大复印资料全文转载 1 篇),出版专著《高职学生自主创业指南》1 本,由高等教育出版社出版。

2. "高职院校创业教育体系的构建与实践"于 2014 年 2 月获浙江省教学成果一等奖。

3. 研究报告(高职院校创业教育理论与实践研究)获国务院委托课题"职业院校创业教育研究及系列教材开发工程"研究报告一等奖,论文(高职学生创业能力培养的实践探索)获国务院委托课题"职业院校创业教育研究及系列教材开发工程"论文一等奖。

4. 学校创业园荣获多项殊荣:"科技部大学生科技创业见习基地""团中央青年就业创业见习基地""浙江省科技企业孵化器""杭州市优秀大学生创业实训(见习训练)机构""杭州市文化创意产业大学生创业优秀孵化基地""杭州市科技创新十佳单位"。

5. 荣获"杭州市创业教育示范项目""杭州市大学生就业创业优秀服务项目特别贡献奖""杭州市优秀教改成果二等奖"。

6. 20 名校内教师被聘为"杭州市大学生创业导师"。

三、高职创业教育的社会影响

(一)大学生创新创业能力显著提升

通过创新创业教育和实践,学生创业创新能力大幅度提升。2009 年以来,省"挑战杯"创新创业竞赛累计获奖 40 项(其中特等奖 10 项),其中 1 个项目获得"最佳表现奖",我校被授予"优秀组织奖"的荣誉称号。全国"赛伯乐"杯创业大赛获奖 2 项,德国红点设计大奖 1 项。至今学校已累计孵化大学生创业企业 117 家,其中市高新技术企业 8 家,312 名学生参与创业,带动 1120 名大学生就业,毕业生创业率达 7.76%,毕业生就业率达 98%。

几年来,涌现出一批创业典型。如 2008 届毕业生赵武创办了格盛电子科技有限公司,仅花了不到一周时间就为一家外资公司解决了专业公司两个月都无法解决的技术难题。该公司于 2010 年获得"杭州市高新技术企业"称号。2008 届毕业生沈康强创办了网匠科技有限公司,凭借出色的技术力量与完善的客户服务赢得了广大客户的一致好评,该公司于 2010 年通过了"杭州市高新技术企业"认证;2010 届毕业生王杭飞,已在创业园创办了 2 家公司,成功创建了一种崭新的"免费复印广告媒体"创意模式,已在上海、南京、合肥、武汉设立分公司,成为国内最具活力与创造力的新媒体代表,诸如此类的创业典型在杭职院还有很多。

(二)获得高职院校同行和社会各界的高度认可

截至目前,已有 511 所高职院校、2000 多人次来校学习考察,学校创业教育理念、管理制度和做法等被兄弟院校借鉴和应用。教育部部长助理林蕙青、高教司司长张大良、浙江省委常委蔡奇等领导先后来学校视察,对学校"创业带动学业、提升就业能力"的创业教育模式给予了高度评价。同时,中央电视台、浙江卫视、杭州电视台、中国教育报、中国青年报、中新网、中国高职高专教育网等 40 多家媒体先后对学校创业教育进行了报道。

(三)对高校创业教育具有很好的借鉴与示范作用

我们的实践带动了浙江省下沙高教园区 14 所高校的创业园建设和创业教育工作。2009 年在教育部服务就业、促进就业工作会议上,介绍了我校创业教育的实践与探索;2012 年在全国首届职业院校创业教育学术论坛上专题介绍了我校创业教育的经验与成效。学校创业教育案例写入了《2012 中国高等职业教育人才培养质量年度报告》。

陈加明　张赵根　徐高峰　郭伟刚　王　玲

行动导向的高职院校教师职业教育教学能力提升探索与实践[*]

宁波职业技术学院

[摘　要]　宁波职业技术学院自 2005 年起针对高职教育内涵建设中师资的瓶颈问题,探索出一条可以快速全面提升教师职业教育教学能力的有效途径。师资培训内容紧贴当前高职教师的教学需求,借助先进职业教育教学理念,科学设计培训内容,并落实到教师课程教学设计和教学实施层面;培训过程将"教学做"合一的职业教育理念渗透到全过程,受训教师通过"宏观、中观、微观"三个层面的指导,以及课堂教学实践完成整个受训任务,使教师教学能力得到快速提升,增强了课堂教学效果;借助教育部师资培训基地开展面向全国高职院校的师资培训,培训方式灵活多样,受惠面广,创新送教上门的个性化培训模式解决了受训院校集中培训后的教师培养可持续推进问题。该成果持续时间长,推广应用效果突出,对全面提升高职院校教师的职业教育教学能力,提高人才培养质量具有重要的推广应用价值。

[关键词]　行动导向;职教教学能力;教学设计;教师培训

一、成果简介

我国的高等职业教育经过几年的跨越式发展,已进入加强内涵建设,提高教育质量阶段。针对学院师资队伍整体缺乏实践经验,职业教育课程开发、设计和教学实施能力薄弱,学生普遍存在课堂学习效率低,学习积极性差的现状,学院领导深切感受到高职院校快速提高和持续发展的基础,是教学质量与水平的快速提高和教学观念与模式的持续更新,而教师教学水平高低又是教学质量的决定因素,学生的能力水平取决于教师的能力水平,高职院校急需培养一批擅长职教课程教学的师资队伍。

教师教学能力的提升必须要有一套科学的训练培养方法。2005 年起,学院组织研究团队,借鉴行动导向职业教育教学改革经验,提出职业教育课程设计和评价

---

* 本文为 2014 年职业教育国家教学成果二等奖成果总结。

的基本原则,编写《职业教育课程教学改革》和《高职教改课程教学设计案例集》职教能力培训教材,开发教师职业教育教学能力培训包,在宏观、中观和微观层面,更新教师职教理念,熟悉专业课程体系开发方法,教师能够对所授课程实施能力本位项目化设计。经过七轮全员培训,每位教师都完成了一门以上课程的整体和单元设计,依据教学设计评价标准,全院教师设计的 523 门课程通过测评,并自 2006 年起在课堂教学中加以实践,课堂教学质量明显提升。同时,学院培养了一支能设计、会指导、善点评,能面向全国高职院校教师授课的精品讲师团队。

2007 年开始,教师职教能力培训成果依托教育部高职高专师资培训基地面向全国高职院校开展培训。以学院骨干教师培养中优选的讲师团队成员为基础,指导培训学员完成课程的整体和单元设计,"教、学、做"合一提升受训教师职业教育教学能力。

2009 年起,成果在校内和全国全面推广,校内新教师职教能力培训测评、骨干教师和名师培养形成了层层选拔的良性运行机制。国内教师培训在原有基础上增加了委托培训、送教上门、订单培养等独具特色的培训方式。截至 2013 年底共为全国 31 个省市的 287 所高职院校培训教师 12185 人,深受受训院校好评,推进了高职院校课程建设和教学改革。

二、成果主要解决的教学问题

(一)高职院校普遍存在教师职业教育教学能力薄弱,学生学习积极性难以调动问题

教师普遍习惯于知识本位的教学理念和灌注式的教学方法,传统课堂教学以教师为主体、以知识为核心,学生被动听讲,学校对教师课堂教学的评价也是以教师为主体,围绕教师的教学进行,结果是课堂教学效果不能满足高职教育对人才培养目标要求,学生学习积极性难以调动。

(二)高职院校教师培训以听取专家讲座为主,教师培训内容与教学能力提升缺乏联系,"教、学、做"脱节

传统的师资培训基本都是在短短几天时间内由主办单位组织专家通过开设几堂讲座来完成,无法真正检验培训整体效果,不具备让受训教师边学边做的条件,更没有大量的能适应不同课程类型需要的培训讲师团队来实施对受训教师有针对性的课程设计指导,即使是培训结束后也不知道如何真正在课堂教学中加以变革实践。

（三）高职院校教师教学能力难以整体提升，外派教师参与培训费用较高，效果又无法保证

传统师资培训基本都是学校派教师外出为主，受训教师数量有限，培训效果参差不齐，且在培训后主办方无法提供更深入的后期服务，培训结果对师资队伍整体教学水平提升和教学质量提高有限，教师培训后续的课程设计及课堂教学指导缺乏专家团队支撑，且外出培训费用较高，越是边远落后地区，这个问题越突出。

三、成果解决教学问题的方法

（一）以课程设计"6＋2"原则为核心，开发教师职教能力培训包

贯彻以职业活动为导向、以学生为主体、以职业能力为中心、以实际项目为载体、以任务训练为途径，理实一体化教学和德育、外语及职业核心能力（如自学能力、与人交流能力、与人合作能力、解决问题能力、信息处理能力、创新能力、数字应用能力）渗透的"6＋2"原则，从宏观、中观和微观三个维度系统设计培训内容。既有示范校办学体制机制和教学改革创新经验、课程体系开发方法、人才培养方案设计与实施方略介绍，又有微观层面的课程教学设计案例指导，让教师树立先进的职教理念，找准每门课程的能力目标、知识目标和素质目标，学会依据岗位活动来设计教学项目、以实现教学目标来设计教学内容，围绕职业能力训练来设计教学方法，以完成项目任务的过程与质量来设计课程教学评价，达到更新教师观念，具备课程设计和实施能力，调动学生学习积极性的目的。

（二）以培训、指导、测评为途径，开展"教、学、做"合一的教师培训

通过全员轮训，层层筛选，重点指导，学院培育了一支能设计、会指导、善点评，能面向全国高职院校教师授课的精品讲师团队，人数多达53人。他们既能结合本人承担课程做好项目课程教学设计方法和课程实施操作层面的案例讲授，同时又能为培训院校提供一对一的课程教学设计辅导和职教能力测评工作。以这支讲师团队为基础开展的面向全国高职院校教师开展的职教能力培训，以行动导向原则指导培训学员完成课程教学设计，由学院作为主办方提供培训学员"一对一"教学设计指导和职教能力测评服务，使受训学员在培训过程中完成一门课程的设计，"教、学、做"合一，高质量完成培训任务。

（三）以"送教上门、个性化服务"等形式，整体提升受训院校教师教学能力

随着高职教学改革不断深化，很多院校急需整体提升教师教学能力，为此学院

推出"送教上门"培训模式,派出老师到受训院校去上门培训。同时,针对各高职院校的不同需求,推出"订单培训"模式,满足不同院校的个性化需求。认真分析学校的区域特点,了解对方院校所开设专业情况,调研该校前期课改的举措和目前存在的主要问题,与受训院校共同商讨有针对性的培训方案,并且借助宁职院多年来培养的"宏中微"观不同层面的专业主讲教师团队为受训院校提供后续课程设计指导、教学能力测评、骨干教师培养等服务,极大增强了培训效果。此外,还特别关注西部边远和少数民族地区,不因路途较远而额外增加培训收费,还为上门服务院校部分教师提供免费培训,力求扩大受益面,减少受训院校开支,使更多的教师受益。

四、成果的创新点

(一)培训内容先进性:紧贴当前高职教师需求科学设计培训内容

针对目前高职教师课堂教学存在的核心问题,培训内容从宏观、中观和微观操作层面系统设计,根据受训教师所需,突出对其进行课程整体及单元教学设计的方法指导。使教师以职业活动为导向,找准课程的能力目标,学会依据职业岗位活动来设计教学项目,以实现能力目标来确定教学内容,围绕职业能力训练来设计教学方法,以完成项目任务的过程与质量来设计课程教学评价手段,切实增强教学效果,提高学生的职业岗位能力和综合职业素养。

(二)培训过程实践性:"教、学、做"合一指导教师完成课程设计任务

教师培训整个过程体现了一种以课程教学设计实践为载体的行动导向职教能力师资培训新模式。在主讲教师完成课程设计理念和方法的讲授同时,受训教师听取案例教师的课程设计案例演示,并在对口教师指导下同步完成一门课程的教学设计,通过职业教育教学能力测评,使其真正在"做中学"的过程中转变教学观念,提升职教能力。

(三)培训方式独特性:采取送教上门、专人辅导、骨干测评等方式

本项目所创设的送教上门服务,为受训院校开展整体订单式培训,可以降低培训费用,大大提高培训成效。在培训的基础上为受训院校骨干教师提供"一对一"辅导及职教能力测评服务,为其培养一批能指导课程设计、点评和开展职教能力测评的专家团队。通过这种循序渐进、扎实有效的个性化服务,推进了受训院校的整体教学改革。

五、成果的推广应用效果

实践证明,宁波职业技术学院通过对课程教学设计基本原则和课堂教学效果评价标准系统研究,以自身的实践取得的成功经验为基础,开展对全国高职院校"教师职业教育教学能力培训"工作,这在国内高职教育领域是一个创新,探索出一条快速提升教师教学能力和全面深入推进高职院校教学改革的新路,开创了在高职院校中可以进行系统教学改革的新渠道,可以解决师资培养工作中遇到的普遍性问题。而且本培训的实施没有特定条件限制,也不需要很大的经费投入,因此在校内外引起较大反响,在全国职业教育领域得到认同并得以推广。

(一)校内推广应用

1.师资队伍形成梯队良性培养机制。自2007年开始,宁波职业技术学院将新教师职业教育教学能力的培训和测评作为学院的一项常规工作。并将测评结果记入个人业务档案,作为聘用、上岗、晋升的重要依据。为进一步提升教师课程教学设计能力和课堂教学实践水平。学院于2007起专门针对青年教师开办骨干教师培训班。

2009年后,学院骨干教师培训形式和内容逐步完善,增加了素质拓展、企业实践、专业研讨、校内公开课等内容,通过骨干教师的阶段性封闭式研讨培训骨干教师自身的课程设计能力、演示能力和对其他教师课程的点评能力,对骨干教师培训的教学实施环节考核有助于教师将课程设计从纸上谈兵到付诸实施。骨干教师也是学院名师培养选拔的基本条件。至今学院已举办六期,累计培训184名骨干教师,这些教师是学院一线教学队伍的精英力量,约30%成为职教能力师资培训讲师团队的重要成员。他们在宁职院深化教学改革,提升人才培养质量的内涵建设工作中发挥着举足轻重的作用,部分骨干教师迅速成长为学院名师或专业、教研室负责人以及系(分院)主管。

2.课程教学改革持续深入开展,人才培养质量逐年提高。以新教师职教能力培训与测评、骨干教师以及名师的系统培养为基础,学院培养了一大批理念先进、方法创新的优秀教师,课堂教学能力明显提升,教改成果不断涌现。建设了国家精品课程10门,国家精品资源共享课7门,省精品课程23门。2011年至2013年,学生评价教师每年度优秀率均达93.22%,教师分别荣获国家级教学名师,全国职业院校信息化教学设计大赛一等奖。学院在整个教学管理中深入落实项目化课程改革成果,教师设计的课程通过课堂教学惠及全院学生,将素质教育融入所有课程的教学中,坚持融传授知识、培养能力、提高素质于一体,着力提高学生的自主学习能力、合作能力、沟通能力、实践能力和创新能力。人才培养质量不断提高。据麦可思调查显示,学院2012届毕业生初次就业率为99%,学院2012届毕业生半年后平均月收入为 2901 元,比浙江省高职院校 2012 届毕业生高 115 元,2012 届毕业生对母校的总体满意度为 94%。

(二)国内推广应用

2007 年"教师职教能力培训项目"纳入教育部全国高职高专师资培训计划,面向全国高职院校教师开展培训。2009 年起,该培训项目从内容、过程和形式上趋于成熟和完善,成为全国高职教育领域赞誉度高、深具影响力的师资培训项目,2012 年纳入教育部职业院校教师素质提升国培项目。至今,职教能力培训项目已培训 98 期(其中国培 6 期),培训教师 12185 人,培训学员来自全国 31 个省市的 287 所高职院校。学院师资培训数在全国师资培训联盟 2010 年度和 2011 年度的全国高职收费培训学员数统计中连续两年占全国培训总人数的近十分之一(统计不包括学院提供的免费培训人数)。成果出版的专著《职业教育课程教学改革》是同类教材中最畅销的,销量达 54000 册。2012 年在总结原有成果基础上出版了专著《职教院校整体教改》。

近五年来主动派培训团队上门提供教师职教能力培训服务院校达 58 所,培训学员 8823 人次。2011 年 4 月初学院上门为烟台工程职业技术学院培训以后,该校积极鼓励教师以职教能力培训要求进行课程改革,教师课改成果显著。在 2011 年 6 月全国职业院校高职组机械部件创新设计与制造技能大赛上,该学院首次参赛的数控技术系代表队获得教师组(张所夏、赵辉、宋海峰)教学设计一等奖(第二名)。

宁波职业技术学院在开展培训项目过程中还十分关注对边远地区和少数民族地区教师的培养,在为这些院校提供上门订单培训中不因路途较远、成本提高而额外增加培训费用。在送教上门院校中为边远少数民族地区培训学员 1587 人。例如,2012 年 7 月,到新疆为阿克苏职业技术学院进行全员培训。

学院还为受训院校教师提供免费培训机会,在统计的职教能力培训学员中 4442 人是免费提供的。例如,2011 年暑期为西藏职业技术学院全体教师提供了免费培训,后期还为该院骨干教师提供了"一对一"辅导和测评服务。

总之,教师职教能力培训项目在全国广受欢迎,学院在高职高专师资培训联盟组织的三次评比中连续获得"优秀培训单位"称号。项目主讲教师戴士弘、周亚获得"优秀培训师"称号。

(三)国际推广应用

教师职教能力培训内容作为一个独立模块,依托设立在学院的商务部职业教育援外培训基地,开展对发展中国家职业院校教师和管理人员的培训,截至 2013 年底共为来自 62 个国家 420 名"发展中国家职业教育研修班"的官员及教师提供了培训。学员普遍认为学院目前实施的职业教育课程教学设计方法和理念也适用于所在国的职业院校的课程教学需要,参加培训学员纷纷表示要将在中国学到的职业教育教学方法带回本国。项目成果借助援外培训这个平台向世界展示了中国职业教育课程改革的成功经验,扩大了高等职业教育在发展中国家的影响力。

张慧波　任君庆　周　亚　何明友　叶　鹏　张振锋

毕业综合实践分类指导全程动态管理模式研究与实践[*]

浙江水利水电学院

[摘　要]　在分析毕业综合实践教学特点的基础上,围绕该实践教学环节指导和管理存在的问题,创新指导和管理模式,将指导和管理信息流由串行改为并行,构建了基于总线式的管理框架和分类指导的体系,开发了毕业综合实践分类指导全程动态管理的网络平台,并在三十多所院校进行了应用,成果应用进一步加强了毕业综合实践的过程管理和监控,并为个性化指导学生提供了有效的途径,对提高毕业综合实践的教学质量有很好的促进作用。

[关键词]　毕业综合实践;过程管理;分类指导;全程动态;管理平台

毕业综合实践主要包含顶岗实习(毕业实习、毕业实践和毕业学年的其他校外分散实习)和毕业设计两个部分,一般安排在大学学习生涯的最后一年,从教育过程来看,虽没主要发生在校内,但仍然是学校教学的重要组成部分,是提高学生实践能力、培养学生职业素养和提升学生就业能力的有效途径。本成果主要从毕业综合实践的指导和管理角度出发,坚持"质量"和"安全"并重,内涵提升与管理水平提高并重,实践全员、全过程育人理念,实施分类指导和全程计分式考核,通过建设全方位、多视角、多层面的全程动态管理平台和推行多位一体的监控体系,形成了毕业综合实践分类指导全程动态管理模式,突破了传统教学指导和管理的瓶颈,成果直接应用院校 40 所,每年受益学生 10 万余人。

一、主要解决的问题

(一)成果背景

毕业综合实践(顶岗实习和毕业设计)具有教学时数长、实践单位落实差异大等特点,社会关注度高,"放羊"等负面报道不断。国家教育行政部门也多次发文强

---

　*　本文为 2014 年职业教育国家教学成果二等奖成果总结。

调该教学环节的重要性和做好过程管理的必要性,如教育部 16 号文件强调"高等职业院校要保证在校生至少有半年时间到企业等用人单位顶岗实习",教育部2010 年工作要点强调"坚持以就业为目标,整合教育资源,改进教学方式,完善顶岗实习管理制度,加强实习实训全过程管理",七部委实践育人文件中强调"加强实践教学管理,提高实验、实习、实践和毕业设计(论文)质量"。如何提高毕业综合实践的质量和保证实践学生安全是各高职院校毕业综合实践教学环节共同面临的难题。

(二)传统模式的不足

毕业综合实践有利于培养学生的实践能力,促进学生就业,然而在实施过程中,学校也遇到一系列的难题,如何在毕业综合实践的安排、指导和管理上实现新突破,是各高职院校发展面临的重要问题,以就业为导向的毕业综合实践具有以下特征:实践单位落实时间差异大,单位变换频繁;就业(实践)岗位与专业培养目标有差异,专业教学与就业需协调;实践单位分散,校企合作不持续;个性化指导不够,就业能力培养难全面。传统指导和管理模式存在以下"六难":

过程管理难——如何有效管理?

质量保障难——如何全程监控?

分类指导难——如何个性培养?

安全掌控难——如何全面掌控?

成果评价难——如何有效评价?

资料积累难——如何逐年积累?

"六难"的核心是如何更有效的指导毕业综合实践、加强毕业综合实践内涵建设,促进学生更好、更快地就业。

(三)全程动态信息化管理优势

网络技术的发展为成果实现搭建了平台,智能终端的快速普及加快了成果的推广应用,政府主管部门重视和多校积极参与促进了成果的不断完善,实现了"六化":

分散实习集中化——网络管理;

学生指导个性化——分类指导;

实习考核过程化——计分考核;

安全监控全程化——动态管理;

成果形式多样化——差异要求;

资料累计网络化——自动累积;

通过成果应用，学生的实践状况全面掌握，毕业综合实践考核全方面；师生互动交流和教师的指导情况整体掌握。使用院校普遍反映在保证毕业综合实践质量、提高毕业综合实践管理效率和加强毕业综合实践过程监控方面作用明显。

通过运行"省级—校级"两级平台，省级教育行政部门掌握了全省各高职高专院校毕业综合实践的总体情况，如各地区实践学生的分布、各学校或各专业学生实践单位的落实情况等。从大数据统计角度为教育行政部门指导全省毕业综合实践工作提供了参考。

二、主要内容

秉持"理实融合实践育人"教育理念，成果主要内容体现在三个层面：理论层面、实践层面和执行层面。理论层面是通过完成新世纪教改等课题10项，从学生就业能力培养、分类指导体系构建、过程动态管理、校企共管互评、安全监控、思政教育等角度形成支撑的理论体系；实践层面是通过建设毕业综合实践全程动态管理平台，形成了全方位、多视角、多层次的教学指导和管理方式；执行层面是通过规范流程，制定配套制度，采用全程计分考核方式，推行多位一体监控体系，实现了过程精细化、动态化管理。具体如下：

（一）理论层面

1. 构建了分类指导体系，满足学生个性培养需求。高职高专院校学生毕业综合实践正值就业高峰期，为适应学生个性培养需求，引导学生更好更快就业，构建了分类指导体系，即以培养社会需用、能用、好用且具有可持续发展能力的应用型人才为总目标，按照学生的实践单位情况、实践岗位特点和就业意向，设定差异化的毕业综合实践目标，实行分类指导和差异化考核，实现了社会本位人才需求与学生个性潜能发展的平衡。

如：以学生为主体落实实践单位的，围绕学生就业单位和工作岗位设置目标；以学校为主体推荐学生到校企合作单位实践的，校企共同设定目标；对未落实稳定实践单位的学生，结合专业的培养目标及学生的就业意向，安排旨在提高其职业能力的综合性实训项目等；不同专业开展形式可差异化，顶岗实习和毕业设计可融合进行，也可分阶段实施，成果形式多样化。

2. 创新指导和管理模式，构建全员育人平台。如图1所示，传统模式下学生指导和管理信息流为串行，非相邻层信息不直通，达不到即时化、动态化。如图2所示，借助网络平台，将管理信息流由串行改为并行，缩短传输的路径，提高信息传递效率，达到教学安排的即时化和动态化，创建了总线式实践教学动态管理模型。模型中，网络是平台，毕业综合实践是总线，学生、教师、教研室、系部、职能处室、校领导、企业乃至其他高校都作为节点直连总线,从而保持信息直通,学生的实习状况和教师指导状况全程动态反映。

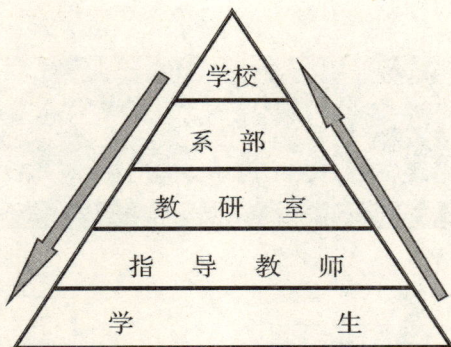

图 1 传统模式管理信息流

图 2 总线式管理信息流

3. 建立校企共管互评机制,深化校企合作育人。建立校企共管互评机制,确保学生的实践教学效果,不仅有学校对学生的指导和企业对学生的评价,也有学校对企业的跟踪和企业对学校人才培养质量的反馈。通过"老板电器柠檬班""上海大众合作班"等方式,提前实现企业与学生的双向选择,校企制定顶岗实习教学安排方案,并通过跟班、试岗、轮岗、定岗等渐进安排形式使学生得到了系统化培养,实现了毕业综合实践和就业的双赢。

(二)实践层面

指导和管理模式创新是本成果的核心,管理平台建设是成果的具体体现、是理论研究成果实践的平台、是项目成果推广应用的载体。平台建设采用 B/S 结构,具备实习汇报、过程检查和远程指导等功能,通过对不同角色的设置和权限过滤,达到统一管理、多方参与、信息互通、快速高效响应的效果,部分角色界面说明如下:

1.学生。如图 3 所示,学生可以添加实习单位和就业单位信息、撰写实习周记、向教师提问、撰写论文等,也可与自己相关的老师离线交流,及时浏览各类通知。

图 3 管理平台学生操作主界面

2.指导教师。如图 4 所示,指导教师可以在线批复实习周记、布置作业、添加交流记录、填写实地指导情况、批阅开题报告和毕业论文等,同时,也可以查看所带学生的计分情况、实习单位情况及岗位变化情况等。

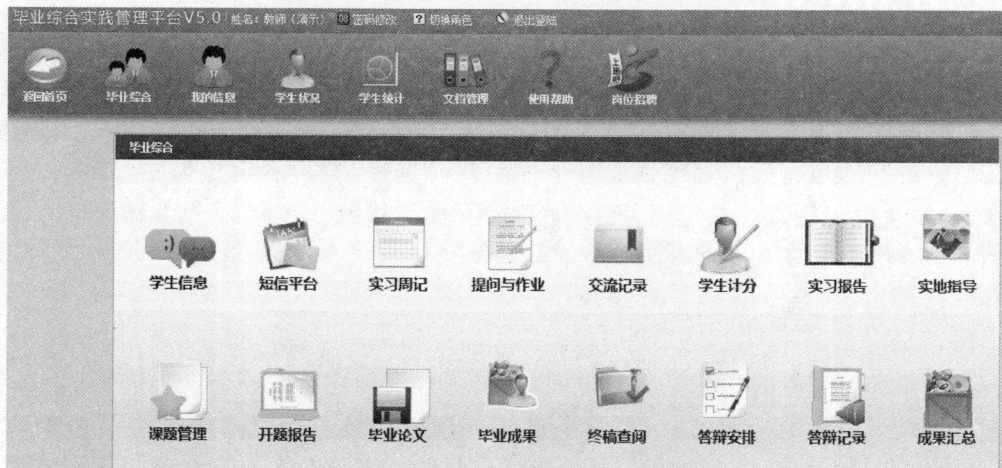

图 4 指导教师操作主界面

3.系管理员。如图 5 所示,系管理员可以管理系或二级学院的教师、学生、专业、班级,并设置实践起止时间、建立师生对应关系。通过数据统计功能,可以了解本部门毕业综合实践总体开展情况、教师的指导情况和学生的实习状况。通过角色管理可以设置系部领导、辅导员、班主任等角色。

图 5　系管理员部门管理界面

4.职能部门。职能部门的功能类似系管理员,不同之处就是查看的范围不同,如图 6 所示,职能部门掌握全校的总体状态数据。

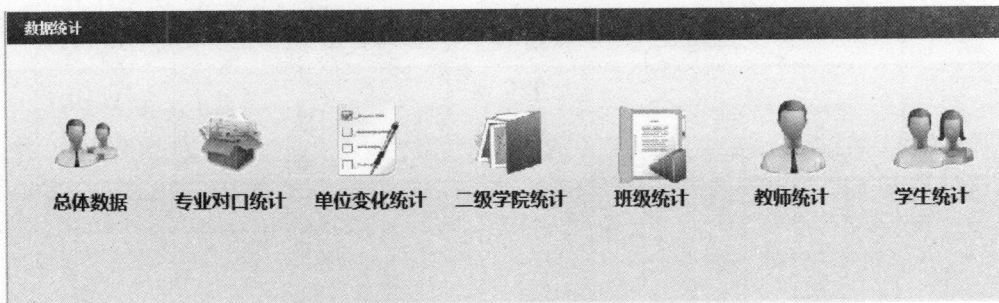

图 6　职能部门数据统计界面

5.学校管理员。如图 7 所示,学校管理员负责系统设置和分配各系或二级学院的管理员,并获校领导和职能部门授权,承担从学校的共享数据库中同步学生和教师信息。

图 7　系统设置菜单

(三)执行层面

如图 8 所示,通过规范流程,制定了《毕业综合实践管理办法》,按实践前、实践初、实践中和实践后,四个阶段、四个重心,采用全程计分考核方式,利用全程动态管理平台集中学生信息、教师指导信息、系(院)组织安排信息等,并采用不定期抽查、动态问卷调查等方式监控和促进毕业综合实践落实。通过对各类信息处理、分析,印发教学质量监控通报,召开毕业综合实践专题会,向各级领导、教师和学生及时进行反馈,促进毕业综合实践教学质量不断提高。

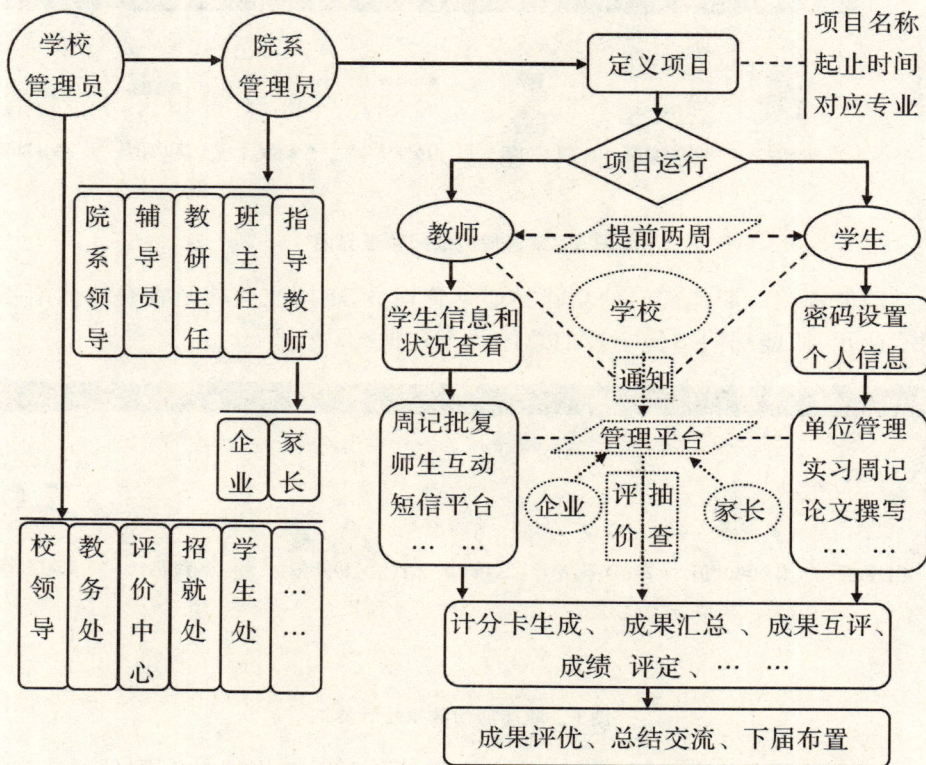

图 8　系统设置菜单

三、创新点

(一)满足个性培养需求,学生指导差异化

按照实践单位情况、实践岗位特点和学生就业意向,设定个性化教学目标,实行分类指导和差异化考核,实现实习与就业相结合、专业培养与个体需求相结合,

打破了传统命题式毕业设计方式,结合顶岗实习选题,根据学生就业意向跨专业背景安排指导教师,引导学生更好就业。

(二)实践全员、全过程育人理念,教学指导全方位

采用总线式控制模型,让所有实践教学相关方以实施方或参与方角色进入教学进程中,各自承担不同任务,掌握不同层面信息,履行不同角色职责;校企共管互评、就业指导、学评教、思政管理、成果评价全面体现,形成全方位的教学指导体系,过程管理扎实有效,实践了全员育人理念,强化人才培养全过程。

(三)创新实践管理模式,教学过程动态化

利用信息技术搭建的管理平台,创新指导和管理模式,通过执行单位管理、实习汇报、交流指导、实地检查、成果汇总、计分管理等模块,实现了分散实习网上集中化指导,学生岗位异动、心理变化、安全状况等及时反映,解决了传统模式存在的不足,实现"机管人"。

(四)注重就业能力培养,教学监控多位一体

通过搭建学生与教师、学生与学校、教师与学校、学校与企业、学校与上级主管部门等互动的信息传递平台,形成"主体多元、方式多样、信息反馈立体"的质量监控体系。

四、应用与评价

成果突破了传统模式的瓶颈,有效提高了毕业综合实践的质量和管理效率,受到部分省委领导肯定,直接采用院校40所,每年惠及学生10万余人,另有20余所院校试用或交流后,借用成果理念,自行或合作开发了类似平台,成果现已拓展到省级平台,为掌握全省毕业综合实践状况,从大数据角度提供参考,企业和学生对接的实习就业一体化平台也已建成。

(一)省委领导肯定

2011年3月24日下午,省委常委、宣传部长茅临生莅临我校视察工作时,对我校的毕业综合实践运行模式表示了高度的赞赏,他指出:"学校管理思路清晰,非常关心学生外出实习的工作条件与环境,能根据工作开展的实际需求,利用低成本的信息网络技术,实现了顶岗实习期学生全过程的动态管理,这充分体现了学校以人为本、以学生为本的理念。"

（二）评估专家认可

2011 年 12 月，高等职业院校人才培养工作评估专家组在对学校人才培养工作评估考察反馈意见"二、主要成绩"第 5 点，针对全程动态管理平台评价如下："针对顶岗实习管理的难点，创新顶岗实习管理模式，构建全方位、多视角、多层面、分类指导、全程动态的信息化管理平台，有效地突破顶岗实习的安排、指导和管理上瓶颈。"

（三）使用院校认同

近 20 所院校反馈：成果对进一步促进毕业综合实践的教学改革提供了很好平台，能满足多样化教学要求；在加强过程管理和提高实践质量方面作用明显，全员参与、分类指导有益于学生综合素质的培养和个性潜能发挥；解决了传统管理方式存在的不足，能使学校不同层面人员分类及时掌控学生的实习状况和教师的指导情况，实现了管理全程化，极大提高了管理效率。

五、结语

围绕"质量、安全"主线，坚持"理实融合，实践育人"理念，以内涵建设为抓手、以分类指导为形式、以管理平台为手段、以制度执行为保障的毕业综合实践分类指导全程动态管理模式，改变了"放羊"状态！基本达到了让学生受益、让企业满意、让家长放心的教育效果。学校差异、专业差别、信息技术的更新、管理人员流动等都为管理平台应用和推广提出了更多的要求，成果载体的后期服务是一个持续过程。

王建军　符宁平　董邑宁　徐金寿　梁　曦
徐炳炎　金湖庭　余剑敏　朱　程　王俊萍

基于现代信息技术的"四方参与、四类评价"高职教学质量管理及平台建设 *

金华职业技术学院

[摘　要]　在高职教育与生产服务互动日趋频繁、培养质量影响因素呈现多元化的背景下,针对高职教学质量"该由谁来评""评什么""如何评有效"等问题,本成果经过7年的研究实践,突破传统教学质量管理和评价方式,运用现代信息技术,围绕目标、过程、节点、结果和效果等要素,以"跨界、延伸、交互、反馈"为理念,构建了由"学生、教师、督导、社会(用人单位、家长、毕业生)"等评价主体参与,涵盖"教学运行过程控制、课堂教学实时测评、顶岗实习环节监控、毕业生职业发展反馈"等评价类别的"四方参与、四类评价"教学质量管理体系。管理体系以人才需求和培养方案为逻辑起点,分层分类设计评价标准,环环相扣细化评价项目。自主开发基于互联网(含移动智能)在线运行、实时互动的信息化平台(含11个子系统),信息采集、状态监控、数据分析和结果反馈实现流程化和信息化,并形成了闭环系统,成果获软件著作权3项。依托管理平台,形成了校内外多方参与的质量管理机制,将教与学互动的课堂教学实时评价、第三方督导的过程评价、就业质量的结果评价和毕业生职业发展潜力的发展性评价进行一体化设计和运行,实现了"督教、导学、促管"的和谐统一,有效保障了人才培养的质量。

[关键词]　高职教育;人才培养;教学质量评价;管理平台

在高职教育与生产服务之间的互动日趋频繁,培养质量影响因素呈现多元化的背景下,针对高职教学质量"该由谁来评""评什么""如何评有效"等问题,自2006年以来,学校开始尝试突破传统教学质量管理和评价方式,探索将现代信息技术运用于教学质量管理和评价,在此基础上,系统性地构建一个开放、互动的质量管理体系。

---

*　本文为2014年职业教育国家教学成果二等奖成果总结。

一、项目背景

高职院校在传统的质量评价与管理上存在诸多问题,如评价主体单一,封闭式评价使得评价结果与社会认可度之间有偏差;监控指标抽象,量化指标较少,度量和比较功能较弱;管理手段传统,纸质测评等静态手段难以及时、完整获取质量信息;督导时空局限,校内教学督导难以全面掌控教学状态。尤其在学校办学规模大、教学运行涉及面广的情况下,若仍采用纸质材料上交、人工统计操作,势必影响信息收集的及时性、处理的速动性和反馈的灵活性。

为努力破解以上现实难题,适应"工学结合"的复杂教学环境,实现对教学运行状态、效果和毕业生及利益相关者反馈的海量信息的实时收集,并对这些信息进行统计、对比、处理与跟踪,学校以建设信息化的管理平台为基础,不断推动完善教学质量管理体系。

经过5年的研究和实践,通过综合运用现代信息技术,构建了由"学生、教师、督导、社会(用人单位、家长、毕业生)"等评价主体参与,涵盖"教学运行过程控制、课堂教学实时测评、顶岗实习环节监控、毕业生职业发展反馈"等评价类别的"四方参与、四类评价"教学质量管理体系。自主开发基于互联网和移动通信网络的在线运行、实时互动的质量管理系统,在信息采集、状态监控、数据分析和结果反馈等环节实现了标准化、流程化和信息化,将教与学互动的课堂教学实时评价、第三方督导的过程评价、就业质量的结果评价和毕业生职业发展潜力的发展性评价进行一体化设计和运行,完善了校内外多方参与的质量管理机制,实现了"督教、导学、促管"的和谐统一,有效提升了人才培养质量。

二、成果的主要内容

(一)模型构建:"四方参与、四类评价"

引入现代质量管理的理念、手段和方法,以人才培养质量为主线,从源头入手对专业人才培养方案、课程教学、校内外实践教学、毕业环节(含毕业设计与论文)的质量要求进行系统思考,创新性地提出了"四方参与、四类评价"质量管理体系的构建思想,即由"学生、教师、督导、社会(用人单位、家长、毕业生)"等评价主体参与,涵盖"教学运行过程控制、课堂教学实时测评、顶岗实习环节监控、毕业生职业发展反馈"等四类评价。该模型(见图1)以"跨界""延伸"为核心思想,即跨越校企,利益相关者多方参与,质量评价由校内向校外延伸,实现要素拓展和时空延展。

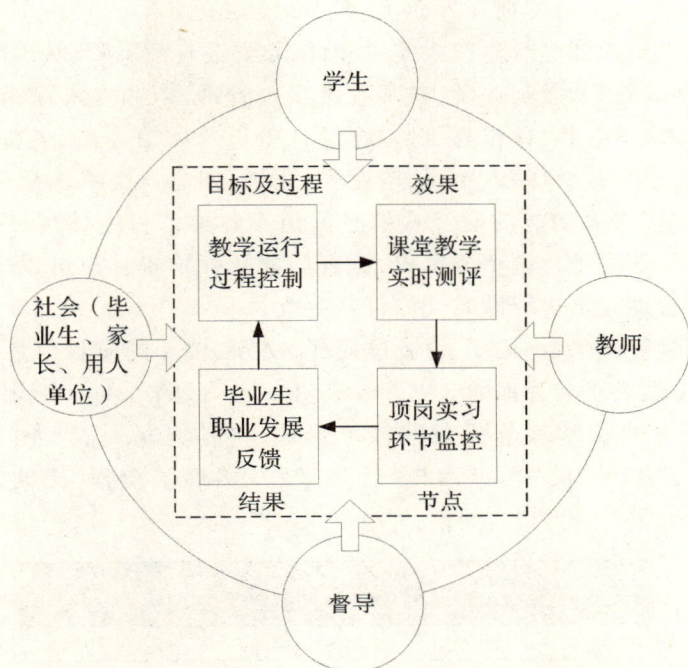

图1 "四方参与、四类评价"模型

在"四方参与、四类评价"的框架下,以"抓源头系统设计质量,重过程关键要素监控,聚课程实践两个落实,评最终学生成长成才"为设计思路,抓住目标、过程、节点、结果和效果等要素,环环相扣对"四类评价"进行具体的项目化。如"教学运行过程控制"包含培养方案、专业建设、教师实践、基地运行等专项评价;"课堂教学实时测评"由在线随堂评价、学生评教、企业现场教学督导、实践教学质量评价、网络课程监控等组成;"顶岗实习环节监控"由毕业(论文)质量分析、顶岗实习过程监控、校企联合答辩等方式来评判质量;"毕业生职业发展反馈"则包含了毕业生跟踪调查、用人单位满意度调查、就业质量第三方评价等具体项目。细化、分解后的教学质量管理与评价项目达到了19项,从而建构了一个从目标、过程到结果的质量评价体系,完善了从收集、分析到评估、反思、改进的质量信息闭环系统。

(二)平台开发:系统集成和多功能互动

依据不同评价项目的过程控制要素和教学评价相关者角色特征,针对"如何有效收集课堂教学信息,如何全程监控分散实习状态,如何科学分析过程数据信息,如何及时反馈评价结果意见"等四个问题制定基于信息化手段的解决方案,通过多系统集成和多功能互动,为"四方参与、四类评价"质量管理体系的实施架设信息化平台,实现各类评价项目的在线界面化。

　　建成后的平台由课堂教学效果实时测评、教学巡查信息管理、顶岗实习环节监控、毕业教学环节管理、教师评学、教师社会实践管理、毕业生跟踪调查、家长意见反馈、行业企业调研、用人单位意见、数据统计分析及反馈等 11 个在线系统组成,为学生、教师、督导、社会(用人单位、毕业生、家长)四方六类群体提供具有"发布、评价、查询、反馈"四大功能的交互式信息渠道。各类评价主体可以依据角色、场所、时间的不同,随时进行调整或授权,调查问卷及评价指标也可以随着标准与指标的变化而由管理人员进行即时性修订与更改。

　　信息化质量管理平台(见图 2)通过便捷、交互、多元的质量信息收集与管理,为师生、校企提供了质量管理的 3A(Any time,Any where,Any way)时空环境,并在体量占比最大的课堂教学质量监控上形成了"信息员——实时测评,专职督导——教学日常巡查"的"两纵两横"管理架构,实现了全程、协同、高效的质量管理。

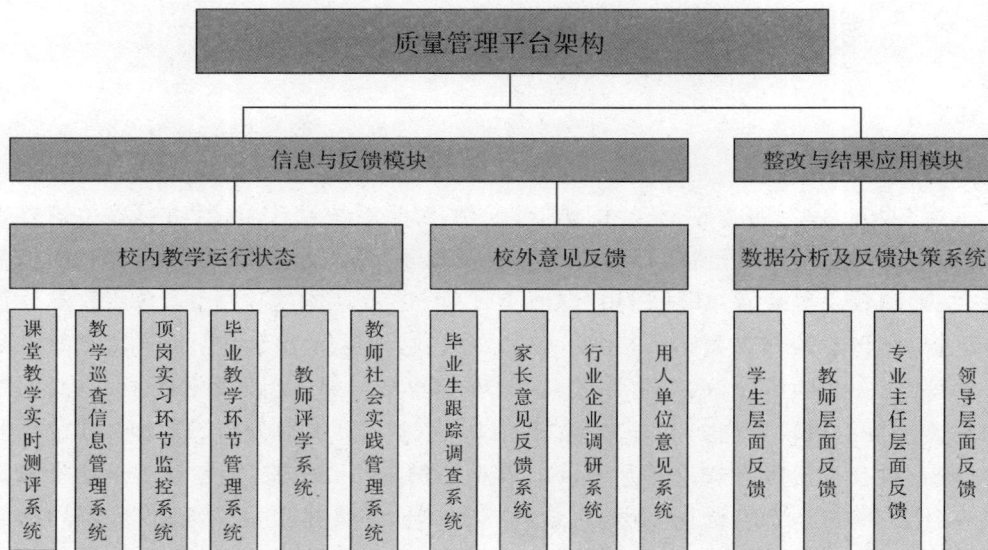

图 2　质量管理平台架构图

(三)标准优化:标准和指标的系统设计

　　企业全面参与,系统设计质量评价的标准、指标和量表。以专业标准为逻辑起点,标准制定坚持六项原则,即"引入行业企业要素,融入职业资格标准,源自培养方案要求,关注学生全面发展,诚邀企业全面参与,分层分类突显差异"。以质量标准为依据,指标设计遵循六个要求,即"紧扣关键要素设立评价指标,依靠行业企业单设监测指标,基于质量客观反映教学状态,定性指标体现标准内涵要求,定量指标突出结果可测可比,实现指标量表化和在线界面化"。目前已形成各类质量评价标准 14 种,设计四方六类用户使用的评价量表 27 种,完善了质量评价的标准和指标体系。

以实践教学质量评价项目为例,校企共同制定了分层分类的《实践教学质量评价指标等级标准及内涵》。先是对象分层分类,将专业划分为工程技术、管理服务、设计制作、公共教育四个类别,按照各类专业职业技能的形成规律,将四类专业的实践教学划分四个层次(如工程技术类专业分为仿真实训、跟班作业、轮岗实训、顶岗实习四个层次);后是标准分层分类,按照职业和岗位标准分别对四类、四层的实践教学进行质量评价标准的规制和描述,并细化为三级评价指标;再是量表化信息化,按照三级评价指标的内涵,以学生、指导教师、企业和督导为评价主体,进行综合量表化,并最终在评价系统中呈现出信息界面。

(四)手段革新:实时评价和阶段性评价

依托信息化质量管理平台广泛的信息布点和强大的数据处理功能,针对不同评价项目的数据与信息处理特点,通过实时评价和阶段性评价相结合,实施教学过程监控。实时评价主要有师生在线随堂评价、实践教学企业现场督导、网络课程运行日常监控、学生在校学习学业预警等,阶段性评价有专业建设年度实绩、教师企业实践、基地教学运行、毕业生不同阶段就业质量等专项评价等。

如师生在线随堂评价,在系统内,教师可课前上传教学资料、进课堂后电子点名、课后在线评价学生学习状态并开展教学反思,学生可在课前了解教学讯息、课后手机登录点评,管理人员则在汇总信息后每日以短信反馈师生,每周跟踪落实改进情况,每月公布总体状态分析,以实时评价、全面监控和改进课堂教学状态。

如"在校生、毕业 1 年、毕业 3—5 年"三阶段的人才培养质量评价,依托自主开发的毕业生跟踪调查系统,针对学生适应能力、学习能力、发展能力等三个能力维度,利用网络平台收集各利益相关方的意见反馈,并分类进行图文统计。三个阶段的评价延伸了毕业生跟踪调查周期,以全面的结果数据促进培养过程的优化。

(五)机制保障:从制度体系到质量文化

完善从规程、队伍到组织、管理的制度体系,匹配信息化质量管理平台的运行,修订了学校《教育督导工作规程》,在制度上确立了"四方参与"的责权和"四类评价"的效用;赋予信息员和督导员的双重角色,建立以行业企业专家为主体的督导队伍,其中企业现场督导达到了 27 人;依托校、院两级的督导工作体系,结合信息化运行的技术特点,全新设计质量评价的组织流程,建立规范化、流程化的质量评价工作机制。

基于实时高效的数据反馈,营造多方评价、个体反馈、协同促进的质量文化。以点对点短信、每周督导点评、实践教学半月谈、状态数据报表、督导简报、分析报告等方式反馈各方传导的质量信息,以此促进教师开展教学反思,学校优化人才培养目标、专业设置与调整、教育教学改革和教风学风建设,通过控制和改进切实提高人才培养质量。

三、成果的创新点

(一)利益相关者全面参与,质量评价从封闭式自我评价向开放式多元评价转变,契合了高职教育的跨界、开放特征

"四方参与"将评价主体从单一的教师向学生、督导和社会等利益相关者拓展,并融入行业企业要素,诚邀企业全面参与,单设行业企业监测指标,引入现代质量管理理念方法,创造性地开发了具有鲜明特征的系列化评价项目,实现了教学质量管理由系统内向系统外的跨界和延伸。

(二)信息技术全面运用,教学质量管理从静态向动态转变,适应了高职教育人才培养的复杂环境

开拓性地将信息化技术手段综合运用到教学质量管理领域,状态数据采集、变化趋势分析和结果反馈应用并举并重,教学质量监控实时性、阶段性和终结性有机结合,评价周期从学生在校阶段延伸到毕业后的职业生涯发展过程中,借助实时高效的平台数据功能,实现了运行状态、实施效果和培养质量等质量信息的互为转化与及时对接,有利于在复杂、多变的环境中形成对人才培养质量的完整判断。

(三)评价指标全面量化,质量信息从主观模糊向客观真实转变,提高了高职教学质量评价的信度和效度

"四类评价"将教学运行和人才培养的关键要素纳入过程监控,并聚焦"课堂""实践"和"就业"三个重点,将学生满意度、企业认可度、创业成效等纳入评价指标,基于充分的样本数和统计性数据将软指标量化,客观真实地反映了教学效果和人才培养绩效,有效提高了教学质量信息在收集、分析、比较和反馈等环节的信度和效度。

四、成果应用与推广

(一)实现了课堂秩序、学生学习积极性和对教学满意度、学习效果等数据状态持续优化

本成果 2009 年在信息学院试点实践,目前已在全校各专业全面实施。以

2013 年为例,依托质量管理平台,纳入平台课堂实时评价的课程达 2126 门,占总数的 87%;毕业教学环节随机抽查 72 个专业 7556 名学生;跟踪调查毕业一年学生 3226 人,毕业 3—5 年的学生 1699 人;专业教师参加社会实践活动督查 136 个现场,412 位老师;督查示范性校外实训基地建设 56 个;校内实践教学质量专题调研 216 个实训项目;公共选修课教学运行专项督查 132 门公选课;基于平台的教学问题反馈记录 1.23 万条,发布督导简报及分析报告 26 个。

质量管理平台运行五年多来,"质量意识"已深深扎根于学校各级管理者和广大教师脑海之中,教学过程中注重"质"的提高已成为教师的自觉行动。开放的教学质量评价也进一步激发了学生的主动学习意识,对比 2009 年至 2013 年的数据发现,学生到课率、课堂参与度、对母校满意度 3 个指标分别从 86.1%、80.3%、90% 增长到了 95.3%、88.2%、96%,企业录用顶岗实习毕业生则从 74.5% 提升到了 86.3%。在持续扩招、生源质量相对下降及教学资源短缺的情况下,教育质量管理平台对保证人才培养质量持续提高起到了有力的保障作用。

(二)形成了以软件著作权为标志的系列成果

在多年实践的基础上,形成了软件著作、课题、论文、获奖等标志性的系列成果,其中《高职院校教学过程质量监控管理软件》《高职院校毕业教学环节管理软件 V1.0》《高校毕业生跟踪调查管理系统》获计算机软件著作权;《高职教育学生质量结构与评价体系的研究与实践》《基于网络技术的高职教学运行质量》等 8 个课题获国家、省部级立项;在《中国高教研究》等刊物发表论文 15 篇。

(三)得到了省内外高职院校的广泛关注和借鉴

成果经验曾应邀在台湾、天津、浙江等省市的 18 所高职院校作专题报告,并在 3 次全国性会议上作典型发言,在省内外产生了较大影响。本成果在实施路径与方法选择上具有很强的操作性,评价指标适用性强,不受专业的限制,可为各类职业院校有选择性地借鉴和应用,有 60 余所高职院校专程来校学习交流。杭州恒阜信息科技有限公司借鉴引用本研究成果进行了转化后的二次开发,并已在 4 所高职院校投入使用,受到师生和企业的广泛好评。

胡　野　　吴仁艳　　郭航鸣　　邱晓华

张雁平　　陈海荣　　潘卫明　　成　军

李旭升　　张跃娟　　楼宏强

用"数据说话",促进浙江省高职教育内涵建设与管理决策水平的提升*

浙江省高等职业院校人才培养工作评估与状态数据分析研究课题组

[摘　要]　在基于知识管理理论和大数据时代背景下,基于高等职业院校人才培养工作状态数据平台,通过数据获取、挖掘分析、信息传递和结果应用,发挥在人才培养、战略研究、政策建言、建设导向、开放共享等方面的作用,建立了用"数据说话"的高职教育教学管理理念,构建了充分发挥"数据说话"的工作机制,促进了浙江省高职教育内涵建设与管理决策水平的提升。

[关键词]　高职教育;数据平台;内涵建设;管理决策;水平提升

一、成果背景

2006 年 11 月,教育部颁发了《关于全面提高高等职业教育教学质量的若干意见》(教高〔2006〕16 号),提出要加强教学评估,完善教学质量保障体系,各地教育行政部门要完善五年一轮的高职院校人才培养工作评估体系。2008 年 4 月,教育部颁布了《高等职业院校人才培养工作评估方案》(教高〔2008〕5 号),此轮评估以《高等职业院校人才培养工作状态数据采集平台》为核心,旨在促进高职院校内涵建设,深化人才培养模式,推进教育行政部门完善对高职院校的宏观管理,逐步形成以学校为核心、教育行政部门为引导、社会参与的教学质量保障体系。

2007 年 11 月,受浙江省教育厅委托,由 11 所院校从事一线教学、管理、科研工作的共 14 位人员,组建了"浙江省高职人才培养工作评估和状态数据分析研究课题组"。课题组的工作方向和研究目的旨在:一是提升管理理念。通过形成"以状态数据平台分析为工具,以定量分析为基础,定性判断和定量分析相结合"的管理理念,期望推动高职人才培养工作质量监控由"经验判断"向"数据说话"的转变。二是引导内涵建设。通过"数据过滤—深度挖掘—综合分析—原因

---

*　本文为 2014 年职业教育国家教学成果二等奖成果总结。

剖析—提出建议",期望厘清高职内涵建设的主要内容和内在逻辑,构建以内涵建设为主线的"过程控制"状态数据分析模型,引导高职院校教育教学管理由粗放型向精细化转变。三是提供依据参考。通过数据"动态说话"、个案剖析,分析全省高职教育的整体概况、分类差异、现状趋势、存在问题及意见建议,期望为教育、财政等行政部门科学决策提供依据,为高职院校强化内涵建设、提升管理水平提供依据。

二、成果内容

课题组5年来先后投入经费50余万元,在进行《高职院校人才培养工作评估方案的研究与实践》(ZX09001)、《基于状态数据采集平台的高职人才培养工作PANEL系统开发与研究》(ZC09128)、《高等职业院校人才培养工作状态数据库采集平台优化研究》(教高司函[2009]234号)、《高职院校人才培养工作状态数据分析报告》(ZX2010004)和《开发校园网络版人才培养工作管理平台,促进高职教学质量保障体系建设》(YB2010136)等8个省部级专项研究的基础上,基于知识管理理论和大数据时代背景,利用高职人才培养状态数据平台,通过数据获取、挖掘分析、信息传递和结果应用,发挥在人才培养、战略研究、政策建言、建设导向、开放共享等方面的作用,促进了浙江省高职教育内涵建设与管理决策水平的提升。

(一)数据获取

根据浙江省高职教育的特点,为了使各校人才培养工作状态数据真实、规范、准确,研制了《高职院校状态数据采集平台操作指南》,对某些平台中字段的解释进行"再统一",避免由于理解不一而造成状态数据失真。每年对全省高职院校数据采集管理与技术人员开展培训;对各校上报的状态数据平台,从齐全性、规范性、奇异性、衔接性等四方面集中进行现场审核,并及时将审核结果向各校通报,较好地保障了各校上报的平台数据质量,开发了状态数据采集平台网络版,实现了数据信息实时输入及动态分析功能,指导高职院校从单纯的数据采集向数据管理转型,使高职院校管理成为常态响应模式,为利用数据平台从静态评价向动态分析、实现教学管理的精细化奠定基础,促进和规范了数据采集工作。

(二)挖掘分析

运用数据挖掘技术和统计分析方法,通过"数据过滤、深度挖掘、分析综合、原因剖析、提出建议",构建了"以内涵建设为主线、以人才培养为重点"的数据分析新范式,连续5年对全省高职教育人才培养工作9大类1176项字段共1800

余万个状态数据进行综合分析,撰写年度《浙江省高职人才培养工作状态数据分析报告》和不定期的专项分析报告。《浙江省高职人才培养工作状态数据分析报告》以教育部和省教育厅有关文件、上一学年状态数据分析报告为主要依据,通过对输入(招生、基本办学条件、实训实习基地、师资队伍、专业设置等),过程(课程实施、实践教学、校企合作、顶岗实习、教学管理等),输出(就业率与就业质量、双证率、社会服务能力、质量工程等)分析,指出存在的主要问题,开展原因分析,提出意见和建议(如图1)。

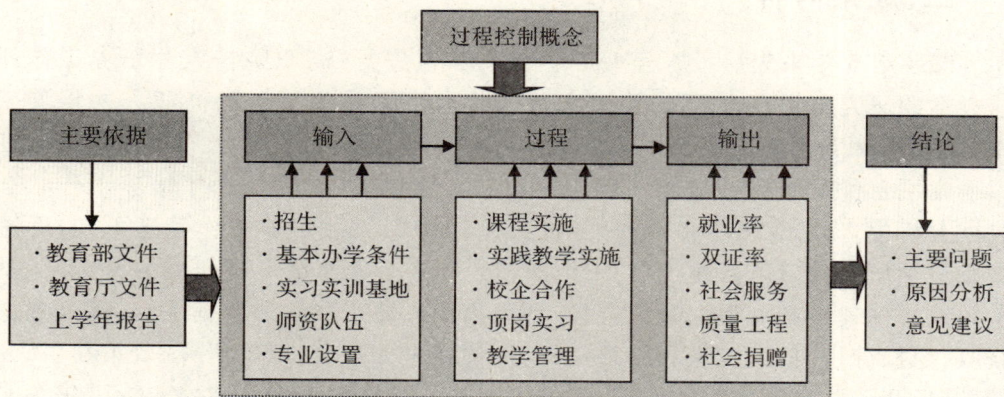

图1　过程控制概念

(三)信息传递

连续5年撰写并发布《全省高职院校人才培养工作状态数据分析报告》。每年的分析报告各有侧重。2008—2009学年的分析报告,把全省46所高职院校分成三类,国家、省级示范建设单位(含培育学校)共22所高职院校为第一类,未达到人才培养工作水平评估优秀标准的11所高职院校为第二类,新设立但从未接受过人才培养工作水平评估的13所高职院校为第三类。对三类院校从办学基本条件、专业、课程、师资、实践、管理、社会评价等方面进行分类统计并实证分析,最后进行初步的比较研究。2009—2010学年的分析报告增加了对全省专业点最多的两个专业进行了实证分析。2010—2011学年的分析报告以质量管理中过程控制(输入—过程—输出)的概念撰写分析报告。课题组力求深挖数据,年年创新,形成一种分析范式。引导全省高职院校进行数据分析与应用研究,形成并发布138册校本分析报告。2011—2012学年的分析报告则在前几年的基础上,增加了对专业布点数最多的如会计、机电一体化进行了深入剖析。

(四)结果应用

通过"数据说话",为浙江省高职教育的重大决策、政策制定、院校评估、绩效评价、专业布局、队伍建设和各高职院校内涵建设、人才培养工作提供数据支撑,发挥助推作用,引起了教育部、省委省政府、各相关厅局、行业企业、各院校举办方的高度关注,成为全国性样板之一,连续4次在全国高职内涵建设和评估会议上作经验介绍。分析报告为浙江省高职教育管理宏观决策提供了翔实的数据支撑,每年5月省委省政府关注状态数据年度分析报告白皮书的发布;全省教育工作会议上省委书记、省长在报告中引用了数据分析报告的大量数据。

三、成果解决的问题及方法

(一)运用比较研究方法解决了在人才培养、内涵建设导向上缺乏客观参照的问题

通过中位数统计、分类统计等比较研究方法,为全省高职院校提供了专业建设、产教融合、队伍建设、实践基地、服务能力等内涵建设领域的全景式客观参照,引导全省高职院校在横向和纵向对比的基础上,明晰自身在内涵建设中存在的短板,理性确定建设重点和发展区位。

(二)运用多种统计方法解决了在战略研究、宏观决策等方面需要翔实数据支撑的问题

运用数据包络分析、主成分分析等数据分析、统计方法,对全省高职院校的办学效益、发展态势、办学要素、资源配置、内涵建设关键指标等进行了科学分析,用数据说话,为高职教育战略研究、宏观决策提供了翔实的数据支撑。

(三)运用精细化管理理念解决了质量保障机制不健全、管理精细化程度不高的问题

通过在分析报告中设立教学过程、质量保障机构、教学管理与督导管理队伍、制度建设等专项分析,促进了高职院校质量保障机制建设。通过师资队伍数量与结构分析、专业内涵分析、基地建设有效性分析、专业的社会服务能力分析等,引导高职院校管理由"模糊管理"向"精细管理"转变,增强了管理的客观性、针对性、有效性。

(四)运用信息公开方法解决了公开信息零星、社会监督力度不足的问题

通过一年一度的全省高职教育人才培养工作状态数据分析报告发布和各高职

院校分析报告网上公开等形式，向政府、社会公开高职教育改革、建设与发展相关的系统信息，自觉接受政府监管、社会监督，提高了社会各界对高职教育的关注和监督力度。

四、成果的创新点

（一）引导并建立了用"数据说话"的高职教育教学管理理念

在大数据时代背景下，运用知识管理理论，利用状态数据采集平台，以内涵建设为核心，通过"数据获取、挖掘分析、信息传递、结果应用"，在人才培养、战略研究、政策建言、建设导向、开放共享等方面，以定量分析为基础，综合分析和专项分析相结合，定性判断和定量分析相结合，引导并建立了从"经验判断"向"数据说话"转变的高职教育教学管理理念。

（二）研构了数据分析新范式，开辟了信息传递新路径

改革传统的单字段静态分析方法，运用包络分析、主成分分析等统计方法及数据关联性分析等技术，研究构建了"以内涵建设为主线、以人才培养为重点"的数据分析新范式。除向各高职院校"发布"分析报告外，还向省委省政府、人社厅等有关厅局、教育厅各职能处室、各院校举办方"呈送"分析报告，以高职院校书记校长读书班，专业建设、教学管理、双师队伍等专项工作会议为载体，"解读"分析报告，开辟并形成了信息传递的新路径。

（三）建立了充分发挥"状态数据"功能作用的工作机制

组建了由 11 所院校共 14 位人员构成的研究团队，通过连续主持 8 个省部级专项项目研究，建立专门网络化交流平台、编印指南开展咨询工作，每年开展数据采集培训、汇总审核、挖掘分析、报告发布，构建起充分发挥"数据说话"的研究机制、常态工作机制、团队协作机制、服务咨询机制，使"状态数据"不仅只是高职院校人才培养工作的基本反映，更是高职院校和政府部门对人才培养、建设导向、战略研究、宏观决策、实施精细化管理的重要支撑。

五、成果的推广应用效果

课题组在开展 8 项省部级专项课题研究基础上，结合浙江高职教育实际，开展了状态数据分析路径等专项研究工作，在《中国高教研究》《中国高等教育》《高等教育工程》等教育核心期刊上发表研究论文 21 篇。研制的 5 项成果被政府部门采纳应用，发表核心期刊相关论文 21 篇，发布省年度分析报告 5 本、省人才培养质量年

报 3 本、省数据采集指南 3 本,研发网络平台 1 个。

(一)委托研发的评估方案被省教育厅采纳

所研发的《浙江省高等职业院校人才培养工作评估实施细则(试行)》被浙江省教育厅采纳并实施,适合省情国情,体系完善,方案具有可操作性,对全面落实教育部有关文件精神,促进规模向内涵的转变,具有指导意义。5 年来共对 43 所高职院校开展了基本条件审核、正式评估、示范校建设中期检查和整改回访,有效引导和促进了全省高职教育由规模扩张向内涵建设转型。

(二)平台操作指南、网络版采集平台规范和优化了数据采集

编制《高职院校状态数据采集平台操作指南》3 本,连续 5 年对全省高职院校数据采集管理与技术人员开展培训,以规范数据采集,采集质量受到教育部高教评估中心高度评价。2011 年,课题组开发了网络版状态数据采集平台,被全省 30 所院校采用,实现了数据的原始性、即时性和动态性,使院校管理成为常态响应。提高了各校对人才培养工作状态数据平台的认识,提高了各校对内涵概念的理解,提高了各校所采集数据的质量,引导各校利用数据平台开展院校研究和规范教学管理,具有重要的现实意义。

(三)状态数据分析范式被全省采用并成为全国样板之一

创建数据分析新范式被全省各高职院校采用,成为通用范式,形成并发布 138 册校本分析报告。分析报告得到教育部高度肯定,成为全国性样板之一,连续 4 次在内涵建设会议上作典型介绍,全国 500 多所高职院校 2000 多人参会。课题组提出的状态数据分析范式,对加强高职教育省校两级质量监控,促进高职教育质量的提升,具有可推广性和较高的应用价值,具有重要实践意义。此外,对促进高职院校信息公开机制和各项工作制度的建立,推进高职院校贯彻执行《高等学校信息公开办法》具有指导意义。

(四)为省内外高职教育发展和人才培养提供研发支撑

研发的《浙江省教育厅关于加强高等职业院校"双师"教师队伍建设的若干意见》《高职高专院校教学工作业绩考核指标体系》《深圳市高职院校绩效评价分析》被政府部门采纳并实施。分析报告成为省委书记在全省教育工作会议上重要讲话、教育厅长在全省书记校长读书会上 3 次讲话的重要数据和材料来源。挖掘和处理的 9 大类 1176 项字段共 1800 余万个数据,为教育、财政等相关部门在示范性高职院校建设、优势特色专业、示范性实训基地等大型项目的申报、评价和资金投

入等方面提供了宏观管理和科学决策支撑。

李贤政　黄柏江　屠群峰　王成方　郑　雁
林　娟　高越明　丁明军　朱晓峰　韩继红
毕　蓉　张达明　邹立人　郑卫东

基于"校企利益共同体"的高职合作育人探索实践[*]

金华职业技术学院

[摘　要]　本成果针对高职教育人才培养缺乏有效的校企合作育人平台和机制支撑、学校人才培养与企业用人之间存在偏差、"工"与"学"不能有效衔接,校内外学习不能系统贯穿等问题,通过采用共同建设育人平台,制度保障"校企生"利益;共同优化教学资源,有效落实"工与学"衔接;共同组织课程教学,全新塑造"学与教"形态;共同改革培养模式,三年贯穿"双角色"身份等具体方法,较好地解决了相关教学问题和难点,形成了校、企、生共赢的局面。

[关键词]　校企合作;利益共同体;合作育人;高职院校

2008 年以来,金华职业技术学院在前期开展校企合作的基础上,依托《高职教育校企利益共同体育人机制的构建与运行》等国家社科基金、省新世纪教改等项目,针对"产教融合、校企合作"实践中存在的问题,借鉴利益相关者理论和"双元制"模式,系统分析区域经济转型升级背景下校企在"人才、经济、政策、社会、文化"等方面的利益交集,以合作育人为价值取向,充分考量企业利益,建设"校企利益共同体",使之成为实现利益诉求的载体、对接产业集群的纽带、融合校企资源的平台、实施人才共育的实体。校企双方围绕合作育人,以专业(群)为单位,先后建成合作形式多元、功能各有侧重的众泰汽车学院等 9 家校企利益共同体,通过共同设计、组织与实施人才培养,较好地解决了相关教学问题和难点,形成了校、企、生共赢的局面。

一、主要解决的教学问题

(一)人才培养缺乏有效的校企合作育人平台和机制支撑

以往高职教育校企合作大部分是临时性、阶段性的,只有在需要落实订单培养、共建基地、顶岗实习等事项时,相关人员通过联系商谈予以确定安排。校企双

---

* 本文为 2014 年职业教育国家教学成果二等奖成果总结。

方没有共同组建合作组织、联合机构或管理部门，没有固定的交流场所与互动合作平台，尤其缺乏共同的愿景、明确的合作章程、必要的校企合作资金等。校企双方很难深入、持续地开展互动合作，也就很难共同对人才培养中一些关键问题进行探讨和研究。

（二）学校人才培养与企业用人之间存在偏差

学校只有通过校企深度合作，才能紧密结合区域产业经济发展和技术更新情况，与相关企业的产品或生产工艺对接或匹配，有针对性地开展教育教学改革，从而切实提高人才培养质量。以往，高职院校不能及时了解和把握行业最新人才需求、技术需求；企业专家也很少参与专业人才培养方案制定与完善、专业课程体系重构、人才培养模式改革、项目化课程与教材开发建设、基地内涵建设以及教学资源库建设等工作。企业人才需求与学校人才培养缺乏有效对接，存在偏差。

（三）"工"与"学"不能有效衔接，校内外学习不能系统贯穿

校企合作是高职教育工学结合，培养技能型人才的基础，校企合作的深度和广度决定工学结合的程度和质量。同时，作为一种与社会经济关系最为密切和直接的高等教育类型，高职教育要实现人才培养、终身教育、技术创新、社会服务等功能，必须与行业企业紧密合作，与地方社会经济发展形成良性互动。然而，以往我国高职教育校企合作主要局限于订单培养、共建基地、顶岗实习等方面，合作内容比较简单，形式也比较单一，"工"与"学"不能有效衔接，校内外学习不能系统贯穿。

二、解决问题的具体方法

（一）共同建设育人平台，制度保障"校企生"利益

1.校企利益共同体的内涵和形式。校企利益共同体是指有共同或相互认同的价值观念、共同的目标和利益诉求的职业院校和企业以校企双方利益为基础，按照一定方式联结而成的技能型人才培养的有机整体。学校充分挖掘与行业、企业合作的利益契合点，采用专业与企业一对一、一对多、多对多等方式，与众泰集团联合成立众泰汽车学院，与皇冠集团等3家企业成立皇冠学院，随后相继成立高新IT学院、现代农业技术培训学院、创业学院、浙中建筑装饰技术联盟、化工与制药工程技术中心、国际商贸园、学前教育"学教研"共同体等校企利益共同体，涉及34个专业，实现了专业（群）与产业（群）之间从点状、块状到网状的合作。

2.校企利益共同体的建设途径和组织架构。深入分析企业在人才储备、技术革新、员工素质提升、学习型企业建设等方面的利益诉求，结合专业自身优势，通过

深入沟通交流,选择区域内相关行业领域产业链长、成长性好的企业集团或多家企业,并争取和吸纳政府部门、行业组织、中职学校等参与。校企共同搭建"决策、咨询、执行"三层组织架构,制定合作章程,明确各方的权利与义务,成立董事会或理事会,建立由行业企业专家、专业带头人、教育专家等组成的专业指导委员会和具体运行机构。

3.校企利益共同体的制度保障与运行机制。建立董事会专项拨款、项目经费、企业教育券及学校配套的经费组合式投入制度。同时,制订校企资源互用、员工培训、技术服务和企业优先选才、政府奖励合作创新等激励制度以及《讲师团管理办法》《专业教师参加社会(企业)实践的规定》等制度;实行以"校企生"三方协议为标志的预就业制度。如皇冠集团以教育券的形式为员工加薪10%,作为员工发展基金注入皇冠学院,2011—2013年分别达到 620 余万、850 余万、900 余万元,还专门成立了管理团队来配合学校负责皇冠学院的日常运行。

(二)共同优化教学资源,有效落实"工与学"衔接

1.引入职业标准,融入企业个性化要求优化培养方案。通过市场调研和专业深度剖析,准确把握新产业、新技术、新岗位的新需求,适时调整部分专业的培养方向。根据产业发展、行业技术规范、职业资格标准等对"知识、技术、技能、职业素养"的要求,确定培养规格;为合作企业量身定制专业课程体系和内容。如机械制造专业依托皇冠学院,紧扣区域电动工具特色产业集群式发展的需求,开设电动工具专业,参与编制国家电动工具技术标准,培养电动工具领域设计、制造、销售的复合型人才。

2.组建多方参与的"讲师团",实行专兼教师一体化管理。重构学校内部的教学科研基层组织,组建项目部、工作室、事业部等专业级机构。各校企利益共同体从兼职教师的教学任务本职化、专任教师教育教学能力提升制度化出发,组建由行业企业管理者、技术专家、业务骨干、学校教师和行业领域专家学者等组成的"讲师团"。目前企业方成员 331 人,年均承担教学 2.47 万课时。"讲师团"采取专兼结对、兼职教师教学能力培训、专任教师企业实践、共同组建项目研究团队、共同开发课程与实施教学等措施,促进相互协作和共同成长。

3.建设校企贯通、功能互补的"校中厂"与"厂中校"。按照生产流程改造校内的实训中心(校中厂);同时,在企业建设"教学车间"(厂中校),承担在企业实施效果更好的课程教学,为学生提供两个学习场所。校企合作新建校外大型教学车间 2 个、校内实训中心 7 个,企业设备投入 950 万元。其中,皇冠集团建设了 2000 平方米的教学车间,用于教学和生产实训。众泰集团向学校投入 7 辆整车及汽车零部件共 220 万元,并约定新车上市时免费提供两台整车,校企还联合自制价值 30

万元的教学设备 25 台套。金华经济技术开发区每年安排 200 万元合作专项资金，鼓励企业与学校共建实训基地、实验室等。

4. 实施课程二次开发和企业项目的教学化改造。专兼教师通过联合教研活动，动态收集课程资源，开发课程和教学资源。引入更多职业、岗位、实践元素，着力将企业生产岗位转换成"学习性岗位"，将企业生产任务经过教学设计转换成"学习性工作任务"。在原有课程基础上，针对企业的产品或技术，开展"课程二次开发"，将教师承担的企业研究项目进行教学化改造，开发系列实训教材和项目化教材。相关专业累计合作开发课程 168 门，实训教材 65 部，共建共享型专业教学资源库 23 个，主持国家专业教学资源库 1 个，获批国家精品资源共享课 12 门、"十二五"国家规划教材 35 部。

(三)共同组织课程教学，全新塑造"学与教"形态

1. 建设校企互动空中课堂，实行兼职教师远程授课。利用网络和通信技术，搭建了 43 个校企互动"空中课堂"，兼职教师在企业授课，师生通过网络以音频、视频、课件等方式进行实时交互。空中课堂避免了师生两头跑、生产过程有危险或技术保密等难题，为学生创建了一种身临企业生产现场的逼真环境。如现代农业技术培训学院将摄像头装到浙江加华种猪公司养殖场，学生可在校内信息化教室随时跟踪生产过程。

2. 开发在线虚拟实训项目，开展教学做一体的在线训练。利用三维建模、网络和人机交互技术开发了 216 个基于 B/S 方式的虚拟实训项目。各项目存入虚拟仪器设备、工程项目、工艺流程、操作指南等，学生通过网络选择项目进行模拟实训，力求做到认识与实践、操作与指导、实践与考核相结合，体现职业性、情景性、趣味性和开放性。

3. 开展课程教学实时测评，增强校与企、学与教的互动。建立师生在线随堂评价系统，教师在课前上传教学资料、进课堂后电子点名、课后在线评价学生学习状态并开展教学反思；学生在课前了解教学讯息、课后用智能手机登录点评；管理人员可汇总、反馈、跟踪、分析。聘请企业兼职督导，重点负责在企业的课程教学、实习实训的督导。这些职业教育的全新教学形态，使学生在校与企、学与教的互动中提升综合职业能力。

(四)共同改革培养模式，三年贯穿"双角色"身份

1. 校企联合招生，实行招生和招工同步。通过校企联合自主招生、二次招生等形式组建订单班，企业全程参与招生标准制订和面试环节，签订校企生三方协议，使学生具有"学生"和"员工"的双重身份。近三年累计开设各类订单班 52 个，发放

企业奖学金 198 万元。2011 年,皇冠学院组建定向培养班 2 个,80 名学生可享受企业学习津贴、实习补贴、生产补助和奖学金。众泰汽车学院 2011 年开始每年校企联合自主招生 30 人,组建订单班;注册学生享受"众泰"奖学金、购车优惠、勤工俭学与困难补贴等激励措施。金华经济技术开发区累计对高新 IT 学院的 8 个企业订单班补助经费 16 万元。

2.校企合作教学,实施工学交替的个性化培养。树立系统培养理念,落实"双专业主任、双班主任、双指导教师和双教学场所",交替进行校内外实践教学。如皇冠学院实施"社团体验、定向培养、现代学徒制"渐进式培养,一年级组建社团参与企业体验和认知,二年级按专业大类开设定向班,三年级从定向班选拔后签订劳动合同,每生配备一名岗位师傅,实行"现代学徒制",享受岗位工资和"五金"等待遇。众泰汽车学院采用"分阶段培养、双基地轮训"方式,学生前两年完成专业学习和基本技能训练,第三年以准员工身份在企业顶岗,毕业后成为众泰集团员工,实习期计入工龄。

3.校企共同评价,增强学生的企业和职业认同感。校企共同制订课堂、实践和就业的各类质量评价标准 14 种和评价量表 27 种,自主开发质量管理信息化平台,实行教学全过程监控,并按员工标准进行现场督导与考核。以毕业答辩、技能展示、现场签约"三结合"方式,学生企业进行双向选择。

三、创新点

(一)提出了"校企利益共同体"的理论框架与方法体系

只有解决好双方的利益问题,校企合作才能走向深层次,才会更有活力、动力和生命力。我们提出以双方利益为基础、以合作育人为价值取向,建设"校企利益共同体",构建了理论框架,明晰了组织特征,明确了建设路径,建立了经费、资源、利益等核心制度,找到了推进校企合作育人的有效路径和载体。《光明日报》刊文认为:"校企利益共同体是构建中国现代职教体系的切入点。"

(二)破解了高职院校兼职教师队伍建设中的瓶颈问题

以往,兼职教师一般以个人身份受聘,归属感不强,教学随意性较大。我们以校企利益共同体为单位组建"讲师团",共同制订标准、纪律、考核与激励制度,开展专兼教师结对、兼职教师教学培训、联合教研等活动。学校对兼职教师实行评优评先、科研奖励、出国(境)研修等同等待遇,企业将课程开发、教学、指导等任务统一纳入岗位职责。由此,兼职教师的教学工作不再是个人行为而是其本职工作,实现了专兼教师的融合,为工学交替的教学提供了有力支撑。

(三)走出了一条"双元制"本土化实践的人才培养新路径

我们依托校企利益共同体开展"双元制"的本土化实践,校企共定标准、共同考核、联合录取,赋予学生"员工"身份,实习期计入工龄;实行师徒结对,学生在两个教学场所由两类教师共同指导;以毕业答辩、技能展示、现场签约"三结合"来竞争具体岗位,形成了"招生、培养、就业"等环节校企贯通的人才培养新路径。

四、实践推广应用效果

通过校企利益共同体建设,引入了合作企业各类教育教学资源,提升了 34 个相关专业的人才培养质量,增强了社会服务能力,并逐步向校外推广,取得了明显效果。

(一)提升了相关专业的人才培养质量

近四年,学生到课率从 86.1％ 到 95.3％,毕业生高级证书获取率从 45％ 到 72％,毕业设计真实项目比例从 37％ 到 50％,对母校满意度从 90％ 到 96％;学生获省级以上技能竞赛奖项 680 项,其中全国技能竞赛获奖 27 项(一等奖 12 项);入选 2010—2011 年度全国毕业生就业典型经验 50 强高校。

(二)增强了相关专业的社会服务能力

近四年,共开设企业订单班 52 个,向合作企业输送 2565 人;接受企业委托课题 356 项、开发新产品 36 项、成果转化 102 项,年均科技服务到款 561 万元;企业员工学历提升 2300 余人,年培训员工 1.4 万人次。皇冠学院杨绍荣老师在合作企业担任"访问工程师"期间获授权实用新型专利 42 项并应用于企业生产。现代农业技术培训学院推广新品种 12 个、新技术 13 项,培训农民 3400 余人。

(三)形成了丰硕的理论研究成果

围绕校企利益共同体合作育人,获批国家、省部级课题 10 项,重点探索"校企利益共同体"的组织特征、建设路径和体制机制等。出版《构建高职教育校企利益共同体育人机制》等专著 2 部;发表《基于校企利益共同体的高职育人机制探索》等相关论文 69 篇,其中《教育研究》4 篇、《新华文摘》及《中国社会科学文摘》转摘 7 篇;相关成果获各类奖项 18 项,其中省教育教学成果一等奖 3 项、二等奖 3 项,第四届全国教育科学研究优秀成果二等奖 1 项,全国职业教育优秀论文一等奖 1 项。

(四)广泛分享了改革与实践经验

采用先校内、后校外模式加以推广应用,承办"2011 年全国高职教育改革与发展研讨会";在首届"中国高职教育校长微论坛"和"2012 长三角高等职业教育改革与发展高层论坛"上作主题发言;230 余所院校来校考察交流,浙江经济职院、台州职院、丽水职院、乐山职院、陕西工业职院等院校引用了本成果经验。省市领导充分肯定改革成果,新华社、《光明日报》、中新社、《中国教育报》、《中国青年报》等权威媒体作了报道并充分肯定。

王振洪等

高职学生顶岗实习管理与质量监控研究与实践[*]

浙江经贸职业技术学院

［摘　要］《高职学生顶岗实习管理与质量监控研究与实践》项目在规范顶岗实习工作,加强顶岗实习的过程管理,强化各部门的管理职责,确保顶岗实习的质量和效果等方面做出了有益的探索和实践:创新了"四三三制"的顶岗实习管理模式,该模式使顶岗实习岗位确定、过程管理、质量监控与评价三大难点得以有效突破;利用信息技术开发了"一体五化"的实习综合管理平台,有效地构建起了一个全方位的网络化动态管理机制,管理的精细化程度明显提高,创新了顶岗实习管理手段;设计了以过程管理和实习质量为关键指标的顶岗实习质量监控指标体系和系列化制度,并根据采集的数据及时调整与完善监控机制,确保了顶岗实习工作管理水平和学生实践能力的进一步提高,顶岗实习管理特色日益鲜明,辐射能力进一步扩大,让学生、教师、家长、企业对顶岗实习工作的满意度逐年提高。该成果产生了较大的人才培养效益,对于高职院校解决高职顶岗实习工作难题有极大的示范推广作用,在高职教育领域的同类项目中达到了领先水平。

［关键词］　顶岗实习;管理;质量监控

据麦可思 2013 中国高职教育人才培养质量年报显示,在 2012 届高职毕业生中,41％的学生认为教学中最需要改进的是"实习和实践环节不够"。实践教学是实现高职教育人才培养目标的必经之路,顶岗实习能让学生在实际产业环境、实际工作岗位上实战,是必不可少的高职实践教学环节。

顶岗实习具有时间交错、地点分散和人员多元等特点,决定了其管理的特殊性。长期以来,高职院校顶岗实习缺乏"模式确定—标准建立—机制保障—细则实施—反馈优化"的系统设计研究,缺乏突破时空限制的管理信息手段支撑,在岗位确定、过程管理、质量监控评价等方面存在诸多困难,顶岗实习流于形式。为此,我院于 2007 年开展顶岗实习管理与质量监控的研究与实践,2009 年成果基本形成,并以浙江省新世纪高等教改一类项目"高职学生顶岗实习管理及质量监控研究"为

＊　本文为 2014 年职业教育国家教学成果二等奖成果总结。

基础继续完善和检验成果。

成果以提高顶岗实习质量为目标，以"系统规划、多方管理、平台支撑"为理念，经过5年的探索与实践，建立了四三三制的顶岗实习模式；构建了以过程管理和实习质量为关键指标的顶岗实习质量监控反馈体系；建设了多层次、多方位、校企合作的顶岗实习管理队伍，制定了系列制度、实习标准等规范；自主开发与应用了以全方位网络化动态为特色的在线实习综合管理系统，同时获得了软件著作权1项，有力支撑了校内外多方参与的、开放的实习过程的管理、监控与评价。

自2009年以来，成果在全院各专业推广应用，并在向校外推广时得到认可，解决了顶岗实习工作的难点，有效保证了其质量，并形成了长效机制，在学生受益方面，取得了明显效果，2013年学院获得了"全国毕业生就业典型经验高校50强单位"称号。

一、成果主要解决的教学问题及解决教学问题的方法

（一）建立了"四三三制"顶岗实习模式，从源头上解决实习缺岗位、无内容、难实施问题

"四三三制"的顶岗实习管理模式即："四渠道"岗位保障、"三阶段"内容衔接、"三结合"组织实施。

1．"四渠道"岗位保障。积极依托行业、学院、政府、企业四方联动的合作办学平台，多形式、多层次地建设学生顶岗实习基地。合办产业学院（联华、兴合、阿拉丁），产业学院采用订单培养的形式，近两年，订单培养学生共计262名，为学生提供顶岗岗位500余个；政府、企业、学校共建创业园（杭州经济开发区电子商务创业园、大学生创业园），每年能满足我院300名学生的顶岗实习；各专业纷纷引进有利于专业或者专业群的企业入驻校园，共建校中企，目前校内生产性实训基地每年可接纳800名学生顶岗实习；有针对性地在校外企业投入部分资源建设校外实训基地，提供顶岗实习岗位。四种建设渠道，使顶岗实习的岗位无论是在数量上还是在质量上都得到保证。

2．"三阶段"内容衔接。系统设计、精心组织顶岗实习前、中、后三个阶段的教学内容。实习前通过开设人文素质教育课程和系列讲座、营造校内实训的职场氛围、实施课程项目化改造、师生共组课后实战项目团队等提高学生的职业素养与技能，将实习前的课程项目、实习任务、毕业设计有机结合，使学生具有必备的职业素养进入实习、明确工作任务进行实习、在实习基础上完成毕业设计。"三阶段"内容衔接，有效提高了学生实习的针对性。

3．"三结合"组织实施。针对顶岗实习管理的具体情况，采用了分散和集中相

结合的实习方式、网上和网下相结合的管理方式、学校和企业相结合的评价方式，"三结合"组织实施使顶岗实习工作可行。

（二）构建了"双闭环"质量监控评价反馈体系，解决顶岗实习的质量保障问题

1. 建立了以过程管理和实习质量为关键指标的质量监控指标体系。根据全面质量管理理论，结合顶岗实习的特点，通过广泛的调查和主关键因素分析，研究建立了以过程管理和实习质量为关键指标的顶岗实习质量监控指标体系。其监控指标体系主要由顶岗实习组织保障质量监控（10%）、顶岗实习基本条件质量监控（20%）、顶岗实习过程管理质量监控（30%）、顶岗实习学生质量监控（40%）四个方面构成。指标体系为客观、准确地衡量出顶岗实习质量的实际状态，确保顶岗实习质量监控目的实现奠定了基础。

2. 构建了具有特色的"双闭环"顶岗实习质量评价反馈工作机制。依据顶岗实习质量监控指标体系，依托自主开发的实习综合管理平台，从实习管理和实习质量两方面进行质量监控评价。对于实习管理，建立了网上实时监控与网下实地检查相结合、静态（制度、标准、基地等建设）和动态（日常督察、系管理自评、系及部门目标考核）相结合、分层分目标实施（校企合作的督导针对全校顶岗实习管理质量进行监督反馈，学校顶岗实习管理领导小组针对系层面的执行管理工作，系督导针对专业的具体实施，专业负责人针对指导教师的教学工作）的工作机制。对于学生实习质量，采用在线评价方式，建立了多方参与、过程（企业师傅、专业教师对学生的周评、月评等）和结果（学生、家长、企业、教师对顶岗实习的综合满意度调查）评价相结合的工作机制。形成顶岗实习管理考核结果反馈和学生顶岗实习质量分析反馈并重的"双闭环"顶岗实习质量评价反馈机制。

（三）建设了顶岗实习管理队伍和系列制度，解决管理运行及保障机制问题

1. 多方合作，系统建设顶岗实习管理队伍。形成了学院发展理事会（由下沙开发区政府、行业、学校、企业组成，从政策层面对岗位保障、经费等进行决策支持）、学生顶岗实习管理与考核工作领导小组（由学院相关职能处室负责人、企业人员组成，实施协调、运行管理和考核）、系和专业（校企合作组成的执行层）三层管理组织架构；组建了心理咨询团队、学生辅导团队、学生党支部等三大辅助服务团队，分别从心理咨询、生活安全指导、思想教育等方面对顶岗实习的学生进行有效的引导；校企共建院系二级督导队伍，从管理和质量两方面对顶岗实习进行监督、评价与反馈。

2.规范管理,系统制定运行和保障制度。从教学组织、学生管理、安全、经费保障、考核、质量监控评价等方面制定六个院级顶岗实习管理制度及相配套的实施标准、师生管理手册等;各系、专业结合实际制定实习计划、实习课程标准以及和学院制度相配套的实习管理实施细则,明确职责、有制可依。

(四)开发应用了"一体五化"的在线管理平台,解决顶岗实习管理手段问题

顶岗实习时间交错、地点分散和人员多元,要使系统规划的体制机制顺利实施,应用信息技术突破时空上的限制成为必然。2007 年学院信息系教师和学生组队,结合实践开发了《实习综合管理平台》,2008 年在信息系各专业试点应用,2009 年在全校各专业推广应用,不断完善优化,支撑管理运行机制的实施,构建集学校、企业、专业、教师、家长和学生为一体的全方位的网络化动态管理机制,达到信息传递实时化、实习监控动态化、统计分析专业化、成绩评定过程化和管理主体多元化的实习管理要求。

有效支撑多方参与、多层次实施的管理与质量监控运行机制。平台设置了学校管理、督导、教师、企业、学生、家长 6 类用户角色,不同的角色设置不同的管理权限和功能,形成学校决策管理、系部组织管理、教研室实施管理、教师(企业师傅)学生管理四级管理模式,形成与"双闭环"监控评价机制相适应的双向、多级监控评价模式。通过授权分配给家长一个系统账户,让家长可以随时查看其子女的实习周记、校内外教师的评价信息,对实习进行评价和建议,让家长参与到顶岗实习的管理工作中,实现学院、企业和家长三方联动管理机制。

从岗前、岗中、岗后三维强化顶岗实习管理与质量监控评价。

1.岗前动员:平台实现顶岗实习计划、标准的发布与审核,企业实习岗位需求的发布以及与学生岗位意向的匹配。

2.岗中管理与监控:(1)实现在线教学管理与教学互动。学生能够随时随地查看顶岗实习工作任务和管理要求、提交顶岗实习作业等;指导教师(或企业师傅)可以随时查看学生的实习情况,进行有针对性的评价和引导;师生可以在线交流。(2)实现了多角色下的量化过程考评。校内指导教师每周根据学生提交的周记评定成绩,企业指导教师根据学生本周实习态度、工作表现、技能提高情况评定成绩。实习结束时,平台自动把每周成绩按照一定的权值相加换算成最终的实习成绩,有效地避免了实习成绩评定"单一化、主观化、结果化"的问题。(3)实现了动态的过程监控。院系各级各类管理人员可随机抽查学生的实习、教师的指导、专业的管理等情况,以便进行激励、考核及改进。

3.岗后总结与评价:实习结束后,学生、校内外指导教师、教研室、系部都可以通过实习平台将各类总结材料提交到系统中进行保存,学院、系部、教师则依次可以根据总结材料对系部、教研室、教师和学生的实习情况或工作进行评价。平台集成的分类汇总、数据分析和预警决策支持功能有效地支撑了顶岗实习的监控评价反馈。

二、成果的创新点

(一)提出了"系统规划、多方管理、平台支撑"的教学管理新理念

该教学理念是针对开放性实践教学环节的管理特殊性而提出的。明确从模式确定—标准建立—机制建设—实施是相互联系、影响的系统工程,必须系统规划;相比于其他校内的教学环节,更需将校、企、家长等多方管理思想贯穿始终;应用现代信息技术创新管理手段,才能化解顶岗实习时空的分散性带来的管理难点。在理念上统一思想,使该项工作顺利实施并达到既定的培养目标,同时也丰富了全面质量管理理论在教学管理中的应用。

(二)建立了"双闭环"顶岗实习质量评价反馈新机制

不同于传统教学中任课教师对学习质量起主导作用的是,顶岗实习管理是否到位成为影响实习质量重要因素之一。研究制定以过程管理和实习质量为关键指标的顶岗实习质量监控指标体系,以此为依据,依托自主开发的实习综合管理平台,从实习管理和学生实习质量两方面开展质量监控评价反馈,根据反馈持续改进,"双闭环"顶岗实习质量评价反馈使学生顶岗实习质量逐年提升。

(三)自主开发应用了基于信息技术的管理新手段

网络化在线《实习综合管理平台》,使顶岗实习管理在空间上由校内向校外延伸,时间上覆盖岗前、岗中、岗后三个维度,过程上实现多方管理、动静结合、分层实施,功能上集成管理、监控、评价反馈、资料存储以及实习前企业学生岗位需求匹配等,充分契合顶岗实习的管理特色,有力支撑顶岗实习工作的顺利实施,在提高管理水平和效率的同时,降低管理成本。

三、成果的推广应用效果

我院从 2007 年开始进行顶岗实习过程管理及质量监控的研究与实践,2009年成果基本形成并在全院推广应用。2009 年至今,通过调研反馈不断地对成果进行完善并向校外推广。

(一)提出的理念、实施路径、理论研究具有借鉴和参考价值及示范作用

"系统规划、多方管理、平台支撑"的教学管理新理念可向具有开放性的其他实践教学环节延伸,本校已用于毕业设计、毕业实习环节,《实习综合管理平台》也新增了相应管理功能。新的管理理念、系统化的实施路径、质量监控指标体系等理论研究可供中高职院校参考,在保障顶岗实习质量、建立长效机制上具有示范作用。

(二)成果实施后,相关质量指标逐年递增,具有推广价值

学生顶岗实习、毕业实习、就业等质量相关指标逐年递增。2013年学院被评为全国毕业生就业典型经验高校50强单位。多方合作管理,紧密校企联系,校企需求有效对接,在提升实习质量的同时提高企业参与积极性,校企深入合作进入良性循环。

(三)系列研究成果、校际交流、媒体报道推广了成果,并扩大影响力(具体信息请登录 http://jxcg.zjiet.edu.cn 查阅)

完成相关厅局级、院级课题20项,发表各级论文37篇,其中一级论文3篇。长沙民政、浙江育英等40多所高职院校来院交流顶岗实习管理工作。在"首届全国高职院校'实践育人'高峰论坛"和"第二届全国电子商务职业教育与行业对接大会"上,成果作为典型进行分享。《教育信息报》以《为学生提供更多实习实训机会——浙江经贸职技院深化校企合作》为标题报道了我院"四三三制"顶岗实习模式改革和实践的成效;《光明日报》以《让学生成为工学结合大赢家》为题、《钱江晚报》以《下沙大学生卖出了第一架飞机》为题、《教育信息报》以《像办公司一样办专业》为题分别报道了我院工学结合、顶岗实习开展的建设成果。

(四)自主开发的《实习综合管理平台》已成功推广,应用及商业前景好

平台自2008年学院5个专业试点使用,至2009年应用于全校各专业。因其专业通用、架构先进、性能稳定、界面友好和操作简便等特点,被江苏商贸职业学院、杭州开元商贸等8所中高职学校使用,并得到认可,目前课题组正致力于开发平台APP客户端,应用及商业前景好。

张　红　俞校明　商　玮　徐慧剑
丁　勇　林　锋　孙　勇　潘春胜

高职园艺植物生产类课程
"真实生产、模拟经营"的教学实施[*]

金华职业技术学院　浙江省现代职教研究中心　台州科技职业学院

[摘　要]　针对园艺技术专业"课堂教学与园艺生产脱节"、学生"学农不会务农"的问题,本成果以培养"园艺技术员"为目标,以行动导向教学理念为指导,以学生实践性知识发展为主线,在重构"基于园艺植物生产工作过程"的专业课程体系基础上,重点改造园艺植物生产类课程,组织实施"真实生产、模拟经营"。就是说,按生产季节有序编排课程内容与教学进程,开展真实生产;组建模拟股份制公司,开展模拟经营活动。由此,学生在真实的园艺植物生产的环境中,通过真做实练、总结交流和反思共享,完成专业技能的训练和职业素养的养成,实现从学科知识到情境知识的知识建构。

[关键词]　园艺技术专业;真实生产;模拟经营;教学实施

一、研究背景及成果形成发展

(一)研究背景

从近年的园艺技术专业毕业生就业调查发现,一方面各级政府十分重视农业,如浙江省从 2007 年开始实施涉农专业学费由省财政支付;另一方面涉农专业的毕业生从事农业的人员并不多,社会上出现了今后"谁来种田"的呼声。究其原因,固然因为农业是弱势产业,工作辛苦,收入不高和世俗偏见等因素导致学生不愿务农,但学生怕苦怕累,职业素养不高,教学内容与园艺行业需求不相符,教学与生产脱节,学生学农不会务农,人才质量不高,也是很重要的一个原因。为此,针对"课堂教学与园艺生产脱节"和"学生学农不会务农"现象,我们先后于 2007 年开始,陆续展开了原教育部高职高专农林渔教指委立项的《"生产过程式"园艺技术专业人才培养方式的研究与实践》等 12 项教改项目研究。

---

*　本文为 2014 年职业教育国家教学成果二等奖成果总结。

（二）成果形成发展

由金华职业技术学院牵头，召集金华市农业主管部门和浙江森禾种业股份有限公司等相关园艺企业参与，共同对园艺技术专业人才培养方案进行了深度剖析，确立了以培养"园艺技术员"为目标，以行动导向教学理念为指导，以学生实践性知识发展为主线，对原课程体系基于"园艺植物生产的工作过程"进行重构；根据教与学和园艺产品生产工作过程融为一体的要求，按生产季节有序编排学习内容，使教学内容对接生产任务，将创业教育融入其中，将"学农、爱农"教育贯穿于学习全过程，将助学与助农进行有机结合，创建了园艺技术"生产过程式"人才培养方式，并在园艺技术专业 2008 级实施新的人才培养方案。

对于《蔬菜生产技术》等园艺植物生产类课程，以行动导向教学理念为指导，形成了"真实生产、模拟经营"教学理念，2008 年 9 月，在园艺 071、072 班的《蔬菜生产技术》课程进行试点。在试点取得实效的基础上，2009 年 9 月在园艺 081、082 班的《蔬菜生产技术》《花卉生产技术》《果树生产技术》等课程全面开展"真实生产、模拟经营"教学。

经过三年的研究和四年实践检验，完成了高职园艺植物生产类课程"真实生产、模拟经营"的教学实施的理论内涵、实施路径等，研究成果顺利推广应用。

《蔬菜生产技术》课程 2008 年被评为国家精品课程，2013 年成功转型为国家精品资源共享课，于 2013 年 9 月 10 日在"爱课程"网站上线；2010 年《花卉生产技术》课程被原教育部植物生产类教指委评为精品课程。

二、成果内容

（一）"真实生产、模拟经营"的内涵

所谓"真实生产、模拟经营"就是：遵循技术技能型人才成长规律，按生产季节有序编排课程内容与教学进程，开展真实生产，依现代企业制度组建模拟股份制公司，开展经营活动。由此，学生在真实的园艺植物生产环境中，通过真做实练、总结交流和反思共享，完成专业技能的训练和职业素养的养成，实现从学科知识到情境知识的知识建构。

该成果的核心主要体现在以下三个方面，一是根据教师的教学过程与学生的学习过程和园艺产品生产工作过程融为一体的要求，按生产季节有序编排学习内容，使教学内容对接生产任务，让学生在"做中学"；二是按班级组建模拟的股份制公司，进行角色分配，按照现代企业制度开展经营活动，将生产与经营有机结合；三是在课内融入创业教育和"学农、爱农"教育，在课外学生随教师与农户"1＋1"结

对,下田间提供服务,使学生在学农、助农中,磨炼吃苦耐劳品质,练就过硬专业技能,熟悉"三农"工作,升华"爱农"情怀,实现育人与服务的有机融合。

(二)"真实生产、模拟经营"教学实施的路径

1.重构课程体系,重组教学内容。以育苗、花果管理、植株调整等6种典型工作任务为导向,以园艺行业工作过程的种子处理、病虫害诊断防治、花期控制、采后处理等13种关键技能为主线,结合国内外现有的园艺专业相关的职业资格标准,在学习《大学英语》《计算机基础》等素质教育课程的基础上,与企业共同开发建设由基础课程、核心课程、拓展课程构成的新型课程体系。基础课程由《园艺植物识别》《园艺植物生长与环境》《农业信息技术》《园艺设施》《职业素质培养与训练》组成,使学生能够奠定专业基础,树立专业思想;核心课程由《蔬菜生产技术》《果树生产技术》《花卉生产技术》《商业园艺》组成,培养学生的专项技能与综合技能;拓展课程由《植物组织培养》《景观园艺》《园艺植物造型艺术》《园艺种苗生产》《食用菌生产技术》组成,满足行业对学生拓展能力的需求。

根据基于园艺产品生产工作过程的课程开发思路,园艺植物生产类课程针对职业岗位能力要求,以满足完成园艺产品生产典型工作过程能力的要求、浙江省园艺产业发展趋势的要求和当前主流园艺生产技术三个维度的要求来组织教学内容。如《蔬菜生产技术》课程将蔬菜生产工作岗位中的典型工作任务整合成《茄果类蔬菜生产》等10个学习情境,在不同的学习情境中融合了不同的专业能力、社会能力和方法能力的培养。

2.创新"真实生产、模拟经营"的教学组织形式,提升教学效能和人才素质。

(1)对农岗,按农时,真实生产,锤炼学生职业能力。生产类课程以培养"园艺技术员"为目标,依托校内基地以真实的生产任务为载体,结合蔬菜、水果、花卉生产的无公害食品、绿色食品、有机食品国家(行业)标准,并有效融入蔬菜工、果树工、花卉园艺师等国家职业资格相关要求,按照教与学的过程和园艺产品生产融为一体的要求,重构课程体系,重组课程内容。如《蔬菜生产技术》课程根据蔬菜生产具有季节性、区域性和周期长的特点,按蔬菜生产季节(2—7月为春夏季生长的蔬菜,9月至次年1月为秋冬季生长的蔬菜)有序编排教学内容,使教学内容对接生产任务,激发学生职业情感,让学生在生产任务实施中训练技能,孕育"爱农"情怀。

图1 学生在基地进行草莓施肥

图2 学生在学习桃树修剪技术

（2）务农事，练农技，模拟经营，锻炼学生创业能力。以班级为单位，成立模拟股份制公司，为了增强学生之间的竞争氛围，按现代企业制度，一个班要求成立二个股份制公司，下设生产技术部、财务部、销售部，学生按10元一股认购股份，考虑到学生的经济承受力，每人最多申购50股。所谓模拟股份制公司是指公司除未到工商部门注册外，其余都按现代企业制度运行。在整个教学过程中，课程主讲教师首先是编导，根据典型工作任务设计出适合教学的学习情境和学习工作单，并作为一名公司总农艺师而存在其中；学生是主角，在学习过程中扮演生产者、管理者、技术员、销售者等不同角色，学生自主获取任务完成所需资料和信息、制定并研讨任务、实施生产方案、进行生产演练、最后通过相互检查评估、总结反思和教师点评实现学习迁移，职业能力的巩固和升华，提升自主学习、市场营销、经营管理、团结协作能力和吃苦耐劳品质，分享劳动成果，培养"爱农"情怀，为学生未来职业发展奠定了基础。

在课堂教学的同时，搭建实践体验平台，成立花卉租摆服务部等创业型社团，组织学生开展花卉租摆、教师生日花卉配送等业务，实训变成经营性生产，将创业教育融入课堂，磨炼学生素质，锻炼学生创业能力。

图3 学生在销售蔬菜

蔬菜生产技术　　　　　　　　　　　　　　　　　　　教学设计

学习情境1茄果类蔬菜生产实施方案

专业领域：园艺技术　　　　　　　　　　　　学习领域：蔬菜生产技术

学习情境1：茄果类蔬菜生产			课时：30学时
授课班级：园艺101、102、103	教学学期：第四学期		授课教师：胡繁荣
授课地点：校内蔬菜生产实训室、园艺生产性实训基地、江东涉农综合实践基地	授课时间：2012年2月-7月		制定者：课程组

学习情境描述：

　　根据基地生产和市场需求，茄果类蔬菜生产学习任务为番茄、辣椒、茄子生产，并要求您详细计划每一个工作过程和步骤，以小组为单位制定一份生产方案，任务完成后撰写一份技术报告。

　　在教学组织时全班组建二个模拟股份制公司，每公司再分三个种植小组，每小组分别种植番茄、辣椒、茄子，其中学时28学时，另2学时用于各小组总结、反思、向全班汇报种植经验与体会，实现学习迁移。

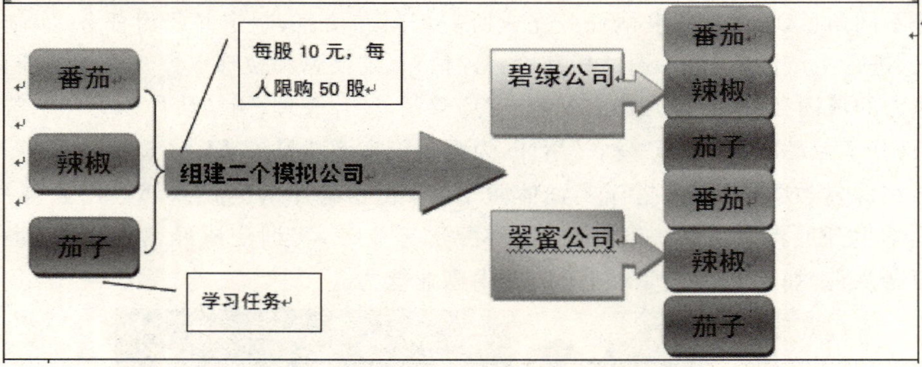

图4　茄果类蔬菜生产实施方案

　　(3)入农户，用农技，服务产业，提升学生职业素养。将课程教学置于"三农"服务中，通过与校外基地金东区农林局合作，在金东区现代农业园区建立"金职院科技助农工作站"，教师带领学生与金东区江东镇、塘雅镇农户"1+1"结对，定期深入田间地头，帮助农户进行种子处理、播种育苗、肥水管理、病虫防治等环节的农事操作，解决园艺生产中实际问题，推广园艺新品种、新技术。学生在服务"三农"中，不仅练就过硬技能，而且锤炼吃苦耐劳品质，增强了对农民的感情，享受到成功的喜悦，升华了"爱农"情怀，实现了育人与服务的有机融合，促进了学生、农户与教师共同成长。

图 5   金职院科技助农工作站授牌

图 6   学生入农户学习杜鹃嫁接技术

三、创新点

（一）学做融合，组建股份制公司，生产与经营有机结合，锤炼学生职业能力

根据园艺植物生产具有季节性、区域性和周期长的特点，重构课程体系、重组课程内容，根据将教学过程与学习过程和园艺产品生产工作过程融为一体的要求，依托校内实训基地，按生产季节有序编排课程内容，使课程内容和生产任务对接，组建模拟股份制公司，学生按股份进行角色分配，依现代企业制度开展经营活动；开展花卉租摆、教师生日花卉配送业务，实训变成经营性生产，创业教育和"学农、爱农"教育贯穿学习全过程，让学生在"做事"中学习知识，训练职业技能，分享劳动成果，激发职业情感，磨炼吃苦耐劳品质，孕育"爱农"情怀，促进学生知识、能力、素质协同发展。

图 7   学生在基地种植草莓

(二)课程教学与"三农"服务并举,搭建助农工作站,育人与助农有机融合,提升学生职业素养

通过与校外基地金东区农林局合作,在金东区现代农业园区建立"金职院科技助农工作站",教师带领学生与金东区江东镇、塘雅镇农户"1+1"结对,定期深入田间地头,帮助农户进行播种育苗、肥水管理、植株调整、病虫防治等环节的农事操作,解决园艺植物生产中遇到的问题,示范推广园艺新品种、新技术;学生在服务"三农"中,不仅练就过硬技能,而且锤炼吃苦耐劳品质,增强了对农民的感情,享受到成功的喜悦,升华了"爱农"情怀,实现了育人与服务的有机融合,促进了学生、农户与教师共成长。

图8 科技助农工作站成立

图9 老师带学生入农户、传技术

四、应用与推广

(一)人才培养质量得到各方肯定

本成果从园艺 2008 级开始实施,已在我院商品花卉、绿色食品生产与检验等4个植物生产类专业推广,参加学生数超过 1500 人。

通过教学实施,学生务农能力不断提高,麦可思评估报告显示:2012 届半年后离岗率 44%(2009 届 74%),月薪 2773 元(同期同类院校 2610 元,2009 届 1944元),就业率 94%,学生就业竞争力指数为 80.6%,对母校满意度达 96%。园艺技术专业学生连续三年代表浙江省参加全国职业院校农业职业技能大赛,获二等奖3 项,省一等奖 5 项,成绩位居浙江省涉农院校首位,2009 年园艺技术核心课程教学团队被评为浙江省高校省级教学团队,2010 年园艺技术专业获批浙江省特色专业。

图 10　学生在全国技能大赛上获二等奖

　　培养了一批创业型高技能园艺人才,毕业生创业率从 2009 年的 3.2% 提高到 2012 年的 7.6%。新闻媒体如《钱江晚报》以"爱漂亮,爱苗木,爱下地,不爱考公务员'苗木大户'是个 22 岁女孩"为题报道了园艺毕业生刘益娟创业事迹;园艺 082 学生郭斌在平阳县承包土地 300 亩,创办了平阳县康馨蔬果专业合作社;2011 届园艺毕业生钱雨晴在乐清市城田农业专业合作社经营 45 亩草莓,连续 3 年实现草莓年亩产值 2.6 万元以上的佳绩;园艺 013 何卫存被评为学校创新(创业)之星。

图 11　园艺 082 郭斌创办康馨蔬果专业合作社

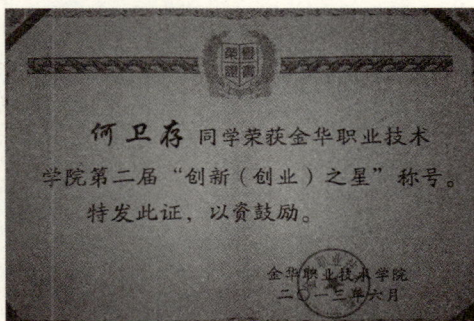

图 12　何卫存获创新(创业)之星

(二)建成丰富的优质教学资源

　　建成了一系列优质教学资源,2008 年《蔬菜生产技术》课程评为国家精品课程,2013年《蔬菜生产技术》课程已转型升级为国家精品资源共享课,《蔬菜生产技术》教材继为浙江省高校重点教材、高等职业教育农业部"十二五"规划教材之后,2013年又入选国家"十二五"规划教材建设;2010年《花卉生产技术》课程获评原教育部植物生产类教指委精品课程;《普通园艺学》课程为省精品课程,已建成共享型的校园艺技术专业教学资源库(zyk.0579.com/yyjs)。主编出版《园艺植物生产技术》等高职教材4部、中职教材1部,其中国家级规划教材2部,《细菌革兰氏染色》微课获全国高校微课教学比赛浙江赛区二等奖,《蔬菜识别系统》获浙江省高校教师教学软件比赛二等奖。

（三）形成了丰硕的理论研究成果

2007年开始,我们陆续展开了原教育部高职高专农林渔教指委立项的《"生产过程式"园艺技术专业人才培养方式的研究与实践》等12项教改课题的研究,在《黑龙江高教研究》《职业技术教育》《中国职业技术教育》等杂志发表相关论文15篇,获全国农业职业教育教学成果一等奖2项、二等奖2项,全国农业职业教育优秀论文一等奖1项,校教学成果一等奖1项、二等奖1项。

（四）成果得到广泛推广

本成果具有很强的针对性和适用性,在高职教育教学改革课程建设方面迈出了较大步伐。

成果负责人受邀于2009年7月在教育部全国高职高专教育师资农业类专业"工学结合"课程开发培训班上为全国30多所职业院校200多位教师作本项目相关成果讲座;2010年7月受中国农业出版社的邀请在山东青岛为参加高等职业教育农业部"十二五"规划教材编写的126名教师作工学结合课程开发与建设的讲座;2011年受浙江省高职农业技术类专业建设委员会的邀请为全省涉农高职教师作植物生产类课程行动导向教学研究与实践的讲座;2012年先后受贵州省铜仁职业技术学院、新疆阿克苏职业技术学院邀请作基于工作过程系统化课程开发与实践的讲座。

2012年根据省教育厅的要求,对口支援新疆阿克苏职业技术学院园艺技术专业示范建设任务,将本项目相关成果在阿克苏职业技术学院推广应用,帮助建设《蔬菜生产技术》等20门课程。

图13 项目负责人在贵州省铜仁职业技术学院讲学

成果已在江苏农林职业技术学院、新疆农业职业技术学院、宁波城市职业学院、台州科技职业学院、嘉兴职业技术学院、温州科技职业学院等省内外院校的《蔬菜生产技术》《花卉生产技术》等相关课程推广应用。

(五)成果应用前景

全国农业职业教育教学指导委员会教学成果鉴定组专家一致认为:该成果具有很强的现实意义,对农业类专业课程教学改革起到良好的示范引领作用,在同类的研究领域达到国内领先水平,具有很高的推广应用价值。

五、成果研制和实践过程中遇到的困难及解决办法

本成果在实施中的成功,首先,要提高学生的学习积极性和主动性。学生进校后有一种对大学生活的向往,有一种新鲜感,为此,在设计首次生产任务时一定要引导、利用好学生的积极性,要确保成功,如果失败,就会打击学生的积极性,因此可设计比较简单的生产任务,如小白菜的生产,让学生尝到甜头,分享劳动成果,享受成功的喜悦,从而激发学生学农的兴趣。

其次,注重挖掘学生的潜力,培养自主学习能力。规定学生在课前必须经过预习,设计出生产方案后方可进入实训基地,因此学生在课前进行的自主学习,有助于调动学生的学习潜力,在生产过程中碰到问题,不是马上解答,而是鼓励他们去进行思考,争取自主解决,在生产结束撰写项目报告时,还设计了一些思考题,其中有些题目要通过查找资料才能解决,也在锻炼学生的自主学习能力。

第三,创造一个企业化工作氛围,更好地进行工学结合。在教学过程中,将学生和教师的角色转换为员工与部门经理的角色,学生学习团队分成两个公司,开展学习竞赛,让学生有企业工作的真实情景感,要求学生填写模拟企业生产和鉴定记录所设计的工作过程记录和工作报告,教学结束后按企业要求完成清场工作,从点点滴滴的工作上,锻炼学生职业能力,培养他们的职业道德,在考核上将学生的职业道德也纳入其中。

第四,学生出钱入股目的是增强学生主人翁的地位,让学生学会精打细算,培养勤俭节约的习惯。

总之,高职园艺植物生产类课程,开展"真实生产、模拟经营"的教学,有利于提高学生学习积极性、主动性和学习效率,有利于培养具有创新性和有可持续发展能力的技术、技能型人才。

胡繁荣　朱雄才　刘鲁平　贾春蕾
方　勇　徐森富　何美仙

搭台结盟促进校校企交融协作
真题实赛引领农林类专业发展[*]

丽水职业技术学院[①]

[摘　要]　针对浙江省高职农林类专业缺乏校企合作平台、缺少教学质量检验平台、缺失师资培训平台和缺欠专业研究平台的"四缺"局面，浙江省高职教育农林牧渔类专业教学指导委员会开展了"搭台结盟，真题实赛"的改革与实践。发挥教指委的凝聚作用，汇集专业建设资源，凝聚专业建设合力，解决了高职农林类专业因地域分散、条块分割所产生的协作难问题。发挥教指委的组织作用，以赛促教，以赛促学，倒逼教学改革，解决了农林类专业教学改革动力问题。发挥教指委的协调作用，整合校校企资源，解决农林类专业师资培训难的问题。发挥教指委的智库作用，剖析个性，研究共性，弥补了职教专家的研究缺失。四年多的实践有力地促进了全省高职农林类专业的规模发展与质量提升。

[关键词]　教学指导委员会；农林类专业；校校企合作；作用

我国的高职教育虽说已经经历三个阶段走过近 30 年的历史，但高职教育的兴起只有短暂的十多年时间。高职教育专业大类教学指导委员会还是个新生事物，教育部高职教育专业教学指导委员会成立于 2005 年，浙江省的高职教育各专业大类教学指导委员至 2008 年才正式成立。虽然教育部、浙江省教育厅对教学指导委员会的职责有明确的规定，但如何开展工作还不十分清楚。为了探索教指委的工作方式，提高对高职教育研究、咨询、指导、评估和服务工作的水平，凸显对专业发展的贡献度，浙江省高职教育农林牧渔类专业教学指导委员创造性地开展工作，做了许多有益的探索，为各专业大类教学指导委员会的工作提供了借鉴。

---

　*　本文为 2014 年职业教育国家教学成果二等奖成果总结。
　①　成果完成单位：丽水职业技术学院，浙江省高职教育农林牧渔类专业教学指导委员会，温州科技职业学院，金华职业技术学院，台州科技职业学院，嘉兴职业技术学院，杭州天香园林股份有限公司，杭州市园林绿化股份有限公司。

一、浙江省高职农林类专业面临的主要问题及农林类教指委的工作重点

(一)浙江省高职农林类专业面临的主要问题与成因

浙江省高职教育农林类专业的办学,影响教育质量提高的主要矛盾和突出的问题,表现在"四缺",缺乏校校企合作平台、缺少教育质量检验平台、缺失师资培训平台和缺欠专业建设研究平台。

造成"四缺"的原因主要是:

1.专业数量多,专业布点数少。农林牧渔类专业,是指第一产业的所有种植类、养殖类专业,所辖专业面很宽,2012年浙江省就有12所高职院校开设16个农林类专业。但专业布点数少,有9所院校开设园艺技术专业,是布点数最多的;1所院校开设了水产养殖专业,布点数最少。专业数量多导致了专业建设力量和资源的分散,专业布点数少导致可供整合的院校资源也少。

2.办学院校区域分散,院校隶属关系不一。众所周知,高教园区有利于教学资源共享与校校合作,但浙江省高职教育开办的农林牧渔类专业院校都不在高教园区内,而分散在全省各个地市。而且,管理归口也不一致,8所隶属地方政府管理,其余的归非农口的厅局或国有企业,没有一所院校归口农(林)业厅管理。空间的离散给院校的交流、合作、资源共享造成了短板。学校与业务厅局之间缺乏垂直的领导体系,导致学校之间各自为政,各吹各调,难于资源共享、紧密合作。

3.专业规模小,专业属性特殊。农林类专业由于农业产业现在所处发展阶段的特殊性,招生规模不可能像商科、工科那样大,属于细水长流的长线专业。而且,农林类专业面对的是活的生产对象,农林产品生产周期长,与商科与工科在教学规律等上有很大的差别。专业规模小,导致其在高职教育领域影响力弱,不管是专业建设的研究、师资培训平台的建设,还是技能竞赛都被边缘化。专业的特殊性又导致不能套用一般的高职专业建设的套路。这就决定了高职农林类专业主要需要依靠自身的努力来解决本专业的发展问题。

(二)着眼专业发展是浙江省高职农林牧渔类专业教学指导委员会的工作重点

1.高职教育专业教学指导委员会的演进过程证明专业建设是其工作的着眼点。高职教育专业教学指导委员会是从高等学校教学指导委员会派生出来的,而高等学校的有关科类教学指导委员会经历了由教材编审委员会、课程教学指导委

员会到科类教学指导委员会的演变过程。高等学校教学指导委员会的演变过程，说明了其功能的演进过程，从原来较为微观的教材编审出发，发展到了现在的对学科、专业的整体指导。也恰恰说明了高职教育专业教学指导委员会应该把指导专业发展作为着眼点。

2. 着眼于专业发展是高职教育专业教学指导委员会的职责所在。教高函〔2005〕25 号文件指出，教学指导委员会的主要任务是：组织和开展本学科教学领域的理论与实践研究；指导高等学校的学科专业建设、教材建设、教学改革、实训基地建设、实验室建设等工作；制定专业规范或教学质量标准；接受委托承担专业评估任务；接受委托承担本科专业设置的评审或高职高专专业设置的核定任务；组织师资培训、教学研讨和信息交流等工作；完成教育部委托的其他任务。

浙教办高教〔2008〕109 号文件指出，专业教学指导委员会的主要职责是：（1）开展理论研究。组织开展教育教学理论和实践体系研究，本专业的发展战略研究和质量保障研究。（2）指导教育教学。指导和推动全省高职高专教育的专业、课程、师资、教材、实验实训等方面工作，积极推进工学结合。（3）研究制定专业规范和专业教学质量标准，为高职高专院校的专业建设提供依据，同时协助省教育厅推动职业资格证书制度的实施。（4）承担教育厅委托的相关工作。

因此，高职教育专业教学指导委员会是以所辖专业为主要研究对象的，以专业发展为目标的社会团体。

3. 浙江省高职农林类专业的特点要求教指委研究专业发展。由于浙江省高职农林类专业的专业数量多、布点少，规模小、属性特殊，区域离散、管理分散的特点导致全省高职农林类专业院校合作难、专业资源少、建设力量弱。而农业属于第一产业，在国民经济上具有基础性的地位，农林类高职教育肩负着培养创业型新农民的重任。浙江省高职农林类专业教学指导委员会作为唯一可以团结全省高职农林专业力量的社会团体，必须积极发挥组织、协调、指导等作用，为促进全省高职农林类专业发展贡献力量。

二、浙江省高职教育农林牧渔类专业引领专业发展的主要做法

（一）搭建平台，校校合作，凝聚专业建设合力

1. 组建专业建设指导委员会，促进校校合作。高职农林牧渔类专业所涉及的专业面很宽，为了更有效、更有针对性地开展工作，我们在省农林牧渔类专业教指委的大平台下设立了四个小平台，就是园林类、园艺类、农业类、动物水产类四个专业建设指导委员会。各个学校以专业建设委员会为平台，开展了人才培养方案、课程与教材、职业技能竞赛、实训基地建设、教学资源库建设、中高职衔接等进行定时

间定计划定任务的深度研讨,交流改革的体验,研讨专业建设中的新情况、新问题,共商专业发展大计。平台的设立有力地促进了校校同仁之间的合作与交流。通过这个平台,四年之内全省高职农林类专业教师共同申报与建设了39部省级重点建设教材。

2.基地联盟,校企交融,优质资源学校化。针对农林类专业小而散,学生实训,特别是异地实训难、学校管理难、企业选人留人难的"三难"特点,我们积极探索实训资源的共建共享,发动7所高职院校、33家现代农业企业,按照"校企合作、多方参与、互惠互利、共同发展"的原则,成立了浙江省农业技术类专业高职校外实训基地联盟。该联盟突破了区域局限,为学生异地实训、生源地实训搭建了平台,也为农林企业提供了在第一时间选人、用人的便利。到目前为止,已有4批次学生在相关联盟基地实训,许多学生毕业后就很自然地留在联盟企业工作。本教学成果完成单位之一的杭州天香园林公司,已承担了3省(市)11所院校46批次3000多名师生的实训任务,20多位毕业后留在该公司工作的学生,学得好,用得上,得心应手,务实肯干,很快成为该企业的骨干,助推了天香园林公司的发展,达到了校企共赢。

(二)以生产标准为竞赛内容,以赛促教,检验学校人才培养质量

农林类专业由于专业布点散、规模小、学院隶属复杂,2008年之前,一直没有全省统一的职业技能竞赛。教指委成立后,为了检验学校人才培养规格与企业生产用人标准的差距,检验教学的针对性、实效性,根据"企业命题,真境实做,行家裁判,专家点评"的竞赛原则,创办了园林职业技能、农业职业技能两大竞赛。为了使竞赛避免是少数人的"游戏",尽可能有大面积的覆盖,我们坚持"层层选拔、人人参赛,校校预赛、全省决赛"的原则,进行了"理论—实践—实战"的检验,"学校—基地—企业"时空有效切换,实现了"教学—练兵—竞赛—教学"的良性循环,技能竞赛使学生真正受益。从2008年开始,连续三年在杭州天香园林公司举办了三届"真知景观杯"园林职业技能竞赛,全省开设园林类专业的12所院校,每年都有近200名选手参加决赛。2009年又拓展竞赛,增设了"禾益杯"农业职业技能大赛,来自全省同类专业10所高职院校的100多名选手参加了比赛。竞赛中,我们始终坚持贴近生产实际,竞赛题目:来自企业承接真实的而不是虚拟的生产任务;竞赛环境:学生在企业真实的生产环境而不是模拟的场所;质量检验:老师教学质量接受的是率真的而不是敷衍的检验;竞赛裁判:聘请行业专家而不是教育界的自娱自乐;竞赛点评:由行业协会的专家现场进行点评,点评是认真的、权威的、一针见血的,并非是隔靴搔痒、浮光掠影的。园林技能竞赛选择了最具专业特点的三个项目进行比赛:园林植物分类与鉴别、园林景观设计(手绘)、园林工程施工放样等;农业

技能竞赛选择了典型的工作任务的四个项目进行比赛：种子质量检验、果酱加工、病虫诊断、药械使用等。竞赛融入企业元素、企业冠名、企业承办，在企业现场实操，体现了校企的交融协作。我们的理念：通过竞赛暴露缺失，统一标准，寻找差距，倒逼教改；通过竞赛激发热情、发现人才，比学赶帮，砥砺前行。真正达到"以赛促教，赛教结合；以赛促学，学用相长"，提高人才培养质量和企业用人的吻合度。

连续三届的技能竞赛，深受学生、学校和企业的欢迎，统一了教学标准，全面引领、整体推动了全省高职农林类专业的人才培养质量提升，得到了省教育厅的高度认可。2011年我们的赛事被省教育厅纳入全省统一组织的职业技能竞赛。

(三)牵牛鼻子，创新教师培训方法，促进专业发展

教师教学能力、教学水平的提升是专业建设的关键，是专业发展的牛鼻子，我们创新了教师培训方法："走近企业、角色切换；问题导向，学做一体"，2012年夏季，我们以教指委的大平台，组织了全省13所院校和2家企业的43位一线教师参加能力提升培训。培训以中国传统文化与现代园林建设为主题，由浙江大学生态规划与景观设计研究所的五位教授和国家十大创新绿化苗木企业老总亲自授课和现场辅导。企业项目任务的下达，学员问题的陈述，工程项目的操练，现场讨论的交流，整个研修一改以往的惯例，受训教师普遍反映"拓展视野，受益匪浅，实战实用、实际实效"。2013年、2014年，教指委依托丽水职业技术学院的浙江省高职师资培训基地，开办浙江省高职教育园林园艺骨干教师培训班，全省10多所学校相继有两批次，80多位中、高职的教师参加"企业主导，行家授课，实操实练，真境实做"的培训。企业对接教育、基地对接产业、生产过程对接教学过程、企业家对接教书匠。融企业生产、专业技术、企业文化于一体，受训教师普遍反映素质、能力的提升是前所未有的。

(四)研究专业共性，剖析院校个性，引领全省专业发展

1.开展农业部委托课题的研究，解决专业共性问题。在"新四化"的背景下，高职农林类院校究竟该培养什么样的人才？怎样培养人才？这是我们共同面临的问题。我们以承担农业部2011年、2012年农业专项(委托)课题"新型职业农民教育培训机制探讨"项目和"农业职业院校参与农业技术推广工作机制研究"项目研究为契机，开展了浙江省新型职业农民教育培训和高职院校参与农技推广情况的深度调研，结合高职教育实际，提出了对策与建议。我们认为：各高职农林类院校要把农林类人才培养目标定位与现代职业农民、新型农场主的培养结合起来；把专业建设与现代农业技术推广、社会服务结合起来；把培养学生的职业技能与锻造学生的职业精神结合起来；把专业教学与培养学生就业、创业能力结合起来。

2.开展校本研究,促进个性发展。积极推进各农林类高职院校根据区域实际,开展专业对接区域农业主导产业、专业服务新农村建设、人才培养模式、课程教学方式、基地对接产业、中高职衔接等校本个性化研究,并为各校专业发展研究提供资源、信息、资料、人才诸方面的支持与服务。丽水职业技术学院、温州科技职业学院、台州科技职业学院的改革实践与校本研究成果多次荣获全国农业职业教育成果一、二等奖。在《中国高教研究》《职业技术教育》等学刊上发表论文20多篇且多篇论文获奖,其中丽水职业技术学院佘德松教授所撰写的论文连续两届获浙江省高职研究会年会论文评比一等奖。

三、浙江省高职教育农林牧渔类专业教学指导委员会工作的主要创新

(一)真题实赛,确立教学改革方向标

面对全省同类专业缺乏统一的技能竞赛、缺失检验教学水平的统一标准、缺少教学改革推进的动力的状况,创办了园林、农业职业技能竞赛。通过"人人参与、层层选拔,校校预赛、全省决赛",使技能竞赛成为"学生技能比武的擂台,教师教学成果的展台,院校展现风采的窗台,企业选人用人的平台"。通过竞赛发现教学与生产的差距、院校之间的差距,激发了师生教改的活力,校校之间、教师之间、学生之间形成比学赶帮超的局面,整体推进人才培养质量的提高。

(二)基地联盟,创新校校企合作方式

针对农林类专业学生实训难、学校管理难、企业选人留人难的特点,我们本着"适应需求,产教融合"的理念,整合了院校、企业优质资源,组建了浙江省高职教育农林类专业校外实训基地联盟,探索了以人才培养与使用为纽带的校校企合作方式,使得社会资源学校化、学校资源社会化,解决了学生异地实训的困难,化解了学校异地实训,管理学生困难的尴尬,变"放羊式"实训为"实用、管用、好用"的实训,为企业选留优秀人才,学生选择优质企业创造了良好的环境。

(三)引领发展,探索高职专业教指委工作范式

专业教指委是个新生事物,工作该怎么做?如何开展,既没有现成的答案,也没有统一的标准,只有依靠实践和探索。根据规模小、布点少、区域分散、隶属不一、需求持续的专业特殊性,以引领全省同类专业健康可持续发展为目标,走出了一条"以专业共性和院校个性相结合的特点研究专业发展,以搭台结盟凝聚专业建设力量促进专业发展,以真赛实做确立改革方向标引领专业发展"的专业建设的教

指委工作新路子。

(四)项目载体,探索师资培训新路子

以企业为主体组织师资培训,提供有偿式服务。培训时间地点、角色身份、内容方式等进行颠覆式的改革:"问题导向,项目载体":教师切换角色,完全以员工的身份走进企业,按项目分组领受任务,按项目层次递进训练;按项目完成结果评价培训成效;同时,有计划地安排培训教师融入的国家级园林竞赛的省级项目团队,真刀真枪实战实训,受训教师得到实实在在的收获和提高。2010 年,在真知景观公司,参加培训的教师与企业员工一起,代表浙江省承建并参展的"浙江园"工程,获得了"中国第二届绿化博览会"颁发的最高奖项——特等奖。

四、浙江省高职教育农林牧类专业教学指导委员会工作的主要成效

我们的项目实施四年来,惠及全省高职院校的所有农林类专业近万名师生,主要表现在以下三个方面。

(一)规模扩大,质量提升,有力支撑产业转型升级

全省高职农林专业的专业数和布点数有了快速发展。2008 年有 8 所学校 11 个专业,2012 年就有 12 所学校 16 个专业。目前,浙江省高职农林类专业中,有中央财政支持的优势专业 4 个,中央财政支持的实训基地 7 个;省财政支持的优势专业 4 个,特色专业 6 个,省级示范性实训基地 3 个。

丽水职业技术学院绿色食品生产与检验专业,以食用菌栽培新技术开发、新品种选育为抓手,支撑了区域食用菌产业的转型升级。案例成功入选教育部"高等职业学校提升专业服务产业发展能力项目"典型案例。《2012 中国高等职业教育人才培养质量年度报告》中,在《贴近"三农",服务"三农",引领特色产业发展》的案例中,介绍了丽水职业技术学院的食用菌中温灭菌技术、雪梨二次套袋技术对农林产业转型升级的支撑作用。

(二)学生受益,教师成长,奠定专业发展坚实基础

1. 学生技能竞赛屡屡获奖,就业创业能力大幅提高。2010 年至 2013 年全省农林类专业学生在全国职业技能竞赛中屡获大奖,14 人获一等奖、9 人获二等奖、2 人获三等奖。丽水职业技术学院园艺技术专业学生温从发就学期间注入资金 100 万成立全国首家苔藓开发公司——润生苔藓公司,开展苔藓栽培、开发苔藓产品,引起国内、外权威专家的关注。台州科技职业学院园艺专业学生创建了全国在校

大学生首家经工商登记注册的专业合作社——台州市黄岩一冉花果专业合作社，合作社下设组培创业团队、花卉创业团队、多肉类植物创业团队等，年销售收入与利润逐渐增加，学生创业的积极性、主动性得到极大提升，自身发展的潜力、影响力充分地得到开拓。台州科院园艺技术的 2012 级陈露鑫同学组建趣农微世界创业团队，开发了系列"生态瓶景"，获全省大学生创业规划大赛一等奖，被评为"最佳创业规划之星"。

2.教学名师、专业带头人出类拔萃，教研、科研成效显著。项目开展的四年来，一大批年轻的教师在教学改革的实践中前进和成长。1 名教师被浙江省人民政府授予浙江省首届高等学校优秀教师，8 名教师被评为省高校教学名师或全国农业职业教育名师，16 名教师被评为浙江省高校专业带头人。1 门课程成功入选教育部首批精品资源共享课。获 3 项全国农业职业教育教学成果一等奖，3 项二等奖。3 名教师被授予浙江省优秀科技特派员。浙江省高校教学名师、丽水职业技术学院潘芝梅教授以《多穿"衣服"的雪梨更值钱》现身 CCTV7《绿色时空》栏目讲解雪梨二次套袋新技术。

（三）国培项目，最高奖项，企业实现转型升级

在项目实施的四年中，校校企交融协作，达到了互利多赢。合作企业——杭州天香园林有限公司承建的项目多次获得"浙江省优秀园林工程金奖"等高级别奖项；真知景观公司代表浙江省承建并参展的"浙江园"工程，获得了"中国第二届绿化博览会"颁发的最高奖项——特等奖。2012 年 10 月 8 日真知景观公司被浙江省教育厅确定为第一批高职院校"双师"教师培养培训基地，其《园林工程施工与管理国内企业顶岗培训项目方案》被教育部确定为第三批高等职业学校骨干教师国家级培训项目，目前该国培项目已举办了 2 期，有 10 个省的 30 多名园林骨干教师参加了培训，企业的影响力辐射全国。

汪建云　佘德松　汤书福　等

基于职业标准物化的高职机械类
专业教学改革与实践 *

浙江机电职业技术学院

[摘　要]　以产学合作为途径,校企联手解剖相关国家职业标准内核,根据东部地区经济技术发展与岗位要求,引进新技术、新工艺,开发数控、模具制造工等机械类工种 9 大类 21 套各层级鉴定物化材料,机械制造工艺师等新工种标准填补了国内空白。融学历证书与职业资格证书、授课内容与职业资格标准、专业技术理论与实践教学于一体,形成"双证融通"专业培养方案。以学生为主体,采用复合型岗位职业活动的教学案例、项目式教学,学生全程参与教改,学习积极性得到激发,质量不断提高。

[关键词]　双证融通;职业标准;物化;高职机械类专业

随着东部地区经济转型升级和科学技术的快速发展,现有一些职业(工种)的考核标准显得相对滞后,与实际生产岗位的要求不适应;不少工种考核的内容相对狭窄,只针对某一个岗位,而针对一个岗位群的内容偏少,含金量低;复合型新岗位不断出现,但缺乏相应的综合性职业标准。同时,很多高职院校的机械类专业,课程内容没有充分体现职业标准,无法满足企业的岗位要求,尤其是实践环节没有与理论有机融合,难以真正培养学生的职业技能。

以"学生为主体,使学生成才、让教师成长"为教改指导思想,在完成国家职业标准物化与浙江省新工种职业标准制订的基础上,利用国家示范重点建设专业、省优势和特色专业人才培养方案改革与建设的契机,将职业标准融入课程体系设计,职业标准所要求的相关内容融入专业课程,形成了"双证融通"的教学方案;优化训练条件,创新训练手段,提高训练效果,切实提高了机械类高职学生的职业能力和职业素养,探索出一条符合我国高职教育特征的可持续发展之路。

---

* 本文为 2014 年职业教育国家教学成果二等奖成果总结。

一、主要解决的教学问题和方法

(一)加强对职业标准的研究,根据东部地区经济技术发展以及机械类岗位变化要求,开展职业标准尤其是高等级考证标准的物化工作,开发了数控车铣、模具制造工等机械类工种 9 大类 21 套各层级系列鉴定物化材料,浙江省机械制造工艺师新工种标准填补了国内空白。

职业标准研究的内容是使劳动者通过职业教育适应技术发展的需要,即根据技术发展水平提出相应的职业资格要求,通过接受教育与培训始终胜任工作要求。职业标准物化时结合浙江和东部地区企业岗位的实际需求,开发新标准,优化老标准,从标准的内容和结构等方面加以整合,解决了标准相对滞后、考核内容狭窄及缺乏材料无法鉴定的问题。

在浙江省人力资源与社会保障厅的指导下,与行业、企业合作,共同开展了职业标准尤其是高等级考证标准的物化工作,制定了浙江省机械制造工艺师新工种的职业标准,开发了数控车、数控铣(加工中心)、数控程序员、模具制造工、模具设计师、机械制造工艺师、钳工、车工等机械类工种的系列鉴定物化材料,提高了浙江省机械类职业资格的鉴定水平。

(二)融学历证书与职业资格证书于一体,融授课内容与职业资格标准于一体,融专业技术理论与实践教学于一体。"双证融通"促进专业教学改革,反映校企合作本质。机械类专业成为国家示范重点建设专业和省级优势、特色专业。

通过对职业标准的研究和物化,明确机械类各专业人才培养方案改革以技师等级应知内容为知识学习目标、高级工等级应会内容为技能训练目标的高职机械类专业能力培养目标,机械类专业课程体系的设计融入职业资格标准,专业课程融入职业资格标准所要求的相关内容,同时按源于标准、高于标准、标准内容教学化的原则,及时将企业新技术、新工艺等渗透到课程体系和课程教学内容中,校企紧密合作育人,解决了教学内容与企业要求吻合度不高的问题。

采用国家职业标准来规范专业培养目标,减少了机械类专业人才培养方案制定的随意性。制订《基于工作过程与职业标准融通的高职新课程体系开发指导意见》;按照机械类各专业的特定职业能力、行业通用能力和就业核心能力,以系统知识和技能要求的有机融合为手段,通过全新开发机械制造工艺师等综合工种的鉴定物化材料,为机械类各专业的人才培养方案全面实现"双证融通"改革奠定基础。经过近年来的教学改革和建设,机械制造与自动化、数控加工技术专业成为国家示范重点建设专业和省优势专业,模具设计与制造、计算机辅助设计与制造专业成为省特色专业,模具设计与制造专业通过中央财政支持高等职业学校提升专业服务能力项目的验收。

(三)将职业标准要求的"应知""应会"内容融入课程体系与教学内容,采用复合型岗位职业活动的教学案例、项目式教学;"课证融合"推进课程建设,体现工学结合内涵。建成2门国家精品课程、2门国家精品资源共享课程,9本十二五规划教材立项,完成了11门省精品课程、11本省重点教材。

"基于工作过程""融合职业标准""能力递进学习"进行"课证融合"的课程建设;"对接生产现场""体现先进技术""反映典型工艺"组织教学内容;"项目任务载体""活动串联情境""教学做一体"实施教学过程。教学内容与岗位要求更贴近,学生学习更具针对性,激发了学生学习积极性。

针对所开发的钳工、车工等基本工种的物化鉴定材料,搭建专业基础训练平台,规范与夯实学生基本功。针对所开发的机械制造工艺师、模具制造工等综合工种的物化鉴定材料,采用复合型岗位职业活动的教学案例,有机融合系统知识和技能要求,深化项目式教学方法、手段改革,形成了一条工学结合的有效途径。

职业技能鉴定的内容和考试大纲纳入教学计划,学生通过专业课程体系的系统学习和训练可考取高级工职业资格证书,无须再进行额外的单项职业技能培训,无须再缴纳培训及考务费用,减轻了学生的经济负担和学习压力,解决了学生岗位胜任力和职业适应力问题。

如机械制造与自动化专业联合浙江省机械工业联合会的行业专家和杭州前进齿轮箱集团有限公司等制造企业的工艺专家,通过工艺师职业标准分析与制订,构建了以"传动轴制造+主轴制造+箱体制造+异形件制造"等课程组成的核心课程体系,将工艺师职业标准内容通过学、练、做一体化的项目模块课程加以实施,培养学生的工艺实施能力。教学内容与实际零件的加工过程相融合,部分教学外移至企业进行,学生通过独立完成传动轴的加工和其他零件如主轴等若干精加工工序,开展企业实践。

(四)以职业标准物化和"课证融合"课程开发为抓手,推动师资团队和实训基地建设,提高了机械类高职学生职业能力的培养水平,建成了全省机械类工种鉴定功能最全的实训基地。学生在技能大赛中获得9项全国一等奖,27项省级一等奖。

构建能工巧匠和专业教师组成的师资团队,建设"真设备、真项目、真要求"实训基地,成为学生职业能力培养的有力保障,解决了职业标准贯彻的基本问题。

1.技能训练与师资队伍建设相结合,提升教师的教学与工程能力。注重教学内容与教学方法的改革,建立教师教学方法创新说课和技能竞赛制度;机械类专业教师全面参与职业资格物化材料的开发、参与按"双证融通"思想进行的教学改革;能工巧匠和专业教师组成团队,共同进行课程建设、实训指导。教师队伍中有1位省优秀教师、3名全国技术能手、1位浙江省首席技师、5位省技术能手;65%的专业教师具有高级工或技师职业资格证书，15 位教师为省职业技能鉴定考评员；形成了专兼结合的 2 支省级教学团队和 1 个全国教育系统先进集体。

2.技能训练与实训基地建设相结合，推进实训设施开放。工程实践是高职学生掌握职业能力的基础，学院牢牢把握实践这一根本，对能够同时满足教学和职业技能考证需要的实训项目优先立项，在硬件上采用与企业同步的"真设备"，在软件上对真设备负载以职业技能训练"真项目"，将企业制造"真要求"融入实训教学，建成了全省机械类工种鉴定功能最全的实训基地，200 余家合作企业为校外实训基地，技能实训与顶岗实习相结合，"做中学""做中教"，提升学生的岗位技能。

二、创新点

（一）开发了机械类相应工种的全系列职业技能鉴定题库、考评指南和培训教材，填补了浙江省乃至长三角地区相关领域的空白

新增了一批基本工种的高等级职业技能鉴定题库、培训教材，提高了浙江省职业资格的鉴定水平。开发物化了数控加工、模具制造工和机械制造工艺师（浙江省新工种职业标准）等综合工种鉴定全套材料，为东部地区开展这些工种的技能鉴定提供了标准。

（二）融学历证书与职业资格证书、授课内容与职业标准要求、专业技术理论与实践教学于一体的教学方案，是提高教学与企业要求契合度的创新举措

职业技能鉴定内容和考试大纲衔接专业教学计划；专业课程理论部分体现职业标准"技师等级"应知要求；技能训练反映职业标准"高级工等级"应会要求；机械类各专业全面推行"课证融合"模式，从教学整体设计上来保证毕业生职业能力的提高和高级工任职资格的落实。

（三）对机械类高职教育进行了研究与实践，形成了一批有形成果，对具有中国本土特征的职教模式进行了有益探索

成果多年来潜心于"职业资格标准融入职业教育"工科高职教育模式的探索。国家职业资格标准实际上反映的是我国各行业、企业的岗位要求，将此融入高职教育，就使得教学本身具备了企业基因，体现了深层次的校企合作。因为其源于本土企业，因而也更具有生命力。成果在发表相关研究文章的基础上，形成了教改的指导性文件，制定了专业教学方案，建设了课程，编写了教材，并贯彻到实际教学中，效果明显。

三、实践与应用

国家职业资格标准的物化用于东南五省的职业技能鉴定,促进了企业急需的高技能人才培养;同时在学校高职机械类专业教学中的应用已逾 4 届,覆盖机械类各个专业,受益学生数超过 4000 人。

（一）国家职业标准物化建设成果丰富,在东南五省的职业技能鉴定工作中发挥作用

针对机械类国家职业标准,开发浙江省机械制造工艺师新工种的职业标准,开发数控车、数控铣（加工中心）、数控程序员、模具制造工、机械制造工艺师、钳工、车工等工种 9 大类共 21 套鉴定题库、培训教材和考评指南。为东南五省的职业技能鉴定工作奠定了基础,其中在浙江省已经培训和考评了 20 万余人,特别是培训了 3 万余名技师和高级技师。学校"国家职业技能鉴定所"是"省级金牌鉴定所",无论在鉴定规模、鉴定工种数量,还是技能人才培养工作基础性建设上都处于全省领先地位。

（二）"双证融通,课证融合"的综合改革全面促进了高技能人才培养质量的提高,增强了就业竞争力

机械类毕业生双证获取率连续 4 年达 99% 以上,其中获得高级工职业资格证书的学生比例达 56% 以上;2009—2012 年一次性就业率分别为 98.85%、99.57%、99.7%、99.76%,企业综合评价优良率超过 96%,机械类毕业生的供需比从 1：2.3 达到 1：10 以上,制造业高技能人才培养质量全省领先;参与国家、部、省组织的各类技能竞赛,均获得优良成绩,近年来在全国数控加工、模具制造、机械设计等大赛中获得 9 项全国一等奖、27 项省级一等奖,学生职业技能培养水平居全国工科高职院校前列。

（三）建成并运行开放式的全省机械类工种鉴定功能最全实训基地

与国内外著名企业合作共建具有先进技术装备的校内实训基地,已建成德国西门子数控技术浙江应用培训中心,德国德玛吉"DMG 数控应用培训教室",德国博世力士乐液压气动实训中心等,通过引入大公司专业技术培训模式,缩短了与企业新技术发展的距离,提高了学生的岗位技能水平。实训基地是"全国重点建设职业教育师资培养培训基地",为全国高职院校和全省中职学校培训师资 3 千余人次,共为企业开展技能培训和考证 1 万余人次。

（四）通过国家职业资格标准的研究和课证融合专业建设，扩大了社会影响

成果负责人在 2009 年国家示范院校三周年成果展示会议上进行的"数控切削加工"课程说课，为现场来自全国各高职院校的 1000 余位教师介绍部分成果内容，其视频长期公布在"中国高职高专网"；在阿克苏职业技术学院、浙江交通职业技术学院、安徽机电职业技术学院、浙江经贸职业技术学院等多个高职院校专题介绍相关经验，在全国兄弟院校中产生良好反响。通过数控技术专业、模具设计与制造专业的国家资源库建设，将"课程融通职业标准"的经验推广到参与建设的其他高职院校。

承担有杭州市重大科技攻关项目"高速节能型精密塑料挤吹装备开发及产业化"等高水平纵向科研项目。完成了《基于职业岗位技能提升的制造企业高技能人才培训模式研究》等浙江省科技厅高技能人才培养和技术创新活动资助项目，在《高等工程教育研究》上发表了《高职教育"双证融通"人才培养方案构建与实施》、《职业资格标准融入高职课程体系的实践》等教研论文，扩大了成果的社会影响。

（五）成果推广应用至中职学校，对中职学校的专业建设起到指导作用，中高职衔接有了依据

物化过程中即明确中级工和高级工（技师）所对应的中职和高职人才培养的不同知识与技能要求，解决了中高职衔接教学内容重叠或脱节的基础性问题，有效推进了中高职衔接的试点工作，并在杭州市中策职业学校、丽水市职业高级中学等 12 所中职学校中推广应用，学校机械制造与自动化专业是浙江省景宁畲族自治县职业高级中学的对口帮扶专业，相关教学改革经验和成果已在该学校加以推广，该校机械加工专业 2009 年被评定为丽水市市级示范专业，并于 2010 年被评为省级示范专业。

来建良　屠　立

基于产教融合的"物流产业学院"机制创新与实践[*]

浙江经济职业技术学院

[摘 要] 本成果于 2007 年启动,经过 7 年的研究、探索与实践形成了一套产教深度融合的协同育人机制。学校与浙江物产集团共建了融生产、教学、培训、研用于一体的"物流产业学院",通过共建机制、共同育人、共赢发展,解决了校企融合中高职教育与产业需求脱节、专业标准与企业岗位脱节、实践教学与生产流程脱节的三大难题。成果实现了三大创新:一是创建了"战略合作、需求对接、体制保障、项目载体、设施共享、人才共用"校企融合新机制;二是创新了实训教学模式,系统设计"课程专项实训—综合实训—顶岗实习"实训模式,运用 ICT 技术将企业现场引入课堂,实现教学过程与企业生产对接;三是创新实施了学校与企业团队互聘互兼双职机制。成果有效提升了人才培养质量、教师素质与专业服务产业能力,通过"三维推广"机制的落实,在引领示范,辐射带动效应等方面亦取得了明显成效。

[关键词] 产教融合 物流产业学院 机制创新

本成果始于 2007 年,经过 7 年实践,不断完善充实,形成了一套产教深度融合的协同育人机制,主要体现在校企共建"物流产业学院"、破解"三大难题"、实现"三大创新"等方面,落实"三维推广",其成果入选教育部《中国高校产学研合作优秀案例集》。

共建"物流产业学院"。与浙江物产物流公司共建"物流产业学院",融生产、教学、培训、研用四大功能于一体,共享设施价值 3.5 亿元,提供实训实习岗位 9 大类 263 个。

破解"三大难题"。解决高职教育与产业需求脱节、专业标准与企业岗位脱节、实践教学与生产流程脱节等校企融合难题。

实现"三大创新"。创新校企互融机制,即"战略合作、需求对接、体制保障、项目载体、设施共享、人才共用"。创新实训教学模式:系统设计"课程专项实训—综合实训—顶岗实习"实训模式,运用 ICT 技术将企业现场引入课堂,52 个视频互动

---

* 本文为 2014 年职业教育国家教学成果二等奖成果总结。

终端布点到物产全国物流基地,保证学生双证率100%、就业率99%。创新校企人员互聘双职机制:保证双师率100%、兼职教师授课率56%,培养教育部物流行指委专家4名,教育部目录修订专家1名,共建国家、省级精品课4门、央财支持实训基地及专业各2个。

落实"三维推广"。成立物流产业学院理事会,推广到全国48家企业;成立华东物流教学联盟,推广到50余所职业院校;中物联在我校设立"物流产业发展与职业技能研究中心",向全国推广。

一、成果主要解决的教学问题

主要解决校企合作中"学校热、企业冷"导致的高职教育与产业需求脱节、专业标准与企业岗位脱节、实践教学与生产流程脱节三大难题。

二、成果解决教学问题的方法

(一)共建机制

产业学院强调校企需求对接,通过项目载体、设施共享、人才共用、信息互通等方式,建立了校企深度融合机制。物流产业学院理事会,吸收了48家知名物流企业参加,制订了理事会章程和一系列产学研合作制度,有效整合教育资源与行业、企业资源,并实现辐射推广。

(二)共同育人

企业将生产经营流程全方位融入学校专业建设全过程,以企业岗位标准为基础,兼容职业标准,建立物流专业标准,重构以职业岗位能力与工作过程为导向的课程体系,以物流业岗位典型工作任务为导向进行项目开发,实现专业课程与企业生产流程、产品标准、服务规范对接,确保人才培养的针对性,共同开发企业技术服务和开展员工培训,提升专业服务产业能力。

(三)共赢发展

校企共同投资建设集生产经营、教学培训、研究开发、生活保障四大功能的产业学院基地,既保障企业开展生产资料交易、配供配送、运输与中转、仓储与加工等生产活动,又为学校提供教学场所、生产性实训与顶岗实习岗位,将专业办到物流基地,实现了教学过程与生产过程无缝对接,为企业输送优秀人才,有利于学生在全国高职物流技能竞赛现场被物流公司老总相中签约。校企双方共同开展实践教学、开发教学案例和实训项目,共同开展企业转型发展、业务流程优化、信息系统开发等科研与技术推广活动,真正实现校企共同育人、共赢发展。

三、成果的创新点

(一)校企融合体制机制创新

物流产业学院在为学校有效搭建工学结合人才培养环境,满足行业企业产业发展对研发、培训、人才的需求的同时,校企双方在理念、机制、模式、条件方面构建开放合作、融合办学的格局,实现互动共赢的"校企协同共生"理念。(见图1)物流产业学院理事会的建立,更促成专业群与理事会成员间遵循"责任共担、过程共管、互动共赢"的合作原则,建立"需求对接、设施共享、人才共用、信息互通"的紧密型校企合作提供体制机制保障。

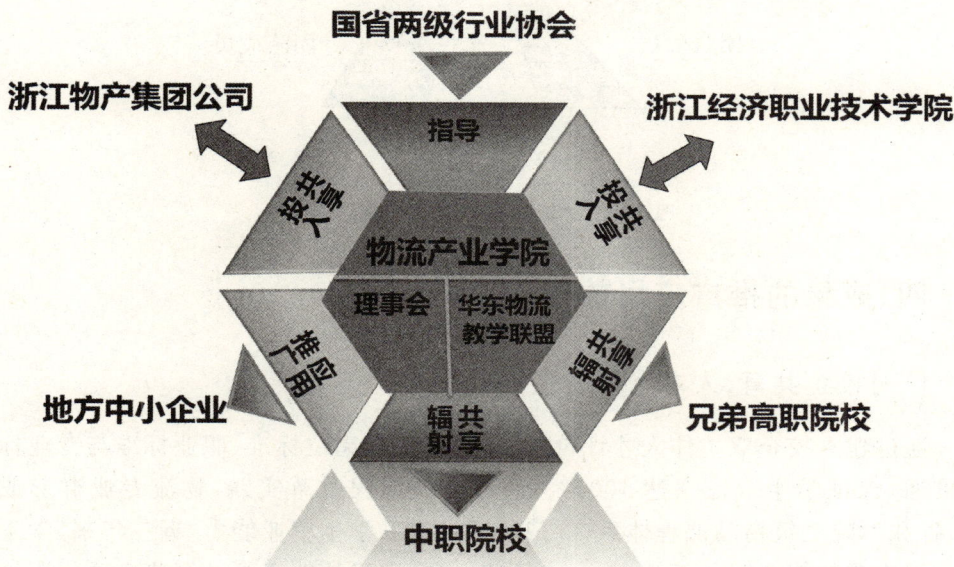

图1 "物流产业学院"——校企协同共生模型

(二)实训教学模式与技术创新

物流产业学院突破以校内模拟实训为主的传统模式,将实训教学搬到产业学院作业现场,解决了学生在中小企业实习岗位少、层次低的难题。运用网络视频、物联网、虚拟现实等现代 ICT 技术,与集团全国六大物流基地形成产学研一体化综合实践平台,52 个终端布局到企业一线岗位,随时将物流企业作业"实时、实事、实境"引入校内课堂教学,实现教学过程和企业生产过程有效对接。

(三)校企人才互聘双职模式创新

物流产业学院实施学校与企业团队互聘互兼双职机制,即企业高管兼任学院副院长、专业带头人、兼职教授;企业技师担任兼职讲师,全程参与专业建设、教材开发、课堂教学等环节,有效化解企业教师在专职工作与兼职工作上的时间冲突问题,解决了兼职教师难以全程参与教学的难题;专任教师担任企业总经理助理、项目经理、项目组成员和培训师,全程参与企业经营活动、项目研发、员工培训等环节,为企业转型升级提供智力支持,提升专任教师实践教学能力。(见图2)

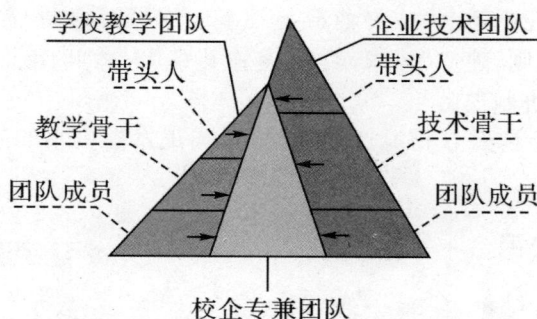

图2 校企专兼师资团队互聘结构模型

四、成果的推广应用效果

(一)校企共育,人才培养质量不断提升

通过建立校企双主体人才评价体系,企业实现岗位标准、职业标准与专业标准的贯通,保证学生双证率达100%。通过开展课程改革实践,物流专业群形成国家、省和学院三级精品课程体系33门。通过提升学生就业能力,近三年来,学生获得全国物流技能竞赛一等奖2项、二等奖4项,省级技能竞赛一等奖7项。毕业生就业率由90%提升到99%,用人单位满意度评价为98%。

(二)人才共用,教师整体素质不断提升

通过校企双向兼挂职、共同参与教学,教师双师素质达到100%。物流类专业培养了教育部物流行指委副主任1名和专指委委员3名,省级专业带头人5名,省级教学团队、省级名师和教坛新秀各1个,教师多次参与教育部《高职专业目录》修订和全国物流技能大赛方案起草。

(三)项目引领,专业服务产业能力不断提升

三年来,教师参与企业项目建设 20 余项,为企业提供技术服务收入 200 余万元,获专利 4 项,近 7 年来完成社会培训 109439 人次。

(四)成果共享,辐射深度广度不断推进

辐射其他专业:学校三个国家骨干校专业相继建立产业学院、成立理事会,电子商务专业成为国家教学资源库牵头专业。引领推广行业企业:带动省标准化研究院投入 300 多万元建设 RFID 测试中心和物联网示范实验室(省重点实验室)。辐射推广兄弟院校:为省内外 21 所学校提供集成化实践教学,为杭州经济开发区 20 多家企业职工提供技能训练和竞赛。2013 年,牵头 29 所中高职院校和 8 家企业成立华东物流教学联盟,"物流产业学院"模式正发挥更大的引领辐射作用。

张伟萍　俞步松　王自勤　朱利萍　孙玺慧　王　伟

高职会计专业"渐进式全程实训"模式的实施及成效[*]

浙江商业职业技术学院

[摘　要]　2004 年,项目组在全国率先提出并构建了会计专业"渐进式全程实训"模式,2005 年开始组织实施,2009 年借省级示范院校会计重点建设专业契机,进行了完善与推广。该模式基本特征是:根据专业特点和教学规律,结合会计职业岗位群所需职业能力要求,系统设计实训教学总目标和阶段性实训目标,根据学生不同阶段应掌握的专业知识和技能要求,开设循序渐进、环环紧扣、层层递进的课程实训和专项实训,各项实训活动分层次持续推进,实践性教学贯穿于专业教学全过程,通过岗课证赛联动,项目专家协同,渐进培养学生实践动手能力,最终实现学生职业能力与职业岗位需求对接、毕业生"就业即上岗,上岗能顶岗"的教育目标。

[关键词]　高职;会计专业;"渐进式全程实训"模式;实施成效

一、成果背景

会计专业是个长线专业,从传统意义上来说,它是商贸、财经类学校的特色专业,但目前已是一个在教育系统内遍地开花的专业,几乎 80% 的高校都设有会计专业。与此同时,会计专业面临两方面的竞争:一是各校对生源的争夺,二是毕业生的就业竞争。面对这一现状,我们意识到,会计专业作为我校的一个传统专业和重点建设专业,要让毕业生在激烈的就业市场中谋得一席之地,必须让学生具有过硬的实践动手能力,为此必须通过独特的培养模式,让学生全面掌握专业技能,做到"就业即上岗,上岗能顶岗"。

为实现以上目标,我们一方面组织专业骨干教师对会计专业的教学特点和教学规律进行充分讨论分析,同时结合我校会计专业长期的教学经验,统一了以下认识:会计专业整个教学过程是一个循序渐进的过程,各门课程由浅入深、环环相扣,学生专业知识的积累贯穿于教学的全过程。因此,学生实践动手能力和职业能力

---

*　本文为 2014 年职业教育国家教学成果二等奖成果总结。

的培养也必须是渐进式的,并贯穿于教学全过程,通过反复训练不断深化。另一方面,我们组织力量深入企业实际,对会计专业所对应的职业岗位群所需职业能力进行调研,并聘请行业专家对职业岗位群所需的职业能力进行分析,确定会计职业岗位群所应具备的职业能力和岗位目标要求。在此基础上,我们于2004年构建了循序渐进、环环紧扣、层层递进的"渐进式全程实训"模式。

二、成果简介及主要解决的教学问题

2005年开始组织实施"渐进式全程实训"模式,2009年借省级示范院校会计重点建设专业契机进行了进一步的完善与推广。该模式的基本特征是:根据专业特点和教学规律,结合会计职业岗位群所需职业能力要求,系统设计实践教学总目标和阶段性实训目标,根据学生不同阶段应掌握的专业知识和技能要求,开设循序渐进、环环紧扣、层层递进的课程实训和专项实训,各项实训活动分层次持续推进,实践性教学贯穿于专业教学全过程,通过岗课证赛联动,项目专家协同,渐进培养学生实践动手能力,最终实现了学生职业能力与职业岗位需求对接、毕业生"就业即上岗,上岗能顶岗"的教育目标。教育部评估专家评价这一模式"在高职会计专业中开了先河,具有独创性和先进性,值得在其他高职院校中推广"。

伴随着"渐进式全程实训"模式的不断完善和推进实施,学生职业技能水平得到全面提升,学生参加各类专业技能竞赛成绩在全省乃至全国同类院校中一直名列前茅,其中省大学生财会信息化竞赛(省十大学科竞赛之一)自2005年以来获奖数列全省第一,近几年毕业生初次就业率均在99%以上,会计专业教学团队先后被评为首届省级教学团队、国家级教学团队。

成果主要解决的教学问题:解决了会计专业学生实训难,分层渐进、全程系统实训更难以及学生职业能力与职业岗位需求脱节的问题。

三、成果解决教学问题的方法

(一)科学构建并实施"渐进式全程实训"模式

根据会计职业岗位群所应具备的职业能力和岗位目标要求,结合专业培养目标及会计职业标准,按照教学规律科学构建并实施"专业认知训练→专业基本技能训练→专业核心技能训练→混岗+分岗与轮岗的全真训练→顶岗实习"的"五段递进+角色转换"的全程实训模式,使知识学习、技能训练和素质培养三位一体、循序渐进贯穿于教学全过程。

(二)构建具有真实工作环境的校内实训基地,实现校内实训系统化和全真化

校企合作系统构建具有真实工作环境的校内实训基地,基地建有会计单证、会计软件应用、办税等各专项实训室和会计综合实训,以分别满足低年段的纵向专项渐进实训和高年段横向分岗与轮岗的角色转换实训。建立工商注册的"杭州商易财务咨询有限公司",开展中小企业代理记账、办税、年检等全真实训。

(三)构建能满足认知到顶岗全程渐进实训的校外实训基地

依托会计行业协会和浙江商业职业教育集团,构建以制造业、流通服务业为主体的区域性实训基地群,建立相对稳定的企业指导教师队伍,按照"入岗锻炼、课程跟进"及"顶岗实习、双重角色"的要求,分层次设置实训岗位,安排学生分学期、分阶段进行认知实训、专项实训、综合实训及顶岗实习。

(四)开发能满足"渐进式全程实训"教学需要的实践教学资源

按照会计职业能力培养路径与规律,校企合作、系统开发由单项到综合、由简单到复杂的工学结合系列教材、实训指导书、教学视频等,开发实践网络课程群,以满足"渐进式全程实训"教学需要。

(五)科学规划"渐进式全程实训"过程和内容,精心组织分步实施

"渐进式全程实训"模式将实训教学贯穿于专业教学全过程,各项实训目标清晰,实训内容与岗位群所对应的职业能力要求相融合,实训过程具有层次性,考核标准与相关专业技能鉴定标准或企业认证接轨。具体分步如下:

1.专业基本技能训练。主要包括计息、点钞、计算技术等,第一学期进行。

2.专业核心能力训练。包括会计核算能力和会计软件应用能力训练,主要通过以下环节完成:

(1)专业主干课程实训。会计主干课程实践教学内容均在40%以上,通过"教、学、做"并行,使学生掌握专业核心知识及操作技能。

(2)专项实训。

①校内专项实训。

●单证实训:第二学期,填制及办理会计、工商、税务、银行等所涉及单证及流程业务。

●会计综合实训:第三学期,根据企业实际发生的经济业务手工进行综合会计处理。

●会计软件应用:第三学期,利用 2～3 个常用会计软件对手工操作的会计综合实训资料进行处理。

●办税实训:第四学期,办理税务登记、变更和注销手续;发票领购;纳税申报或扣缴税款报告;缴纳税款和申请退税手续;制作涉税文书;相关各税账务处理等。

●会计分岗位实训:第五学期,通过分岗(4 个)和轮岗(4 次)对企业经济业务进行会计核算,熟悉会计岗位工作程序。

●校内全真实训:第五学期,校内会计咨询公司承接企业业务,开展中小企业代理记账、办税、年检等业务。

②校外专项实训(在校外实训基地或其他企事业单位进行)。

●认知实习:第一学期末及寒假,了解本专业发展趋势及企业会计岗位所必须具备的知识、基本技能和素质要求。

●专业实习:第二、三、四学期末及寒暑假,操练和巩固会计专业知识与技能。

●顶岗实习:第五学期末及第六学期,带薪在会计相关岗位顶岗工作。

四、成果的创新点

(一)人才培养模式创新——构建并推进实施"渐进式全程实训"模式

在全国率先提出并实施"渐进式全程实训"模式,根据学生不同阶段应掌握的专业知识和专业技能,结合教学规律、专业特点,系统设计实践教学总目标和阶段性目标,实践教学贯穿于专业教学全过程,各项实训活动由简单到复杂、由单项到综合分层次递进实施,最终实现学生职业能力与职业岗位需求对接、毕业生"就业即上岗,上岗能顶岗"的教育目标。

(二)组织实施手段创新——岗课证赛联动,项目专家协同,全程实训监控

瞄准会计职业岗位要求,以考证和竞赛为抓手,通过创立财务咨询公司,形成公司引进项目、项目细分、专家指导、学生实施、企业考核的机制,全程渐进训练学生职业技能;同时,成立校企"实训管理委员会"和区域性"实训管理工作站",实施学校专业教师、辅导员、企业指导教师组成的"三合一"学生实训全程管理机制,实现实训岗位对口、实训过程可控、实训管理规范,实训质量保障。

五、成果的推广应用效果

"渐进式全程实训"模式的实施和不断完善,对培养学生的职业技能起到了很好的推动作用,成果应用推广成效显著。

(一)学生职业技能水平处于同类院校领先地位

1.学生职业(专业)技能证书获得率高。会计专业积极推行"双证书"制度,引入"三证书"(学历证、职业资格证、企业认证)教育,强化学生职业能力的培养。多年来学生"双证书"获得率达100%;自2006年组织开展企业认证——"用友 ERP 认证"以来,学生"三证书"获得率逐年上升,近三年毕业生的"三证书"获得率分别为60%、75%、80%。学生初级会计专业技术资格考试通过率近50%(全国通过率约20%)。

2.学生参加各类专业技能大赛成绩优异。2005年以来,学生参加全国各类专业技能竞赛获得一等奖25项、二等奖16项、三等奖2项,参加省级各类专业技能竞赛获得特等奖2项,一等奖28项、二等奖37项、三等奖36项。竞赛成绩在全省乃至全国同类院校中一直名列前茅,尤其是浙江省大学生财会信息化竞赛(省十大学科竞赛之一),历年来我校学生竞赛获奖数列全省第一,充分展示了我校会计专业学生扎实的实践动手能力。

(二)人才培养质量得到社会高度认可

学生扎实的专业知识和较强的实践动手能力获得了社会和企业的广泛认可,会计专业招生、就业两旺。多年来第一志愿报考率高,招生录取分数线远远高于省线,近三年新生报到率均在98%以上,毕业生初次就业率均在99%以上(见表1),专业对口率达80%以上,用人单位满意率达90%以上。

表1 近三年会计专业新生入学报到率与毕业生初次就业率

年 份	2010 年	2011 年	2012 年
新生入学报到率	98.1%	98.3%	98.87%
毕业生初次就业率	99.23%	99.24%	99.59%

(三)"双师型"专业教学团队建设成效显著

在培养、提升学生职业技能的过程中,教师自身的专业业务素质与实践技能也不断得到提升,会计专业已建立起了一支年富力强的以中青年教师为主体,职称、学历结构合理,专兼结合的"双师型"专业教学团队。会计专业教学团队于2008年被省教育厅评为首届省级教学团队,于2010年被教育部评为国家级教学团队立项单位。

本项目组5名成员中,有教授4人、讲师1人,5人均有企业实际工作经历,且分别具有国际注册高级财务管理师、注册会计师、注册税务师、会计师、经济师(财政税务)等职业资格证书和执业能力。5 人中有全国优秀教师、省级教学名师、省级教坛新秀、省级专业带头人各 1 人,在行业领域均具较强影响力。

(四)教材建设业绩突出

遵照"工学结合、项目引导、'教学做'一体化"原则,与企业专家共同开发了基于"工作过程"且体系完整的专业主干课程系列教材和实训指导书,共计 26 本,项目组成员主要承担总主编、主编或主审的任务,其中有"十一五"国家级规划教材及配套用书 6 本,省级重点教材 4 本。以上教材及实训指导书经教学实践使用,同行师生反映良好,能很好地实现学生职业能力培养目标,截至目前全国有近 50 所高职高专院校在使用项目组成员编写出版的教材。

(五)教科研成果丰硕

项目组成员围绕"渐进式全程实训"人才培养模式从理论和实践两方面积极推进课程体系、教学内容、教学方法等的深入改革和研究,教科研改革取得了丰硕的成果。2005 年以来,除编写、出版前述教材外,项目组成员还完成新世纪教改课题 3 项、国家精品课程 1 门、省级精品课程 2 门、厅级以上课题 19 项,出版专著 2 部,在《中国高教研究》《中国职业技术教育》《财会通讯》等核心刊物公开发表论文 63 篇(其中人大复印资料全文转载 6 篇)。同时大力开展社会服务,组织开展企业员工及会计后续教育等培训 3835 人,承接横向课题 10 项,实际到款额 150 多万元,承担多家企业财务顾问工作,社会服务取得了很好的经济效益和社会效益。

(六)同行专家高度评价,示范辐射效应彰显

1. 在 2006 年教育部组织的高职高专人才培养水平评估中,"渐进式全程实训模式"受到了评估专家的充分肯定。教育部评估专家匡奕珍教授这样评价:浙江商职院构建并实施的"渐进式全程实训"模式在高职会计专业中开了先河,具有独创性和先进性,这一模式实训项目、实训内容和实训进程安排合理,实训目标和实训考核标准明确,且有先进的校内外实训基地和具有双师素质的教师作后盾,非常有利于学生掌握专业操作技能,缩短学生在校学习和实际工作的差距,提升职业技能水平,值得在其他高职院校中推广。在 2012 年浙江省示范院校评估验收中,教育厅评审专家丁金昌教授高度评价浙江商职院会计专业"渐进式全程实训"模式的科学性、合理性,以及由此带来的成效。

2. "渐进式全程实训"模式的实施经验和成效,先后在《会计之友》《职教论坛》《中国职业技术教育》《职业教育研究》等期刊上发表,并在 2009 年全国会计系主任

论坛和 2010 年浙江省高职高专专业带头人培训班上作专题介绍，这一模式的具体实施方案和成效吸引了省内外高校的高度关注，浙江金融职业学院、浙江经济职业技术学院、宁波职业技术学院、丽水职业技术学院、山东商业职业技术学院、广西工贸职业技术学院、苏州经贸职业技术学院、浙江农林大学等省内外 30 多所高校前来观摩和交流。

因人才培养模式先进、业绩突出，会计综合实训基地 2009 年被确定为省级示范性会计实训基地，会计专业于 2009 年被确定为省级示范会计重点建设专业，2012 年被确定为省级优势会计建设专业。

谢国珍

基于人文素养与职业能力为核心的高职文秘专业人才培养模式改革*

湖州职业技术学院

[摘　要]　新时期社会对秘书的职业化要求决定了高职文秘专业改革的基本方向,这就是构建与职业秘书岗位相适应的"基于人文素养和职业能力为核心"的高职文秘人才培养模式。本文笔者对所在学校进行的基于职业背景下的文秘人才培养机制改革研究进行了全面总结,提出了高职文秘专业人才培养目标的核心是"人文素养和职业能力",并提出了强调加强专业内涵建设、做好校地合作、提升师资团队实力是确保人才培养质量的根本途径。

[关键词]　人文素养;职业能力;秘书人才;培养模式

湖州职业技术学院高职文秘专业创办于 1999 年,2001 年 5 月被浙江省教育厅确立为首批重点建设专业,2009 年 3 月确定为学校示范建设项目的重点建设专业,同年批准为浙江省高职高专院校特色专业。在省教育厅组织专家对学校示范建设进行的检查中,文秘专业特色建设、人才培养方案和课程体系受到专家组的充分肯定,在教育厅官方文件中点名表扬。专业改革打造了国内同类院校文秘专业第一门"国家精品课程"、第一个"国家级教学团队",省内文秘专业第一个"省级示范性实训基地"。"基于人文素养和职业能力为核心"的高职文秘人才培养模式,在省内乃至全国赢得了较高的知名度和美誉度。

秘书作为一种综合性、服务性、文化性很强的职业,不仅要具备秘书职业岗位群要求的实际应用能力,其服务过程中又包含着丰富的文化内涵,还须具有较高的人文素养。而在秘书工作的实践中,其职业能力和人文素养往往紧密相连,不可分开。基于以上的认识,为适应现代社会的需求,近年来,我们确立了"基于人文素养与职业能力为核心"的高职文秘专业人才培养模式,并进行了大胆的改革与实践,取得了明显成效。

---

*　本文为 2014 年职业教育国家教学成果二等奖成果总结。

一、成果建设基本情况

(一)项目建设总体目标

通过以教学改革为主体的示范专业建设,确立文秘专业在浙江省内的品牌地位,在长三角一带广有影响,在全国同类学校中处于领先地位。不断完善以工作任务为导向、以项目实践为主体的课程体系与教学内容,建设省示范性实训基地,提升学生职业技能水平;进一步加强师资队伍建设力度,加强专业带头人及骨干教师的培育,提升文秘专业国家级教学团队的影响力和辐射力;进一步发挥团队人力资源和技术优势,主动深入地方经济文化建设与社会发展现实,开展服务地方文化研究、职业培训、技能鉴定等社会服务,成为地方经济文化建设中不可或缺的力量。

(二)项目建设内容

根据建设方案,文秘专业进行省级示范院校重点专业建设的主要内容包括校内实训基地建设、师资队伍建设、课程体系与教学内容建设11个子项目,具体项目建设内容和完成情况见表1。

表 1　项目建设内容和完成情况

建设项目名称		子项目名称	完成率
重点建设专业——文秘专业	校内实训基地建设	1.改建现代文秘实训室	100%
		2.更新文秘情景模拟室硬件设施	100%
		3.新建"语言交际与形体礼仪"实训室	100%
		4.新建"湖州文化"传承教学基地	100%
		5.改建会务设计室	100%
	师资队伍建设	1.专业带头人培养	100%
		2.骨干教师和"双师"素质专任教师队伍建设	100%
		3.兼职教师队伍建设	100%
	课程体系与教学内容建设	1.人才培养模式与课程体系构建	100%
		2.优质核心课程建设	100%
		3.特色教材建设	100%

二、项目建设完成情况与成效

(一)专业服务产业情况

1.通力合作,构建校企合作专业平台。在学校"公共服务与文化创意"产业合作委员会指导下,以"太湖文化研究所"为平台,与省秘书学会、湖州地方文化管理部门、文化产业骨干企业进行广泛对接,建立了校内外文秘专业人士和文化学者之间经常性的对话与协商机制,形成了智力资源互动共享的平台。

2.融入地方,实现与地方文化产业的有效对接。

(1)深入地方文化研究。项目组团队成员近年来主持服务地方文化工程 9 项。其中省、厅级文化工程 3 项,湖州市文化工程 6 项,正式出版专著 6 部。

(2)积极开展文化服务。团队成员完成文化服务项目 10 余项。文秘专业学生参与了多个项目的调研与服务工作。

(3)拓展地方职业培训。团队成员常年为湖州市机关、企事业单位进行国家秘书职业资格考核、国家公文规范与处理、公文写作、秘书办公事务、职场礼仪、人力资源管理、企业文化、书法等培训;主持办公自动化使用技巧、企业活动策划与文案制作、心理咨询等职业创业培训服务项目 10 余项。

(二)专业内涵建设情况

1.人才培养目标定位——打造面向中小企业的"帮办型"秘书人才。文秘专业团队对 1112 家企业、乡镇、社区、行政机关、事业单位及社会团体进行了广泛的调研,邀请行业,企业专家进行深入座谈与论证,分析归纳出中小企业秘书职业岗位的主要工作任务,即"办公室日常事务""文书拟写与处理""接待与沟通协调""会议与商务活动"。明确了"能说、会写、会做"是从事秘书工作的根本要求,是核心能力;"具备秘书意识"是秘书职业岗位的核心素质。

2.创建基于典型工作任务的课程内容体系。对应中小企业秘书职业岗位典型工作任务,确定"秘书理论与实务"(教学过程中分为两个模块:"办公室事务"和"会务管理")、"秘书写作""办公自动化"等核心课程,将文秘专业课程体系结构分为"核心课程""支撑课程""拓展课程"三大模块。确立了以典型工作任务为核心的理论教学和实践教学统筹融通的课程内容体系。

3.注重实效,推进核心课程建设。由于教改的有效推进,形成了一批教材成果:《秘书理论与实务教程》被列入"十一五"国家级规划教材;《企业综合事务管理》《会务管理》被列入浙江省高校重点教材建设项目。"公共关系实务"成为 2010 年度省级精品课程。国家级精品课程"秘书理论与实务"、省级精品课程"应用写作"优先通过检查验收。2013 年课程"秘书理论与实务"升格评为国家级精品资源共享课。

4. 深挖地方文化内涵，提升文秘人才"文厚"素质。积极引入"中国文化与地方文化""中国湖笔文化""湖州书画文化""湖州民俗文化""湖州竹文化""湖州古桥文化""楹联赏析"等特色选修课程，丰富和提升学生的人文素养与精神内涵，极大地丰富了文秘人才培养模式的内涵。2011 年 2 月被中国楹联学会命名为"全国楹联规范化教学试点单位"，2013 年《茗雪"联"韵》文化品牌喜获全国第七届高校校园文化建设优秀成果二等奖。

（三）师资队伍与团队建设

1. 实施专业负责人培养计划，构建辐射强劲的品牌型团队。项目组把教学团队的建设放在首位，通过专业建设的平台，以科研带动教学改革，以对接地方经济文化建设提升教师自身素质，促进教师逐步向"技能型""专家型"转化，从而为团队的发展提供了卓有成效的路径。通过示范建设，培养专业带头人，带领和指导专业教师从事专业教学改革。近年来团队成员 1 人连续两届被聘为教育部职业院校文秘类专业教指委委员和浙江省高职高专文化教育传媒类专业教指委委员兼秘书长，2 人入选浙江省高职高专专业（文秘）带头人，1 人成为商务部全国商务秘书考试中心专家委员会主任委员。成为浙江省文科类专业第一个国家级教学团队。

2. 完善专兼结合的师资结构，打造卓越的技能型团队。我们实施技能型团队培养计划，选聘地方 11 名拥有实践经验的办公室主任、高级政工师、高级经济师充实兼职教师队伍，参与专业建设及人才培养模式改革、学生顶岗实习指导、核心课程教学等工作。派出 9 名专业教师分批到企事业单位进行挂职期限为 4—6 个月的锻炼。目前专任教师全部取得秘书职业资格、企业人力资源管理师资格证书，项目主持人取得了秘书职业资格高级培训师职称和秘书技师证书。

（四）校内外实训基地建设

1. 校内实训基地建设。对应文秘专业核心课程，建成教学与社会服务一体化的现代秘书技能训练中心，包括"文秘情景模拟室""现代文秘实训室"（办公自动化实训室）、"会务设计室""语言交际与形体礼仪实训室""档案信息化实训室"等专业实训室。2010 年 12 月，文秘实训基地被评为浙江省高职高专院校示范性实训基地。

2. 校外实训基地建设。建立了湖州市档案馆、湖州市文联、美欣达集团、浙北大厦等 14 个校外实训基地。通过校企合作，突出职业岗位能力培养和职业素养养成，完成秘书职业项目的系统训练与职业综合技能的熏养。

(五)人才培养质量

文秘专业学生参加技能大赛:连续三年获得第一、二、三届全国高职高专秘书职业技能大赛团体一等奖;2011 年同时获得省教育厅组织的"首届浙江省高职高专院校秘书技能大赛"团体一等奖。毕业生初次就业率,2011 年 97.50％、2012 年 97.54％,2013 年 98.45％,居全省同类专业前列。学校被评为教育部全国高校就业先进单位。

三、示范引领作用

(一)专业建设特色

1.以开放促提升,打造辐射强劲、成果丰厚的专业教学团队。主要成员中 1 人为国家教指委委员、2 人为浙江省专业带头人,在省内外同类院校专业发展上作用明显。团队主持政府蓝皮书项目、省市文化工程 10 余项,学生服务地方各类经贸文化活动成绩突出。自 2008 年 11 月被评为国家级教学团队以来,取得了丰厚的成果,在省内乃至全国赢得了较高的知名度和美誉度。

2.加强教材与课程建设,突出文科类专业的实践教学。针对国内应用性文科专业普遍存在的人才培养规格上求全求大的毛病,通过广泛深入的调研与论证,对应秘书职业岗位典型工作任务确定"核心课程""支撑课程"和"拓展课程"三大模块组成的课程体系。作为总负责人由浙江大学出版发行国内文秘专业第一套工学结合模块化教学的改革系列教材——主编的《秘书理论与实务教程》被评为国家级规划教材;主持课程被评为全国第一门文秘专业国家精品课程,2013 年被评为国家精品资源共享课程。成员有两门省级精品课程。

3.以智力资源互动共享的文化组织为平台,深度对接地方经济文化建设。依托"太湖文化研究所""省非遗传承教学基地""全国楹联规范化教学试点单位",建立了校内外文秘专业人士和文化学者之间经常性的对话与协商机制。团队主动对接地方经济文化建设,通过开展服务地方文化工程,策划文化服务技术项目,形成了服务地方经济文化建设的可持续发展的能力,受到社会各界和有关政府职能部门的充分肯定。

(二)专业建设引领作用

文秘专业教学与课程改革经验多次在全国高职高专文秘专业骨干教师培训班上作为主题报告。对口支援黔东南民族职业技术学院,推进了对方学校的教学团队建设和课程改革。学校承担了多次全国和省级专业交流或大赛,2013 年成为浙江省

"文秘专业骨干教师省级培训基地"。主持人承担国家文秘类专业教指委委托的《高职文秘专业和课程教学国家标准》《高职文秘专业实训基地建设标准》的牵头编制工作。

近三年共有省内外 37 所院校 200 多位文秘专业教师来我校文秘专业参观交流。有效地发挥了文秘专业教学团队强劲的辐射和引领作用。

四、成果评价与影响

(一)教育部全国职业院校文秘类专业教学指导委员会评价

该成果在省重点(示范)专业建设的基础上,由教育部精品课程项目、教育部教育发展研究中心教育改革实验项目、教育部全国职业院校文秘类专业教指委重点课题、浙江省教育科学规划课题和省市文化工程专题等多个项目拓展深化形成。

该成果围绕创新型秘书人才培养目标,根据文秘专业学生应具备的专业技术能力,打破传统的课程体系,对现有相关课程进行了整合,构建了富有创新意义的课程体系,通过专业课程体系的整体优化,使人才培养目标的实现得到保证。项目组成员承担了多项省部级课题和教改项目,教学研究成绩突出;文秘专业精品课程建设国内领先,主编多门国家级规划、浙江省重点教材,在国内高职高专文秘专业教材建设中起到了重要作用。师资队伍建设水平高,服务地方经济文化成效显著,2008 年 11 月被评为国家级教学团队。

该成果在文秘专业人才培养模式上的创新性改革,取得了显著的成效。实践教学特色明显,2010 年文秘实训基地被评为浙江省高职高专院校示范性实训基地。学生在历届全国秘书职业技能大赛连续获得团体一等奖,国家秘书资格证、省专业技能抽测、大学英语、计算机等级考试等方面通过率及优秀率均名列学校前茅,大大高于同类学校平均水平。目前文秘专业招生及在校生规模均为全省同类学校第一,近年来毕业生平均初次就业率达 98.75%,学生质量得到了社会各界的高度评价。

综上所述,该成果立足于高职文秘专业的发展和教学改革的实际需要,在人才培养目标、产学合作机制、精品课程建设、教材改革成果、教学方法改革、师资团队建设等方面进行了有系统和有重点的教学实践,形成了一系列创新成果。工作扎实、有效。对当前我国高职院校文秘专业的教学改革具有重要的指导作用。鉴定组一致认为该成果已经达到国内同类院校领先水平。

(二)浙江省教育厅专家组(以华东师范大学、苏州大学、浙江师范大学、浙江广播电视大学、杭州师范学院等多所高校的专家组成)对项目前期成果的评价

本项目前期成果获得浙江省人民政府高等教育教学成果一等奖。专家组认

为：该成果在重点专业建设的基础上，由教育部教育发展研究中心教育改革实验项目和浙江省教育科学规划课题等 12 个项目拓展深化形成，改革了传统的人才培养目标，变传统的以文书、服务为主的"秀才型"秘书为"能办事，善待人"的"帮办"型秘书，在高职文秘专业人才培养模式改革领域开展了卓有成效的研究和实践。成果立足于文秘专业人才培养模式改革的实际需要，符合当前社会对人才素质的要求和高职学生自身的特点，能解决教育、教学实际中迫切需要解决的问题，为推动浙江省高职文秘专业的教育教学改革提供了有推广价值的范例，对当前我国高职院校文秘专业的教学改革具有重要的指导作用。该成果已经达到国内领先水平。

（三）专家与同行评价

教育部考试中心特聘命题教师、原国家教委高等学校档案学学科教学指导委员会委员、吉林大学文学院王立维教授："文秘专业核心课程'秘书理论与实务'课程建设目标明确、系统成套、地方特色和两个结合（校企结合、理论与秘书实践相结合）。课程组成员教学与学术研究水平突出，教材建设成果丰硕。"

同行评价和影响：本成果影响了国内很多高校文秘专业教师。在成都、苏州、广州、泉州和杭州等多次全国高职高专文秘专业骨干教师培训会上作专题报告，介绍教改建设成果，深得同行好评。主持人受聘为国家示范性高职院校金华职业技术学院和省示范院校浙江商业职业技术学院文秘专业学科带头人。省内外 20 余所高职院校邀请主持人做文秘专业教学改革专题讲座或课程建设指导。国内同类院校文秘专业教师高度关注主持人所在学校文秘专业课程的建设发展情况，经常慕名前来学习或求取专业与课程建设资源材料，得到各方高度认可。

五、结语

湖州职业技术学院文秘专业建设起步早，作为省级重点建设与示范建设专业，坚持高标准、严要求，建设过程规范，建设材料齐全。坚持专业实践教学与人文素养双翼发展。从课程建设入手，同时注重教学改革研究。依托重点专业，为湖州当地经济与文化建设做出了较大贡献。经过几年努力，建立了适应"帮办型"秘书培养的产学合作机制。学生综合素质全面提升，毕业生受到社会各界用人单位的广泛欢迎。

杨群欢　丁国强　徐　可　陈雅韦良李柯

"走园"教学——学前教育专业实践教学模式的构建与实践[*]

金华职业技术学院

[摘　要]　高职高专学前教育专业是我国幼教师资培养体系的重要组成部分。学前教育专业实践教学主要存在理论学习与实践应用的割裂、幼儿教师培养体系与幼儿教育体系的分离以及传统实践教学体系中见习与实习层级跨度过大三个主要的教学问题。"走园"实践教学模式以实践取向的教师教育理念为指导,以学生实践性知识发展为主线,基于实践性反思教师专业养成,将学生在学校理论学习和幼儿园实训有机地结合起来的一种实践教学模式。"走园"实践教学模式有效地解决了以往实践教学的不足,提升了教师教育培养的质量。

[关键词]　学前教育专业;实践教学;"走园"教学

高职高专学前教育专业是我国幼教师资培养体系的重要组成部分。金华职业技术学院学前教育专业致力于全面提升幼儿教师培养质量,通过与幼儿园深度合作,对传统实践教学体系进行了重构,构建并实践了"走园"实践教学模式。"走园"教学使岗位实践贯穿于专业学习全过程,重点解决了理论学习与实践应用的割裂、幼儿教师培养体系与幼儿教育体系的分离以及传统实践教学体系中见习与实习层级跨度过大三个主要的教学问题,有效地提高了学生理论与实践相结合的能力、保教实践能力和反思能力,为今后的可持续发展奠定良好的基础。

一、"走园"实践教学模式的构建

"走园"实践教学模式以实践取向的教师教育理念为指导,以学生实践性知识发展为主线,基于实践性反思教师专业养成,将学生在学校理论学习和幼儿园实训有机地结合起来的一种实践教学模式。"走园"实践教学模式的构建基于四个维度:

一是从时间维度上,构建贯穿于三年专业学习始终的实训体系。在一年级教

＊　本文为 2014 年职业教育国家教学成果二等奖成果总结。

育见习和三年级教育实习之间,增加了二年级每周一天到幼儿园参与幼儿保教活动,将保教活动落实到专业课程学习之中,形成"见习—课程实训—跟班实习—顶岗实习"渐进式的"走园"实践教学模式的时间轴。

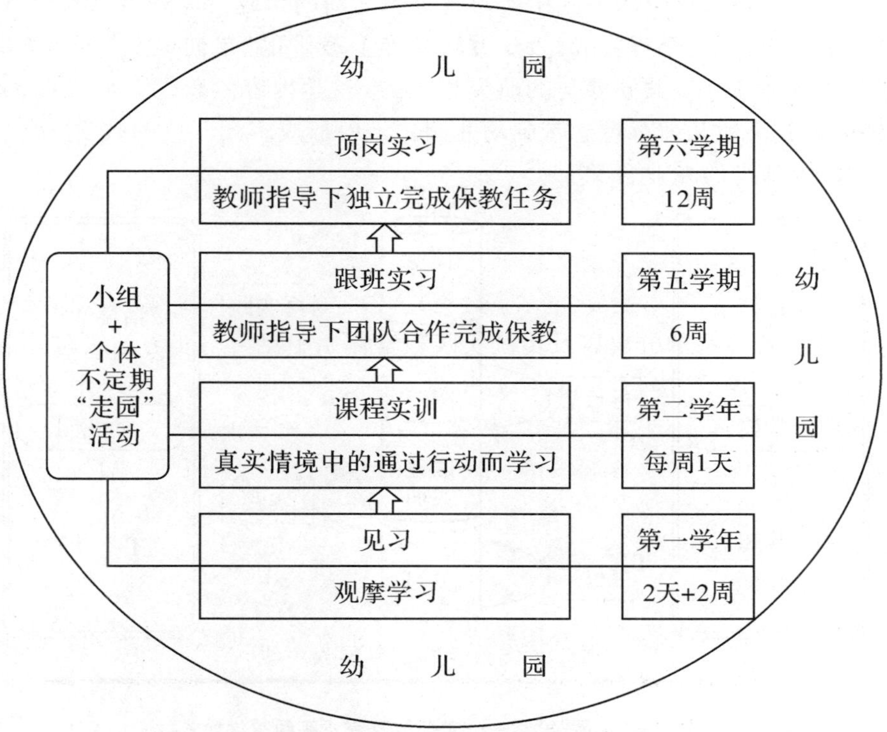

图1 "走园"教学模式的时间轴

二是从教学内容维度上,建设一批具有"走园"特征的项目化课程。"走园"实践教学模式要求进一步加强"走园"课程教学模块建设,建设一批基于幼儿教师岗位真实任务、融合课程基本知识、基本技能的"工作任务"型的学习项目,将专业核心技能训练和职业素养的养成融入专业课程的学习。

三是从教学条件上,为"走园"实践教学模式顺利实施提供保障。建设一批可供"走园"实践教学实施的实训平台;建设一支以"学教研"一体化为特征的指导团队;制定与"走园"实践教学相适应的教学管理制度;营造"走园"实践教学文化,最终为"走园"实践教学顺利开展提供良好的条件。

四是从教学环境上,创设真实的、民主的、开放的环境。通过"走园"教学,学生学习放到完全真实的环境中进行,通过真实的幼儿,真实的保教任务,真实的保教过程,富有实践经验的幼儿园指导师,还有民主、开放的教学探讨和反思共享,使学生在课程学习的过程中逐渐地实现从学生到教师的角色转变。

"走园"实践教学模式的核心是课程"走园"教学,通过将基本理论的"学"和在校内外基地的"训"结合起来,两种学习交互进行,实现"校中学"和"园中训",实现各实践环节之间有效衔接,消除了实习与见习之间的跨越。课程"走园"教学,教学形式从"纸上谈兵"到全程实战,教学方法从专业教师的"单向填充"转变为幼儿园教师、专业教师和学生共同参与的研究性学习,教学内容紧跟幼儿园教改的步伐,同时将更多新的幼儿教育理念带到幼儿园。进而形成多元开放的教学文化,使"走园"教学成为师生的专业自觉。

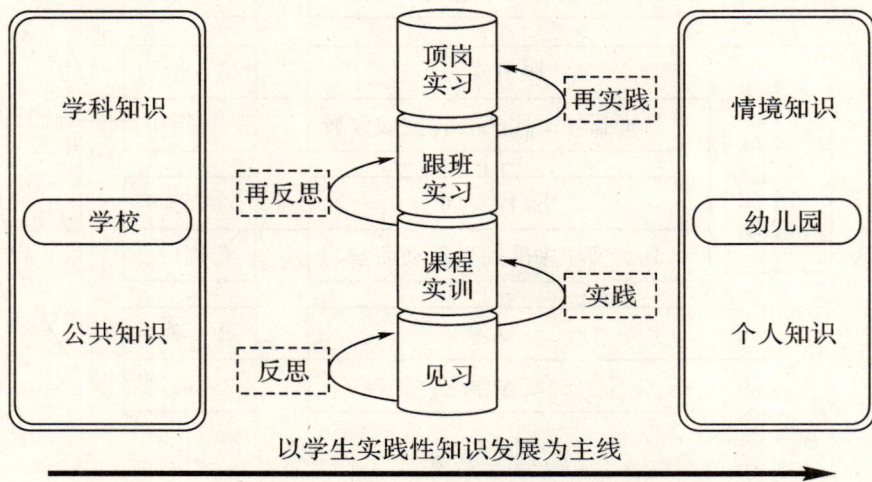

图2 "走园"教学——学前教育专业实践教学模式

二、"走园"实践教学模式的实现路径

(一)建立"走园"教学实践基地,构建"学教研"共同体

"走园"教学基地的建设是实施"走园"实践教学的基础。与22所省一级幼儿园共建"走园"教学基地,从"松散型"到"紧密型"再到"学教研"共同体,"共同体"组织成员间的深度融合,使"走园"教学有了很好的平台保障。专业选派骨干教师担任幼儿园副园长或园长助理,承担本幼儿园作为教学基地的建设任务,开展幼儿园园本课程建设,负责本基地"走园"教学的组织和实施;幼儿园教师作为"走园"教学指导团队的兼职教师,参与"走园"课程建设,担任学生现场指导教师和校内的课程教学。依据课程实践教学整体安排,通常每个基地幼儿园每学期承担1—2个"走园"教学项目的教学示范课活动,承担一个班级的见习和每周一天的课程"走园"教

学,专业教师和基地幼儿园教师共同开展教学研究,优化"走园"教学项目的设计,探讨项目实施中面临的问题,提高项目实施的效果。园、院之间通过实时传送和录播开展院园之间的教学互动,"学教研"共同体共建、共享教学资源。专业每年组织一次大型的学术研讨,聘请国内外幼儿教育领域的专家学者进行学术报告,同时,依托"学教研"共同体积极开展幼儿教育领域的热点和前沿问题研究,如:幼儿园教师的专业自觉、浙江省幼儿教师终身发展服务体系构建研究、学前教育专业标准和核心课程建设标准研究等,以其研究成果更好地反哺专业建设和教学改革。

(二)开发"走园"教学模块,实施课程"走园"教学

课程"走园"教学模块的开发是实施"走园"教学的核心。实践教学需要明确的任务与路径,任务的达成与否,也需要及时、客观的评价。基于行动导向的学习理论,专业主干课程遵循由易到难的原则开发项目化的"走园"教学模块;开展"获取任务—设计与实施—研讨与反思—改进与提升"的"走园"学习活动;最后考查学生对课程的理解、应用、反思和改进的能力。

通过系统分析幼儿教师岗位工作任务及职业能力,从幼儿园一日生活中选取典型的工作任务,基于完成典型工作任务的工作过程,开发项目化的课程"走园"教学模块,并使"工作任务"型的学习项目系统化。同时,配套设计了精细化、体系性较强的"走园"课程实训指导书,指导学生开展结构性较强的课程"走园"实训;课程"走园"教学组织按照行动导向的原则,即遵循保教活动的基本规律、幼儿园一日活动安排、各项活动的基本步骤和相关要素来进行设计和组织实施,让学生在真实的保教活动中完成课程项目学习,同时辅以教师团队的现场指导;课程考核基于"在行动中考核",即考核保教过程的质量、反思及目标实现状况。

课程"走园"教学使学生在学习中实践、实践中反思、反思中提升,有效实现了学生保教能力的螺旋式上升。同时,也建成了一批优质教学资源。

以"幼儿园教育活动设计与实施"为例,课程内容分为 5 大领域,设计 18 个学习任务,在教学过程中按照"教师提供方案—教师提供辅助素材—学生独立设计方案"的进阶实施各类保教活动:第一阶段的项目由教师提供完整的活动设计方案,学生针对幼儿开展适宜性调整,而后实施与反思;第二阶段的项目只由教师提供目标与素材,学生根据对象进行过程的设计、实施并反思;第三阶段让学生概括幼儿的需要,独立设计与实施各类活动。运用"反思活动""支架教学法""多元导师制"等教学方法和形式,通过循序渐进的"学训交替、全程实战"式课程学习,促进学生专业知识和常规教学能力的提升。这种形式在学校课堂中是无法实现的。最后的考核则是注重多元的评价方式,重在考查学生对幼儿教育活动方案的设计、实施和反思、改进的能力。

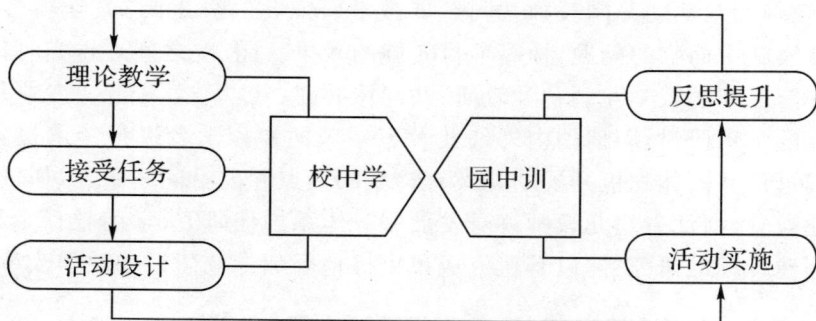

图 3　"走园"的核心——课程"走园"教学

(三)实施教师"走园"教学实践,提升团队教学水平

"走园"实践教学团队的搭建是实施"走园"教学的关键。以幼儿园为单位组建"走园"教学指导教师团队,每个团队由幼儿园教育活动设计、教育学或心理学、技能课教师与幼儿园教师共同组成。组织教师开展"走园"教学实践,每位教师每周到幼儿园示范观摩和点评研讨日常教学活动,并与幼儿园教师开展专题研究,使"走园"教学成为专业教师提升自身实践能力和专业所对应的职业素养的常态行为,在"走园"教学中,根据专业教师的专业背景、职业经历、发展阶段不同和所承担的课程不同,进行分层次分阶段的团队组合,明确目标要求,促进教师专业能力与实践教学能力的协同发展。

"走园"教学活动强化了教师在教育教学实践中的反思意识和改革意识,通过"走园"教学,形成了"基于教师专业成长的递进式社会实践模式",有效地促进了专业教师的职业成长和教学团队的专业化发展。

(四)精细"走园"过程管理,形成"走园"教学文化

精细过程管理、形成"走园"文化是提高"走园"教学质量的有效保障。一方面,完善包含计划、实施、评价等"走园"教学过程的管理文件和作业文本。另一方面,强化专业教师、幼儿园教师和学生三个层面的教学研讨、交流、反思、分享和提升,促进学生获得更多的过程知识和教学策略,同时,院园共同组织一系列专业文化活动,常态化的专业活动不仅有效提升了学生的专业素养,也进一步促进了院园融合。"走园"教学已成为师生的专业自觉,"走园"文化也成为专业文化建设的重要内容。

三、创新点

(一)学用融合——职业、岗位、实践元素融入课程学习

"走园"实践教学模式将专业课程的实训充分地落实到幼儿园,使课程学习融入更多的职业、岗位和实践元素,岗位实践贯穿专业学习全过程,从根本上解决了传统实践模式中见习与实习之间的跨度过大的问题,使学生在专业学习的过程中逐渐实现"学生——教师"的角色转变。

(二)学训交替——促进学生知识、能力、素质协同发展

"走园"教学渐进式、系统化地落实了理论学习和岗位实训的交互进行,有效弥合了学生在知识建构中学科知识、公共知识与情境知识、个人知识的割裂,使学生的幼教理念、保教能力、反思能力和职业素养在实践中逐渐提升。

(三)院园互动——实现学生、幼儿园及专业教师共成长

"走园"教学实现了园园、院园之间的互动交流、资源共享,不仅有效促进了人才培养质量,专业教师和幼儿园教师也在实践、反思、研讨、分享中得到有效的发展,实现了幼儿教师教育与幼儿教育的生态式融合,促进了幼儿教师职前与职后教育的有效衔接。

四、应用与推广

(一)人才培养质量得到各方肯定

"走园"教学从 2008 级开始实施,参加的学生数超过 2000 人。通过"走园"教学,学生专业实践能力不断提高,毕业生深受用人单位欢迎。近三年,毕业生就业率为 100%,当年考编率由 20% 提高到了 42%,位居全省同类专业前列。麦可思的评价结果显示,2012 届学生就业竞争力指数为 86.8%,对母校满意度达 96%。在本专合一的省师范生技能比赛中,获 2 个二等奖成绩和 5 个三等奖的好成绩,我们是该项比赛中唯一获奖的专科学生。过硬的培养质量,专业在 2010 年获批省特色建设专业,2012 年获批省优势专业。

(二)建成丰富的优质教学资源

建成了一系列优质教学资源,主持国家级学前教育专业教学资源库建设项目,主持《高职高专学前教育专业教学标准规范》的研制并由教育部颁布实施,"幼儿园

教育活动设计""幼儿园教师音乐技能""研究性学习"立项建设教师教育国家精品资源共享课，立项浙江省课堂教学改革项目 2 项，获批国家"十二五"规划教材 3 部。

（三）形成了丰硕的理论研究成果

近五年在《教育研究》《中国教育报》等期刊发表《试析高职院校教师社会实践的有效性》《构建"学教研"共同体，服务幼儿教师专业发展》等相关论文 22 篇。主持《浙江省幼儿教师终身发展服务体系构建研究》《构建一体化的学前教育专业教学资源体系研究》《基于走园实践教学的学前教育专业基地、师资和课程建设》等 7 项省部级项目。立项《基于行动"校企合作"的幼儿园园本教研研究》等 8 项课堂教学改革项目。

（四）有效提升了教学团队的专业能力和社会服务能力

获批省学科专业带头人培养对象 2 名，市拔尖人才 1 人、市 321 第一层次人才培养对象 1 人。项目负责人成军教授所领衔的教学团队为校级优秀教学团队，专业教师与幼儿园共同开展了《基于工作任务——学前儿童音乐教育活动设计课程研究》等 8 项横向课题研究，为幼儿园提供了技术支持；近三年开展各类培训涉及 5000 余人，其中，开展 2 期教育部高职高专学前教育专业骨干教师培训。

（五）成果得到广泛推广

1. 近年来，南京特殊教育职业技术学院、四川阿坝高等师范专科学校等 50 余所省内外高校的学前教育同行纷纷到专业来交流学习并给予高度评价。

2. 鄂州职业大学等学校近 20 位专业教师到本专业进修，全方位学习学前教育专业的"走园"教学模式。

3. 在首届中国未来学前教育家论坛暨中国教育学会学前教育专题研究中心成立大会等会议上多次专题发言，介绍了"走园"教学经验。

4. 2012 年 9 月 27 日《中国教育报》以题为《浙江金华职技学院学前教育专业创新实践教学新模式——"走园教学"实现教学育人双赢》报道了我校学前教育专业"走园"实践教学。2012 年 3 月 29 日《浙江教育报》以题为《既当老师又做学生——金职院幼教专业推行"走园教学"》介绍了"走园"实践教学模式。

"走园"实践教学模式消除了传统实践教学体系中实习与见习之间的跨度，更符合学生的认知规律；课程"走园"实训使学生有更多的幼儿园教育实践经历，更符合基于"经验＋反思"的教师成长规律；"走园"实践教学模式的开展，推进了幼儿园的教学改革,促进了幼儿园教师的专业发展。我们相信,随着我国学前教育事业的大发展,"走园"教学将会在今后的实践中不断得以完善和丰富,彰显具有高职教育和教师教育双重特色的教学魅力。

成　军

点、线、面三维育人：现代农业创业型人才培养体系的创新与实践*

温州科技职业学院

[摘　要]　近年来，我国高等职业教育快速发展，高等农业职业教育顺势而上，在人才培养、服务三农、新农村建设等方面做出了重要贡献。但目前高等农业职业教育中依然存在"三不"问题，即学生不愿学农、学农不爱农、兴农能力不足。针对此，为了培养"学农、爱农、兴农"的现代农业创业型人才，本研究在实践中探索出点、线、面三维创业教育之法，从根本上改善了新型农业人才培养的境况。

[关键词]　高等农业职业教育；人才培养；创业教育

中国是一个农业大国，自 2004 年至今，中央以"三农"为主题连续发布了 10 个一号文件，可见"三农"在中国社会主义现代化时期的地位之重。党的十八大还提出"四化同步"、推进城乡发展一体化的总体要求和目标任务，为农业农村经济发展指明了方向。从传统农业向现代农业转型跨越，实现"四化同步"，必须加大人力资本投入，这是被实践证明的一条必由之路。而实现这些转变就特别需要一大批有文化、懂技术、会经营、善管理的农村实用人才。

一、成果背景及现实意义

随着城镇化的高速发展，我国农业面临着"谁来种地""谁来种好地"的严峻挑战；另一方面，随着现代农业的发展，农业产业链不断延伸，出现了多元化的业态特征。因此，在传统农业向现代农业转型发展过程中特别需要一大批有文化、懂技术、会经营、善管理的现代农业创业型人才。2012 年 2 月，国务院发布《全国现代农业发展规划》，明确提出要大力发展农业职业教育，鼓励和支持新一代有技术、会经营的农民从事农业的现代化经营。2013 年 12 月，教育部、农业部、国家林业局联合出台《关于推进高等农林教育综合改革的若干意见》，明确提出培养更多的"学农、爱农、兴农"高素质人才。

---

*　本文为 2014 年职业教育国家教学成果二等奖成果总结。

作为全国唯一一所在农科院基础上建立的高等职业院校，根植于温州的创业热土，针对农业职业教育中存在的教育教学问题，以创业教育来引领专业教育改革。

二、成果解决教学问题的方法

针对农类学生中存在的三大问题，一是不愿学农，学生第一志愿报考率低，专业调剂情况普遍。二是学农不爱农，许多学生进校后要么转专业，要么毕业不愿意从事农业。三是兴农能力不足，目前农业高职院校人才培养模式，注重生产一线技能操作的培养，缺乏现代农业创业型人才的培养，不能很好地适应现代农业发展的需要。

学院从教育理念更新入手，结合农业行业与岗位特点，以生为本，从"个体需要、教学主线、平台搭建"三个维度，以创业教育来引领专业教育改革，进行了一系列的教学改革实践。

（一）抓住个体教育"点"：因势利导，内外并举，悉心培育学生的爱农情感与创业意识

一是开设"三农"专家大讲堂，使学生了解现代农业。学校特设立"三农"大讲坛，邀请中国林科院蒋有绪院士等专家、校友及农业企业家做报告，以专家的视角让学生了解农业生产的贡献、农业发展的重要意义以及现代农业发展的趋势。

二是打造"现代农业体验之旅"，使学生体验农业。依托农类大学生就业创业基地、农业高新园区、现代农业企业如楠溪江农业集团等，有计划地组织学生参观、访问、实践，让学生深入体验农业发展的要求、新兴农业科技和市场潜力，认识到从事农业可以有大作为。

三是实施"七个一"社会实践，让学生喜欢农业。"七个一"社会实践即开展一次"三农"调研、走访一户农村贫困户、联系一个农业种养基地村、参加一次农业科技下乡活动、推广一项农业新技术、提供一条农产品供求信息、宣传一项"三农"政策法规。"七个一"社会实践，让学生深入农村去推广农业，为农民服务，逐渐让学生喜欢上农业。近三年来，有1500多名学生分赴温州百余个村实践。

四是开展"百千万"活动，让学生爱上农业。依托农业流动总医院开展"百名专家带千名学生服务万计农民"活动，近三年来，上千名学生跟随学校专家到农村利用自己所学的农业技术为农民服务，让学生切身感受到学有所用，体会到成就感，让其爱上农业。

总之，在学生个体教育点上，践行了"听、观、行、服"的认知途径，培养学生爱农情感，使农类专业学生转专业率明显下降、学风明显好转、竞赛获奖明显增多、创业

激情明显增强。每年农类学生转专业率不到 3‰，85％ 左右的农类学生有创业意愿。

（二）紧扣人才培养"线"：明确目标，系统设计，着力培植学生的兴农与创业能力

学校以"目标引领—方案改革—知识构建—实践体悟"为主线，系统设计了现代农业创业型人才培养的体系框架，着力培植学生的兴农与创业能力。

一是目标引领。学校比照现实需求，特别是当前农类高职教育在能力培养上目标单一，过分强调生产一线技术应用能力的培养，缺乏技术应用向技术开发和经营能力培养方面的宽延。许多农类专业设置不适应市场需要，沿用传统的老专业或是根据现有的教学资源和办学条件设置专业，缺乏对现实需求和行业发展的调研与分析。学校根据现代农业多元化的产业业态和多功能的产业体系特征，明确提出以创业教育引领专业建设，以培养有文化、懂技术、会经营、善管理的现代农业创业型人才的培养目标。

二是方案改革。学校注重学生个性发展，在农类专业中实行"平台教学、专业分流、岗位培养"人才培养模式改革实践，提供给学生选平台、选专业、选岗位三次不同学业阶段的选择机会。特别在岗位培养过程中，分为技能岗位（拿证书）、营销岗位（拿订单）、创业岗位（拿执照），供学生自主选择，努力在能力培养上拓宽人才素质的复合面，在专业教育宽窄适度的特色上下功夫。

三是知识构建。学校以创业教育引领课程改革，提出了对接岗位、对接专业、对接产业、对接社会的"四个对接"的课程体系，以达到培养岗位技能强、核心能力精、服务面向宽、综合素质好的高技能人才。在课程建设方面，设计具有专业意识、前沿意识、市场意识的课程内容。在实践教学方面，构建了培养学生动手能力、创新能力、创业能力的实践教学体系。

四是实践体悟。学校充分发挥农科教一体化办学优势，实施"导师＋项目＋团队"培养方式，其中，结合自主创业、科学研究、技术研发、技术服务、社会实践五大形式，强化了学生的兴农能力。实践中学生以团队为单位，以项目为载体开展不同的实践。近三年，共计有 300 多个项目，在专业导师的指导下进行实践，有 2000 多名学生参与其中，有效培养了学生创新创业能力。

总之，通过"目标引领—方案改革—知识构建—实践体悟"为主线系统培养，使学生从学农向兴农转变。农类专业学生学习兴趣更加浓厚，就业竞争力明显增强，创新、创业、实践能力明显提高。

（三）拓展保障支撑"面"：整合资源，四方联动，倾心搭建创业教育保障平台

整合"政、校、行、企"四方资源，为学生就业创业提供政策支持和帮助。

一是积极争取政府支持为学生创业提供保障。在学校的积极争取下，温州市政府出台了《温州市普通高校毕业生农业创业就业扶持暂行办法》等文件，为农类大学生发展提供政策上帮助。近三年来，学校共有千余名农类专业学生享受到优惠政策。经多方努力，学校成为浙江中小企业局认定的唯一落户在高校的省级小企业创业基地，每年获得 15 万元支持。学校还争取到温州市农业局资源，成立了温州市大学生现代农业创业园，孵化了一批农业小企业；争取到了共青团温州市委支持，成立了温州青年创业学院，培训农村青年、农类大学生千余人；争取到温州市组织部资源，成立了全国首家大学生"村官"创业与研究基地，举办了"村官"培训班等。

二是学校通过制度设计与搭建创业园为创业教育提供支撑。学校出台了《关于在人才培养中加强创业教育的指导性意见》《奖励学分认定管理办法》等指导性文件，每年设立 30 万元的创业教育专项经费，明确规定学生学科竞赛中获奖、公开发表论文、科研立项、发明专利等均给予学分奖励。同时，还设立了不设上限的创新奖励经费、成立了学科技能集训队等。

学校在农类三个系里各搭建了相对应的专业创业园。动物科学系开设动物宠物医院，实现创业与技能相结合，即学生分批当值班医生，提升技能水平，为创业做准备。农业与生物技术系搭建现代农业创业园，实现创业与实训相结合，实施"高年级生产、低年级实训"，即高年级学生分小组承包大棚生产、并在导师的指导下引进新品种、新技术进行研发创业，低年级学生到高年级学生承包的大棚中实训。园林系设有农业创意园与植物智能工场，实现创业与研发相结合，即实现学生植物水培研发、培育、营销一体。近三年来，在专业创业园中创业实践的学生共计千余人，占农类学生总数 2/3 以上。如优秀毕业生朱英，毕业后创办瑞安市展鹏农业综合开发合作社，是浙江省示范性专业合作社，现有社员 254 人，固定资产 1320 万元，带动农户 600 多户。

三是积极争取农业行业资源支持为学生拓宽就业渠道。近年，与 30 多家农业行业协会合作，拓宽就业渠道。如与温州市生猪养殖协会合作开办生猪养殖提高班，与温州粮油协会合作举办"粮油连锁营销经理班"等。

四是积极争取企业资源支持为学生就业创业提供帮助。近三年，学校与农业基地、农业专业合作社共同实践"导师＋项目＋团队＋基地＋农户"的创业实践模式，为学生创业实践提供支持。如在瓯海区、永嘉等地示范种植水果玉米，在当地

形成玉米基地上万亩,真正实现了"把成果留在农户家,把论文写在大地上"。这既是大学生创业致富的途径,也是农户增收的途径。另外,与中国移动等合作成立创新创业基金,共计100余万元;与100多家农类企业建立实习就业创业基地。

总之,通过"政、校、行、企"四方资源有效互动,为创业教育提供了保障,为学生创业实践提供了平台;也使创业教育走出校门辐射社会,培养各类创业人才,并带动了农户致富。

通过点、线、面三维创业教育,在思想层面解决了学生的爱农意识,促进了学生学农的积极性,在能力层面,通过培养学生的创新创业能力,提升了学生的兴农能力,在社会上产生良好的影响,学校农类专业招生逐年增加,考生生源集聚度提高,2012年录取新生分布在全省417所中学,录取的考生在10人以上的中学有50所,比2011年增加了11所,许多考生主动报考学校农类专业,解决了学生不愿学农问题。

三、成果的创新点

一是形成了现代农业职业教育点、线、面三维育人新体系。实施了在"点"上价值导向育人、在"线"上教学改革育人,在"面"上环境优化育人。

二是形成了爱农思想教育体系。注重情感体悟,通过"听、观、行、服"的认知途径,使学生从无奈学农向真心学农转变。

三是形成了兴农人才培养体系。注重学生个性发展,突出创业能力培养,形成了"一个目标""三次选择""四个对接"与"五大结合"的现代农业创业型人才培养体系。

四是形成了学生为中心的培养方式。以学生为中心,学生可自主选择平台、专业、岗位;采取"导师+项目+团队"的培养方式,学生自主选择创业项目,提高了学习效果。

四、成果的推广应用效果

(一)农类专业学生就业创业效果明显

据麦可思公司对我校毕业生进行人才培养质量跟踪调查显示:近三届农类专业毕业生半年后平均就业率达95%以上,高于浙江省高职农类就业率;畜牧兽医专业毕业生就业专业对口率高达77%;农类专业半年后月收入平均高于省高职农类平均;毕业生自主创业率为4.9%,全省高职平均为3.7%。一年级农类专业学生转专业率从原来的12%左右到现在的不到3%。近三年来,成功孵化农类小企业200多家。学生在各类竞赛获得国家、省部级奖项200多项,参与学生数千人,在社会上产生了良好的影响。

（二）推动农业职业教育建设与发展

学校农业教育快速发展，农类专业从 2007 年的 3 个增加到 11 个，仅比全省农类专业数少 1 个；目前农类专业学生数 3102 人，占全省 40% 以上，学校农类专业数、年招生人数以及在校生数均居全省第一；获得省级以上财政支持的农类专业 5 个，实训示范基地 5 个；农业科研纵向经费连续三年在 1000 万元以上，居全省高职第一，形成了良好社会效应。

（三）理论与实践的成果具有借鉴意义

在《教育研究》等一级期刊发表专题研究论文 7 篇；申报成功省部级以上课题，如国家软科学出版项目"本土创业精神与大学生创业教育研究"、浙江省哲学社会科学规划课题"大学生创业教育转型发展的研究与实践"等课题 8 项；出版《涉农高职院校创业教育与高校四大职能的对接研究》等相关专著、教材 5 本。相应成果先后荣获浙江省人民政府教学成果一等奖、科学技术奖二等奖、全国农业职业教育教学优秀成果一等奖、温州市区先进创业孵化基地二等奖等。相关研究成果被《新华文摘》《中国社会科学文摘》等转载。课题成果在全校 22 个专业得到应用与推广，先后有浙江大学、广州番禺职业技术学院等 27 个高校来校参观学习。

（四）社会的美誉度与影响力效果明显

相关做法、成果等被《光明日报》、《中国教育报》等媒体报道 100 余次；省委、省教育厅等各级领导先后来校调研；浙江省人民政府研究室在第 130 期《调查与思考》印发了有关我校做法；浙江省中小企业局、浙江省就业指导服务中心充分肯定了学校创业教育的做法；温州市大学科技园管委会、齐齐哈尔工程学院等单位借鉴应用学校创业教育成果；并在 2011、2012 年团中央主办的 KAB 创业教育年会上、在联合国教科文组织浙江大学创业教育教席等主办的"创业技能与课程建设"国际研讨会上、在宁波大学、集美大学等学校均应邀主题发言；学校还荣获全国高等学校创业教育研究与实践先进单位、全国青年就业创业教育先进集体，得到了广泛的认可。

谢志远

全国高职财经类专业教学标准开发和应用[*]

浙江金融职业学院

[摘　要]　分析高职财经类专业教学改革和建设存在的难题,通过以高职财经类专业教学标准开发为切入点,促进高职财经类专业在课程体系建设、配套专业教学条件建设以及课程教学设计、实施等系统改革,推动专业教学标准的"本土化"开发、职业能力标准到专业教学标准的"转化"以及高职人才培养的职业性和发展性的有机融合,并提出进一步应用的建议。

[关键词]　高等职业教育;财经类专业;专业教学标准;开发

20 世纪 80 年代以来,开发并推行国家职业教育专业教学标准,已经成为德国、英国、美国等发达国家促进职业教育体系建设、推动职业教育健康发展的重要经验。上述国家的职业教育也成了世界各国职业教育界竞相学习、效仿的对象。同时,长期以来,我国高等职业教育一直没有国家统一的教学标准要求,导致学校在教学中无标准可循、人才培养水平参差不齐,难以很好地满足经济社会发展对技术技能人才的需求。随着我国高职教育进入内涵建设关键时期,对于专业教学的整体规范和质量标准提出了更高的要求。作为高职院校招生规模最大的专业类别之一,财经类行业对于一线从业人员的综合素质要求也日益提高,对财经类专业提出了更为系统的教学建设要求。因而,"开发具有国际水准、中国特色的职业教育专业教学标准,就成为提升中国职业教育质量与吸引力的关键"①,也是高职财经类专业深化内涵建设、保证专业整体人才培养质量的迫切需要。

一、高职财经类专业教学标准开发面对的难题

(一)专业课程体系、内容与岗位业务流程、业务对象相脱节

高等职业院校财经类专业是高等教育大众化过程中扩招幅度和学生比重较大

---

*　本文为 2014 年职业教育国家教学成果二等奖成果总结。

①　姜大源:《国际化专业教学标准开发刍议》,《中国职业技术教育》2013 年第 9 期,第 11 页。

的专业类别,同时也是受传统学科化教育体系影响较深的高职专业类别。由于财经类行业企业要求其从业人员具有一定的经济学、法律和会计方面的基础知识,能解读经济金融领域的主要指数指标,因而学科化的教学课时占据较大比重,强化专业技能培养的实践教学不够突出,容易使人才培养陷入"高不成、低不就",与本科院校相比缺乏竞争力的境况。同时,另一种倾向也出现在高职院校课程改革打破理论教学体系之后,产生了理论教学被割裂,不能融入实际的岗位工作情境之中,缺乏行动导向、项目驱动、理论与实践一体化的课程体系和内容的支撑等问题,从而使教学效率低下,无法满足财经类行业企业对员工一定理论素养的要求。

(二)专业教学基本条件建设与课程教学改革需求相脱节

重构高职财经类专业课程体系与教学内容,推进行动导向的课程教学模式改革,有赖于教材、实训基地、网络教学资源、教学设施等整体配套专业教学基本条件建设的跟进。但银行、证券、会计、商贸等财经类企业和岗位的自身特点使得实训和实习基地建设、仿真化或职业化的教学设施建设、基于行业真实工作任务的教学资源的获得均具有较大难度。特别是对于零散的高职院校而言,在推动整体专业教学基本条件资源上缺乏足够的统筹力,往往存在实训基地更像"机房",教材更像本科,教学资源落后于岗位工作实际等难题,需要有政府、学校、行业、职业教育等领域的骨干和专家组成团队,形成更为强大的整合力,以推出专业教学条件建设的整体解决方案。

(三)课程教学与财经类行业岗位职业能力要求相脱节

与工程、机械、信息技术类高职专业主要依据工作流程面向机器、产品(物)开展工作相比,银行、保险、证券、营销、国际贸易等行业、企业的岗位工作既需要面对严格的业务流程,又需要面对比相对一成不变的业务流程更为复杂、多变的工作对象——客户。如果说,工业类企业技术或工艺流程的优化在于技术娴熟或革新的话,财经类企业效益的提高则在于根据不同客户的需求,优化业务方案或流程,提供更为个性化的服务,因而对其从业人员的综合素质要求较高,亟须通过课程教学模式改革予以强化。

二、高职财经类专业教学标准的整体设计

在上述背景下,高职财经类专业教学标准从整体设计上遵循高素质技术技能人才培养规律,融入工作过程导向和职业能力本位课程开发理念,以财经行业岗位工作任务和职业能力分析为起点,经过历时5年的开发和试点应用,开发了指导全国高职院校财经类专业建设的本土化、规范化文本,即《高等职业学校专业教学标

准》(财经大类)。该专业教学标准是第一份面向全国高职财经类专业开发的教学标准,为财经类专业开展专业调研、明确人才培养目标、组织实施教学、规范教学管理、开发教材和学习资源提供了基本依据,确立了职业领域和教育领域之间的内在联系,为全国高职财经类专业教育教学质量评估提供了主要标尺,为社会用人单位选用高职毕业生提供了重要参考,推动了财经专业的基本建设和整体教学改革,在促进学生成才、推动教师发展、提升专业水平、拓展辐射影响等方面形成了系列化成果。高职财经类专业教学标准的具体内容包括专业名称、专业代码、招生对象、学制与学历、就业面向、培养目标与规格、职业证书、课程体系与核心课程、专业办学基本条件和教学建议、继续专业学习深造建议等十大方面,涵盖金融管理与实务、会计、国际贸易、保险实务、市场营销、电子商务等 16 个高职财经类主要专业。高职财经类专业教学标准的开发受教育部委托,由教育部高职高专经济类专业教学指导委员会联合全国有关国家示范性高职院校、行业监管机构、行业代表性企业以及职业教育专家等共同开发,于 2012 年 11 月经教育部发文认证并向全国高职院校推广,并由教育部职业教育与成人教育司汇编和公开出版,已在全国 30 余所高职院校推行,覆盖全国 8000 余个财经类专业点,惠及全国高职财经类专业的学生逾 200 万。

三、高职财经类专业教学标准的开发与应用的主要路径

(一)在宏观层面,通过重构专业课程体系和内容,解决了高职财经类专业整体课程架构与岗位业务内容相脱节的难题

高职财经类专业教学标准的开发对接财经类产业转型升级的新趋势,实现了以职业岗位定位人才培养目标,以岗位工作任务分析为起点,以学生职业能力建构过程为主线,以财经类行业一线业务岗位的典型业务流程的主要节点、要素等确立课程开发的整体框架并安排课程内容;建构了以专业核心课程为主干,对应专业核心能力培养,以"菜单式"的专业选修课程为拓展,对应岗位迁移能力培养的专业课程体系并创新性地勾勒出了各财经类有关专业的"课程地图",突破了传统财经类专业传统课程体系的学科化框架,支撑了学生的相关职业岗位的多种发展可能,满足了银行、会计、保险、证券、营销、外贸等行业、企业多样化的用人需求,也更加有助于学生、企业员工等使用者更好地了解整体课程设置。同时,成果明确了针对核心职业岗位的职业资格证书或针对职业核心能力的中级及以上职业技能证书要求并将此要求融入到了课程体系之中,强化了学历证书与职业资格证书的对接以及课程结构与岗位职业能力结构的对接,保证了高职财经类专业课程体系与财经类行业职业资格体系结合,突出了课程体系的职业性和实践性,提高了课程设置和教

学内容的适切性。

为推动课程体系和内容的重构,在向全国发行《高等职业学校专业教学标准(财经大类)》的基础上,开发团队同步公开出版了8本配套教学建设专(编)著,形成了涵盖金融、会计、商贸等的二级专业且更有针对性、更具体的专业教学标准建设与教学内容改革方面的系列化研究成果,为财经类专业教学标准的校本二次开发、专业人才培养模式的优化、课程内容的组织与完善提供了支撑。

(二)在中观层面,通过制订专业建设的整体方案、联动配套教学资源建设,解决了专业教学基本条件与新确立的课程体系和内容之间相脱节的难题

高职财经类专业教学标准明确提出了专业教学团队,教学设施,教材及图书、数字化(网络)资料等学习资源,教学方法、手段与教学组织形式,教学评价、考核,教学管理等专业建设重要方面的系统化要求,推动了财经类专业教学基本条件建设的转型升级,使专业教学的开发不仅成了促进专业教学规范化的操作性文本,也成了撬动高职财经类专业整体改革的重要切入点,保证了专业教学标准所确立的课程体系和内容能在与之相配套的教学基本条件的保障下得以有效实施;同时,成果依托教育部高职高专经济类专业教学指导委员会,充分发挥现代教育技术的优势,努力构建信息化环境下的财经类专业教育教学新模式,同步推进了金融专业国家级教学团队、金融和会计两大国家级专业教学资源库、国家级精品共享课程以及配套教材的开发与建设,既为全国高职院校财经类专业师生提供了可直接使用的数字化教学资源,又为教学团队、课程和教材的建设和开发提供了可供参照的"范式",为各院校在专业教学标准基础上进行教学团队的校本培养和教学资源的校本开发奠定了基础。

开发团队系统开展了配套专业教学条件建设。一是大力开展专业教学资源库建设。所在主要单位同步主持或承担了金融专业国家级教学资源库、国际贸易实务专业国家级教学资源库和会计专业国家级教学资源库的建设,形成了较为完整的网络教学资源(金融专业、会计专业国家级教学资源库已经通过验收),并建设了近20门国家级精品资源共享课程,支撑了学生自主学习的网络学习平台建设,并服务了全国金融、会计行业一线从业人员的在线学习。二是积极推动专业教学团队建设。依托政校企合作的开发平台,通过全面投身于高职类专业教学标准的开发,带动了一批专业教师的成长和行业兼职教师的深度参与,形成了专兼结合的优质教学团队,如浙江金融职业学院的金融管理与实务专业教学团队便获评为国家级教学团队。三是全面带动课程教材建设。开发团队及所在单位合作推动了新课程体系和教学模式下的教材建设,出版了配套教材50余本,发行量逾10万册,既

使教材内容与财经类行业最新岗位工作内容、标准充分结合,又使课程教材成了体现行动导向教学方法的主要载体,有效地纠正了高职财经类专业传统教材开发的学科化倾向。上述配套专业教学条件的建设一方面解决了高职院校在推动财经类专业教学标准具体实施中的资源缺乏难题,另一方面也为各高职院校进行校本的二次开发提供了具有较高借鉴价值的参照样本。

(三)在微观层面,通过强化专业教学的整体设计和实施,对财经类岗位典型工作任务进行分析,提出了具体的课程开发和实施建议,解决了课程教学与财经类行业岗位职业能力要求相脱节的难题

高职财经类专业教学标准强调在实施中必须根据财经类行业工作对象为人(客户)的鲜明特点,注重教学过程与业务流程的对接,强调在课堂教学设计中融入真实岗位工作任务,引入真实工作场景,探索倡导启发式、探究式、讨论式、参与式教学,倡导推行"合作学习""项目教学""模拟教学"等微观课程教学改革,开展"工作岛""团队展示""课赛融合"等教育组织形式以及"做中学、做中教、做中考"的课程教学模式改革和学生学业成绩评价方式改革,以专业教学标准建设促进课程教学各个环节的联动改革,营造接轨行业企业的教学环境和考核标准,开展对于学生的团队协作、人际沟通、服务他人、主动学习等公民素质和财经类行业企业通用能力的"浸润式"培养,强化了学生对于知识、能力的自主建构和应用,促进了学生职业意识和态度的养成,有助于学生实现从"大学生"到"社会人""职业人"的顺利过渡。

开发团队积极开展课程教学研究并积极推动教学研究成果反哺教学实践。主要完成单位在《中国高教研究》《中国职业技术教育》等权威核心期刊发表了课程教学改革相关学术论文20余篇。同时,在成果带动下新开发的"银行综合业务"国家级学生职业技能竞赛项目和浙江省高职高专学生"个人理财"职业技能竞赛项目分别于2014年和2013年正式立项,为推动行动导向的课程教学改革、提升学生职业能力搭建了更高平台。

四、高职财经类专业教学标准的开发与应用的特点

(一)对接国际优秀标准,实现了专业教学标准的"本土化"开发

高职财经类专业教学标准在开发过程中,借鉴德国职业教育"学习领域"课程方案、澳大利亚TAFE学院培训包的开发经验,在保证培养目标、职业资格、师资、教学设施及方法等基本教学元素完整性的基础上,依据产教结合的现代职业教育理念,在政府部门引导下,实现了以国家示范性高职院校为开发主体,以中国人民

银行、银监会、证监会、保监会等行业监管部门以及代表性行业企业、行业协会、著名职业教育专家为重要力量的联合开发,构建了高职财经类专业教学的主体框架,形成了财经类专业教学标准开发的"本土模式"。成果经过了国家示范性高职院校和骨干高职院校的先期应用和推行,提高了成果在实践层面的"可操作性",有效保证了成果的"落地"。

(二)对接行业标准,实现了职业能力标准到专业教学标准的"转化"

高职财经类专业教学标准融入了金融、财会、商贸等行业企业的最新业务要求和岗位职业能力标准,挖掘了职业环境、职业能力标准等内蕴的教育价值,体现了财经类企业一线岗位群的整体人才培养要求,明确了衡量高职财经类专业建设水平的"国家质量标准",具有较高的借鉴价值和较广的适用范围;同时,专业教学标准主要提出的只是基本职业能力要求,明确了框架性、规范性的专业建设要求,仅对各专业相对稳定的基本内容进行了规定,并将定期进行修订,以打造"活"的标准——这既为不同地方和不同高职院校根据自身实际进行二次开发留出了足够的"空间",也为推动中高职院校在课程、教学领域的一体化提供了现实"接口",为中高职衔接和学生继续学习通道的建立奠定了基础,具有较强的开放性和兼容性。

(三)对接学生职业成长需求,实现了高职人才培养的职业性和发展性的有机融合

成果注重以生为本,突出财经类行业整体日益强调终身学习的职业要求,面向多数毕业生的初始就业岗位以及 3—5 年后的发展岗位群,设计了包括就业岗位、人才培养模式、核心能力、职业证书等在内的专业人才培养系统工作,致力于提升学生的就业竞争力和首岗适应能力;同时考虑了学生的岗位迁移和发展,提供了丰富的选修课程"菜单"以及进一步学习进修建议,支撑学生多样化学习需求和职业愿景,努力促进学生职业生涯的可持续发展,保证了成果始终以学生的成长成才为逻辑起点与归宿。

五、高职财经类专业教学标准进一步应用的展望

由于产业发展迅速推进、高职教育改革日益深入,专业教学标准的开发与应用本身就应该是一个开放的过程——不仅文本的本身应该是开放的,而且应用与修订过程也应该是开放的。因此,为进一步推进高职财经类专业教学标准的应用与完善,笔者提出如下建议:

(一)进一步确立动态修订机制

本次高职财经类专业教学标准的开发"起步于 2006 年 5 月,完成于 2012 年 5 月",①距今已经两年有余,其间银行、财会、商贸等行业的用人要求也在发生变化,文本的历史局限也将不断显现。因此,需要由政府继续成立或指定专门的专家组织,定期对标准进行更新与完善。这不仅是保证专业教学标准先进性与科学性的要求,也是更好地保证中高职对接要求。

(二)进一步优化专业课程体系

高职教育改革的形势不断变化,不仅有应用型本科院校转型办高职教育的压力,也有高职教育改革进一步强调学生选择权、自主性的挑战,而社会也正在不断强调高职院校学生的公民素质养成。因此,需要进一步优化原有以专业基础课程、专业核心课程、专业选修课程为主干的财经类专业课程构架,扩充公共基础课程,增大专业选修课程的范围,使课程体系涵盖通识教育课程、专业基础课程、专业拓展课程和专业选修课程,更好地支撑学生职业核心能力和职业拓展能力的培养。

(三)进一步强化人才需求调研

专业教学标准的好坏应该是以毕业生和用人单位的评价为主,是专业教学标准开发的首要行动。发达国家以及欧盟每年都发表这类数据。"人才需求的数据是职业教育专业设置及确定招生规模的基本依据,人才需求调研的重要性不言而喻"②。目前,人才需求调研或毕业生跟踪调研主要是高校自身或其委托第三方调研机构完成的,其调研质量在信度与效度上均参差不齐,无法反映职业领域对整体人才需求的全貌。特别是财经类行业,在政策法规与用人要求上,变化更是迅速,其带动的是一系列的人才需求变化。因此,在修订专业教学标准的同时,同步开展人才需求调研与预测,并纳入专业教学标准修订的基本流程之中也应是题中应有之义。

郭福春　谢　峰

---

① 教育部职业教育与成人教育司:《高等职业学校专业教学标准(试行,财经大类)》,中央广播电视大学出版社 2012 年版。

② 徐国庆《职业教育课程地位的理性思考——基于宏观政策的视角》,《教育研究》2013 年第 10 期,第 48 页。

基于 POCIB 的"三融合"高职外贸人才培养模式的创新实践 *

浙江金融职业学院

[摘　要]　笔者以浙江金融职业学院国际贸易实务专业探索基于 POCIB 的"三融合"高职外贸人才培养模式改革为例,阐述了该专业人才培养模式的内涵,剖析了实施过程中的主要问题及已经取得的实践成效,较好地破解了高职外贸人才培养规格模糊、高技能外贸人才培养工学结合难以深入、高职外贸学生学习动力不足和教学效果不佳的难题。

[关键词]　POCIB;国际贸易实务专业;三融合;人才培养模式

目前我国外贸岗位职业标准尚未开发,导致高职外贸人才培养规格模糊,教学内容脱离岗位要求,教学过程不能对接工作过程,行业兼职教师不能深度融入人才培养全过程,工学结合很难深入,教学效果不理想,人才培养质量不能满足行业企业要求。为解决上述问题,浙江金融职业学院国际贸易实务专业顺应我国外贸结构转型升级和国际网络贸易发展的要求,依托国际贸易实务国家示范重点专业建设和省优势专业建设,开展基于 POCIB 的"三融合"高职外贸人才培养模式的研究与实践,探索出了一条高职外贸类专业行之有效的工学结合人才培养之路。

一、基于 POCIB 的"三融合"高职外贸人才培养模式的内涵

POCIB(Practice for Operational Competence in International Business)国际贸易从业技能综合实践是依据外贸岗位职业标准并基于高职外贸学情分析,校企合作开发的互联网实战课程体系。POCIB 依托信息化手段,实施"校际联合大实训"全新教学模式,采用网络贸易方式完成外贸业务操作,以乐趣提高学习兴趣,以真人互动提升沟通能力,以真实业务提升业务能力和综合素质,提高学生就业能力。基于 POCIB 开发了外贸业务员考证项目和外贸技能大赛。

基于 POCIB 的"三融合"高职外贸人才培养模式是指将基于 POCIB 的外贸职

---

*　本文为 2014 年职业教育国家教学成果二等奖成果总结。

业考证项目贯穿于专业人才培养方案、基于 POCIB 的课程内容对接外贸岗位职业标准、基于 POCIB 竞赛形式的项目教学过程对接外贸工作过程,实现"课、证、赛三融合",培养适应外贸转型升级要求的高技能外贸人才的工学结合人才培养模式。

二、实施基于 POCIB 的"三融合"高职外贸人才培养模式面临的主要问题

(一)外贸岗位职业标准尚未开发,导致高职外贸人才培养规格模糊

目前,我国已开发的职业岗位标准主要是工科类岗位,而国际商贸类职业岗位标准大都尚未开发。由于缺乏职业岗位标准的指导,各国际商贸类专业所设计的人才培养方案与计划培养的职业岗位或岗位群从业人员所要求的职业素质、职业能力和专业知识存在一定距离,使人才培养规格与行业企业需求产生偏差。

(二)教学内容脱离岗位要求,教学过程不能对接工作过程,行业兼职教师不能深度融入人才培养全过程,高技能外贸人才培养工学结合难以深入

目前,绝大多数国际商贸类专业课程体系仍以学科体系为主。在教学内容设计上,仍以传授学生知识为教学主目标,教材也多以知识体系为主,尽管某些教材已经在原有基础上,增加了实训内容,但教学过程仍表现出理论与实践脱节,无法体现行业岗位的要求。行业业务骨干作为兼职教师,虽然可以走入学校,但他们往往只是做一两个讲座或上一两次课,行业兼职教师深入人才培养全过程尚任重道远。基于这种现状,高职外贸人才培养工学结合难以深入。

(三)教学效果不理想,人才培养质量不能满足行业企业要求

目前,国际商贸类人才培养过程中仍广泛存在的本科压缩现象,高职专业的职业性未得到充分体现。学生学习的主体动力缺乏,学生仍然以被动的学习态度对待自身的专业学习,学习兴趣不高。此外,师资队伍、教学资源、校内外实训场所等方面均一定程度存在着工学交替难以深入的现象,学生的技能训练缺乏硬件的支撑与保障,未取得令人满意的改革成效。因此,人才培养效果不理想,培养的人才难以胜任行业企业对从业人员的岗位要求,职业教育与行业需求之间差距明显。

三、基于 POCIB 的"三融合"高职外贸人才培养模式的实践

(一)开发外贸岗位职业标准,破解人才培养规格模糊的难题

在全国外经贸行指委、中国国际贸易学会等行业组织指导下,与浙江省国际贸

易集团有限公司、浙江新大集团有限公司、浙江省中成进出口有限公司等外贸领军企业合作，组建外贸岗位职业标准开发专家委员会，全面分析外贸单证员、外贸跟单员和外贸业务员的工作过程和工作任务，凝练出这三个外贸岗位完成各自每项工作任务需具备的职业素质、专业知识和职业能力，开发了这三个外贸岗位的岗位职业标准，破解了外贸人才培养规格模糊的难题。依据这三个外贸岗位职业标准开发的高职国际贸易实务专业教学标准，由教育部职成教司编入《高等职业学校专业教学标准——财经大类文化教育大类》，为全国高职院校外贸人才培养提供了纲领性文件。另外，外贸业务员岗位职业标准被商务部中国国际贸易学会采纳为考证标准，应用于基于 POCIB 的全国外贸业务员职业考证项目。

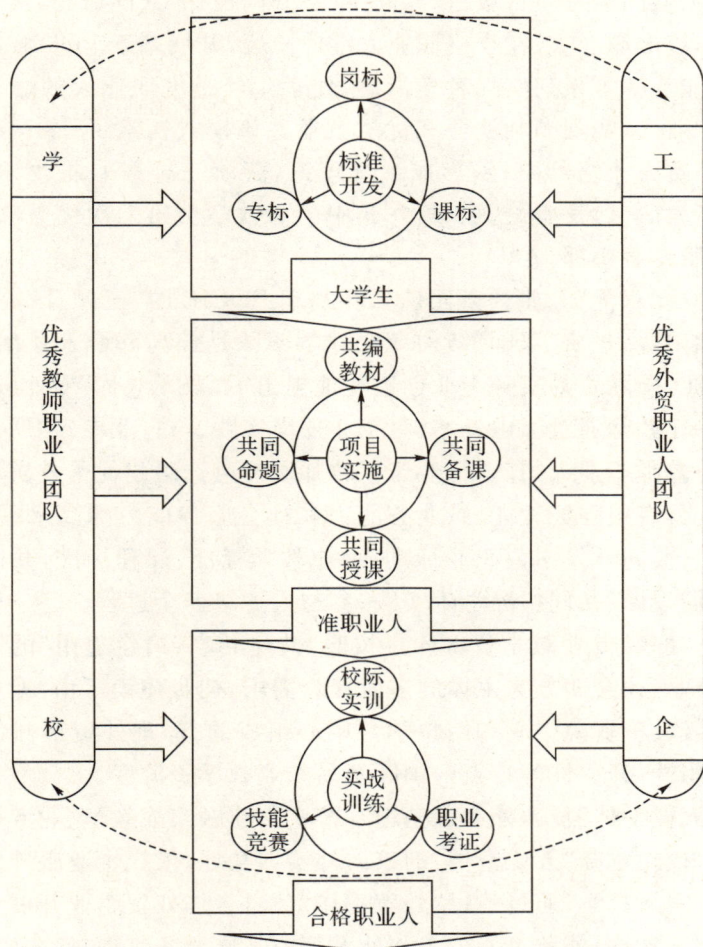

图 1　基于 POCIB 的"三融合"高职外贸人才培养模式运行机制

(二)创新基于 POCIB 的"三融合"高职外贸人才培养模式,破解高技能外贸人才培养工学结合难以深入的难题

1.基于 POCIB 的"三融合"高职外贸人才培养模式运行机制(见图 1)。由优秀外贸职业人团队与优秀教师职业人团队构建的"双元双优"专业教学团队,在人才培养准备阶段,开发外贸岗位职业标准、专业教学标准和课程标准,建设融实战教学、业务咨询、行业培训、职业考证、技能竞赛"五位一体"的校内外实训基地,重构了由"外贸单证操作""国际结算操作""出口业务操作""进口业务操作""出口跟单操作""进口跟单操作""外贸业务综合实训"等构成的 POCIB 课程体系;在准职业人培养阶段,共同编写项目教材、共同备课、共同授课、共同命题,实施项目教学,把大学生培养成准职业人;在合格职业人培养阶段,开展基于 POCIB 的校际实训、职业考证、技能竞赛等系列实战教学活动,使学生经过准职业人的蜕变,最终培养成合格外贸职业人,实现顺利就业和优质就业。该模式探索了一条行之有效的工学结合高职外贸人才培养路径,形成系统理论,获浙江省第七届教学成果奖一等奖,在《中国高教研究》发表论文 1 篇并获中国高教学会第七次优秀高教研究成果奖三等奖,出版专著 1 部。

2.建设"双元双优"专业教学团队。在基于 POCIB 的"三融合"高职外贸人才培养模式实践中,高素质"双师"结构专业教学团队是提高高职人才培养质量的关键和保证,为此,国际贸易实务专业创造性地提出了"双元双优"专业教学团队建设模式。校内专任教师通过国内外培训、企业顶岗实践、与行业专家"朋友式"结对等培养成为优秀教师职业人团队,行业兼职教师通过遴选组建优秀外贸职业人团队,共同组建一支具有很强职教能力、业务能力和社会服务能力的高水平"双元双优"专业教学团队,共同开发岗位职业标准、专业教学标准、课程标准,共同编写教材、共同备课、共同授课、共同指导学生实践,参与人才培养全过程。

3."共建、共享"专业教学资源库。按照"共建共享、边建边用"的原则,融入以学生、教师、企业、社会四方为主体的多元社会需求,初步建设了由"专业级、课程级和素材级"三级教学资源中心和用户学习中心组成的、体现外贸最新发展动态,具备先进性、实用性、开放性等特点的国际贸易专业教学资源库。

4.建设"五位一体"校内外实训基地。校企共建融实战教学、业务咨询、行业培训、职业考证、技能竞赛"五位一体"的校内外实训基地,依托企业版外贸软件、真实外贸样品开展实战教学;通过建设"外贸工作室"对合作外贸企业开展业务咨询,解决各类业务问题;面向外贸企业员工和外贸师资开展业务培训;面向学生提供职业考证和技能竞赛训练服务。

5.基于 POCIB 的"三融合"高职外贸人才培养模式运行保障。为了适应基于

POCIB 的"三融合"高职外贸人才培养模式改革与实践,结合自身特点,在专业建设与管理、课程建设与管理、实践教学建设与管理、师资队伍建设与管理、教学质量监控等方面编写了适应工学结合改革要求的管理制度,如《行业兼职教师遴选、聘用和管理办法》《共同备课实施细则》《共同授课实施细则》《共同命题实施细则》《工学交替实施细则》和《顶岗实习实施细则》等。工学结合管理制度的建设为基于POCIB 的"三融合"高职外贸人才培养模式的实施提供了质量保障机制。

(三)创新 POCIB"校际联合大实训"教学模式,破解高职外贸学生学习动力不足和教学效果不佳的难题

通过高职外贸学生的学情分析,发现大部分学生的学习动力不足、学习兴趣缺乏,导致教学效果不佳。为此,我们创新 POCIB"校际联合大实训"教学模式,采用网络贸易方式开展校际联合的外贸实训教学,实施"玩中学、做中学、赛中学"。超强的趣味性、竞争性和互动性极大激发学生求胜和探索的欲望,实现了从"要我学"到"我要学"的态度转变;来自不同院校的学生们在互联网平台上作为外贸企业业务员开展外贸活动,实现了从学生到外贸职业人的身份转变;在实训项目中渗透风险管理、团队合作、人际沟通等职业意识,实现了从单纯技能训练到技能训练与素质培养并重的目标转变;以外贸业务的准确性、多样性和营利性作为评价指标,实现了从考试分数到外贸绩效的评价转变。该教学模式的实施,明显提升了学生的业务能力、职业素养和就业竞争力,取得了很好的教学效果。

该教学模式体现了依托网络平台的教学手段创新、以赛促学的教学方法创新、采用真实外贸业务的教学内容创新、注重外贸绩效的教学评价创新。

四、基于 POCIB 的"三融合"高职外贸人才培养模式的绩效分析

(一)学生受益

1.受益范围。本成果在浙江金融职业学院、温州职业技术学院、浙江商业职业技术学院、台州职业技术学院等十余所高职院校通过 3 年多应用,惠及国贸类相关专业学生 1 万多人;依托外贸业务员职业考证项目惠及全国高校国贸类专业考生5 万多人;依托外贸技能竞赛平台,累计覆盖学生 5 万多人。成果在专业建设、职业考试、技能竞赛三方面累计惠及学生 11 万多人。

2.质量提升。通过对本成果 POCIB 课程参与师生的调查分析(见图 2)发现,73%的学生提升了学习兴趣,63.5%的学生提升了自信心,73.5%的学生认识到努力是有效的学习方法,74.2%的学生增强了团队合作意识,70.3%的学生提高了沟通能力,93.8%的学生提升了外贸专业能力,87.8%的学生认为对就业有很大帮助

或比较有帮助,教学效果得到了明显提升。

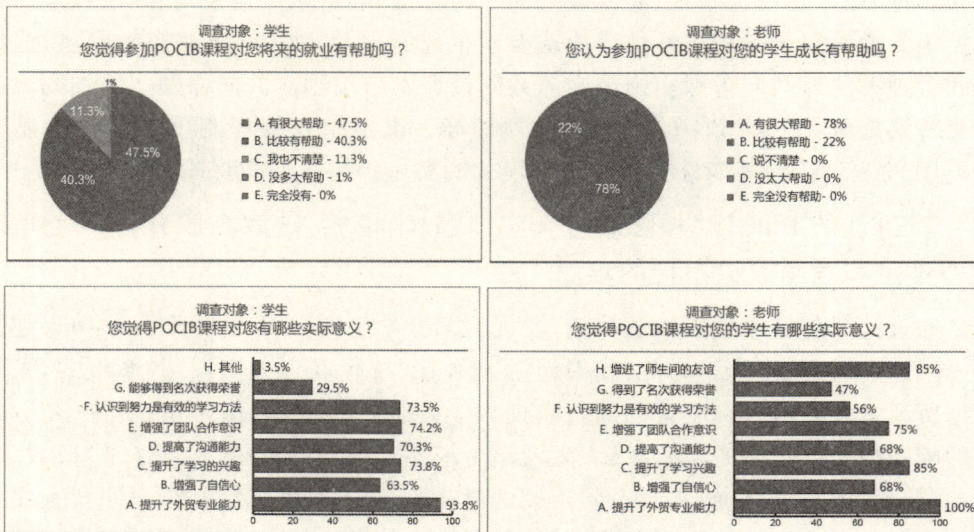

图 2　POCIB 课程问卷调查分析

近 3 年来,成果主持单位累计获得了全国各类外贸技能大赛奖项 15 项,其中,在 2013 年由全国外经贸行指委和中国国际贸易学会举办的全国外贸技能大赛中以总分第一的成绩获得团体一等奖;英语四级通过率超过 80%,就业率超过 95%,大幅提升了人才培养质量。

(二)教师提升

通过本成果的研究与实践,依托"双元双优"团队建设模式,推动了教师的教学研究和改革,团队实力有了显著提升。

1. 教学研究。在人大出版社出版《国际贸易实务专业高技能人才培养模式研究》专著 1 部;在《中国高教研究》《中国高等教育》等核心期刊发表教研论文 20 多篇;主持浙江省科技厅高技能人才培养项目、浙江省新世纪教育教学改革项目等省级以上教研项目 10 多项。

2. 教师获奖。培养了全国优秀培训师 1 名、全国外贸考证专家 1 名、浙江省人民政府颁发的首届高校优秀教师 1 名、省教学名师 1 名、省教坛新秀 2 名、省高职高专专业带头人 2 名等。在全国高校微课大赛中获三等奖 1 个、浙江省高校微课大赛中获一等奖 1 个和二等奖 1 个。

（三）专业发展

1.专业项目。主持全国唯一的国家示范性国际贸易实务重点建设专业建设项目（2006—2009）、浙江省国际贸易实务特色专业建设项目（2009—2012）、浙江省国际贸易实务优势专业建设项目（2012—2015）等省级以上专业建设项目，支撑本成果的研究、应用、推广和深化。

2.课程建设。建设了"外贸单证操作"国家精品资源共享课 1 门、"外贸单证操作"国家精品共享课 1 门、"国际结算操作"国家专业资源库课程 1 门、"出口业务操作"省级精品课程 1 门、"国际海上货运代理实务"教指委重点课程 1 门等优质课程。

3.教材建设。出版《国际结算》"十一五"规划教材 1 部；《外贸单证操作》《外贸业务综合实训》等国家"十二五"规划教材 4 部；《外贸单证操作》《国际海上货运代理实务》等省重点教材 6 部；《出口业务操作》《进口业务操作》等系列项目教材 11 部。

（四）社会服务

1.职业考证。本成果主持单位主持开发了基于 POCIB 的全国外贸业务员职业考证项目和考证标准，主编了考证主教材《外贸业务理论与实务》，发行 5 万多册，惠及全国 216 所高校和企业考生 5 万余名，为我国外贸转型升级提供了强有力的人才支撑。

2.师资培训。依托国际商务专业群骨干教师国家级培训项目、全国外贸业务员考证师资培训项目、POCIB 全国外贸技能大赛师资培训项目、国际贸易实务国家示范专业师资培训项目，开设师资培训班 30 多期，面向全国 200 多所院校培训骨干教师 2700 多名。

3.行业培训。依托全国外贸业务员培训基地和 POCIB 培训基地，面向外贸企业举办"外贸业务员培训班"共 50 多期，培训员工 3500 多人次。

（五）示范辐射

1.专业指导。高职国际贸易实务专业教学标准通过教育部职成司公开出版并向全国发文，用于指导全国高职外贸类专业建设。项目主持人担任全国外经贸行指委委员、教育部经济类教指委商贸分委员会副秘书长、全国经管类专业教学资源库建设委员会副秘书长、浙江省经济类教指委国际商贸类专业委员会副主任兼秘书长等，指导浙江长征职业技术学院、杭州科技职业技术学院、绍兴中等专业学校等国内 60 多所中高职院校开展国际商贸类专业建设，作本成果相关专题报告 50

多场,惠及学校 300 多所。

2.资源共享。由高等教育出版社出版的系列项目教材和专业核心课程标准在全国发行 6 万多册,1 门国家精品资源共享课程、1 门国家精品课程、1 门省级精品课程和 1 门教指委重点课程网站总访问量约 10 万人次,"外贸单证操作"国家精品课程负责人 2011 年被教育部全国高校教师网络培训中心聘为主讲教授,录制全国唯一的高职外贸类培训课程——"外贸单证操作",共享优质教学资源。

章安平

基于"三双"理念的高职会计专业
人才培养创新与实践*

浙江金融职业学院

[摘　要]　为了有效破解会计专业人才普适性与特色化培养、通用性与行业个性化需求相结合、充分发挥学校的优势与特色等问题,浙江金融职业学院会计专业基于学院金融行业背景与优势,提出并构建了"双素、双能、双证"的"三双"高素质技能型会计人才培养模式。本文在介绍"三双"高素质技能型会计人才培养模式的实施背景基础上,提出了"三双"高素质技能型会计人才培养的基本思路和主要举措,并阐述了"三双"高素质技能型会计人才培养的理论价值和实践成效。

[关键词]　会计专业;双素;双能;双证;实践

会计专业是我国高等职业教育最具普适性的专业,也是招生人数和在校生人数最多的专业。在全国 1300 余所高职高专院校中,有 800 余所院校开设了会计专业,全日制在校生人数多达 70 余万人。浙江金融职业学院会计专业是国家示范性重点专业,也是浙江省优势专业和特色专业。为了有效破解会计专业人才普适性与特色化培养、通用性与行业个性化需求相结合、充分发挥学校的优势与特色等问题,浙江金融职业学院会计专业基于学院金融行业背景与优势,提出并构建了"双素、双能、双证"的"三双"高素质技能型会计人才培养模式。该模式经过多年的系统实践与不断完善,有效推进了专业内涵建设与教育教学改革,形成了特色鲜明的人才培养理念与模式,取得了一系列的研究成果和实践成果。

一、"三双"高素质技能型会计人才培养的实施背景

(一)会计从业人员现状分析

会计工作作为社会经济管理工作的重要组成部分,在国民经济中发挥着重要的基础性作用。会计人才是国家人才体系的重要组成部分,是维护市场经济秩序、

---

*　本文为 2014 年职业教育国家教学成果二等奖成果总结。

推动社会经济发展、促进社会和谐的重要力量。截至 2013 年底，我国已有 1660 多万会计人员，其中，具有初中级专业技术资格的有 472 万人，占会计人员的 28.43%；具有高级专业技术资格的仅有约 12 万人，占会计人员的 0.72%。我国虽然是一个会计人才大国，但还不是会计人才强国。我国会计人才发展的总体水平与我国社会经济发展需求相比还有一些不相适应的地方，譬如，会计人才结构和布局不尽合理，无会计专业技术资格的人员多，高素质技能型会计人才明显不足，高层次复合型会计人才大量缺乏，严重制约了会计职能的进一步发挥。

（二）会计从业人员面临新挑战

随着科技进步日新月异，经济全球化深入发展，我国经济建设正处于调整经济结构、转变经济发展方式、提升管理水平、释放改革红利的关键时期。会计工作作为经营管理工作的重要手段，有着更大的发展空间，更加任重而道远。会计人才在经济社会发展中的基础性、关键性、战略性作用更加凸显，会计人才的竞争已经成为国家、地区和单位间竞争的焦点之一。根据财政部发布的《会计行业中长期人才发展规划（2010—2020 年）》，到 2020 年，我国会计人才发展的战略目标是：培养和造就一支规模宏大、结构优化、素质较高、富于创新、乐于奉献的会计人才队伍，确立我国会计人才竞争优势，建设国际一流的会计人才队伍，为在 21 世纪中叶基本实现社会主义现代化奠定会计人才基础。

当前，会计环境无论是外部环境还是内部环境都发生了巨大变化，会计职业对会计人员素质要求也发生了新的变化。会计职业领域已从传统的"记账、算账、报账"为主的管家型人才，转向在处理和提供信息的基础上，进行信息的分析、使用、帮助和参与经济决策的管理型人才。会计职能得到了不断强化和提升，会计既是企业决策的重要支持者，也是企业发展的资源和资金保障者，又是企业绩效目标管理的推动者。因此，这就要求会计人员不仅要具备熟练的会计专业知识和操作技能，而且要不断提升自身综合素质，为企业经营管理决策当好参谋。

（三）高职会计专业教育亟待改革

高等职业教育作为高等教育发展中的一个类型，肩负着培养面向生产、建设、服务和管理第一线需要的高技能人才的使命。因此，高等职业教育会计专业的人才培养应该顺应社会经济环境对会计人才的新要求，将会计专业人才培养目标定位为高素质技能型会计人才培养。高素质技能型会计人才是指业务娴熟、技能综合、职业道德水准高、具有较强职业判断能力的会计人才。高素质技能型会计人才培养不仅要注重培养学生的会计知识与会计岗位技能培养，也要培养学生必备的经济金融相关知识与操作技能，更要培养学生发现问题、分析问题和解决问题的能力;会计专业毕业生应高度认同会计专业并乐于从事会计职业且具有会计从业人员必备的知识、技能和素养。

但是,目前会计专业作为最具普适性的专业,在专业设置和人才培养上存在着一些亟待解决的问题。一是在专业人才培养定位和人才培养方案上普遍存在着雷同现象,没有有效解决普适性专业人才培养的行业特色问题。二是教学部门与用人单位人才共育机制问题。会计职业具有特定的职业操作技能和职业判断能力,会计专业人才的培养,要更加注重与行业企业的校企合作、产学融合,由用人单位和学校共同完成会计专业人才实践技能的培养。三是高职毕业生的复合型、发展型、创新型有机统一问题。大多数学校会计专业课程设置主要围绕会计从业资格考证课程和会计专业技术资格考试课程来设置,而忽视了作为经济管理人才对经济领域相关知识与技能的需求,以及作为职业人的未来可持续发展能力的培养。

二、"三双"高素质技能型会计人才培养的基本思路

高素质技能型会计人才培养应遵循高等职业教育发展规律和会计专业人才成长规律,坚持"以生为本"的育人理念,创新人才观和教育观。正确把握专业人才培养的整体思路:以促成学生成长成才为人才培养工作的逻辑起点、以满足用人单位的多元需求为人才培养工作的落脚点、以充分有效利用三年学习时间为人才培养工作的着力点。高素质技能型会计人才培养要坚持学历教育与岗位培训相融合、坚持职业能力与职业素质相兼顾、坚持就业导向与人生发展相统一,着力提升学生适应市场的能力与素质。

会计专业基于学院金融行业背景与优势,以"把握财会趋势,发挥金融强势,彰显人才优势"为目标,有效解决会计专业人才通用性培养与针对金融行业会计人才需求的专门性培养问题,系统设计并实施了特色化人才培养模式——"三双"高素质技能型会计人才培养模式。"三双"是指"双素、双能、双证"。"双素"是会计专业人才培养的起点,强调具备财会领域与金融领域双重职业素养,即渗透会计文化和金融文化于学生素质教育中,培养学生良好的职业道德和较高的职业素养。"双能"是会计专业人才培养的重点,突出强调培养兼具企业会计通用技能与金融行业专用会计技能,是人才培养的特色体现,即学生既具备一般企业会计岗位群的通用会计职业技能,又具备金融行业会计岗位群的专用职业技能,提升学生的职业岗位胜任能力和岗位迁移能力。"双证"是会计专业人才培养的落脚点,要求学生毕业时取得会计从业资格证书和银行从业资格证书,增强学生的就业竞争力;"双证"是对"三双"人才培养效果的验证与评价,体现了职业教育的特点。"双素、双能、双证"三方面相互影响、互为补充,围绕校企合作、工学结合,进行以课程体系建设、教学资源建设、教学方法与手段改革、实训基地建设、师资队伍建设、社会服务等为核

心的专业体系建设，强化实践育人与职业素养教育，最终实现全面提高专业人才培养质量的目标。

三、"三双"高素质技能型会计人才培养的主要举措

（一）培养方案做精——制定"三双"会计人才培养标准

会计专业依托常态化的人才培养需求调研机制与人才培养工作研讨机制，深入了解金融行业与企业对会计专业毕业生多元化及个性化需求，每年修订和完善基于"三双"理念的会计人才培养方案；根据企业会计岗位群和金融行业会计岗位群的特点与要求，以工作岗位为依据，以能力本位为核心，构建以"会计专业通用课程模块＋金融行业特色课程模块"为核心的专业课程体系。根据金融行业和通用会计人才培养需求，把会计专业课程体系细化为：职业素质课程、职业岗位课程、职业考证课程、订单培养课程和个性化培养课程等。推行"双证书"制度，根据会计从业资格考试、会计专业技术职称考试和银行从业资格考试等相关要求设计相关课程，实现职业考证内容与教学内容的有机融合。建立适应"三双"会计人才培养的质量评价标准，主要包括：完善会计专业人才培养质量评价体系、学生学业考核评价体系、教师授课质量评价体系。

（二）实践育人做实——构建会计专业群校企合作有机体

会计专业群校企合作有机体是以专业为基点的校企合作新型组织形式，是一个集学生实习与就业、教师实践与服务、专业与公司共同创造经济效益的有机体，也是一个集专业人才培养、科学研究、社会服务的有机体。会计专业群联合浙江众诚资信评估公司及其联评金融机构与参评企业，共同出资组建了会计专业校企合作有机体——浙江众诚会计学院，设立了众诚奖学金与奖教金，共建了近千平方米的会计与信用工场，融教学、培训、职业技能鉴定和技术研发功能为一体；共同开展公司评级业务，共同承担科研研发项目，共同培养会计专业人才，形成了百名教师（含公司员工和专任教师）、千名学子（含实训和实习）、千米工场（含工作室和实训室）的"百千千"合作局面。会计与信用工场既是学生实习实践和工学结合的场所，学生在工场中学习业务知识和实践操作技能，直接参与职场工作，熟悉社会实践和企业运作，又是教师和学生进行会计管理与区域信用体系研发的平台，也是浙江省会计从业资格考试的考证点和会计人员后续教育的基地。会计专业群校企合作有机体实现了教师队伍与公司员工、实训基地与公司工场、专业学生与公司职员、学生实习与就业的有机统一。

（三）素质培养做亮——实施"千日成长工程"

会计专业素质教育注重顶层设计，围绕"三双"会计人才培养，以"品德优化、形象美化、专业深化、能力强化"为目标，精心设计并实施"千日成长工程"，使学生真正成为合格的会计职业人，实现全面发展和优质就业。"千日成长工程"以"指点千日成长，引领千人成才"为主题，把学生在校三年规划为：一年级培养"金院学子"，突出学业规划，让学生明学理学会学习，明事理学会做事，明德理学会做人；二年级培养"系部学友"，突出职业规划，结合职业方向，强调精于专业；三年级培养"行业学徒"，注重实践能力，提升职业技能，强调娴熟操作。"千日成长工程"在内容安排上分为千日成长指南、千日成长日志、千日成长评估、千日成长档案。"千日成长工程"根据不同年级学生特点开展"3336"素质育人系列成长成才活动包括："3项教育"包括会计职业道德教育、金融职业礼仪培训、会计职业技能训练；"3节"包括财会学子风采节、财会素质拓展节、班级金融文化节；"3赛"包括财会信息化竞赛、会计职业技能大赛和银行职业技能大赛；"6千活动"包括千人技能赛、千人实践团、千人演讲赛、千人拓展营、千人礼仪班、千人招聘会。千日成长工程注重丰富学生的职业知识、训练学生的职业技能、提高学生的职业能力、完善学生的职业素质，深化育人内涵；实现全过程育人、全员育人、全方位育人与学业生涯规划、职业生涯规划、未来人生规划的有机融合，最终实现学生的全面发展和优质就业。

（四）资源建设做细——完成会计和金融专业教学资源库建设

承担国家会计专业教学资源库建设，牵头国家金融专业教学资源库建设，解决会计行业和金融行业专业教学资源标准化与学生自主学习问题。建立突出职业能力培养的课程标准，为以工作任务为中心组织课程内容，改革教学方法和手段，融"教学做"为一体。与行业企业共同开发体现职业岗位技能要求、促进学生实践操作能力培养的工学结合优质教材，重视优质教学资源与网络信息资源的建设和利用。专业资源库以课程为主要表现形式，以优质数字化资源和媒体资源为载体，以职业素材资源为补充，形成学生在线学习、教师教学改革与实践、企业员工在职培训、社会公众普及会计知识与金融知识等多功能的专业综合网络平台。专业教学资源库以教师、学生、企业、社会学习者为主要服务对象，以职业生涯发展为主线，搭建"专业中心、课程中心、应用中心和素材中心"等基本框架，建成普适与特色相结合、元素资源与成型资源相配套的专业教学资源，建成基于"教学做一体化"教学模式和行动导向教学方法的应用平台，为"三双"会计人才培养与培训及自主成长提供整体完善的解决方案。

（五）教学团队做特——实施"教学名师、实践能师、育人高师"为目标的专业教学团队建设

为了保障"三双"会计人才培养的成效,会计专业教学团队伍建设以"教学名师、实践能师、育人高师"为核心,组建了一支素质精良、结构合理、专兼结合的"双师型"教学团队,由企业会计实务专家、金融行业会计专家和专业骨干教师共同构成,集"职业素质培养师、职业知识传授师、职业技能训练师"三项功能为一体;构建了一个完整的专业教师继续教育、实践锻炼和深化培养的运行体系。按照尊重教师个性,发挥教师德才,注重教师发展的原则,制定扶持性措施,激励教师关注专业,帮助教师成就事业,鼓励教师成名成家。注重教师对专业知识的学习和应用,通过形式多样的专业培训和挂职锻炼,使专业教师及时掌握会计与金融领域的前沿动态、先进技术和实用技能,确保把最新的专业知识和职业技能传授给学生。注重提升专业教师的职业教育教学研究能力和教学改革创新能力,使教师紧贴最新的现代教学技术与方法。

四、"三双"高素质技能型会计人才培养的理论价值

（一）创新了会计专业人才的通用性培养与特色化培养路径

制定"三双"会计人才培养标准,构建"会计专业通用课程模块＋金融行业特色课程模块"的会计专业课程体系,会计专业课程体系包括职业素质课程、职业岗位课程、职业考证课程、订单培养课程和个性化课程。创新了会计专业人才通用性培养与针对特定行业会计人才需求的特色化培养,为各高职院校会计专业人才特色化培养提供借鉴。

（二）创建了以专业为单元的校企合作新型组织形式

会计专业校企合作有机体是基于微观层面以专业为单元的校企合作新型组织形式,是集学生学习与就业、教师挂职锻炼、公司创造经济效益,共同创造社会财富的有机体。会计与信用工场承接资信评估公司评级业务,以及会计代理记账业务,进行全真业务实战操作,职场化管理,实现了工场与教室、学生与学徒、教师与师傅、教学与科研、作业与产品的"五合一",有效破解了会计专业工学结合难题。

（三）构建了全面系统的素质教育培养体系

会计专业注重素质教育顶层设计,以"指点千日成长,引领千人成才"为主题,以"品德优化、形象美化、专业深化、能力强化"为目标,精心设计并实施"千日成长

工程"。把学生在校三年素质教育规划为：一年级培养"金院学子"，突出学业规划，让学生明学理学会学习，明事理学会做事，明德理学会做人；二年级培养"系部学友"，突出职业规划，结合职业方向，强调精于专业；三年级培养"行业学徒"，注重实践能力，提升职业技能，强调娴熟操作。

五、"三双"高素质技能型会计人才培养的主要成效

(一)学生培养成效显著

毕业生获取会计从业资格证或银行从业资格证等"双证书"比率达100％。2010年以来，学生累计208人次获国家级奖项11项；295人次获省级奖项53项。每年毕业生银行订单培养比例保持在50％以上，在金融行业就业比例在60％以上；平均就业率在99％以上，签约率在97％以上。在麦可思公司连续四年开展的毕业生就业竞争力评价中，会计专业历届毕业生在金融行业就业的比例在60％以上，各项就业质量指标均名列前茅，且远远高于全国平均水平；用人单位对毕业生的满意度评价高达95％以上，毕业生对母校的满意度在97％以上。对五年以上的毕业生职业可持续发展调研数据显示，会计专业学生金融行业就业率为65.53％；企业和其他单位就业率为34.47％；32.35％的毕业生已担任单位中高层领导岗位，51.96％的毕业生已成为单位骨干人员；56.32％的毕业生年薪收入超过10万元。

(二)教书育人能力提升

2007年以来新增省教学名师1名，省专业带头人2名，1个省优秀教学团队，省优秀教师1名，省教坛新秀1名、省先进会计工作者1名，省三八红旗手1名，入选省"新世纪151人才培养工程"3名，省高校青年骨干教师资助计划2名。会计系党总支获"浙江省创先争优先进基层党组织""浙江省高校先进基层党组织"和"浙江省高校学习型党组织建设先进单位"等省级荣誉称号。主持国家精品资源共享课2门，主持国家精品课2门，主持国家会计专业教学资源库课程1门，省级精品课程3门。主编国家"十二五"规划教材10部，会计专业国家教学资源库配套教材2部，浙江省重点教材4部，主编其他各类规划教材20余部。在《中国高等教育》《中国高教研究》等重要学术期刊公开发表了25篇教学研究成果；出版会计专业论著3部。

(三)成果辐射应用广泛

成果经验在全国高职高专各类研讨会与师资培训班做了30余场专题报告，累

计接待了全国 100 余所高职院校实地考察与学习。《千人演讲会——课前三分钟》案例刊登在《中国青年报》，育人案例入选《全国分类引导青年案例汇编》和《全国分类引导青年电教片》。校企合作案例和育人经验三次刊登在《浙江教育报》。为浙江省中等职业学校会计专业教师、浙江省中高职学生会计职业技能大赛、浙江省大学生财会信息化大赛等制定标准与竞赛方案，并承办相关赛事。举办教育部高职会计专业师资培训班，承办浙江省中等职业学校会计专业骨干教师高级研修班等；每年牵头举办高职高专会计系主任（院长）联席会，共享并推广会计专业人才培养经验。担任浙江省会计师职称考试咨询与验收专家、浙江省教授级高级会计师评审专家、杭州市文化创意产业专项资金项目评审专家。每年开展浙江省会计从业人员继续教育，年均受益人数 1200 余人；每年承接各类金融机构员工岗位培训，年均受益人数达到 3000 余人。

孔德兰

以创意园为教育创新平台,设计类专业 创意人才培养的改革与实践[*]

义乌工商职业技术学院

[摘　要]　本成果以"创意引领、能力本位"为教改理念,面向市场创建了政校企研"四方协同"的创意园,并以创意园为设计类专业的教育创新平台,改革教学计划、课程设置和实训方法,构建了基于市场环境的开放教学体系。推行班级公司化管理,开办"师生共创工作室",利用市场检验、反馈和改进人才培养质量,在市场化的创意设计产业环境中提升人才培养质量。

[关键词]　创意教育;设计专业;创意园;政校企研

2014 年 1 月 22 日,李克强总理主持国务院常务会议,部署推进文化创意和设计服务与相关产业融合发展,明确提出要实施文化创意和设计服务人才扶持计划,支持学历教育与职业培训并举、创意设计与经营管理结合的人才培养新模式,让更多人才脱颖而出。坐落于全球最大小商品市场的义乌工商职业技术学院,2007 年就敏锐发现创意设计人才在产业转型升级中的重要作用,打破常规,大胆地开展了一系列面向市场的人才培养改革。

2009 年,该院建成了政府、学校、企业和科研院所"四方协同"的创意园,成为教学实践的大课堂、培养人才的孵化器、创意文化的辐射源以及提升市场的助推器。设计类专业以创意园为教育创新平台,知识与技能结合、实训与实战结合,在人才培养方案、课程体系、实践教学、评价标准、校园文化等方面贯穿了创意思维,构建了市场导向的教学体系,产生了深远的社会效益、显著的经济效益、浓郁的文化效益和强大的人才效益。2010 年 5 月 5 日,央视《新闻联播》头条新闻以"从卖产品到卖设计"为主题,报道了我校创意教育在地方经济转型升级中的引领作用。同年,我校创意文化被评为浙江省高职校园文化品牌(高职组第一名),并获全国高校校园文化建设优秀成果奖。2011 年,产品造型设计专业晋升为中央财政支持建设专业。2013 年,继国家旅游商品研发中心之后,国家林业林产品创意研发中心

*　本文为 2014 年职业教育国家教学成果二等奖成果总结。

又落户创意园,进一步丰富了人才培养功能。

一、主要举措

基于对设计类毕业生及企业的调研,发现设计类人才的培养主要存在如下问题:人才培养与市场需求脱节;教学内容与岗位要求脱节;校企合作松散。针对这些问题,该院边探索、边研究、边实践,逐步建成了以创意园为教育创新平台的设计类专业创意人才的培养模式。从实施推广情况看,成效明显。主要方法有:

(一)构建"四方协同"创意园,园校合一双向互动

高校要为地方服务,教育要为学生成长营造氛围。在学院的积极推动与政府强力支持下,由该院负责运营管理,位于校园内的义乌市创意园于 2009 年正式开园。本成果将政府政策与资金、知名院校科研院所、设计类企业引入园区,内引外联、园校合一,实现了"政、校、企、研"的深度合作,实现了资源和利益的同生共享,集聚了强大的教学资源,极大提高了教学的针对性和有效性。

该院充分挖掘创意园可用资源,将其作为重要的教学资源库,面向市场设计教学,成为学生训练的实战场所,教师技能再提升的深造课堂,使得课程体系更实际,实践实训更便捷:聘请园区内精干的创意设计人才入课堂面对面传授创意技能,并与专业教师一起担任学生的大学职业生涯指导师,现已有兼职教师 46 人;邀请企业领导、知名设计师参与专业建设研讨,将企业成功品牌案例作为课程教学素材,确保了培养目标与课程建设的前瞻性;学生实训在园区,不出校门就能接触并参与到最前沿的设计项目;师生设计作品在创意园内展出,被企业相中转化为产品并投放市场进行商品交易,产生了丰厚的经济效益;专业教师下企业提高专业技能,开展针对性的理论研究,相关成果受到企业认可,为企业发展出谋划策;人才培养成果依托创意园进行检验,根据市场信息反馈,改进和完善教学体系。

总之,创意园为学院创意设计人才的培养和教学改革提供了得天独厚的条件,为学生持续发展提供了强有力的支撑,同时还实现了与高校服务地方的无缝对接。

(二)构建市场导向的教学体系,注重落地无缝对接

好的创意必须源于市场且高于市场,为此,该院在构建教学体系过程中,注重以市场需求为导向改革高职教学,教学计划、教学内容、教学方法和教学评价都紧扣市场要素,实现人才培养与市场需求的有机互动。

政府、企业全程参与教学计划制定和调整,通过与义乌行业龙头企业新光饰品、巨龙箱包、浪莎袜业等全面合作,实现专业教学要求与企业岗位技能要求对接,专业课程内容与职业标准对接。根据社会需要、文化传统和市场发展趋势,依托创

意园将市场资源引入课堂，教学内容紧扣岗位要求。增设创业课程，增强学生独立主动意识，师生边教边学边创业，教学创合一，实现了教学过程与服务企业的紧密结合。教学评价注重学院和市场双重检验，增强了评价考核的科学性。

(三)推进创意引领的教学方法，激活课堂讲求实战

创意是设计的灵魂，该院以创意园为载体，改革设计人才培养方案和培养过程，把创意理念和能力的培养融入人才培养目标体系与教学实施过程，诱发学生创意智慧，实现人才培养"三转变"：以师为本转变为以生为本，知识为本转变为能力为本，学习过程转变为工作过程。

坚持创意引领与学生自主管理并重，营造快乐轻松的教学大课堂。实行班级公司化管理，班级里有较完备的企业化组织框架结构，学生在校期间就体验双重身份：学生和企业管理者；实践项目的获取和验收都借鉴企业管理模式，激发学生兴趣，提高教学有效性。学生在真实的公司情境中学习职业所需，自我管理能力和自主意识明显增强。老师接单到课堂，学生作业做得好厂家有报酬，激发学生持续的创意动力。为更好地实行公司化管理，到创意园企业体验真实情境成为每一位新生的必修课。

实行以创意为主线、虚拟与真实相结合的递进式项目化实训教学模式，学生"真刀真枪"实战，实现了创意从模仿到创新的本质转变。①基础型实训，主要针对大一学生，教师根据实践教学内容的要求带领学生去创意园认知实践，将一些企业项目巧妙融入设计成实训项目，激发学生的创意热情；②技能型实训，主要针对大二学生，推行以赛促训，组织学生参加专业竞赛活动，主动邀请创意园企业、行业协会结合实际需求设立专业比赛项目，学生通过创意大赛获奖，得到社会肯定，收获信心；③综合拓展型实习，主要针对大三学生，在教师指导下，学生全面参与创意园市场化工作室的真实项目设计，专业技能进一步提升。

值得一提的是，该院还在园内创造性地开办"师生共创"工作室，教、学、创合一，实现了与市场的全面接轨。所谓"师生共创"，即教师主导、学生参与，共同开办专业工作室，由教师带领学生承接业务，将学习过程变成工作过程。通过开办工作室承接社会项目，实时掌握前沿时尚设计要素和市场最新需求动向充实教学内容。目前已成立了20余家"师生共创"工作室，累计承接校外项目500余个，学生许多创意的闪光点变成现实，极大地激发了学生热情。

(四)重视大市场的评价和反馈，检验改进完善改革

不唯学历文凭，人才培养的质量由市场检验。该院对原有的考核评价体系提出了更高的要求，转变以往"以考试定终身"的做法，注重过程、尊重发展，定性与定

量相结合,市场深度介入,进一步提高了人才培养与市场发展的吻合度。

将工作室服务社会能力、学生设计作品的市场转化力和竞争力作为评判培养效果的首要标准,还是学生评优评奖的重要参考条件。严格进行周期性教学质量评估,每学期都开展一次学生设计作业的集中展示,并邀请相关领域专家现场点评。对核心课程实行企业共同参与的第三方评价机制,建立了符合职业岗位要求的标准化考核方案与题库,把学生课程期末考试与过程考核相结合,其中期末考核以实践操作考核为主。充分利用第三方和市场的反馈信息,重视毕业生跟踪调查,动态调整优化教学方案。

二、成果创新点

(一)理念创新:强调创意设计并面向市场

基于缜密的市场调研,深刻认识到"创意是设计的灵魂",提出"创意引领、能力本位"的教改理念,在面向市场的教学过程中重点培养学生的创新力和创造力,并提升学生的知识产权意识。注重创意成果的落地,由市场检验创意设计的效果,建立了市场和学校的双重评价质量体系。

(二)平台创新:实现政校企研的深度融合

创意园融合了政校企研"四方协同"培养人才的优势,实现了资源和利益同生共享,集聚了丰富的最前沿市场资源和教学资源,极大提高了教学的针对性和有效性。培养了一支专兼结合的双师队伍、一批富有创意的学生和企业骨干,并作为创意人才和创意产品的孵化器,转化智力和技术优势,成为地方创意产业"硅谷"。

(三)方法创新:双向延伸互动突出能力本位

做好教学体系的顶层设计,学生置身于真实的市场环境,一改传统的封闭式课堂与校园"圈养"式教学方法,实现"知识与技能,课堂与工作室,学校与社会"的双向延伸。以创意园为教育创新平台,改革教学计划、教案与课程体系,建立"基础+专业模块、项目课程+综合实训"相结合的课程体系。园区对接市场,校园对接园区,师生共创工作室,班级实行公司化管理,师生在项目构思和实施中完成教学。

三、推广应用效果

(一)人才培养成效显著

学生学习兴趣盎然,创意能力增强,连续四年在国家级展会上策划发布设计流行趋势，并代表义乌参加 2013 台湾国际文化创意产业博览会。累计为社会输送了优秀设计类毕业生 1500 余名，其中富有创意智慧的毕业生们很快成为浙中地区围巾、手套等行业的创意设计领军人物，或在全国知名企业担任创意设计总监。面向市场培训创意人才 5000 余名。创意提升了学生创业的内涵与水平，如学生石豪杰凭借自己的专利产品 3D 眼镜，年销售额超千万元。据统计，在创意教改模式下培养的学生自主创业率达 13% 以上。

造就了一支精湛的教学团队，团队成员德技双馨，具有较强的执教能力和科研水平。教学成果和科研成果丰硕，获中央财政支持项目 1 项，省新世纪教改 2 项，出版专著教材 8 部。创意融入了营销人才培养过程，市场营销成省特色专业。本教改的"师生共创"工作室更是受到兄弟分院青睐，人文旅游分院成立了"旅游策划工作室"、经济管理分院成立了"金点子"公司等，学生学习效果好，服务社会能力强。

(二)经济效益日益凸显

创意引领，助推中国小商品从"制"造走向"智"造，创意园已为义乌市场提供了上万个创意设计产品，服务生产企业 3000 家以上，为 10 多个省市政府提供创意服务支持。园区创意产值累计近 2.5 亿元，带动生产产值 37 亿元。国家旅游商品研发中心落户创意园，成为义乌第一个"国字头"研究机构。2012 年，中国义乌工业设计中心也落户创意园，并被省政府授予"浙江省特色工业设计示范基地"。以全院师生和众多企业高校为后盾的创意园正努力助推义乌成为小商品研发中心、小商品创意之都。

(三)创意文化深入人心

在创意引领下，学院不断兴起各类创意活动，如创意高峰论坛、创意沙龙、创意大赛、创意文化节等。全院学生都积极参与，感受创意的乐趣，迄今为止，累计有 2 万人参加，形成了影响力大、覆盖面广的创意文化氛围。创意文化于 2010 年成为浙江省高校校园文化品牌(高职组第一名)，后获全国高校校园文化建设优秀成果奖。该院还编发创意类刊物，在市场设创意专馆，面向社会举办创意论坛，传播创意文化。

(四)社会效应辐射全国

创意园成了浙江大学、中国美术学院、浙江理工大学、华中科技大学、台湾辅仁大学等上百所知名院校的设计学子实践基地。创意教学资源库全面开放，与社会共享。中央电视台在新闻联播头条聚焦我校创意文化力及创意人才培养成果。新华社、《光明日报》《中国教育报》等高端媒体多次在显要位置报道了我校创意文化及人才培养举措。创意园多次成功承办全国性的创意论坛,浓郁的创意氛围,吸引了阿里巴巴、非洲校长团、台湾勤益科技大学等上千家高校和社会团体来院参观考察。全国人大常委会原副委员长路甬祥、原团中央第一书记陆昊等领导来院视察时给予充分肯定。

四、成果深化思路

义乌是国际贸易综合改革试点城市,创意已成为引领这座国际化商贸名城发展的引擎。学院创业型大学建设试点在紧锣密鼓进行中,创意的思维、创大业的理念已深深扎根校园。创意的力量正在催生和引爆人们的梦想,富有创新创意的人才必将成为时代宠儿。学院将进一步依托创意园,提升创意教育与专业建设的结合度,让创意理念渗透到每位老师和学生心中,学院 29 个专业的各班级学生都可进入创意园实训,感受创意的力量,挖掘高职学生的潜能,用"创意点亮人生",推进高职学生就业创业水平。着力开展成果的推广工作,做好与大连工业大学的交换生项目,并开拓更多的合作本科院校,让成果惠及更多学生。

王　珉　徐美燕　吴　媛

校团合作培养戏曲演员的"现代学徒制"探索与实践[*]

浙江艺术职业学院

[摘 要] 戏曲人才培养在新背景下遭遇许多问题。为了适应社会对越剧表演人才的新需求,浙江艺术职业学院与浙江小百花越剧团等文艺院团合作,以培养传承与创新的新一代演员为核心,以双元主体的院团全面深度合作为基础,以流派代表性剧目为纽带,积极构建戏曲人才成长规律与现代教育主张相契合的"现代学徒制"人才培养模式,走出一条既有别于传统师徒授受的科班制,又不同于常规艺术教育模式的越剧人才培养新路径。

[关键词] 现代学徒制;戏曲表演;人才培养模式;校团合作

建设优秀传统文化传承体系,弘扬中华优秀传统文化是时代赋予艺术院校的历史使命。长期以来,浙江艺术职业学院一直坚守戏曲人才培养的文化传承功能,成为全国著名的戏曲人才培养基地,以茅威涛为代表的越剧原生代"小百花"就是从这片沃土走向全国,闻名世界。近年来,面对戏曲教育的背景变化,作为浙江省非物质文化遗产教学传承基地,学校依托《校团合作培养越剧表演"新生代小百花"》《越剧表演人才培养途径的探索与实践——导演制教学模式初探》两项省级新世纪教改项目,通过学校与浙江小百花越剧团等著名剧团的全面合作,以培养、传承与创新新一代戏曲演员教育为核心,以校团双元主体合作机制为基础,以导演制改革为纽带,努力实现课堂教学舞台化,艺术实践体系化,流派师承定制化,积极构建戏曲人才成长规律与现代教育主张相契合的"现代学徒制"人才培养模式,走出了一条既有别于传统师徒授受的科班制,又不同于常规艺术教育模式的越剧人才培养新路径。

一、改革背景

新世纪以来,戏曲教育面临两重变化,一是戏曲艺术本身的文化标识被赋予了非物质文化遗产意义上的变化,包括越剧在内的许多地方戏曲成为非遗;二是文化

---

* 本文为 2014 年职业教育国家教学成果二等奖成果总结。

体制改革后剧团的定位发生了变化,剧团不单面临着剧种传承与创新的文化责任,还要面对在文化市场竞争中准确定位并谋求发展的企业化运营的新命题。有鉴于此,市场对新一代演员的专业技能、文化修养、艺术气质等要求也更趋多样化。

反观戏曲演员培养的科班教育和学校教育两种渠道,面对时下演员培养的社会需求,单方培养的不足愈加凸显,突出表现在:(1)学校教育有综合教育资源的优势,更强调共性培养,但受师资、实践条件等资源的限制,学生培养过程中的师承、流派有明显的单一性、模糊性;(2)科班教育讲求"学徒制"传统,有技艺习得的显著优势,但在综合素养培育方面也存在明显不足。

而常规的学校与剧团合作教育也面临一些问题,主要集中在戏曲人才个性化培养的特殊规律和公共教育体制共性培养的普遍要求之间存在差异,比如戏曲演员强调"冬练三九、夏练三伏",学徒期间每天都要苦练不辍,但是公共教育有学年计划及周学时的控制,尤其是小长假乃至寒暑假等公共假期的设置使得学生的"退功"现象成为无奈和必然。

为此,我们立项开展了戏曲人才培养的现代学徒制改革。先是将剧团的导演制引入教学,然后在校团合作的过程中不断思考现代学徒制的特质,进而廓清思路,历时 7 年,取得明显成效。

二、改革内容

学校与浙江小百花越剧团、浙江越剧团、福建芳华越剧团等表演团体合作,以订单培养的形式将学校教育与科班教育融合,力图通过合作,以此之优长补彼之不足,在深度合作的基础上将优势集聚,培养适应新时期戏曲传承与发展需求的表演人才。

现代学徒制首先要解决的是企业方在合作过程中的主体地位。以往的校团合作,剧团的参与度与融入度较低,多是以学校单方为主的若即若离的合作。我们从建立以联席会议制度为基础的双元主体合作教育机制入手。在省文化厅领导的直接关心指导下,校团双方共同组建合作教育机构,由双方业务领导及部门负责人组成协调组,承担合作教育过程中重大事宜的协商与决策。建立联席会议制度,协调组定期召开联席会议,落实招生计划、培养方案、经费使用、师资聘任、实践项目、专业评价等决策与部署。同时,剧团方派出专职代表入驻学校,与校方共同监督、检查教学质量,协调处理日常管理工作。其次设立合作教育专门账户,由双方共同注入资金保障合作教育各项支出。制定专门经费投入及使用管理办法,在教师课时薪酬、学生管理工作经费等具体内容上施行"特区政策",保障教学改革的顺利推进。

(一)学习与学徒在教学与习艺的过程中全面并轨

整合校团双方的优势资源,培育过程高度融合。学校教育的招生、教学、就业与科班教育的收徒、学艺、出师全面并轨。

招生与收徒对应,共同选人。以往的招生多由学校单方完成。教改以来,招生环节与剧团方收徒相关联,剧团方全力参与。以小百花班为例,茅威涛团长亲率剧团业务骨干分赴各地,严把收徒入口关,当时的媒体以"小百花越剧表演班复试挑一个好的苗子不易"等为题,关注这一改革措施。

教学与习艺对应,合作共育。学校单方教育受师资等条件限制,更关注各流派的共性,在师承上存在单一性、模糊性。学徒制的师承明晰,但门规严苛不能逾越,限制了演员的视野与跨越,剧团方全面进入教学有效解决了这些问题。培养过程中,对入门的学徒,一般由剧团演员任主教老师,同时辅以校方的专业课、业界其他教师,共司教职。

出师与就业对应,三方评价。校方主要对照教学计划的安排在课程学业评价上把关,剧团方则通过系列的舞台考核,对学生的舞台技能、艺术表现进行评价。此外,通过学期、学年专业汇报及毕业综合实践的综合展示,邀请业内专家、观众对学生进行评价,对合作教育的教学质量进行监督。经学校、剧团及社会三方评价,按订单约定学生进入相应剧团工作。教改以来,合作教育的班级学生100%进入相应剧团工作。以往单方培养的学生进入剧团后有一段较长时间的舞台适应期,角色蜕变需要二次培养,而合作培养的学生进入剧团前已经基本适应了舞台表演的要求,实现了就业与履职相一致的零距离。

为解决学年及长假设置带来的"退功"形象,增设早功、晚课,布置长假实践项目,组织教师分赴学生相对集中的地区检查、考核实践效果,学期开学初组织专题汇报,夯实了实践训练的基础,保持了实践训练的连续性和有效性。

(二)以导演制为纽带推进教学改革

我们把剧团的导演制引入教学,努力实现课堂教学舞台化、艺术实践体系化、流派师承定制化。

课堂教学舞台化:以舞台综合呈现作为教学的标准,强化剧目课程的中心地位,以剧目为纽带,形成了以导演思维贯穿全程的课程结构体系,常规的专业教学、评价及反馈主要通过舞台表现完成。由于剧团的进入,弥补了学校教育在实践场地、剧目教学资源等条件上的不足,更大程度地适应了教学场地职业化的要求。

艺术实践体系化:成立杨小青、林兆华、孟京辉等3个导演名家工作室,知名导演介入教学,带动并形成了一支优秀的教师队伍。在此基础上,构建由基本实践

（周彩排）、认知实践（展演季）、综合性实践（社会公演）、素养性实践（各类比赛）等组成的开放式实践教学新体系。实施中则着眼于"演学结合"，创排《红楼人物秀》等实验剧目，组织学生参加高雅艺术进校园、"新年演出季"等社会公演及各类重大专业比赛。通过真实舞台的艺术呈现，锤炼了学生的艺术创造力与表现力，检验教改效果。

流派师承定制化：依照学生的形体、声音等条件，先确定其学习的流派，再确定由剧团方演员为主的教学团队，摒弃单一师傅做法，师承关系由单一变成团队，培养过程也因此量身定制，因材施教。

（三）非遗剧种活态传承与人才培养紧密结合

非物质文化遗产强调活态传承，作为核心载体，戏曲传承人承担着传承艺术薪火、延续剧种血脉的文化职责和历史使命。因此，非遗剧种的活态传承与合作教育培养演员理所当然地成为不可分割的整体。

教改实践中，我们选择戏曲活态传承不同风格的三个代表性剧团开展分类合作，在守住传统与时代创新的意义上，完成非遗传承的共同使命与担当。浙江小百花越剧团是中国戏曲改革的先锋和旗帜，在国内乃至国际戏剧界享有盛誉，该团与学校本身有着极为深厚的渊源。浙江越剧团是以"女子越剧"为主流的越剧表演团体中，坚守男女合演传统的两家剧团之一，其坚守对越剧传承有着独特的价值和意义。福建芳华越剧团是越剧从浙江走向全国的典范，也是恪守流派传承的最具代表性的表演团体之一。

使命与担当依托的载体是传承人，在合作教育中指向具有可持续发展能力的新一代演员。依托剧团名演员的口传心授，在流派传承上习艺的优势已经不言而喻，通过合作教育平台关注学生的综合素养和人文精神，则是教改中要突出强调的重要内容。通过开设传统文化、书法、趣味哲学、系列讲座等显性课程，以及综合艺术院校的优势资源、综合展演季的潜移默化、剧团文化的融入等隐性课程的作用，立项开展"以剧目为载体搭建人文素养提升平台"研究，将"求真尚美、精艺修为"的校训文化与"传承经典、演绎现代"的剧团精神相融合，将戏曲非遗活态传承的文化功能与新一代演员培养的教学功能有机结合。

三、成果创新

通过越剧演员培养的现代学徒制探索与实践，规避了演员单方培养及常规合作培养中存在的问题，找到了一条既有别于传统师徒授受的科班制、又不同于常规艺术教育模式的新时期戏曲人才培养的新路径。该成果立足越剧，对其他剧种也有积极的借鉴意义。对弘扬中华优秀传统文化，培育优秀戏曲表演人才，是一种积极的尝试与实践。

（一）名校与名团合作——聚资源

通过双元主体的全面合作，集聚双方的资源优势。学院是全国戏曲人才培养的重要基地，有雄厚的戏曲教育传统；浙江小百花团越剧团是戏曲改革先锋，浙江越剧团是坚守越剧男女合演的代表剧团，福建芳华越剧团是流派传承上浙江戏曲走向全国的典范。名校名团强强联合，既有助于非遗剧种的传承出新，更有助于培育适应时代要求的新一代演员。

（二）传承与创新比肩——推剧目

追求"旧中有新，新中有根"。通过主教老师的口传心授、教学团队的整体作用、显性课程和隐性课程的潜移默化，学生在掌握戏曲基本技能的同时，涉猎流派戏曲以外的艺术样式，强化了创新能力的培养。定流派师承完成了原汁原味的剧种传承功能，量身再造《红楼人物秀》《步步惊心》等剧目，并在全国巡演，走近年轻观众，则丰富了传统剧种的时代特质，强化了传统戏曲的现代化变革。

（三）素养与技能并重——出人才

恪守"德艺双馨"的育人目标，注重学生舞台技能和综合素养同步提升。整合科班教育及学校教育在技艺、修为上的差别优势，将"求真尚美、精艺修为"的校训文化与"传承经典、演绎现代"的剧团精神相融合，搭建人文素养提升平台，为学生可持续发展夯实基础，也为传承优秀传统文化准备力量。

四、推广应用

本项改革取得了良好成效，催生相关教学改革及研究项目8项，其中1项省级新世纪教改项目被评为"优秀"，公开发表研究论文18篇，受到戏曲界前辈及专家的关心，媒体及社会也持续关注，产生了积极的影响。

（一）院校应用

戏曲表演专业被评为全国首批100个民族文化传承与创新示范点、省级特色建设专业；越剧表演团队被评为"省级专业教学团队"，"越剧唱腔"为国家精品课程，"越剧剧目""形体设计"为省级精品课程，成果在全国17所同类院校中得到推广。继越剧之后，学校已与浙江昆剧团等单位合作，开展昆曲、绍剧演员培养。此外，学校与浙江省嵊州市人民政府签署战略合作协议，全面指导嵊州越剧艺术学校的越剧人才培养。

(二)省内推广

学院连续 8 年承办"新松计划"全省优秀青年演员高级研修班,将教改成果应用于此,涉及京、昆等 6 个剧种 20 多个剧团。连续承办 9 期全省民营文艺表演团体培训班,涉及全省 400 个剧团 1973 人次。

(三)社会推广

受文化部文化科技司、浙江省文化厅等委托,举办系列研讨会,与全国戏曲教育界专家、同行 500 余人次展开交流。2010 年主办"新时期创新戏曲人才培养专题研讨会";2011 年与台湾大学联合举办"海峡两岸中国戏曲传承与创新研讨会";2012 年承办"杨小青导演艺术研讨会"并介绍教改经验,受到与会专家学者的关注;2013 年承办"戏曲教育创新发展暨浙江艺术职业学院校团合作培养越剧人才研讨会"。此外,项目组成员还先后应邀,在中国戏曲学院举办的地方戏曲人才培养研讨会、上海戏曲学院举办的戏曲非物质文化遗产传承人才培养现状与发展研讨会上作经验介绍交流。

(四)媒体关注

平面、电视及数字媒体均有相关报道。包括《光明日报》《中国文化报》《浙江日报》《教育信息报》等纸质媒体;中央电视台、东方卫视、湖南卫视、浙江卫视等电视媒体;新华网、人民网、腾讯网、浙江在线、新浪网等网络媒体。

五、结语

经过数年改革,校团合作培养戏曲人才的"现代学徒制"实践取得了较为丰厚的成果,但是对于"现代学徒制"的理论探索还存在不足,现代教育体制下的公共教育规律与戏曲人才培养的个性化规律相契合的把握和实践还有待于加强,这将是我们后续努力的方向。在文化大发展大繁荣的今天,面对戏曲非遗的传承与延续的文化职责,面对弘扬优秀传统文化的使命担当,培养更多"德艺双馨"的戏曲艺术人才仍是我们义不容辞的责任。我们将继续坚守与担当,为戏曲艺术的传承与发展做出更加积极的贡献。

林国荣